Stephan Bierling

DIE *UN*VEREINIGTEN STAATEN

Das politische System
der USA und die
Zukunft der Demokratie

C.H.Beck

Sonderauflage für die
Zentralen für politische Bildung 2025

Originalausgabe
© Verlag C.H.Beck GmbH & Co. KG, München 2024
3. Auflage. 2025
Landeszentrale für politische Bildung Nordrhein-Westfalen, Völklinger Str. 4,
40219 Düsseldorf, lesen@politische-bildung.nrw.de
Alle urheberrechtlichen Nutzungsrechte bleiben vorbehalten.
Der Verlag behält sich auch das Recht vor, Vervielfältigungen dieses
Werks zum Zwecke des Text and Data Mining vorzunehmen.
www.chbeck.de
Umschlaggestaltung: Kunst oder Reklame, München
Umschlagabbildung: Das US-Kapitol im Schnee in Washington, D.C.,
iStock/Getty Images Plus/ElizabethNYC
Satz: C.H.Beck.Media.Solutions, Nördlingen
Druck und Bindung: GGP Media GmbH, Pößneck
Printed in Germany
Bestellnr. 34538

Für Viola, mein Ein und Alles

INHALT

DEMOKRATIE IN AMERIKA **9**

1. MÄSSIGUNG ALS KERNPRINZIP: DIE IDEEN DER VERFASSUNGSVÄTER **17**
Der große Kompromiss 18 – Ratifizierung und Ergänzungen 27 – Zwischen Mythos und Generalkritik 32

2. VON DER KONSENS- ZUR KULTURKAMPFNATION: DIE GESELLSCHAFT **36**
Pragmatismus als Kardinaltugend 36 – Zerbrechen der Konsenskultur 41 – Spaltpilz Race 42 – Spaltpilz Religion 45 – Spaltpilz Lebensqualität 49 – Folgen 52

3. BRANDBESCHLEUNIGER DER POLARISIERUNG: DIE NICHT-STAATLICHEN AKTEURE **55**
Interessengruppen 55 – Soziale Bewegungen 65 – Think Tanks 67 – Medien 69 – Nicht-staatliche Akteure als Einpeitscher 75

4. STAMMESKRIEGER STATT WAHLVEREINE: DIE PARTEIEN **77**
Evolution des Parteiensystems 78 – Polarisierung als Merkmal des sechsten Parteiensystems 86 – Das Parteiensystem seit 2016 90 – Folgen für den Regierungsprozess 99

5. SIEGEN UM JEDEN PREIS: DIE WAHLEN UND WAHLKÄMPFE **101**
Wahlrecht 103 – Wahlbeteiligung 109 – Wahlsystem 112 – Präsidentschaftswahlen: Primaries und Caucuses 113 – Hauptwahlen 118 – Wahlverfahren 122 – Stimmauszählung 126 – Wahlkampffinanzierung 130 – Wahlentscheidung 135

6. AUFSTIEG ZUR DOMINANTEN REGIERUNGSGEWALT: DER PRÄSIDENT **139**
Chef der Exekutive 141 – Entscheidungsmodelle 147 – Gesetzgeber 149 – Außenpolitiker 152 – Kriegsherr 155 – Vizepräsidenten 159 – First Ladies 162 – Die Präsidentschaft heute 164

7. VOLLZUGSORGAN ODER TIEFER STAAT: DIE BÜROKRATIE 166
Entwicklung des Verwaltungsstaats 167 – Spielball der Polarisierung 172 – Wichtige Behörden: FED, FBI, CIA und EPA 176

8. KONFRONTATIONS- STATT KOMPROMISSMASCHINE: DER KONGRESS 184
Wahlen: Gerrymandering und Dschungel-Vorwahl 185 – Organisation: Von der Anarchie zur Hierarchie 194 – Impeachment 199 – Gesetzgebungsprozess: von der ‹bill› zum ‹law› 203 – Filibuster 206 – Weltanschauliche Selbstsortierung 210 – Zwischen Effizienz und Dysfunktionalität 214

9. VOM SCHIEDSRICHTER ZUM MITSPIELER: DIE GERICHTE................... 215
Justizsystem 216 – Verfassungsgericht 219 – Epochale Urteile 224 – Richterbestellung 227 – Ein imperialer Supreme Court? 234

10. DIE UNVEREINIGTEN STAATEN: DER FÖDERALISMUS 238
Ursprünge 239 – Institutionen und Verfahren 243 – Kommunen 248 – Nationalisierung und Trifectas 249 – Alte und neue Gräben 254

**11. TODESKAMPF ODER NEUBELEBUNG:
DIE ZUKUNFT DER DEMOKRATIE IN AMERIKA** 260
Änderung der Verfassung 261 – Gesetzliche und prozedurale Reformen 264 – Politische Elite 269 – Gesellschaft 271 – Härtetest: Trumps Triumph 275

ANHANG
*Anmerkungen 287
Bibliographie 332
Bildnachweis 343
Personenregister 345*

DEMOKRATIE IN AMERIKA

«Alle glücklichen Familien gleichen einander, jede unglückliche Familie ist auf ihre eigene Weise unglücklich», begann Leo Tolstoi seinen Roman *Anna Karenina*. Dies trifft auch auf Demokratien zu. Funktionieren sie, stimmen alle Faktoren: allgemeine, freie und gleiche Wahlen und die Akzeptanz ihrer Ergebnisse, Gewaltenteilung zwischen Legislative, Exekutive und Judikative, garantierte Grundrechte, unabhängige Medien, die Bereitschaft der Bürger und Politiker, das Regierungssystem nur schrittweise und entsprechend der Verfassung zu reformieren, sich in der öffentlichen Debatte zu mäßigen und den Kompromiss zu suchen. Bedroht sind Demokratien, wenn einer dieser Pfeiler wankt.

Dass die USA einmal zu den bedrohten Demokratien zählen würden, hätte noch vor wenigen Jahren kaum ein Beobachter prophezeit. Sie feiern am 4. Juli 2026 ihren 250. Geburtstag. Ihre Verfassung, die älteste noch gültige der Welt, stammt aus dem Jahr 1788. Sie durchlebten einen blutigen Bürgerkrieg, zwei Weltkriege, eine Depression – und hielten an ihrer Demokratie fest. Sie überwanden den schlimmsten Makel ihrer Gründung, die Sklaverei, obwohl es die Nation fast zerriss und Schwarze in den Südstaaten erst während der 1960er Jahre alle Freiheitsrechte erhielten. Sie dämmten unter Präsident Theodore Roosevelt zu Beginn des 20. Jahrhunderts die Herrschaft von Oligarchen, Monopolen und Kartellen in Wirtschaft und Politik ein. Während die Deutschen die Weimarer Republik am 30. Januar 1933 Hitler und den Nazis nahezu widerstandslos auslieferten, kam in den USA wenige Wochen später mit Franklin Delano Roosevelt ein Präsident ins Amt, der Sozialstaat und Demokratie stärkte und das Land mit sicherer Hand durch eine der schwierigsten Phasen seiner Existenz steuerte. Und im Kalten Krieg siegte die individualistische und dynamische amerikanische Demokratie über die kollektivistische und reformunfähige sowjetische Diktatur.

Zwar geriet Amerika immer wieder auf innen- und außenpolitische Abwege: Es diskriminierte Ureinwohner, schwarze und asiatische Einwanderer, internierte im Zweiten Weltkrieg 120 000 Bürger japanischer

Herkunft, hetzte während der McCarthy-Jahre paranoid gegen angebliche Kommunisten, destabilisierte oder stürzte ausländische Regierungen, die ihm zu links erschienen, verstrickte sich in Vietnam- und Irakkrieg, verletzte im Anti-Terror-Kampf nach 9/11 die Menschenrechte in den Gefängnissen von Abu Ghraib und Guantánamo. Aber jedes Mal schafften es die USA, oft freilich erst nach langer Zeit, solche kapitalen Fehler zu korrigieren. Das Wort von der «more perfect union» in der Präambel der Verfassung war zum einen Zustandsbeschreibung, zum anderen Dauerauftrag an die Politik.

Inzwischen stockt jene von den Gründervätern – in der Tat allesamt Männer – eingeforderte Optimierung des Gemeinwesens, mehr noch: die Deformationen nehmen zu. Das internationale Forschungsinstitut Varietes of Democracy (V-Dem) zählte in seinem *Democracy Report 2022* die USA zu den 33 Staaten, in denen die Demokratie zwischen 2016 und 2021 am meisten Schaden nahm. Sie fielen von Platz 17 auf 29 bei insgesamt 179 untersuchten Ländern und sind nur einen Hauch davon entfernt, ihren Status als liberale Demokratie zu verlieren. Laut V-Dem liegt das primär an der systematischen Desinformationspolitik der Trump-Regierung sowie der gesellschaftlichen und politischen Polarisierung.[1] Beides kulminierte am 6. Januar 2021 im Versuch eines abgewählten Präsidenten, das kostbarste Gut jedes demokratischen Prozesses zu sabotieren: nach verlorenen Wahlen die Macht friedlich einem Nachfolger zu übergeben. Donald Trump rief militante Unterstützer in die Hauptstadt Washington und stachelte sie auf, die Zertifizierung des Wahlergebnisses durch den Kongress zu verhindern. So etwas war in 245 Jahren amerikanischer Demokratie nie geschehen.

Der Coup scheiterte, aber Trump vergiftete mit seiner Lüge von der gestohlenen Wahl auch als Ex-Präsident weiter das politische Klima. Es wäre indes falsch, ihn allein für die Spaltung der Nation verantwortlich zu machen – obwohl kein Präsident in der US-Geschichte weniger Respekt vor der Verfassungsordnung und mehr autoritäre Tendenzen zeigte als Trump. Doch er traf auf eine Wählerschaft, die das zu einem erstaunlich hohen Anteil attraktiv fand, und auf eine politische Kultur, die sich über Jahrzehnte an Konfrontation, Diffamierung und Skandalisierung gewöhnt hatte. Trotz der Anklageerhebung in *United States of America v. Donald Trump* am 1. August 2023 wegen Demokratieverrats und drei anderen Strafverfahren dominierte er die republikanischen Vorwahlen. Erneut und damit zum dritten Mal dürfte ihn die Partei zu ihrem Spitzenkandidaten für das Präsidentenamt nominieren.

Die parteipolitische Polarisierung kontaminiert mittlerweile alle Träger, Verfahren und Institutionen der amerikanischen Demokratie: Gesellschaft, Interessengruppen, Think Tanks und Medien, Parteien, Wahlen, Legislative und Exekutive, Föderalismus, Gerichtsbarkeit, selbst die Interpretation der Verfassung. Sie hat die Funktionsmechanismen des Regierens grundlegend verändert. Ältere Einführungswerke ins politische System der USA besitzen heute nur mehr historischen Wert, weil zentrale Erkenntnisse überholt sind: Dass Amerikaner pragmatisch agieren und es viele Wechselwähler gibt. Dass den Parteien eine geschlossene Programmatik fehlt und sie regional sehr unterschiedlich auftreten. Dass das Mehrheitswahlrecht moderate Politiker bevorzugt. Dass Präsident und Kongress über Parteigrenzen hinweg zusammenarbeiten können. Dass Bundesrichter überparteilich bestellt werden. Oder dass der Föderalismus als Labor der Demokratie fungiert.

Republikaner und Demokraten stehen sich im Bund und in den Einzelstaaten wie verfeindete Stämme gegenüber, unwillig zum Kompromiss, dem Herzstück des politischen Systems. Beide Parteien können sich nur noch darauf einigen, dass die Nation in Gefahr schwebt. 69 % der Demokraten und der Republikaner stimmen laut einer Umfrage der Aussage zu, «die Demokratie droht zu kollabieren»[2]. Aber die eine Seite macht Trump und seine radikalen Make-America-Great-Again-Anhänger dafür verantwortlich, die andere Präsident Joe Biden und die «sozialistischen Demokraten»[3]. *Gridlock*, Lähmung, dominiert Washington. Die Folge: Das Regierungssystem gerät aus dem Lot, die Gesetzgebung stockt, das Weiße Haus regiert über Direktiven zunehmend am Parlament vorbei, formale Abläufe werden hemmungslos politisiert. Es passt in dieses Bild des permanenten Grabenkampfs, dass drei der vier Amtsenthebungsverfahren gegen einen Präsidenten in der US-Geschichte nach 1996 stattfanden – einmal gegen den Demokraten Bill Clinton, zwei Mal gegen den Republikaner Donald Trump.

Diese neuen Dynamiken der amerikanischen Politik zu erfassen und ihre Folgen für die Institutionen und Prozesse, ja für die Architektur des politischen Systems darzulegen, ist das zentrale Anliegen dieses Buchs.

Die Leserinnen und Leser sollen einerseits grundlegende Informationen erhalten über Verfassungsprinzipien, Staatsaufbau, gesellschaftliche Entwicklungen, Wahlen, Aufgaben von Präsident, Kongress und Gerichten sowie Instrumente wie *Impeachment, Redistricting, Gerrymandering* und *Filibuster*. Andererseits sollen sie verstehen, wie und warum sich die Mechanik des Regierens in den vergangenen 30 Jahren so stark gewandelt hat und wie Politik heute funktioniert. Über allem schwebt die nicht nur für die USA, sondern auch für Europa und Deutschland bedeutsame Frage: Verfügt die Demokratie in Amerika über genügend Selbstheilungskräfte, ihre schwere Krise zu überwinden und in absehbarer Zeit wieder als Vorbild in die Welt hineinzuwirken?

Andernfalls müsste sich Europa völlig neu definieren, prägt Amerika doch seit bald zweieinhalb Jahrhunderten dessen demokratische Entwicklung: durch Unabhängigkeitserklärung, Verfassung und Bill of Rights, durch Woodrow Wilsons 14 Punkte für ein Friedenssystem nach dem Ersten Weltkrieg, durch die Atlantic Charter, die Vereinten Nationen und das Errichten einer liberalen, regelbasierten Ordnung, durch die Förderung der europäischen Integration und wertebasierter Zusammenarbeit, hauptsächlich allerdings durch ihre gelebte Praxis, die Bevölkerung alle zwei beziehungsweise vier Jahre entscheiden zu lassen, wer sie regiert. Die USA boten Europäern und insbesondere Deutschen Zuflucht und Schutz vor Monarchen und Nazis, ihr egalitäres und meritokratisches System versprach Aufstiegschancen und Freiheit. Das enorme Interesse, mit dem die Europäer das Phänomen Trump und die politischen Turbulenzen in Amerika verfolgen, ist deshalb nur zum Teil Ausdruck einer tiefen Faszination für dieses Land. Es entspringt vor allem dem Bewusstsein, dass viele seiner Demokratie-Deformationen auch in der Alten Welt zu beobachten sind und man mit einem Blick über den Atlantik die eigene Gegenwart und Zukunft erkennen kann.

Machtpolitisch sähe sich Europa bei einem Triumph der Nationalisten und Isolationisten mit der Herausforderung konfrontiert, ohne politische Führung und materielle Unterstützung der USA die Versuche autoritärer Großmächte abwehren zu müssen, das westliche Politik- und Lebensmodell zu zerstören. Ohne Amerika hätten die europäischen Demokratien wahrscheinlich weder den Ersten und Zweiten Weltkrieg noch den Kalten Krieg überdauert, ohne sie wären Bosnien und der Kosovo der serbischen Aggression in den 1990er Jahren schutzlos ausgeliefert gewesen. Und der russische Angriffskrieg gegen die Ukraine zeigt: Wären die Europäer bei der Hilfe für Kyjiw auf sich allein gestellt, stünden Moskaus Invasionstruppen wohl bereits an der Grenze von EU und Nato. Die Entwicklung der Demokratie in Amerika ist deshalb nicht nur von theoretischem Interesse, sondern essenziell für das Überleben und Gedeihen der Demokratien in Europa und der Welt.

Das Buch beginnt mit einer Analyse der Ideen der Gründerväter für die junge Republik. Dabei wird deutlich, wie sehr sie die Angst vor einer Machtakkumulation bei *einer* Regierungsgewalt antrieb. Ihre Lösung war eine Vermischung der wichtigsten Kompetenzen und ein gegenseitiges Einhegen durch ein System von Kontrollen und Gegenkontrollen (*checks and balances*). Zugleich wussten die Gründer: Damit eine Demokratie nicht in Extreme abgleitet, braucht es über solche Verfassungsregeln hinaus eine besondere Tugend, die Mäßigung. Kapitel 2 zeigt, dass die Amerikaner lange Zeit eine moderate politische Kultur pflegten, diese jedoch am Ende des 20. und zu Beginn des 21. Jahrhunderts zu schwinden begann. Die Spaltung der Gesellschaft und die politische Polarisierung beeinträchtigen heute jede Institution und jeden Prozess im Regierungssystem. Nicht-staatliche Akteure wie Interessengruppen, Soziale Bewegungen, Think Tanks und Medien sind Gegenstand von Kapitel 3. Sie prägen die amerikanische Demokratie seit langem, haben seit den 1970er Jahren indes das Auseinanderdriften des Landes beschleunigt.

Kapitel 4 stellt die Entwicklung der Parteien dar und erklärt, warum Republikaner und Demokraten so lange offen für unterschiedliche Weltanschauungen waren. Es geht den Ursachen der ideologischen Selbstsortierung der Wähler seit den 1970er Jahren nach und ermittelt die Spitzenpolitiker der beiden großen Parteien als Hauptreiber der Polarisierung. Ihre Rhetorik startete eine Radikalisierungsspirale, der zunächst die Aktivisten, dann die Bürger anheimfielen. Trump verstärkte diesen Trend, unter ihm verfestigten sich zwei identitäre, sich feindlich gesonnene Milieus. Wie sich dadurch Wahlsystem, Wahlkämpfe und Wahlpraxis veränderten und welche Strategien die Parteien verfolgten, um das Weiße Haus zu erobern und Mehrheiten im Kongress zu erzielen, analysiert Kapitel 5.

Kapitel 6 beschäftigt sich mit dem Präsidentenamt, seinen Kompetenzen und seinem Aufstieg zur dominanten Regierungsgewalt. Es diskutiert die Instrumente, mit denen ein Präsident auf die Gesetzgebung einwirken und seine Ziele selbst unter den Bedingungen extremer Polarisierung umsetzen kann. Und es zeigt, wie er zum Dreh- und Angelpunkt auch von Kongresswahlkämpfen geworden ist und zur Nationalisierung der US-Politik beigetragen hat. In Kapitel 7 geht es um die Bürokratie, ein essenzielles Element modernen Regierens. Nach vielen Jahrzehnten von Professionalisierung und Wachstum geriet sie seit den 1980er Jahren zunehmend in die Kritik bis hin zu ihrer Verunglimpfung als «tiefer Staat» durch Trump.

Der Kongress und seine Aufgaben stehen im Zentrum von Kapitel 8. Es wird deutlich, wie weit sich die Legislative von ihrem ursprünglichen Zweck entfernt hat, ein parteiübergreifendes Gegengewicht zur Exekutive zu bilden. Heute herrscht in Repräsentantenhaus und Senat eine Fraktionsdisziplin wie sonst nur in parlamentarischen Systemen. Damit geht ein Wesenselement der präsidentiellen Demokratie verloren: der Kompromiss zwischen Präsident und Kongress über Parteigrenzen hinweg. Selbst die dritte Macht im Staat, die Judikative, kann sich der parteipolitischen Vereinnahmung immer weniger entziehen, wie Kapitel 9 dokumentiert. Nachdem Bundesrichter fast zwei Jahrhunderte überparteilich bestellt wurden, tobt seit den 1980er Jahren ein Kampf zwischen Demokraten und Republikanern um den Einfluss an Bezirks- und Berufungsgerichten sowie am Supreme Court. Denn angesichts der Paralyse beim Gesetzgebungsprozess infolge der Polarisierung wollen beide Seiten ihre Ziele über die Judikative durchsetzen.

Kapitel 10 widmet sich dem Föderalismus, einem Grundprinzip des amerikanischen Gemeinwesens. Es beleuchtet, wie die von den Verfassungsvätern gewünschte Eigenständigkeit der Einzelstaaten mit der Stärkung des Bundes seit den 1930er Jahren sukzessive zurückgedrängt wurde. Seit der Amtszeit Reagans driften sie aber wieder auseinander, diesmal entlang einer parteipolitischen Bruchlinie. Ob Todesstrafe, Abtreibung, Waffen oder Wahlrecht – heute kommt es darauf an, ob man in den USA in einem Staat unter republikanischer oder unter demokratischer Vorherrschaft lebt. Kapitel 11 schließlich diskutiert Vorschläge, wie sich das Regierungssystem reformieren und die Polarisierung aufhalten oder vielleicht sogar zurückdrehen lassen. Die Zukunft der Demokratie in Amerika hängt entscheidend davon ab, ob Bürger und Politiker zu Maß und Mitte zurückfinden.

Bei der Materialbeschaffung unterstützten mich meine Büroleiterin Karin Reindl und meine Mitarbeiter Beate Rieder B.A., Jannik Steinwender B.A., Mario Mandlik M.A., Lisa-Marie Geltinger M.A. und Christian Sigl M.A. Beate Rieder erstellte darüber hinaus gewissenhaft Literaturverzeichnis und Namensregister. Meine Kollegen Prof. Dr. Gerlinde Groitl, Prof. Dr. Volker Depkat und Prof. Dr. Udo Hebel halfen mir in stimulierenden Gesprächen über Politik, Geschichte und Kultur der USA, meine Analysen und Interpretationen zu schärfen. Die Leitung der Universität Regensburg reduzierte im Wintersemester 2022/23 mein Lehrdeputat, was mir ein noch intensiveres Arbeiten an dem Projekt erlaubte.

Der Verlag C.H.Beck mit Laura Ilse, Simone Decker, Martin Ingenfeld, Konstanze Lueg und Anja Schoene und insbesondere sein Cheflektor em. Dr. Detlef Felken waren auch bei diesem achten gemeinsamen Buch die gewohnt zuverlässigen und inspirierenden Partner. Ihnen allen gehört mein großer Dank. Der größte gebührt wie stets meiner geliebten Frau Viola Schenz M.A., dem Licht meines Lebens, die das gesamte Buch Korrektur gelesen und mit ihrem klugen inhaltlichen und stilistischen Rat zu einem besseren gemacht hat.

München, im Sommer 2024

1. MÄSSIGUNG ALS KERNPRINZIP: DIE IDEEN DER VERFASSUNGSVÄTER

Die Vereinigten Staaten von Amerika sind Ergebnis einer doppelten Revolution: einer praktischen und einer ideengeschichtlichen, einer gegen die britische Kolonialmacht und einer gegen autokratische Herrschaft. Beide verliefen schmerzhaft. In der realen Welt erkämpften die 13 ehemaligen britischen Kolonien ihre Unabhängigkeit in einem blutigen achtjährigen Krieg gegen das Mutterland. In der ideellen Welt brauchte es hitzige Debatten und mehrere Anläufe, um erstmals seit der Antike ein funktionierendes demokratisches Regierungssystem zu errichten.

Die ursprüngliche Verfassung der USA, die Konföderationsartikel (*Articles of Confederation and Perpetual Union*) von 1777, erwies sich als missglückt. Die im Kontinentalkongress versammelten Delegierten der neuen Staaten hatten eine radikale Alternative zu den Verhältnissen in der Alten Welt schaffen wollen – bedrohten dort doch Monarchen die Rechte der Individuen, was sie in ihrer Behandlung durch König George III. gerade wieder bestätigt sahen.[i] Jede Konzentration von Macht schien ihnen eine Gefahr für die Freiheit. Deshalb erlaubten die Konföderationsartikel lediglich einen kümmerlichen Zentralstaat ohne Exekutive oder Judikative. Der Bund konnte nicht einmal Steuern erheben, Gesetzen Geltung verschaffen oder den Außenhandel regulieren. Selbst die Kompetenz, Geld zu drucken und Verträge abzuschließen, musste er mit den Einzelstaaten teilen. Die wenigen Aufgaben des Zentralstaats sollte ein Parlament wahrnehmen, in dem jeder Staat eine Stimme besaß.

Allein die entschlossene Führung General George Washingtons und die Finanz- und Militärhilfe Frankreichs kaschierten im Unabhängigkeitskrieg die Schwäche des Staatenverbunds. Sie wurde offenbar, als der Bund nach dem Sieg über die Briten 1783 seine Kriegskredite bedienen musste. Da die Einzelstaaten ihren Finanzierungspflichten nicht nachkamen und New York einen nationalen Importzoll mit seinem Veto verhinderte, stand die junge Republik vor dem Kollaps. London drohte gar mit

Kündigung des Friedensvertrags, sollten die USA ihre Vorkriegsschulden nicht bezahlen. Ein bewaffneter Aufstand von Kleinbauern und Veteranen gegen die Steuerpolitik in Massachusetts verschärfte Ende 1786 die Krise. Die Zentralregierung konnte aus Geldmangel keine Soldaten rekrutieren, und Boston musste mit Darlehen lokaler Geschäftsleute eigene Milizen aufstellen. Nur mit Mühe gelang es ihnen, die nach ihrem Anführer benannte Shays' Rebellion niederzuschlagen. Die politische Nahtod-Erfahrung machte eine Verfassungsrevision dringlich.

Am 25. Mai 1787 kamen Delegierte von zwölf der 13 Staaten im State House von Philadelphia, der größten Stadt des Landes, unter dem Vorsitz Washingtons zu geheimen Beratungen zusammen. Sollten sie sich nicht einigen, drohte die Nation auseinanderzubrechen oder zum Spielball ausländischer Mächte zu werden. Schnell setzte sich die Ansicht durch, dass es nicht ausreichte, die Konföderationsartikel zu überarbeiten. Vielmehr beschlossen die 55 Plantagenbesitzer, Kaufleute, Juristen und Ärzte, eine neue Verfassung zu schreiben und eine «more perfect union» zu errichten, wie es später in der Präambel hieß. So einig sie in diesem Ziel waren, so umstritten blieben politische Kernfragen: Wofür sollte das Parlament zuständig sein, wofür die Exekutive? Welche Kompetenzen würde der Bund erhalten, welche die Einzelstaaten? Wie konnten die kleinen Staaten verhindern, von den großen dominiert zu werden? Sollte es direkte oder indirekte Wahlen geben? Wie stünden Mehrheitsherrschaft und Minderheitenrechte zueinander? Und: Wie hielten es die USA mit der Sklaverei?

Der große Kompromiss

Kein Jurist oder Politologe würde heute eine Verfassung wie die amerikanische schreiben. Ihr fehlt eine stringente Regierungsphilosophie, sie ist schwer reformierbar, stellenweise unpräzise und widersprüchlich und überlässt viel dem Spiel der politischen Kräfte. Aber die US-Verfassung war bei aller politphilosophischen Beschlagenheit ihrer Autoren eben nicht Ergebnis langer Theoriedebatten. Vielmehr gründete sie auf einem Handel zwischen Delegierten mit unterschiedlichen Ideen und Interessen während vier schwüler Sommermonate.

Trotz des allgemeinen Wunsches nach einer stärkeren Exekutive sollte die Volksvertretung, der Kongress, dabei im Mittelpunkt stehen. Ihre Befugnisse und Zusammensetzung diskutierten die Delegierten als Erstes, dafür wendeten sie zwei der vier Sitzungsmonate auf und verankerten sie in Verfassungsartikel I. Sie folgten dem Vorschlag James Madisons aus Virginia, dem Kongress breite Kompetenzen zuzuweisen. Er durfte eine Armee aufstellen, Kredite aufnehmen, den Handel zwischen den Einzelstaaten und mit dem Ausland regeln und Gesetze erlassen, die «notwendig und angemessen» (*necessary and proper*) sind, um alle dem Bund zugewiesenen Aufgaben durchzuführen. Die letzte Formulierung eröffnete dem Kongress im 20. Jahrhundert die Möglichkeit, seine Macht gegenüber den Einzelstaaten enorm auszuweiten und die Politik zu nationalisieren.

Der Kongress sollte zwei Kammern haben, ein Repräsentantenhaus die Gesamtnation, ein Senat die Einzelstaaten vertreten. Sie mussten sich auf Gesetze einigen und behinderten damit legislativen Aktionismus. Die Ausgestaltung der Kammern war indes so umstritten, dass Washington, der Vorsitzende des Konvents, ein Scheitern der Beratungen fürchtete. Ein Disput drehte sich um die Frage, wer die Abgeordneten wählen würde, ein anderer darum, wie die Stimmen im Senat verteilt sein sollten. Dass die Delegierten Volkswahlen nicht sehr aufgeschlossen gegenüberstanden, überrascht nicht. Sie waren selbst indirekt gewählt, und die Verfassung sollten Einzelstaatskonvente, nicht die Bürger direkt ratifizieren.

Roger Sherman aus Connecticut brachte diese Skepsis auf den Punkt: «Die Menschen sollten so wenig wie möglich mit der Regierung zu tun haben. Es fehlt ihnen an Informationen, und sie sind ständig gefährdet, in die Irre geführt zu werden.»[2] Andere wie Madison hielten dagegen, allein eine allgemeine Volkswahl garantiere, dass die Abgeordneten die Anliegen aller Amerikaner verträten. Noch schwerer zu lösen schien der Konflikt über die Repräsentation der Einzelstaaten im Senat. Die Delegierten der großen Staaten wünschten, die Senatorenzahl an die Bevölkerungsgröße zu binden. Die der kleinen Staaten bangten für einen solchen Fall um ihren Einfluss und wollten an der «Ein Staat, eine Stimme»-Regel der Konföderationsartikel festhalten.

Nach hitzigen Debatten einigten sich beide Seiten auf den Connecticut-Kompromiss. Das Repräsentantenhaus würde direkt vom Volk gewählt und die jeweilige Abgeordnetenzahl eines Staats seine Bevölkerungsgröße abbilden, wobei jeder zumindest einen Sitz bekäme. Ungelöst blieb allerdings die Frage, wer überhaupt ein Einwohner war. Im Süden lebten knapp zwei Millionen Menschen und damit ähnlich viele wie im Norden, ein Drittel davon aber als Sklaven. Der Norden wollte Letztere bei der Festlegung der Bevölkerungsgröße nicht berücksichtigen, der Süden schon. Beide Seiten lösten den Disput, indem sie jeden Sklaven als drei Fünftel eines freien Bürgers zählten. Dadurch erhielten die Südstaaten mindestens ein Dutzend mehr Mitglieder im Repräsentantenhaus – bei anfangs landesweit 59 Abgeordneten. Die *Three-Fifths*-Regel wurde erst nach dem Sieg des Nordens im Bürgerkrieg 1868 aus der Verfassung gestrichen. Im Senat hingegen sollte jeder Staat unabhängig von seiner Größe zwei Vertreter erhalten, bestimmt von ihren Parlamenten. Um diese Privilegierung der kleinen Staaten zu zementieren, legte eine Ewigkeitsklausel in Artikel V fest, dass die einheitliche Vertretung jedes Staats im Senat unveränderbar sei.

Madison, den Zeitgenossen «den Vater der Verfassung»[3] nannten, war so ernüchtert über die starke Stellung der Einzelstaaten, dass er entgegen seinem ursprünglichen Plan jetzt für ein Einhegen der Kompetenzen des Kongresses plädierte. Diese Urangst vor einer Machtanballung in jeder Form bekämpften er und seine Mitstreiter, indem sie, wie von Montesquieu angeregt, zwei konkurrierende Prinzipien miteinander verbanden. Sie kombinierten die Lehre von der strikten formalen Trennung von Parlament, Regierung und Gerichten mit der Idee, der Dominanz einer Seite durch ein System der ‹Kontrollen und Gegenkontrollen› (*checks and balances*) vorzubeugen.

Alexander Hamilton, einer der maßgeblichen Männer im Konvent, erklärte, die Gewaltenteilung sei in Wahrheit «vollständig mit einer teilweisen Vermischung vereinbar» und die partielle Verflechtung nicht nur angemessen, sondern auch notwendig «zum Zweck der wechselseitigen Verteidigung der verschiedenen Regierungszweige gegeneinander».[4] Effizienz und Kohärenz wurden zugunsten der gegenseitigen Überwachung zurückgedrängt. Richard Neustadt, der Grandseigneur der amerikanischen Politikwissenschaft, wies auf diesen Aspekt nachdrücklich hin: «Der Verfassungskonvent von 1787 soll eine Regierung der ‹getrennten Gewalten› geschaffen haben. Er hat nichts dergleichen getan. Vielmehr schuf er eine Regierung mit getrennten Institutionen, die sich die Befugnisse teilen.»[5] Das zeigte sich, als sich der Verfassungskonvent als Nächstes mit der Exekutive beschäftigte. Einige Delegierte fürchteten, die Konzentration der Regierung in einer Person bilde die Keimzelle einer neuen Monarchie, und schlugen ein dreiköpfiges Gremium vor. Die Föderalisten (*federalists*) um Hamilton hingegen wünschten eine starke Exekutive in einem Präsidenten mit breiten Kompetenzen. Dabei konnten sie sich auf das Argument des britischen Denkers John Locke berufen, die gesetzgebende Gewalt liege meist «in zu vielen Händen», arbeite zu langsam und könne unmöglich alle «die Öffentlichkeit berührenden Ereignisse und Bedürfnisse voraussehen». Deshalb brauche die Exekutive einen «Spielraum [latitude], vieles nach eigenem Ermessen zu entscheiden», eine «Prärogativgewalt».[6] Die Gegner einer mächtigen Zentrale, die Antiföderalisten, sahen darin die Gefahr politischer Unterdrückung.

Madison beruhigte sie mit dem Vorschlag, der Exekutive als einzige Prärogativgewalt nur die Begnadigung für Vergehen auf Bundesebene zuzuweisen. Alle anderen Rechte musste sich der Präsident mit dem Parlament teilen: Er durfte Minister, Botschafter und Bundesrichter lediglich mit Zustimmung des Senats ernennen; er war Oberbefehlshaber der Streitkräfte, aber allein der Kongress konnte den Krieg erklären; er durfte internationale Verträge aushandeln, brauchte indes vor ihrer Ratifizierung eine Zweidrittelmehrheit im Senat; er durfte Gesetzentwürfe mit einem Veto belegen, welches der Kongress jedoch mit einer Zweidrittelmehrheit in beiden Kammern zurückweisen konnte.

Am Ende von Artikel II schrieben die Verfassungsväter fast schon als Nachgedanken, der Präsident solle dafür sorgen, «dass die Gesetze getreu ausgeführt werden». Moderne Amtsinhaber haben dies oft so interpretiert, sie dürften alles tun, was das Wohl der Nation erfordert und nicht explizit verboten ist. Mit dem Aufstieg der USA zur Supermacht im Zweiten Weltkrieg und im Kalten Krieg weiteten die Präsidenten gerade ihre außen- und sicherheitspolitischen Kompetenzen immens aus. Der Historiker Arthur Schlesinger sprach 1973 sogar von einer «imperialen Präsidentschaft», die ihre verfassungsrechtlichen Grenzen überschritten habe und kaum mehr kontrollierbar sei.[7]

In der Frage, wie dieser Präsident gewählt werden sollte, kulminierten viele der politischen Spannungen zwischen Föderalisten und Antiföderalisten, zwischen großen und kleinen Staaten, zwischen dem Norden und dem Süden sowie zwischen Anhängern und Gegnern von Minderheitenrechten – wobei ‹Minderheit› damals nicht ethnisch oder geschlechtlich, sondern regional und wirtschaftlich definiert war. Ein Delegierter meinte sogar, «in Wahrheit sei es eine der schwierigsten Entscheidungen, die wir zu treffen haben»[8]. Sollte der Präsident von allen Amerikanern, von den Staatsparlamenten oder vom Kongress gewählt werden? Jede Variante hatte unterschiedliche Folgen. Bei einer nationalen Volkswahl war der Präsident von den Einzelstaaten unabhängig, was den Antiföderalisten nicht gefiel. Zudem misstrauten viele Delegierte den einfachen Bürgern. George Mason warnte wie vor ihm schon Thomas Jefferson, «die Ausdehnung des Landes mache es unmöglich, dass das Volk die nötige Fähigkeit besitzt, die jeweiligen Ambitionen der Kandidaten zu beurteilen»[9]. Der Begriff ‹Demokratie› bezeichnete damals in der aristotelischen Tradition noch eine verfehlte Staatsform, in der die freien Armen zulasten der Tüchtigen und zum Schaden der Wohlhabenden herrschten. Deshalb nannten die Verfassungsväter die USA eine Republik.

Bei der Wahl durch den Kongress und damit der Einführung eines parlamentarischen Regierungssystems stand die Angst im Raum, der Präsident werde zu abhängig von der Legislative und fiele als Gegengewicht zu ihr aus. Madison fürchtete, ein solches Verfahren würde den Kongress «zum Vollstrecker und auch zum Gesetzgeber erheben; und dann können nach der Beobachtung Montesquieus tyrannische Gesetze entstehen und auf tyrannische Weise ausgeführt werden»[10]. Bei einer Wahl durch die Einzelstaatsparlamente schließlich dürfte der Präsident es schwer haben, seine Rolle als nationaler Führer effektiv wahrzunehmen. Hamilton argwöhnte sogar, die Staaten könnten schwache Kandidaten wählen, um ihre eigene Macht auszubauen.

Um dieses und andere Probleme zu lösen, setzte der Konvent einen Ausschuss für vertagte Fragen (Committee on Postponed Parts) aus elf Mitgliedern ein – eines von jedem der anwesenden Staaten. Sechs der elf Vertreter bevorzugten eine nationale Volkswahl. Aber weil sich die Südstaaten dem kategorisch widersetzten und ohne sie die Verfassung nicht ratifiziert werden konnte, musste ein Kompromiss her. In seinem dritten Bericht schlug der Ausschuss vor, den Präsidenten indirekt durch ein Wahlmännerkolleg zu bestimmen, wobei jeder Staat so viele Stimmen bekommen würde, wie er Abgeordnete und Senatoren hatte – also mindestens drei. Die Benennung der Wahlmänner sollte durch die Kongresse der Einzelstaaten erfolgen. Damit erhielten alle Seiten etwas: die Antiföderalisten die zentrale Rolle der Staatsparlamente, die Öffentlichkeits-Skeptiker die indirekte Wahl und die Advokaten einer starken Exekutive die Nicht-Beteiligung des Kongresses. Der Konvent akzeptierte diesen Vorschlag und einigte sich nach weiteren Debatten auf eine vierjährige Amtszeit mit der Möglichkeit unbegrenzter Wiederwahl. 1951 legte der 22. Verfassungszusatz (*amendment*) jedoch fest, dass eine Person nur zwei Mal zum Präsidenten gewählt werden kann.

In der Realität funktionierte das Wahlsystem nicht wie beabsichtigt, denn die Gründerväter hatten das Entstehen politischer Parteien nicht vorhergesehen. Weil das Wahlmännergremium bald entlang von Parteigrenzen votierte, konnte es seine Rolle als unabhängiger Prüfer des Volkswillens nicht erfüllen. Es gab noch ein weiteres Manko: Laut der Verfassung sollte der Kandidat mit den meisten Wahlmännerstimmen Präsident, der mit den zweitmeisten Vizepräsident werden. Bei der vierten Präsidentenwahl im Jahr 1800 war die Parteidisziplin allerdings bereits so ausgeprägt, dass alle Elektoren der Demokratisch-Republikanischen Partei ihre zwei Voten für ihr Kandidatenduo Thomas Jefferson und Aaron Burr abgaben. Beide erhielten 73 Stimmen, so dass das Repräsentantenhaus entscheiden musste. Dort wurde nach mehr als 30 Wahlgängen Jefferson zum Präsidenten, Burr zu seinem Vize gewählt. Das Tohuwabohu führte 1804 zum 12. Verfassungszusatz, demgemäß die Wahlmänner künftig separate Wahlzettel für die beiden Ämter abzugeben hatten.

Nach den langen und kontroversen Debatten über Kongress und Präsident einigte sich der Verfassungskonvent relativ zügig auf die Gerichtsbarkeit, schien von ihr doch die geringste Bedrohung für die Freiheit auszugehen. Allerdings fürchteten die Einzelstaaten, Bundesgerichte könnten in ihre Autonomie eingreifen. Artikel III richtete ein Oberstes Gericht (Supreme Court) ein und übertrug dessen Ausgestaltung dem Kongress. Zudem durften die vom Präsidenten benannten Bundesrichter ihre Stelle erst nach Bestätigung durch den Senat antreten. Um ihre Unabhängigkeit zu gewährleisten, sollten sie so lange amtieren, wie sie sich «gut verhielten». Dies impliziert, dass die Richter auf Lebenszeit gewählt waren, falls der Kongress sie nicht durch ein *Impeachment* wegen Verfehlungen aus ihrer Position entfernte.

Eine wichtige ungelöste Frage blieb: Sollte der Supreme Court das Recht haben, Bundesgesetze und Regierungshandlungen als verfassungswidrig zu verurteilen? Viele der Verfassungsväter argumentierten später, es gebe ein solches Normenkontrollrecht (*judicial review*), selbst wenn es der Text nicht explizit erwähne. Madison hingegen betonte, er hätte nie einer Regel zugestimmt, die einer nicht vom Volk gewählten Institution den finalen Entscheid über Gesetze zuwies. 1803 entschied das Oberste Gericht in *Marbury v. Madison*, es könne alle Gesetze für nichtig erklären, die gegen die Verfassung verstießen. Damit erhob es sich quasi in Eigenregie zum Verfassungsgericht und zur dritten Gewalt im Regierungssystem.

Die Angst vor einer Bedrohung der Freiheit durch Machtkonzentration bei Präsident, Kongress, Gerichten oder Volk zog sich durch alle Debatten des Verfassungskonvents. Damit erwiesen sich die Delegierten als gelehrige Schüler Montesquieus. Dieser hatte in seinem Hauptwerk *Vom Geist der Gesetze* einen hohen Grad an Mäßigung gefordert und sie sogar zum zentralen politischen Prinzip eines republikanischen Gemeinwesens erhoben.[11] Damit meinte der französische Denker aber nicht primär individuelle Tugend. Er war viel zu skeptisch, um auf den guten Charakter von Personen zu vertrauen. Vielmehr müsse die Macht im Staat dergestalt aufgeteilt werden, dass sogar Personen mit schlechtem Charakter mitwirken konnten, ohne sein legitimes Funktionieren allzu sehr zu beeinträchtigen.[12] Mäßigung, so die wichtigste Botschaft Montesquieus, entspringe Institutionen und nicht der Laune (*caprice*) von Individuen.

Die Gefahr von Despotie und Extremismus sollte neben der Gewaltenteilung zwischen den Bundesorganen auch die zwischen Bund und Einzelstaaten minimieren. Die Gründerväter kannten und diskutierten europäische Modelle wie die Niederlande, die Schweiz oder das Heilige Römische Reich.[13] Madison pries das föderalistische Prinzip in den *Federalist Papers*, dem inoffiziellen Verfassungskommentar, als «doppelte

Sicherheit» (*double security*) für die Rechte des Volks. Der Clou: «Die verschiedenen Regierungen kontrollieren sich wechselseitig, und zugleich wird jede von ihnen durch sich selbst kontrolliert.»[14] Die Verfassungsväter ergänzten also das System horizontaler Gewaltenteilung mit einem vertikalen, in dem der Bund, die Einzelstaaten und die Kommunen jeweils eigene Kompetenzen besaßen. Der Bund war etwa für die Außen- und Verteidigungspolitik, den zwischenstaatlichen und internationalen Handel, die Währung und die Post zuständig. Die Einzelstaaten behielten ihre eigenen Regierungen mit Gouverneur, Parlament und Gerichtsbarkeit. Ihnen oblag es, die Wahlen zu den Bundesorganen durchzuführen, Polizei und Milizen zu unterhalten sowie Schule und Bildung zu organisieren.

Im Gegensatz zu Deutschland ist der Föderalismus in den USA selten kooperativ, das heißt, die Zusammenarbeit zwischen Bund und Einzelstaaten bleibt rechtlich die Ausnahme und auf Notfälle wie Naturkatastrophen beschränkt. Der 10. Verfassungszusatz von 1791 unterstrich diese Aufgabentrennung und betonte, die Bundesregierung habe nur jene Rechte, die die Verfassung ihr explizit übertrage. Die starke Stellung der Einzelstaaten zeigt sich auch darin, dass Verfassungsänderungen von drei Vierteln von ihnen beschlossen werden müssen und sie solche sogar am Kongress vorbei durch Konvente initiieren können. In der Realität verloren sie seit den 1930er Jahren allerdings zunehmend an Autonomie, als Washington mit großangelegten Sozial- und Konjunkturprogrammen gegen die Große Depression ankämpfte und seine innenpolitische Rolle massiv ausweitete. Später schränkten Gesetze zu Bürgerrechten, Wohlfahrtsstaat und Umweltschutz die einzelstaatlichen Kompetenzen ein. Schließlich nutzte der Bund Zuschüsse (*grants*), um Staaten zur Übernahme nationaler Standards zu bewegen. Seit der Jahrhundertwende stoppte der Supreme Court jedoch den Trend zur Nationalisierung der amerikanischen Politik, und viele Einzelstaaten nutzten ihre neuen und alten Spielräume energisch für parteipolitische Zwecke.

Ein letzter Streitpunkt enthielt Sprengstoff: die Sklaverei. Zwar hatte es in allen britischen Kolonien Nordamerikas Sklaven gegeben, aber fast 90% schufteten auf den großen Baumwoll- und Tabakplantagen im Süden. In den 1780er Jahren verboten fünf nördliche Staaten (Pennsylvania, Connecticut, Rhode Island, New Hampshire und Massachusetts) nach-

26 1. MÄSSIGUNG ALS KERNPRINZIP: DIE IDEEN DER VERFASSUNGSVÄTER

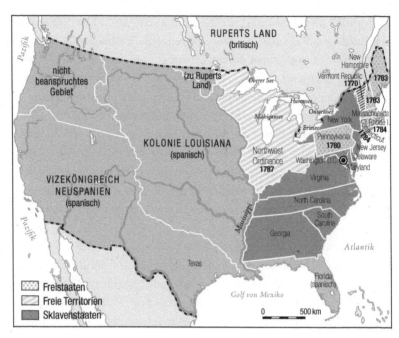

Von den 13 Gründerstaaten der USA erlaubten 1789 acht die Sklaverei, fünf verboten sie.

einander die Einfuhr von und den Handel mit Sklaven. Beim Verfassungskonvent wollten die Gegner der Sklaverei, die Abolitionisten, dies für die gesamte Nation festschreiben, aus praktischen wie aus moralischen Gründen. Gouverneur Robert Morris aus Pennsylvania nannte die Sklaverei eine «schändliche Einrichtung» und einen «Fluch des Himmels über die Staaten, in denen sie herrscht».[15]

Auch einzelne Delegierte der südlichen Staaten verabscheuten sie. Luther Martin aus Maryland meinte, dem Kongress das Verbot des Sklavenimports zu untersagen, sei «unvereinbar mit den Prinzipien der Revolution und unehrenhaft für den amerikanischen Charakter»[16]. Der Mehrheit der Delegierten, darunter selbst einigen der 25 Sklavenhalter, war die ganze Angelegenheit enorm unangenehm. Obwohl sie in ihren Debatten von «Schwarzen», «Negern» und «Sklaven» sprachen, wollten sie solche Begriffe nicht in der Verfassung stehen haben – ganz so, als ob damit deren schwerster Geburtsmakel verschwände. Stattdessen ist im

Text von «anderen Personen» im Gegensatz zu «freien Personen» die Rede, von einer «Person, die zum Dienst oder zur Arbeit verpflichtet ist», oder von der «Einfuhr solcher Personen».

Ein Verbot des internationalen Sklavenhandels stieß bei vielen Vertretern der sechs Südstaaten Virginia, South Carolina, North Carolina, Maryland, Georgia und Delaware, deren Wirtschafts- und Sozialsystem auf der Sklaverei fußte, auf erbitterten Widerstand. Madison sagte während der Beratungen sogar: «Es scheint inzwischen ziemlich klar zu sein, dass der eigentliche Interessenunterschied nicht zwischen den großen und kleinen, sondern zwischen den nördlichen und südlichen Staaten liegt. Die Institution der Sklaverei und ihre Folgen bilden die Trennlinie.»[17]

Um das Patt zu durchbrechen, ging der Norden ein moralisch zwielichtiges Tauschgeschäft ein: Er akzeptierte, dass der Sklavenhandel 20 Jahre lang nicht verboten werden konnte und die Nordstaaten geflohene Sklaven an den Süden ausliefern mussten. Im Gegenzug willigten dessen Vertreter ein, Fragen des Handels und der Importzölle beim Kongress und damit auf Bundesebene anzusiedeln. Verteidiger dieses Deals argumentierten, er sei notwendig für die Zustimmung des Südens zur Verfassung. Das war richtig, aber die junge Republik lud damit schwere Schuld auf sich, zumal zwölf der ersten 18 Präsidenten zu einem Zeitpunkt ihres Lebens Sklaven besaßen. Zumindest bot die Verfassung die Möglichkeit, die Sklaverei über kurz oder lang abzuschaffen. Tatsächlich untersagte der Kongress den internationalen Sklavenhandel zum 1. Januar 1808, dem frühestmöglichen Datum. Der nationale Sklavenhandel und die Pflicht zur Rückführung von Sklaven endeten allerdings erst im Bürgerkrieg mit dem Verbot der Sklaverei im 13. Verfassungszusatz 1865.

Ratifizierung und Ergänzungen

Mit dem Kompromiss in der Frage der Sklaverei war das letzte große Hindernis auf dem Weg zur neuen Verfassung ausgeräumt. Einhellige Unterstützung fand das Dokument freilich nicht. Zwar verweigerten nur drei der anwesenden 42 Delegierten ihre Unterschrift, aber einige Gegner waren schon zuvor abgereist. Rhode Island hatte überhaupt keine Vertreter nach Philadelphia entsandt, weil es als kleiner Staat von jeder Änderung der Konföderationsartikel eine Verschlechterung seiner Position befürchtete. Obwohl die Staaten diese als «ewig» (*perpetual*) erklärt hatten, beschloss der Konvent ein Inkrafttreten der neuen Verfassung, sobald neun der 13 Staaten sie durch eigene Versammlungen ratifizierten. Als sich die Delegierten am 17. September 1787 zum Abschiedsdinner trafen, war die Stimmung optimistisch. Mit nur 4440 Wörtern hatten sie in sieben Artikeln auf vier Pergamentseiten die erste demokratische Verfassung der Geschichte erarbeitet. Sie trat am 21. Juni 1788 mit der Annahme durch New Hampshire in Kraft. Dass sie fast 250 Jahre überdauern würde, konnte keiner ihrer Autoren vorhersehen. Im Gegenteil: Jefferson schrieb 1789 an Madison, keine Gesellschaft dürfe «eine immerwährende Verfassung» aufstellen und jede Verfassung solle nach 19 Jahren «natürlich auslaufen». Nur so könnten sich nachfolgende Generationen selbst so regieren, «wie es ihnen gefällt».[18]

Jeffersons Anregung war ein Gedankenspiel, kein praktischer Vorschlag. In der Realität blieben die Hürden, die Verfassung durch Zusätze zu ergänzen oder gar zu ersetzen, turmhoch. Man kann sie, wie Artikel V festlegt, nämlich nur auf zwei Wegen ändern: 1) durch einen Verfassungskonvent, einberufen von zwei Dritteln der Staaten (nie angewendet) oder 2) durch einen Vorschlag von jeweils zwei Dritteln der beiden Kongresskammern mit anschließender Ratifizierung durch drei Viertel der Parlamente oder eigens bestellter Konvente der Staaten. Das erlaubt es politischen oder regionalen Minderheiten – heute 34 der 100 Senatoren, 146 der 435 Abgeordneten oder 13 der 50 Staaten –, einen Wandel der Verfassung zu blockieren oder einen hohen Preis für ihre Zustimmung zu fordern. Die Folge: Von den 12 000 Amendment-Vorschlägen der Parlamentarier seit 1789 schafften es kaum welche durch die Ausschüsse. Allein 33 fanden die erforderliche Mehrheit im Kongress, von den Staaten ratifiziert wurden 27 Vorlagen.

Anders ist die Lage bei den Einzelstaaten: Viele beherzigten Jeffersons Idee regelmäßiger Verfassungsanpassungen, manche sogar extensiv. 14 Staaten, darunter Illinois, New York und Ohio, platzieren alle zehn, 16 oder 20 Jahre automatisch die Frage auf den Stimmzettel, ob ein Verfassungskonvent zusammentreten soll. Bis 2022 gab es 233 dieser

Das Gemälde ‹Scene at the Signing of the Constitution of the United States› von Howard Chandler Christy von 1940 zeigt die Gründerväter beim Unterzeichnen der Verfassung in der Unabhängigkeitshalle von Philadelphia am 17. September 1787. Zu sehen sind alle 40 Delegierten, die bei diesem Anlass noch anwesend waren. Prominent platziert sind George Washington (rechts stehend unter der Flagge) und Benjamin Franklin (in der Mitte sitzend). Das Bild hängt heute im Kapitol im Flügel des Repräsentantenhauses.

Konvente, Louisiana hatte elf und Georgia zehn Totalrevisionen der jeweiligen Verfassungen.[19] Alabama ist seit 2022 bei seiner siebten; mit 402 852 Wörtern besitzt es die längste Verfassung der Welt.

Zur ersten Revision der Bundesverfassung kam es schon im Zuge der Debatten um ihre Ratifizierung. Am Ende des Konvents hatte Mason einen Grundrechtekatalog vorgeschlagen, war damit aber am Widerstand der Föderalisten gescheitert. Sie erklärten, die neue Verfassung weise dem Bund nur genau definierte Rechte zu und könne deshalb individuelle Freiheiten gar nicht verletzen. Außerdem sei eine solche Liste gefährlich, weil man sie als erschöpfend betrachten könne. Dieses Argument setzte sich durch. Als die Ratifizierungskonvente in Massachusetts und sechs weiteren Staaten jedoch dringend zu einem Grundrechtekatalog rieten und ihre Zustimmung andernfalls in Frage stellten, lenkten die Föderalisten ein und sagten eine zügige Verfassungsergänzung zu. Nach der Konstituierung des ersten Kongresses präsentierte

Madison im Juni 1789 entsprechende Vorschläge, zwölf fanden eine Zweidrittelmehrheit, zehn davon gingen als Bill of Rights 1791 in die Verfassung ein.

Sie umfasste insgesamt 27 Grundrechte, darunter die Religions-, Rede-, Presse- und Versammlungsfreiheit, das Recht, Waffen zu besitzen und zu tragen, den Schutz vor willkürlicher Durchsuchung, den Anspruch auf ein Geschworenengericht und Rechtsbeistand sowie das Verbot grausamer Bestrafung und entschädigungsloser Enteignung. Ein weiterer Verfassungszusatz, der Volksvertretern verbot, sich während einer Legislaturperiode die Bezüge zu erhöhen, erhielt die erforderliche Zustimmung im Parlament, aber nicht in den Einzelstaaten. Erst 1992, zweihundert Jahre später, erreichte er bei ihnen die notwendige Dreiviertelmehrheit und trat als 27. und bisher letztes Amendment in Kraft. Seit Anfang des 20. Jahrhunderts legen die meisten der vom Kongress verabschiedeten Änderungsvorschläge jedoch fest, dass die Staaten sie binnen sieben Jahren ratifizieren müssen. Aufgrund dieser hohen Hürden wurde die amerikanische Verfassung nach Annahme der Bill of Rights 1791 durchschnittlich nur alle 13,5 Jahre ergänzt. Zum Vergleich: Das deutsche Grundgesetz erfährt alle 14 Monate eine Revision.

Der Durchschnittswert verdeckt aber eine Tatsache: In Zeiten großer Herausforderungen und rapiden Wandels erwies sich die Verfassung durchaus als anpassungsfähig. Nach den zwölf Amendments in den ersten eineinhalb Jahrzehnten nach ihrer Annahme vergingen fast sechs Dekaden bis zu einem weiteren Änderungsschub, ausgelöst durch den Bürgerkrieg von 1861 bis 1865. In drei Zusätzen schafften die USA die Sklaverei ab, garantierten allen im Land geborenen oder eingebürgerten Personen die Bürgerrechte und verboten es, Bürgern «aufgrund von Rasse, Hautfarbe oder früherer Leibeigenschaft» das Wahlrecht vorzuenthalten.

Danach zog wieder ein halbes Jahrhundert ins Land, bis die progressive Bewegung gegen oligarchische Strukturen in Politik und Wirtschaft rebellierte und ihre Forderungen zwischen 1913 und 1920 in vier Verfassungszusätze goss. Die Amendments 16 bis 19 erlaubten dem Kongress, eine Einkommensteuer zu erheben, legten die Volkswahl der Senatoren fest, verboten Herstellung und Konsum von Alkohol (1933 zurückgenommen) und führten das Frauenwahlrecht ein. Einen vorläufig letzten

Höhepunkt an verfassungsrechtlicher Aktivität bewirkte die Bürgerrechtsbewegung der 1950er und 1960er Jahre. In kurzer Abfolge erhielt die Bundeshauptstadt, der District of Columbia, drei Stimmen im Wahlmännergremium, wurde es untersagt, das Wahlrecht aufgrund einer unbezahlten Kopfsteuer abzuerkennen – wie in den Südstaaten geschehen, um die Schwarzen von der Stimmabgabe auszuschließen –, und sank das Wahlalter auf 18 Jahre.

Dass die Verfassung sich auf die Prinzipien des Regierungssystems konzentrierte und viele Details offenließ, führte zu einem ständigen Ringen vor allem zwischen Bund und Einzelstaaten sowie zwischen Exekutive und Legislative um Kompetenzen und Einfluss. Es ist allerdings auch ein Grund für ihre Überlebenskraft – keine Verfassung der Welt existiert länger als die amerikanische von 1788. Im globalen Durchschnitt bestanden geschriebene Verfassungen zwischen 1789 und 2006 gerade einmal 17 Jahre, mehr als die Hälfte sah ihren 20. Geburtstag nicht.[20] Frankreich ist seit seiner ersten 1791 inzwischen bei der 16. angelangt. Selbst nach ihren 27 Ergänzungen umfasst die amerikanische Verfassung nur 7762 Wörter, das macht sie im internationalen Vergleich zu einer der kürzesten. Das deutsche Grundgesetz etwa ist drei Mal so lang. Die Vagheit und das Alter der Verfassung und die Schwierigkeit ihrer Revision bedeuten zugleich, dass in den USA historischen Präzedenzfällen, juristischer Interpretation, ungeschriebenen Regeln und gelebter Praxis eine größere Rolle für das Funktionieren des Regierungssystems zukommt als etwa in der Bundesrepublik.

Zugleich ist die Fortentwicklung der Verfassung in Zeiten wachsender parteipolitischer Polarisierung zum Erliegen gekommen. Bis auf das 27. Amendment, das 1992 einen Vorschlag der Bill of Rights von 1789 zur Abgeordnetenbesoldung festschrieb, wurde seit 1971 kein Verfassungszusatz mehr angenommen. Heute ist angesichts der ideologischen Spaltung des Landes unvorstellbar, dass sich Zweidrittelmehrheiten in den beiden Parlamentskammern auf eine Ergänzung verständigen und danach drei Viertel der Einzelstaaten sie ratifizieren. Damit verliert die Verfassung ihren Charakter als lebendes Dokument und wächst dem Supreme Court entscheidende Bedeutung zu. Dass neun nicht vom Volk gewählte Richter den Kurs der Nation bestimmen und nicht der Kongress oder der Präsident, hätte die Gründerväter zutiefst erschreckt.

Zwischen Mythos und Generalkritik

Schon wenige Jahre nach ihrem Inkrafttreten erhielt die Verfassung in den USA einen fast sakralen Charakter. Systematisch schufen die Föderalisten einen «Verfassungskult»[21], um die von ihnen etablierte neue politische Ordnung mythologisch zu überhöhen und damit gegen ihre Kritiker aus den Einzelstaaten abzusichern. Washington, der Gründervater der Nation, trug dazu bei, als er in seiner Abschiedsansprache als Präsident 1796 dafür plädierte, «die Verfassung heilig zu halten»[22]. Schnell mutierte sie zu mehr als einer Regelsammlung für das Regieren und begann die Kernwerte der Nation wie Freiheit, Grundrechte, Demokratie, Patriotismus und Stabilität zu symbolisieren. Auf ihr gründete der amerikanische Exzeptionalismus, also die Vorstellung, das Land nähme eine Sonderstellung gegenüber allen anderen Nationen ein. Zusammen mit der Unabhängigkeitserklärung und der Bill of Rights bildet die Verfassung eines der schriftlichen Gründungsdokumente der Zivilreligion, die als «Sammlung von Glaubensvorstellungen, Symbolen und Ritualen»[23] (Robert Bellah) die amerikanische Identität von frühesten Tagen an prägte.

Ihre Bedeutung für das Selbstverständnis der USA unterstreicht nicht zuletzt die öffentliche Präsentation im Nationalarchiv in Washington: Die drei Dokumente liegen in massiven, bronzegerahmten, kugelsicheren, feuchtigkeitskontrollierten Glasbehältern, tagsüber ausgestellt in der Rotunde der Freiheitschartas, nachts vakuumversiegelt in bombensicheren Tresoren. Nach Auffassung der Mormonen, jener amerikanischsten aller christlichen Sekten, ist die Verfassung gar göttlich inspiriert.[24]

Bis in die jüngste Vergangenheit war sie auch politisch sakrosankt. «Ob konservativ oder liberal, wir sind alle Verfassungsanhänger», schrieb der demokratische Senator Barack Obama 2006.[25] Selbst ein rechter Republikaner wie Senator Ted Cruz pflichtete dem 2012 bei, als er die Verfassung «das wunderbarste politische Dokument» nannte, «das je erdacht wurde»[26]. Die Gründerväter werden wie Halbgötter verehrt, aus ihren Reihen kamen die ersten fünf Präsidenten (Washington, John Adams, Jefferson, Madison, James Monroe), zwei sind als monumentale Porträtköpfe am Mount Rushmore verewigt (Washington, Jefferson), vier auf

Zwischen Mythos und Generalkritik 33

Unabhängigkeitserklärung, Bill of Rights und Verfassung sind in der ‹Rotunde der Freiheitschartas› des Nationalarchivs in Washington, D.C. ausgestellt. Flankiert werden sie von zwei Wandgemälden von Barry Faulkner aus dem Jahr 1936. Das linke zeigt Jefferson im Kreis der Delegierten des Kontinentalkongresses, das rechte Madison beim Verfassungskonvent.

Banknoten (Jefferson, Washington, Hamilton, Benjamin Franklin). In keinem anderen Land ist vorstellbar, dass über einen von ihnen, Hamilton, ein Hip-Hop-Musical geschrieben wird, das zu einem internationalen Megahit avanciert. Und dass alle Rollen von nicht-weißen Sängern besetzt werden.

Eine grundsätzliche Ablehnung der Verfassung ist bis heute selten. Doch außerhalb der Hauptstadt Washington wächst in der politischen Rechten wie Linken die Unzufriedenheit mit einigen ihrer zentralen Regeln: der Machtverteilung zwischen Bund und Einzelstaaten, dem Schutz der Freiheitsrechte vor der Regierung, der Repräsentation der Bürger im Senat, der Kontrolle der gewählten Amtsinhaber.[27] Der wichtigste Exponent der progressiven Kritiker ist Sanford Levinson. In seinem Buch *Our Undemocratic Constitution* attackierte der Juraprofessor an der Universität Texas 2006 die ungerechte Stimmenverteilung im Senat, wo Wyoming genauso viele Stimmen habe wie das damals 70 Mal größere

Kalifornien. Hinzu kämen übermächtige Präsidenten, die in einem unhaltbaren Prozess gewählt würden und selbst bei manifester Inkompetenz nicht ersetzt werden könnten, sowie auf Lebenszeit bestellte Oberste Richter.

Ein weiterer zentraler Defekt sei die Schwierigkeit einer Verfassungsrevision. Hier könnten 34 Senatoren, die nur ein Zehntel der Bevölkerung des Landes vertreten, jede Änderung verhindern. Das alles erschwere es der Regierung enorm, drängende Probleme effizient zu lösen. Levinsons Fazit: «Die Verfassung ist sowohl unzureichend demokratisch, in einem Land, das sich zur Demokratie bekennt, *als auch* erheblich dysfunktional, was die Qualität der Regierung betrifft, die wir erhalten.»[28] Angesichts dieser Defizite schlägt er einen neuen Verfassungskonvent vor, der durch ein Referendum einberufen werden soll. Zwar muss Levinson eingestehen, die Bundesverfassung sehe ein solches Prozedere nicht vor. Aber er betont, 14 Einzelstaatsverfassungen ermöglichten es den Bürgern, regelmäßig über die Einberufung eines Konvents zu befinden. Daran könne man sich auf nationaler Ebene orientieren.

Sorgen sich Progressive wie Levinson darum, die Verfassung verletze Prinzipien wie Gleichheit, Volkswahl, Repräsentation und Effizienz, attackieren sie libertäre Rechte für fast alle seit 1791 unternommenen Schritte in diese Richtung. Mark Levin, erzkonservativer Talk-Radio-Star und *Fox-News*-Kommentator, argumentiert, die Verfassungsrealität habe sich zu weit von den Ideen der Gründerväter entfernt. Vor allem will er den Machtzuwachs der Bundesregierung zurückdrängen und ihre Aufgaben beschränken. Damit fand Levin breite Unterstützung der fundamentalistischen Tea-Party-Bewegung, die im Frühjahr 2009 entstand und gegen Haushaltsdefizite, Big Government und insbesondere Obamas Gesundheitsreform agitierte. Wie keine andere Bewegung der Moderne knüpfte sie ihre Reformagenda an die Rückkehr zu den ursprünglichen, angeblich sehr restriktiven Verfassungsprinzipien.[29] Levins Vorschläge für neue Zusatzartikel, die er 2013 in seinem Buch *The Liberty Amendments. Restoring the American Republic* vorstellte, deckten sich mit vielen Tea-Party-Forderungen: die Amtszeitbegrenzung von Kongressmitgliedern und Supreme-Court-Richtern, die Rücknahme der Volkswahl von Senatoren, Obergrenzen für Ausgaben und Steuern des Bundes oder ein Zweidrittel-Vetorecht der Staaten gegen Bundesgesetze.[30]

Obwohl es punktuelle Überschneidungen zwischen den Vorschlägen Levinsons und Levins gibt, liegt ihnen eine gegensätzliche Regierungsphilosophie zugrunde. Die Progressiven wollen die Blockademöglichkeiten von Minderheiten reduzieren und zur reinen Mehrheitsherrschaft übergehen, um dem Bund das Regieren zu erleichtern. Die Libertär-Konservativen hingegen suchen nach Wegen, Staatseingriffe in Wirtschaft und Gesellschaft möglichst zu verhindern. Im Letzten nutzen beide Seiten die Kritik an der Verfassung, um ihre jeweiligen politischen Ziele zu befördern. Damit erweist sich der Levinson-Levin-Disput als politische Ausprägung der Debatte zwischen den juristischen Konzepten der ‹lebendigen Verfassung› und des ‹Originalismus›.

Anhänger der lebendigen Verfassung wollen das Dokument entlang zeitgenössischer Auffassungen und Werte flexibel und pragmatisch auslegen. Die sich seit den 1980er Jahren formierenden Originalisten betonen, dass dessen Vorgaben aufgrund ihres Wortlauts feststehen und spätere politische, wirtschaftliche oder gesellschaftliche Entwicklungen keine Rolle für ihre Interpretation spielen.[31] Die Folgen sind gravierend: Die Lebendige-Verfassung-Sympathisanten wollen eine aktivistische Bundesregierung behalten, wie sie sich vom Bürgerkrieg über die progressiven Reformen und den New Deal bis hin zu Bürgerrechtsbewegung und wohlfahrtsstaatlichen *Great-Society*-Programmen herausgebildet hat. Die Originalisten akzeptieren die Befugnisse des Bundes nur insoweit, wie sie die Verfassung explizit genehmigt, und streben vehement danach, gewachsene nationale Regeln und Zuständigkeiten etwa in der Sozial- und Umweltpolitik, beim Wahl- oder Abtreibungsrecht zurückzudrängen. Ersteres Ziel spiegelt derzeit weitgehend die Agenda der Demokraten, letzteres jene der Republikaner.

Sogar die Verfassung ist also vor parteipolitisch motiviertem Streit nicht gefeit. Dieser durchdringt mittlerweile alle Prozesse, Institutionen und Ebenen des Gemeinwesens und ist zu einem konstituierenden Merkmal des Regierungssystems geworden. Das nächste Kapitel arbeitet deshalb die gesellschaftlichen Ursachen und Triebkräfte dieser Polarisierung entlang Parteilinien heraus, die heute so ausgeprägt ist wie zu keinem anderen Zeitpunkt in der amerikanischen Geschichte.

2. VON DER KONSENS- ZUR KULTURKAMPFNATION: DIE GESELLSCHAFT

Alle drei Autoren der *Federalist Papers*, neben Madison John Jay und Hamilton, stimmten überein, dass die besten Regeln und Institutionen Überleben und Gedeihen der jungen Nation allein nicht garantieren konnten. Vielmehr sei ein hoher Grad an Mäßigung nötig, um Intoleranz und Extremismus in Reden und Handeln zu vermeiden und den Staat nicht zum Spielball organisierter Sonderinteressen (*factions*) werden zu lassen. Montesquieu hatte diese Tugend in seinem Hauptwerk *Vom Geist der Gesetze*, jener für die Gründerväter fundamentalen Inspirationsquelle, zum zentralen politischen Prinzip eines republikanischen Gemeinwesens erhoben. George Washington drängte als erster Präsident seinen Landsleuten die Idee der Mäßigung durch sein Beispiel und seine Appelle geradezu auf.[1]

Pragmatismus als Kardinaltugend

Die Amerikaner erwiesen sich als gelehrige Schüler. Die längste Zeit ihrer Geschichte pflegten sie eine auf Ausgleich angelegte politische Kultur. Alexis de Tocqueville war der Erste, der das Land und sein Volk als außergewöhnlich und grundverschieden von den europäischen Staaten charakterisierte. Der französische Historiker zeigte sich während seiner USA-Reise 1831 erstaunt, wie stark ein demokratieförderlicher Sittenkodex (*mores*) die Bürger etwa durch kommunale Selbstorganisation und religiös inspirierte Gleichheitsvorstellungen prägte.[2] Diesen Kodex benötigte die Nation indes, konnte sie sich doch nicht auf traditionelle identitätsstiftende Konstrukte stützen wie ein Königshaus, eine Staatsreligion, feste Grenzen, eine gemeinsame Sprache oder eine kollektive Geschichte. Das bot allerdings eine Chance: Die junge Republik musste sich politisch-kulturell selbst erfinden. Vorangetrieben von den Federalists, die den Bund durch Symbole und Rituale in den Köpfen und Herzen der

Das Große Siegel der USA

Bürger verankern wollten, etablierte sich in wenigen Jahrzehnten eine ganz eigene Staatslegitimation.

In ihrem Zentrum stand der Exzeptionalismus, das tiefe Gefühl, etwas Neues geschaffen zu haben, was das Land von allen anderen unterschied.[3] Russe oder Franzose war man durch Geburt, Amerikaner wurde man, indem man einem Kanon von Werten wie Freiheit, Gleichheit vor dem Gesetz, Individualismus, Unabhängigkeit, Demokratie, Fortschritt und freie wirtschaftliche Betätigung beitrat. Diese Ideale spiegelten die Präferenzen und Interessen der gesellschaftlich, ökonomisch und politisch dominierenden weißen angelsächsischen Protestanten. Doch sie erwiesen sich als so attraktiv, dass sich auch europäische Immigranten mit einem anderen ethnischen oder religiösen Hintergrund damit identifizieren konnten. Minderheiten wie Schwarze, Native Americans oder Einwohner mit hispanischen und asiatischen Wurzeln hingegen blieben ein Platz in der Wertegemeinschaft der USA und damit die vollen Bürger- und Freiheitsrechte bis in die zweite Hälfte des 20. Jahrhundert hinein versagt.

Eine solche Zivilreligion war für den Philosophen Jean-Jacques Rousseau, wie er 1762 in seiner Schrift *Vom Gesellschaftsvertrag* festhielt, unerlässlich als moralische und geistige Grundlage jeder modernen Gesellschaft.⁴ In der amerikanischen Version sind ihre Reliquien Unabhängigkeitserklärung, Verfassung und Bill of Rights, ihre Heiligen die Gründerväter, ihr höchster Feiertag der 4. Juli, an dem die Kolonien 1776 ihre Unabhängigkeit erklärt hatten, ihre Symbole die Flagge, das offizielle Motto *In God We Trust*, der Treueschwur (*Pledge of Allegiance*) und das Große Siegel mit der lateinischen Inschrift *E pluribus unum* (Aus Vielen Eines), was sich auf den Zusammenschluss der 13 Einzelstaaten bezieht. Selbst das 1931 zur Nationalhymne erhobene Kriegslied *A Star-Spangled Banner* ist trotz seiner rassistischen und antibritischen Ursprünge heute Teil der amerikanischen Identität.⁵

Oberste Zeremonienmeister dieser Zivilreligion sind die Präsidenten, die – außer ihren Vizes – einzigen von allen Amerikanern gewählten Exponenten der Nation. Ihre Amtseinführung entwickelte sich zu einem politischen Hochamt: Vor der Vereidigung spricht ein Priester ein Gebet und wünscht ihnen Glück, ihren Schwur leisten sie mit einer Hand auf der Bibel, ihre Ansprachen sind meist durchzogen von religiösen Motiven. Das Pathos der Zeremonien mag deutschen Beobachtern ungewohnt, ja befremdlich erscheinen, aber es bietet den USA eine ständige Selbstvergewisserung als Nation ohne klassische Wurzeln.

Die Allgemeinverbindlichkeit dieses «Amerikanismus» (Seymour Martin Lipset) trug dazu bei, dass sich im Land bis ins frühe 21. Jahrhundert keine extremen ideologischen Lager etablierten. Ohne Staatskirche, Feudalsystem und Erbadel fehlten den USA religiöse und soziale Bruchlinien, an denen sich Bürger und Parteien ausrichten konnten und wie sie die Alte Welt kennzeichneten. Weder Sozialismus noch Faschismus fanden je größere Gefolgschaft, es dominierte ein breiter liberaler Konsens. Der amerikanische Politikwissenschaftler Richard Hofstadter argumentierte ganz in diesem Sinne: «Es war unser Schicksal als Nation, keine Ideologien zu haben, sondern eine zu sein.»⁶ Sein deutscher Kollege Hans Vorländer bezeichnete die USA deshalb treffend als «Ein-Ideologie-Gesellschaft»⁷. Selbst die großen Sozialen Bewegungen von den Suffragetten, die das Frauenwahlrecht forderten, über die Populisten, die gegen Monopole und Hochfinanz agitierten, bis hin zu den Bürgerrechtlern, die für die Sache der Schwarzen stritten, lehnten den Amerikanismus nicht ab, sondern nutzten ihn offensiv im Kampf für ihre Anliegen und wollten Teil von ihm werden.

Über die Zivilreligion und fehlende Bruchlinien hinaus trugen weitere Faktoren dazu bei, dem Land eine politische Radikalisierung zu ersparen: Das Prinzip der *checks and balances* erzwang Kompromisse über Parteigrenzen hinweg. Der ausgeprägte Föderalismus siedelte potenziell spalterische Themen in der Autonomie der Einzelstaaten an und ließ sie nur selten auf die Bundesebene durchschlagen. Die fortlaufende Demokratisierung durch Ausweitung des Wahlrechts machte mehr und mehr Gruppen zu Anteilseignern am Staatswesen. Das Zwei-Parteien-System und das Mehrheitswahlrecht erschwerten Entstehen und Erfolge weltanschaulicher Randparteien. Das Pro-Kopf-Einkommen stieg seit dem frühen 19. Jahrhundert schneller als in jeder anderen Weltregion; lagen die USA und Westeuropa beim Bruttoinlandsprodukt pro Einwohner 1820 gleichauf, erwirtschaftete hundert Jahre später ein Amerikaner die doppelte Menge an Gütern und Dienstleistungen wie ein Westeuropäer.[8] Wer es nicht schaffte in der Leistungsgesellschaft, konnte entweder an die *frontier* in neue Siedlungsgebiete aufbrechen und dort sein Glück suchen oder in die alte, meist europäische Heimat zurückkehren. Schließlich stellten die individualistischen Amerikaner geringere Ansprüche an den Staat und nahmen seine sozial- und wirtschaftspolitische Zurückhaltung weniger als Problem wahr, als dies obrigkeitsstaatlich beziehungsweise etatistisch konditionierte Deutsche und Franzosen getan hätten.[9]

Extreme politische Gruppen gewannen allenfalls regional an Bedeutung oder besaßen eine kurze Halbwertszeit: auf der Rechten der gegen Schwarze, Juden und Katholiken wütende Ku-Klux-Klan, das nazifreundliche America First Committee Charles Lindberghs, der vermeintliche Kommunisten verfolgende McCarthyismus oder die Verschwörungsideen anhängende John Birch Society, auf der Linken die Anarchisten, die Kommunistische Partei oder die Black Panther Party. Zwar lebte der Rassismus auch nach der Niederlage der Konföderierten im Bürgerkrieg und dem Verbot jeder Einwanderung aus Asien 1924 fort, und das nicht allein im Süden. Aber er organisierte sich nie in einer eigenen nationalen Partei oder Bewegung, sondern «schwamm inmitten eines politischen Mainstreams», wie der Politikwissenschaftler Torben Lütjen konstatiert.[10] Mitte des 20. Jahrhunderts erreichte der nationale Konsens seinen Höhepunkt. Der Sieg im Zweiten Weltkrieg und die sowjetische Bedrohung schweißten die Amerikaner zusammen, die Wirtschaft wuchs in den 1950er und 1960er Jahren um durchschnittlich 4,2%, Produktivität und Löhne boomten, die Ungleichheit bei Einkommen ging vorübergehend zurück, viele Großunternehmen boten lebenslange Beschäftigungsgarantien, eine breite Mittelklasse entstand. Die USA schienen in einer schönen neuen Welt ohne nennenswerte soziale, ökonomische oder politische Konflikte angekommen zu sein.

In diesen goldenen Jahren des Nachkriegskonsenses unterschieden sich selbst die zwei großen Parteien, die Demokraten und die Republikaner, inhaltlich kaum. Beide waren lokal orientierte, heterogene Wahlvereine ohne klare nationale Konturen und größere Mitarbeiterstäbe auf Bundesebene. 1950 rief ein Ausschuss der *Political Science Association*, des führenden Fachverbands der amerikanischen Politikwissenschaftler, die Parteien deshalb dazu auf, sich straffer zu organisieren, disziplinierter zu agieren und landesweite, voneinander unterscheidbare Programme zu entwickeln.[11] Der Appell verpuffte.

Ein Jahr später versuchten Demokraten wie Republikaner sogar, denselben Mann, den populären Weltkriegsgeneral Dwight Eisenhower, als ihren Kandidaten fürs Weiße Haus zu gewinnen – so viel zur angemahnten weltanschaulichen Profilierung der Parteien. Als Präsident von 1953 bis 1961 regierte Eisenhower pragmatisch und überparteilich, er erschien als Inkarnation des Mäßigungsgebots der Gründerväter, seine Zustimmungswerte in der Bevölkerung lagen fast durchweg bei sensationellen und von keinem seiner Nachfolger je wieder erreichten 60 bis 80%.

Der amerikanische Politikwissenschaftler Louis Hartz traf den Zeitgeist, als er 1955 in seinem Klassiker *The Liberal Tradition in America* das Fehlen von radikalen Ideologien in den USA zu erklären versuchte.[12] Und noch zu Beginn der 1970er Jahre konnte sein Kollege Robert Dahl von der Yale University in seinem Standardwerk zum Regierungssystem feststellen: «Im Gegensatz zu den Parteien in vielen europäischen Ländern vertreten sowohl die Republikaner als auch die Demokraten in den Vereinigten Staaten weitgehend die gleiche Ideologie. ... Für einen Europäer, der an den Lärm und die Wut aufeinanderprallender Ideologien gewöhnt ist, erscheinen die amerikanischen Parteikämpfe zahm und uninteressant.»[13] Dies sollte sich in den folgenden 50 Jahren dramatisch ändern.

Zerbrechen der Konsenskultur

Die Harmonie der Nachkriegszeit war in ihrer Dimension präzedenzlos selbst für die moderate gesellschaftliche und politische Kultur der Nation. Doch sie war primär ein Phänomen des weißen Amerika, das 1950 fast 90% der Einwohner umfasste. Schwarze, nicht nur, aber vor allem in den Südstaaten litten unter Segregation und Rechtlosigkeit, aufgrund rassistischer Diskriminierung waren nur 16,8% von ihnen dort als Wähler registriert.[14] Anderen Minderheiten erging es wenig besser, wie die erbärmlichen Zustände in den Reservaten der Native Americans oder die Internierung von 120 000 Bürgern japanischer Herkunft im Zweiten Weltkrieg zeigten. Selbst bei den Weißen waren es in erster Linie Männer, die den amerikanischen Traum lebten, jenes Versprechen von Wohlstand durch harte Arbeit, sozialem Aufstieg und Selbstverwirklichung. Mit 86,4% lag ihre Erwerbsquote Mitte des 20. Jahrhunderts weit vor jener der Frauen mit 33,9%.[15] Diese waren auf traditionelle Rollen im Haushalt festgelegt. Wenn sie arbeiteten, dann meist in ‹weiblichen› Berufen wie Lehrerin, Sekretärin und Verkäuferin mit schlechter Bezahlung und geringen Karrierechancen.

Diese scheinbar so festgefügte Welt zerbrach in den folgenden Dekaden. Kaum eine Fernsehserie hat die Anfänge dieses Prozesses besser eingefangen als *Mad Men*, ausgestrahlt von 2007 bis 2015 vom Kabelsender AMC. Der erfolgreiche Werbefachmann Don Draper, natürlich ein Weißer, durchlebt die sich rapide ändernden Sitten und Stimmungen der 1960er Jahre. Seither beschleunigte sich dieser Wandel dramatisch und erfasste alle Lebensbereiche: Ausbildung, Arbeitsmarkt, Struktur der Wirtschaft, Außenhandel, Technologie, Immigration und Demographie, Religion und Werte. Die USA wurden vielfältiger, gebildeter, internationaler und reicher, aber auch ökonomisch disparater, säkularer und individualistischer. Was für viele Gruppen einen Gewinn an Gleichberechtigung und Lebensperspektiven brachte, bedeutete für andere Statusverlust und Abstiegsangst.

1967 entwickelten die beiden Politikwissenschaftler Seymour Martin Lipset und Stein Rokkan die *Cleavage*-Theorie. Danach gibt es vier Konfliktlinien, die Herausbildung und Konstanz westeuropäischer Parteiensysteme erklären: Kapital gegen Arbeit, Kirche gegen Staat, Stadt gegen Land und Zentrum gegen Peripherie.[16] Auf die weltanschaulich gemäßigten USA und ihre heterogenen Parteien ließen sich diese Kriterien Ende der 1960er Jahre nicht gewinnbringend anwenden. Seither öffnen sich indes Gräben, die sich durch die gesamte Bevölkerung ziehen und an denen sich die beiden Parteien ausrichten. Die neuen amerikanischen Konfliktlinien überlappen sich nur zum Teil mit den von Lipset und Rokkan in der Alten Welt beobachteten, aber sie sind mittlerweile ebenso fundamental und verwurzelt, wie es die westeuropäischen in den drei Dekaden nach dem Zweiten Weltkrieg waren.

Spaltpilz Race

Eine erste, ethnische Konfliktlinie tat sich mit dem Erfolg der Bürgerrechtsbewegung auf.[17] Nach dem Bürgerkrieg und dem Ende der Sklaverei hatte die Demokratische Partei in den Südstaaten den Schwarzen ihre gerade gewährten Rechte durch die rassistischen Jim-Crow-Gesetze – die erfundene Figur des Jim Crow, eines tanzenden und singenden Schwarzen, war ein Schmähbegriff – Stück für Stück bis Ende des Jahrhunderts wieder entzogen. Republikaner und Nordstaaten-Demokraten nahmen das hin, um keinen erneuten Konflikt zu riskieren. Mitte der 1950er Jahren formierte sich jedoch eine schwarze Protestbewegung, die die institutionalisierte Rassentrennung (*segregation*), die notorische Benachteiligung und das Vorenthalten des Wahlrechts nicht länger akzeptieren wollte. Dafür fanden sie zunächst beim Supreme Court, dann auch in der Politik Unterstützung. Präsident John F. Kennedy brachte 1963 ein Bürgerrechtsgesetz auf den Weg, das aber im Senat wegen eines *Filibuster*, der Blockade einer Abstimmung durch Dauerrede, nicht vorankam. Erst Lyndon B. Johnson, der JFK nach dessen Ermordung am 22. November ins Amt gefolgt war, gelang es, die Sabotage der Anhänger der Rassentrennung zu überwinden und eine breite Mehrheit für das Gesetz zu schmieden. Seine Unterschrift unter den *Civil Rights Act* am 2. Juli 1964 beendete die rechtliche Segregation und die Jim-Crow-Ära.

Später erzählte Johnsons Mitarbeiter Bill Moyers, ein niedergeschlagener Präsident habe ihm am Abend dieses epochalen Tages gesagt:

«I think we've just delivered the South to the Republican Party for the rest of my life, and yours.»[18] Tatsächlich brachen mit der Emanzipation der Schwarzen Rassenspannungen auf, denn die meisten weißen Südstaatler hassten das Gesetz. Seit dem Krieg gegen den vom Republikaner Abraham Lincoln geführten Norden wählten sie fast geschlossen die Demokraten. Im Deep South (South Carolina, Georgia, Alabama, Mississippi, Louisiana), den fünf historisch von Baumwollplantagen und Sklaverei abhängigsten Staaten, erzielte die Partei 80 bis 90% der Stimmen. Die Folge: Von den 27 Voten gegen den *Civil Rights Act* im 100-köpfigen Senat stammten 20 von demokratischen Senatoren aus den elf Staaten des Solid South (Deep-South-Staaten plus Texas, Florida, Virginia, Arkansas, Tennessee und North Carolina), die sich 1860 wegen der Sklavenfrage von den USA abgespalten hatten.[19] Das Gefühl, von progressiven Nordstaaten-Demokraten das Ende der Rassentrennung aufgezwungen zu bekommen, ließ viele weiße Südstaatler nach einer neuen politischen Heimat suchen.

Dies zeigte sich zunächst weniger bei den Kongresswahlen, wo die entschiedensten Gegner des *Civil Rights Act* aus den Reihen der Südstaaten-Demokraten gekommen waren. Doch bei den Präsidentschaftswahlen bewegten sich die weißen Wähler weg von der Demokratischen Partei. 1964 gewann der erzkonservative Republikaner Barry Goldwater nur sechs Staaten im ganzen Land, fünf davon freilich im Solid South. 1968 votierte eine Handvoll von ihnen als einzige in den USA mehrheitlich für den Rassisten George Wallace von der American Independent Party. Richard Nixon hofierte bei seinen Kandidaturen 1968 und 1972 mit seiner Southern Strategy diese von der nationalen Demokratischen Partei enttäuschten Weißen. Sein Berater Kevin Philips formulierte zynisch: «The more Negroes who register as Democrats in the South, the sooner the Negrophobe whites will quit the Democrats and become Republicans. That's where the votes are.»[20] Seither stimmten die meisten Südstaaten fast durchweg für die republikanischen Bewerber – mit Ausnahme des Jahres 1976, als Jimmy Carter aus Georgia antrat. Je ‹linkere› Kandidaten wie Walter Mondale 1984 und Michael Dukakis 1988 die Demokraten aufstellten und je weiter die Republikaner nach rechts rückten, desto stärker wandten sich die weißen Südstaatler der ehemals verfemten Partei zu.

Die «Rassenfrage» avancierte zu einem entscheidenden Marker, ob man sich eher den Demokraten oder den Republikanern zugehörig fühlte – primär im Süden.[21] Republikanische Wähler waren bald überproportional weiß, während seit den 1990er Jahren zwischen 83 und 90% der Schwarzen für demokratische Präsidentschaftskandidaten votierten. Nicht ohne Grund: Viele Forderungen der Republikaner nach Einzelstaatsrechten (*state rights*), Abbau des Wohlfahrtsstaats, laxeren Waffengesetzen oder Straf- und Wahlrechtsverschärfung waren Codes einer Hundepfeifen-Politik (*dog whistle politics*), die versteckte Botschaften in zunächst unverfängliche Aussagen bettete und mit der Angst vor Schwarzen oder der Wut auf ihre angeblichen Privilegien spielte und ihre Gleichberechtigung zurückdrehen wollte.

Nichts machte dies deutlicher als ein Wahlkampf-Fernsehspot des republikanischen Präsidentschaftskandidaten George H. W. Bush 1988. Es zeigte einen verurteilten schwarzen Mörder, Willie Horton, der während eines Hafturlaubs im demokratisch regierten Massachusetts geflüchtet war und eine weiße Frau vergewaltigt und ihren Freund niedergestochen hatte. Obgleich der Spot den Wahlkampf kaum beeinflusste,[22] dokumentierte er die Bereitschaft der Republikaner, rassistische Stereotype von angeblich von Gewaltbereitschaft und niedrigen Trieben geleiteten Schwarzen zu schüren. Damit lieferten sie eine Blaupause für Donald Trumps fremdenfeindliche Tiraden 30 Jahre später.

Die beiden Wahlsiege Obamas 2008 und 2012 verschärften die kulturelle Spaltung der USA. Für die Mehrheit der Amerikaner stellte es kein Problem dar, einen Schwarzen zwei Mal zum Präsidenten zu wählen und als legitimen Amtsinhaber zu akzeptieren. Viele sahen in ihm sogar den Vorboten einer post-rassistischen Gesellschaft, *New-York-Times*-Kolumnist Tom Friedman feierte seinen Wahlsieg als letztes Kapitel des amerikanischen Bürgerkriegs.[23] In der Tat nimmt der Rassismus im Land seit Jahrzehnten ab. Ein ausgezeichneter Indikator dafür ist die Akzeptanz von Ehen zwischen Schwarzen und Weißen. Sie waren einst ein Tabu und sind heute normal. 1958, als das Meinungsforschungsinstitut Gallup zum ersten Mal danach fragte, fanden sie lediglich 4% der Amerikaner richtig. 1973 waren es 29%, zur Jahrhundertwende knapp zwei Drittel. 2021 bejahten 94% rassenübergreifende Ehen.[24]

Obwohl der Rassismus also massiv an gesellschaftlichem Zuspruch verlor, blieb die Ablehnung des ‹Anderen› ein politisch virulenter Faktor. Rechtspopulisten wie Talk-Radio-Moderator Rush Limbaugh, TV-Kommentator Glenn Beck oder Casting-Show-Star Trump sowie republikanische Politiker im Umfeld der fundamentalistischen Tea-Party-Bewegung nutzten Obamas Präsidentschaft, um ihn als Muslim, Anti-Amerikaner, Nicht-in-den-USA-Geborenen oder Gründer des IS zu diffamieren.[25] Unter dem Eindruck solcher Codes und Signale stilisierten sich viele Weiße, allen voran schlechter gebildete, auf einmal zu einer von wachsender ethnischer Vielfalt bedrohten Gruppe.

Das geschah nicht grundlos, zumindest wenn Hautfarbe und Herkunft entscheidendes Kriterium für die eigene Weltsicht sind: Stellten Weiße 1950 noch 89,3% der Bevölkerung, waren es 2020 nur mehr 57,8%. Latinos machten nun 18,7% aus, Schwarze 12,1% und Asien-Amerikaner 6,1%. 2045 werden Weiße wohl unter die Hälfte der Bevölkerung fallen. Während Obamas Amtszeit verfestigte sich die Einstellung zu Chancen und Gefahren dieser ethnischen Pluralisierung entlang parteipolitischer Linien: Demokraten betrachteten die Entwicklung relativ gelassen, Unabhängige und speziell Republikaner antworteten mit stärkerer Xenophobie. Dafür war nicht mehr eine fortgesetzte parteipolitische Selbstsortierung der Wähler verantwortlich wie in den Jahrzehnten davor, sondern eine Radikalisierung republikanischer Positionen.[26] Die zweite große aufbrechende Konfliktlinie bildet die Religion.

Spaltpilz Religion

Die 1960er Jahre sahen neben der Emanzipation der Schwarzen eine breite Liberalisierung der Gesellschaft. Ein lockerer Umgang mit Sex und Drogen, die Einführung der Anti-Baby-Pille, Proteste gegen den Vietnamkrieg, Hippies und Rockmusik, Women's Liberation und Schwulenbewegung, Multikulti und Hare-Krishna-Sekte erschütterten konservative Moralvorstellungen zutiefst. Was viele christliche Hardliner besonders empörte, war der Kampf der Regierung gegen die oft an ihren religiösen Schulen und Universitäten praktizierte Rassentrennung. Vor allem die Southern Baptist Convention, die größte protestantische Konfession, war traditionell ein Hort weißer Suprematie-Vorstellungen, der

2. VON DER KONSENS- ZUR KULTURKAMPFNATION: DIE GESELLSCHAFT

Rhetorik «rassischer» Reinheit und des Männlichkeitskults. Der Gründer der Bob Jones University, eines fundamentalistischen Colleges in South Carolina, argumentierte sogar, die Segregation sei von der Bibel vorgegeben.[27]

Einige Führer dieser weißen Evangelikalen – fundamentalistischer Protestanten – beschlossen deshalb, die politisch bis dato wenig organisierten Gläubigen zu einem Wählerblock zusammenzuschmieden und so Einfluss auf die Politik zu gewinnen. Ihr wichtigster Aktivist Paul Weyrich schrieb Mitte der 1970er Jahre: «Die neue politische Philosophie muss von uns [Konservativen] in moralischen Begriffen definiert, in nicht-religiöse Sprache verpackt und im ganzen Land von unserer neuen Koalition propagiert werden. Wenn die politische Macht erreicht ist, wird die moralische Mehrheit die Möglichkeit haben, diese große Nation neu zu erschaffen.»[28] Und Baptistenpastor Jerry Falwell predigte am 4. Juli 1976, dem 200. Jahrestag der Unabhängigkeitserklärung, vor 25 000 Menschen im Widerspruch zu den Absichten der Gründerväter: «Die Vorstellung, dass Religion und Politik nicht zusammenpassen, wurde vom Teufel erfunden, um die Christen davon abzuhalten, ihr eigenes Land zu regieren.»[29]

Was ihnen dafür fehlte, war ein zugkräftiges Thema. Nichts schien sich zu eignen – weder das Anprangern von Pornographie noch die Forderung, das Schulgebet einzuführen, und mit der «Rassenfrage» konnte man nicht offensiv agitieren. Selbst das Urteil *Roe v. Wade* des Supreme Court von 1972, das das Recht auf Abtreibung in den ersten 24 Schwangerschaftswochen landesweit verankerte, hatte zunächst nur bei Katholiken für Empörung gesorgt. Die meisten fundamentalistischen protestantischen Pastoren und Publikationsorgane schwiegen dazu, die Baptisten begrüßten es als angemessenen Ausdruck der Trennung von Kirche und Staat. Ihr Pressedienst kommentierte: «Religionsfreiheit, Gleichheit und Gerechtigkeit werden durch die Abtreibungsentscheidung des Obersten Gerichtshofs gefördert.»[30]

Erst Ende der 1970er Jahre entdeckten Weyrich und andere Evangelikale die Sprengkraft dieser Frage, als ein Pro-Life-Republikaner überraschend die Senatswahl in Minnesota gewann. Von da an wurde der Kampf gegen die Abtreibung das wichtigste Anliegen der sich formierenden Christlichen Rechten. 1979 gründete Falwell die Moral Majority mit dem Ziel, konservative Christen als politische Kraft zu organisieren. Ronald Reagan und die Republikaner begannen in der Folge, diese und andere evangelikale Organisationen zu hofieren. 1988 bewarb sich Pat Robertson, ein ehemaliger Pastor der Southern Baptists und Besitzer eines einträglichen religiösen TV-Kabelkanals, für die Präsidentschaftsnominierung der Partei und dokumentierte damit die politischen Ambitionen der Christlichen Rechten. Seine Christian Coalition of America avancierte schnell zur einflussreichsten Stimme innerhalb der konservativen christlichen Bewegung. 1991 konstatierte der Soziologe James Davison Hunter als erster einen «Kulturkampf» zwischen den fundamentalistischen und säkularen Kräften um Themen wie Homo-Ehe und Abtreibung.[31] Im Wahlkampf 1994 zwang der Minderheitsführer im Repräsentantenhaus Newt Gingrich die Republikanische Partei zum Schulterschluss mit den weißen Evangelikalen – mit Riesenerfolg: Zum ersten Mal seit 40 Jahren eroberte sie beide Kammern des Kongresses.

Anfang der 2000er Jahre waren christliche Fundamentalisten eine Säule der republikanischen Wählerkoalition geworden. Seither buhlen alle Präsidentschaftsbewerber der Partei um ihre Unterstützung, ohne diese Gruppe sind sie auf nationaler Ebene nicht mehrheitsfähig. Keine Gruppe unterstützte Trump stärker als weiße Evangelikale. 2016 gewann er bei ihnen 80, vier Jahre später 76%.[32] Das egalisierte oder übertraf sogar noch die ohnehin schon hohen Werte der drei vorherigen republikanischen Kandidaten George W. Bush (2000: 68%, 2004: 78%), John McCain (2008: 73%) und Mitt Romney (2008: 79%).

Drei Sorgen trieben fundamentalistische Christen in Trumps Arme: Erstens das Gefühl, im Kampf gegen die Verweltlichung der Gesellschaft auf der Verliererstraße zu sein. Ihre Normen waren unter Druck, 2015 legalisierte der Supreme Court sogar gleichgeschlechtliche Ehen. Zweitens gab es die an Paranoia grenzende Angst, die Demokraten würden ihre religiösen Privilegien beschneiden, die Rechte von Homo- und Transsexuellen stärken und – am wichtigsten – Schwangerschaftsabbrüche erleichtern. Drittens schließlich glaubten sie, das republikanische Establishment kämpfe nicht engagiert genug für ihre Anliegen.

Trump hingegen verkörperte alles, wofür weiße Evangelikale standen: Macho-Gehabe, Rebellion gegen angeblich dekadente Eliten, Agitation gegen ethnische Minoritäten und Muslime, bellizistische Rhetorik. Ihr

Gott war nicht der friedfertige Jesus der Bergpredigt, sondern ein Rächer und Krieger.[33] Immer wieder warnte sie Trump, er sei «ihre letzte Chance», und versprach, sie in ihrer Abwehrschlacht zu beschützen und Amerikas christliches Erbe zu verteidigen.[34] Das Argument stach: Bei den Wahlen 2016 stimmten alle zehn Staaten mit dem größten Anteil an «hochreligiösen» Bürgern für Trump, von den zehn mit dem kleinsten hingegen nur zwei.[35] Angesichts seiner Popularität bei ihren Gläubigen schwenkten selbst moderate Pastoren auf Trumps extremistischen Kurs ein. Wie die Republikanische Partei, so eroberte er auch die weißen evangelikalen Kirchen fast komplett. Der ukrainische Kirchengeschichtler Cyril Hovorun verglich den Trumpismus sogar mit einer Zivilreligion, nicht unähnlich der in Russland, wo sich die orthodoxe Kirche Präsident Putin unterwarf.[36]

Tatsächlich hatten die weißen Evangelikalen ihren Zenit überschritten und damit Anlass für Marginalisierungsängste. War ihr Anteil an der Bevölkerung von 17 % 1972 bis 2007 auf 30 % gestiegen, fiel er bis 2021 wieder auf 24 % zurück. Parallel versechsfachte sich die Zahl religiös Ungebundener von fünf auf 29 %.[37] Jim Davis und Michael Graham sprachen sogar von einem «Great Dechurching» der USA. Sie führten diese Entwicklung auf das Ende des Kalten Kriegs, die Radikalisierung der Religiösen Rechten und das Aufkommen des Internets mit all seinen Ablenkungen für die Gläubigen zurück.[38] Eine wesentliche Ursache für die Entfremdung von der Kirche bildeten freilich die unzähligen Missbrauchsfälle, allein bei den Southern Baptists waren laut einer Untersuchung des *Houston Chronicle* zwischen 1998 bis 2019 fast 400 Pastoren und Jugendarbeiter involviert.[39] 2022 hatten die Evangelikalen die höchsten Negativwerte aller Religionsgemeinschaften und lagen sogar hinter Mormonen, Atheisten und Muslimen.[40]

Am dramatischsten war die Säkularisierung bei den 18- bis 35-Jährigen. 1991 identifizierten sich 87 % als Christen und 8 % als Ungebundene, 2021 lagen beide Gruppen nur mehr wenige Prozentpunkte auseinander.[41] Als Hauptgrund für den Kirchenkollaps bei Millennials und Generation Z nennt die Soziologin Ruth Braunstein die schrille Rhetorik der Führer der Religiösen Rechten gegen Abtreibung und Homosexuelle. Sie entfremdete junge Amerikaner nicht nur von den fundamentalistischen Konfessionen, sondern auch von der Religion überhaupt.[42] Das hatte parteipolitische Folgen: Je kompromissloser die Republikaner christlichradikale Positionen vertraten, desto stärker verloren sie Jungwähler an die Demokraten.[43] 2020 votierten die 18- bis 29-Jährigen zu 59% für Biden und zu 35% für Trump. Über alle Altersgruppen hinweg bevorzugten 78% der weißen Evangelikalen die Republikaner und 67% der religiös Ungebundenen die Demokraten.[44] Neben der Einstellung zu nicht-weißen Ethnien spaltet die Frage «Wie hast du's mit der Religion?» das Land. Der dritte Konfliktherd betraf die materiellen Lebensumstände und die Zukunftschancen.

Spaltpilz Lebensqualität

Die Phase zwischen Eintritt in den Zweiten Weltkrieg und erster Ölkrise 1973 war einmalig in der US-Geschichte, weil das enorme Wachstum an Industriearbeitsplätzen eine soziale und ökonomische Nivellierung der Gesellschaft bewirkte. Amerika wurde reicher und parallel gleicher. Farmer, Ungelernte und Junge konnten in der Niedrigtechnologie-Arbeitswelt selbst mit bescheidenem Ausbildungsniveau schnell in die Mittelklasse vorstoßen.

Seither hat sich das Anforderungsprofil an Arbeitskräfte jedoch gewandelt. Der Einzug der Informationstechnologie erfordert in fast allen Jobs zumindest rudimentäre Computerkenntnisse. Die fortschreitende Automatisierung der industriellen Fertigung erhöhte den Druck auf untere, weniger gut ausgebildete Lohngruppen. Die Verlagerung von einer Produktions- zu einer Dienstleistungswirtschaft ging einher mit einer Ausdifferenzierung der Jobprofile. Und der internationale Wettbewerb, in erster Linie der Eintritt Chinas in die Weltwirtschaft, brachte amerikanische Fabrikarbeiter in Konkurrenz zu ihren Kollegen in den Entwicklungsländern.

In der alten Blue-Collar-Welt verdienten Arbeiter in der Automobiloder Fernsehgerätefabrik ähnlich viel, egal ob sie Stoßstangen anbrachten oder Röhren einbauten. Die neue White-Collar-Welt bot weniger Industriejobs, und im wachsenden Dienstleistungssektor taten sich große Lohnunterschiede auf. Eine Software-Designerin verdiente ein Vielfaches eines Supermarkt-Kassierers. Hohe Einwanderung und schwindender Einfluss der Gewerkschaften drückten auf die Einkommen der Geringverdiener, zumal der inflationsbereinigte Mindestlohn zwischen 1970 und 2022 um 40% fiel. Gleichzeitig stieg die Prämie für gute Ausbildung. Während die Einkommen von College-Absolventen auch nach 1973 real weiter zulegten, stagnierten die von Amerikanern, die nur die High School besucht oder sie gar abgebrochen hatten.

Diesen Unterschied hatte es zwar schon früher gegeben, aber jetzt wurde er gesellschaftlich relevant: 1950 hatten nämlich gerade einmal 7,3% der Männer und 5,2% der Frauen ein vierjähriges College abgeschlossen, 2021 lauteten diese Zahlen 36,6 und 39,1%. Was gesamtgesellschaftlich positiv war, machte die Kluft entlang der Ausbildungslinien sichtbarer. Dabei steigerten die lange Zeit benachteiligten Minderheiten ihre Studienquote am stärksten: 2020 besuchten 64% der asienstämmigen und 36% der schwarzen und hispanischen Amerikaner im Alter von 18 bis 24 Jahren ein College. Bei den Weißen lag der Anteil bei 41%.[45] Ausbildung war nicht mehr wie in den Jahrzehnten nach dem Zweiten Weltkrieg primär ein Phänomen der ethnischen Herkunft, sondern wurde eines der Klasse.

Die Einkommens- und Vermögensunterschiede wachsen seit den 1970er Jahren rapide. War das durchschnittliche Haushaltseinkommen des obersten Fünftels 1975 noch 10,3 Mal höher als das des untersten, stieg dieser Wert bis 2019 auf 16,6. Der Grund: Obwohl alle Fünftel reicher wurden, legte das oberste am meisten zu. Die Top-1-Prozent verdoppelten ihren Anteil am Nationaleinkommen in diesem Zeitraum deutlich auf fast 20%.[46] Parallel gingen die Chancen für einen sozialen Aufstieg zwischen den Generationen zurück. Verdienten 92% der 1940 Geborenen später mehr als ihre Eltern, traf das bei den Jahrgängen 1960 bis 1984 nur mehr für 50 bis 62% zu – mit fallender Tendenz.[47] Der amerikanische Traum ist in den vergangenen Dekaden also verblasst. Schon 1994 betitelte der Ökonom Paul Krugman sein Buch über das langsame Wirtschaftswachstum und die zunehmende Ungleichheit mit *Zeitalter verminderter Erwartungen*. Darin wunderte er sich, wie wenig politische Unterstützung es für Vorschläge gab, die Situation zu verbessern.[48]

Der entscheidende Faktor für sozialen und finanziellen Aufstieg ist die Bildung. 2013 verdiente eine Familie von zwei College-Absolventen etwa 2,5 Mal so viel wie eine Familie von zwei Highschool-Abbrechern.[49]

Diese Entwicklung wird dadurch verschärft, dass Menschen heute Partner von ähnlichem Bildungsgrad und Einkommenspotenzial wählen. Konkret: Heirateten in den 1950er Jahren Ärzte und Professoren Krankenschwestern und Sekretärinnen, werden Ehen inzwischen häufig zwischen Ärztinnen und Ärzten oder Krankenpflegern und Sekretärinnen geschlossen. Soziologen sprechen von einem «assortative mating», einer zueinander passenden Gattenwahl.[50] Eine Studie macht dieses verstärkte Heiratsverhalten innerhalb derselben sozioökonomischen Klasse für ein Drittel des Anstiegs der Einkommensungleichheit zwischen 1960 und 2005 verantwortlich.[51]

Zugleich zeigt die jüngere Forschung: Betrachtet man das Haushaltseinkommen *nach* Steuern und Transferleistungen, ist Amerika nicht ungleicher geworden seit den 1970er Jahren. Progressive Steuern, Arbeitgeberbeiträge zu Kranken- und Rentenversicherung sowie staatliche Lohnzuschüsse und Steuergutschriften für Bedürftige egalisieren den Negativtrend.[52] Weitgehend ausgenommen davon bleibt die Vermögensverteilung, vor allem wegen der seit Jahrzehnten boomenden Aktienanlagen. So stieg der Anteil des Top-1-Prozents der Bevölkerung am Nationalvermögen von 23,5% 1989 auf 31,8% 2022. Das Vermögen der unteren Hälfte ging zwischen 1989 und 2011 von 3,7 auf 0,4% zurück, um dann bis 2022 wieder auf 2,8% zu klettern.[53]

Aber Geld ist nur ein Teil der sozioökonomischen Spaltung, letztlich geht es um Lebensqualität. Die Besserausgebildeten konnten die Früchte der Technologisierung, Automatisierung und Globalisierung genießen in Form kreativer, gutbezahlter Jobs, hoher Renditen an den Kapitalmärkten, günstiger Importprodukte oder internationaler Kontakte und Reisen. Die Schlechtausgebildeten profitierten hingegen allein von billigeren Waren, während ihre Löhne fielen, ihr Anteil am Nationalvermögen zurückging und ihre guten Arbeitsplätze insbesondere in Industrie und Bergbau verschwanden oder unsicherer wurden. Es fiel ihnen zudem schwerer, aus der unteren Einkommensschicht in eine höhere aufzusteigen. Der Soziologe Michael Sandel nannte dies die *Tyranny of Merit*, wo Gutausgebildete und Bessergestellte die Gewinne der modernen Hochleistungswirtschaft einstreichen, während der Rest zurückbleibt.[54]

2020 argumentierten die Wirtschaftswissenschaftler Anne Case und Angus Deaton in *Deaths of Despair and the Future of Capitalism*, der damit verbundene Stress setze insbesondere weißen Arbeitern ohne Collegeabschluss brutal zu. Seit Beginn des 21. Jahrhunderts habe deren Leben an Struktur verloren, ihr Selbstwertgefühl sei gefallen. Sie seien seltener verheiratet oder Kirchenmitglied, sie seien öfters sozial isoliert und krank. «Die Welten der Besser- und Schlechtergebildeten sind auseinandergefallen», folgern Case und Deaton.[55] Ihre aufsehenerregende These, dass die Lebenserwartung verzweifelter Arbeiter aufgrund von Drogen-Überdosen fällt, wurde indes mittlerweile relativiert. Neue Studien legen nahe: Es ist der leichte Zugang zu Opioiden, der die explodierende Todesrate erklärt, nicht ökonomische Verzweiflung.[56]

Unbestritten ist, dass sich die Bildungsklassen immer stärker selbst reproduzieren. So gaben 80 % der Highschool-Absolventen mit zwei Akademiker-Eltern in einer Umfrage 2014 an, von ihnen in der Aufnahme eines Studiums bestärkt worden zu sein; für Kinder aus Nicht-Akademiker-Haushalten traf das nur für 29 % zu. Studenten aus der ersten Gruppe schafften zu 55 % einen akademischen Abschluss, aus der zweiten lediglich zu 23 %.[57] Dabei wäre ein College-Zeugnis der große Gleichmacher für die sozioökonomische Mobilität zwischen den Generationen. 2017 erzählte James David Vance in *Hillbilly-Elegie: Die Geschichte meiner Familie und einer Gesellschaft in der Krise* von zerstobenen Aufstiegshoffnungen und der Resignation einer ganzen Bevölkerungsschicht im Rostgürtel (*rust belt*) der USA, der ehemaligen Industrieregion um die Großen Seen, und im dünn besiedelten Hinterland der Appalachen.[58]

Folgen

In den vergangenen 60 Jahren sind in der amerikanischen Gesellschaft also drei große Konfliktlinien aufgebrochen entlang von Race, Religion und Lebensqualität. Diese Kluft manifestiert sich auch geographisch: In Städten leben tendenziell Bessergebildete, Gutverdienende und Jüngere, die häufig Minderheiten angehören und positive Lebensaussichten haben, auf dem Land Schlechtgebildete, Niedrigverdiener und Ältere, die meist weiß sind und sich vor der Zukunft ängstigen. Städter sind überproportional Demokraten, Landbewohner Republikaner. 2020 gewann

Biden mit 58 zu 40% gegen Trump in Großstädten mit mehr als einer Million Einwohnern, während Trump in ländlichen Landkreisen mit zwei Dritteln zu einem Drittel vorne lag. Gleichzeitig gilt: Trump holte insgesamt mehr Stimmen in den Städten als auf dem Land, einfach weil nur 14% der Amerikaner in ländlichen Landkreisen wohnen.[59] Selbst in Städten schnitten die Demokraten in dicht besiedelten Vierteln besser ab als die Republikaner, weil ihre ärmere Wählerklientel – Arbeiter im Dienstleistungsbereich, Schwarze, Einwanderer, Studenten – enger zusammenwohnt.[60]

Die geographische Polarisierung, bei der sich Anhänger der einen oder anderen Partei in homogenen Enklaven zusammenfinden, nahm seit den 1970er Jahren stetig zu. Eine Studie von drei Wirtschaftswissenschaftlern weist nach, dass die USA heute bei den parteipolitischen Präferenzen räumlich stärker gespalten sind als jemals zuvor seit 1865.[61] Das hat wenig damit zu tun, dass Menschen bewusst dorthin zogen, wo die meisten Bewohner ihre Ansichten teilen, wie der Journalist Bill Bishop 2008 in seinem Buch *The Big Sort* vermutete.[62] Auch handelt es sich nur zu einem geringen Teil um die bewusste Entscheidung, durch Umzug einen städtischen oder ländlichen Lebensstil anzustreben, der mit politischen Ansichten korreliert. Vielmehr ist es Folge davon, dass sich soziokulturelle Identitäten weitgehend mit politischen Präferenzen decken. Konkret: Die Demokraten sind die Partei der Minderheiten und der bessergebildeten, säkularen und ethnisch toleranten Weißen, die eher in Städten wohnen, die Republikaner die der schlechtausgebildeten, religiösen und fremdenskeptischen Weißen, die überproportional auf dem Land leben.[63]

Die Wut auf das Establishment, ohnehin ein Wesenszug im antielitären Amerika, stieg primär bei den vom rapiden wirtschaftlichen, technologischen, demographischen und kulturellen Wandel Zurückgelassenen und Überforderten. Die Politikwissenschaftlerin Katherine Cramer veranschaulichte in ihrem Buch *The Politics of Resentment* 2016, wie sehr sich im ländlichen Wisconsin der Groll auf die «liberale Elite» in den Städten, in Washington und an den Küsten der USA verfestigt hatte. Viele schlechter ausgebildete Weiße waren überzeugt, nicht ihren fairen Anteil an politischer Mitsprache und staatlichen Unterstützungsprogrammen zu erhalten. Besonders ärgerte sie die vermeintliche Arroganz des Establishments, das auf ihre Werte herabblickte und ihnen Respekt für ihre Lebensart versagte.[64] Forscher der Universität Minnesota stellten fest, dass sich viele Weiße «als bedrängte oder sogar benachteiligte Gruppe [sahen], und das führte sowohl zu einer starken Identität untereinander als auch zu einer größeren Toleranz von feindlichen Äußerungen gegenüber anderen Gruppen»[65]. Rassismus und Fremdenfeindlichkeit wurden hoffähig. Parallel wies der Internet-Datenexperte Seth Stephens-Davidowitz 2014 durch Auswerten der *Google*-Suchanfragen nach, dass rassistische Einstellungen nicht nur wie erwartet in den Südstaaten, sondern auch im ökonomisch gebeutelten Norden der USA überdurchschnittlich verbreitet waren – unter anderem in West-Pennsylvania, Ost-Ohio, Nord-Wisconsin und im industriell geprägten Michigan.[66]

Die Spaltung in unterschiedliche Identitätsgruppen und der Verlust an Toleranz und Mäßigung sind über viele Jahrzehnte gewachsen und haben sich in die Gesellschaft gefräst. Und «Polarisierung erzeugt Polarisierung», analysiert Ezra Klein in *Der tiefe Graben*.[67] Darauf hatte Cass Sunstein, Juraprofessor an der University of Chicago, schon 2002 in seinem Aufsatz *The Law of Group Polarization* hingewiesen. Er argumentierte, dass Diskussionen in einer Gruppe allein dann zu besseren Ergebnissen führen, wenn diese heterogen ist. In homogenen Gruppen gibt es hingegen eine Tendenz zur gegenseitigen Bestätigung, die zu «Kaskadeneffekten» führen kann. An deren Ende glauben ihre Mitglieder an etwas, selbst wenn es falsch ist, einfach weil andere Leute daran zu glauben scheinen.[68] Das Aufbrechen der In-Groups und die Rückkehr zum zivilen Umgang mit Out-Groups können deshalb allenfalls langsam vorankommen, die Polarisierung wird auf absehbare Zeit die Norm in der amerikanischen Politik bleiben. Welche Rolle Interessengruppen, Soziale Bewegungen, Think Tanks und die Medien beim Auseinanderdriften der Gesellschaft spielten, erörtert das folgende Kapitel.

3. BRANDBESCHLEUNIGER DER POLARISIERUNG: DIE NICHT-STAATLICHEN AKTEURE

Die Spaltung der Gesellschaft entlang weltanschaulicher Bruchlinien schraubte sich seit den 1960er Jahren mit zunehmendem Tempo nach oben. Verstärkt wurde diese Entwicklung durch nicht-staatliche Akteure, die auf die Meinungsbildung der Bevölkerung einwirken. Man nennt sie «intermediär», weil sie zwischen Bürgern und Politik stehen. Dazu zählen Interessengruppen und Soziale Bewegungen, die ihren Anliegen durch Lobbying oder Demonstrationen Gehör verschaffen, Think Tanks, die die Politik erforschen, beraten und immer häufiger in eine bestimmte weltanschauliche Richtung zu lenken versuchen, und Medien, die über die Politik berichten und sie kommentieren, aber sie auch mehr und mehr beeinflussen wollen. Sie alle trugen in den vergangenen Jahrzehnten zur Polarisierung bei.

Interessengruppen

Prinzipiell sind Interessengruppen und Lobbyismus durch die Verfassung geschützt. Sie können sich auf den ersten Zusatz berufen, der dem Kongress das Verabschieden eines Gesetzes untersagt, «das Rede- und Pressefreiheit oder das Recht des Volkes einschränkt, sich friedlich zu versammeln und an die Regierung eine Petition zum Abstellen von Missständen zu richten». Zugleich waren den Gründervätern von «Leidenschaften oder Interessen» getriebene Gruppen, die sie *factions* nannten, suspekt. Sie stellten für Madison, wie er in *Federalist* Nr. 10 schrieb, eine «tödliche Krankheit» für die Demokratie dar, weil sie «im Gegensatz zu den Rechten anderer Bürger oder den ständigen Gesamtinteressen der Gemeinschaft stehen». Aber er erwog nie ein Verbot von Interessengruppen, weil «die Kur schlimmer als die Krankheit» wäre. Madison plädierte vielmehr für eine möglichst große Union, weil dort ein Gleichgewicht zwischen diesen *factions* leichter herstellbar sei als in kleinen Territorien.

3. BRANDBESCHLEUNIGER DER POLARISIERUNG

Gegen die gefährliche Dominanz einer Gruppe oder einer Partei helfe am besten «eine größere Vielfalt» oder, modern gesprochen, Pluralismus.[1]

Madisons Befürchtungen waren keineswegs akademisch. Seit den frühen Tagen der Republik versuchten Kaufleute, Fabrikanten oder ethnische und religiöse Minderheiten, die Regierung zu einer sie begünstigenden Politik zu bewegen. Tocqueville zeigte sich in den 1830er Jahren überrascht von der Zahl und Breite von Interessengruppen in den USA: «In keinem Land der Welt wurde das Prinzip der Vereinigung erfolgreicher genutzt oder auf eine größere Anzahl von Gegenständen angewendet als in Amerika.»[2] Neben vielen wirtschaftlichen und lokalen Organisationen gab es schon damals weltanschauliche und landesweite wie die American Anti-Slavery Society (gegründet 1833), die National Trades' Union (1834), die sich für einen Zehn-Stunden-Arbeitstag einsetzte, und die American Temperance Union (1836), die den Verkauf alkoholischer Getränke verbieten wollte.

Nach dem Bürgerkrieg begannen Rohstoff- und Industriemonopolisten wie Öl- und Stahlkonzerne und Eisenbahnen, aber auch Großbanken die Regierungen und Parteien in Kommunen, Einzelstaat und Bund in ihrem Sinn zu manipulieren. Der Einfluss dieser wirtschaftlichen Gruppen auf Gesetzgebung und Personalauswahl war so flagrant, dass sich ab den 1890er Jahren eine progressive Reformbewegung herausbildete. Ihr gelang es in den folgenden zwei Dekaden, die Mitsprache der Bürger am politischen Prozess durch Vorwahlen und Referenden zu erhöhen, Kartelle zu zerschlagen und soziale Verbesserungen für Arbeiter, Verbraucher, Frauen und Kinder durchzusetzen.[3]

Doch der Pluralismus erwies sich entgegen den Hoffnungen Madisons nicht als Allheilmittel gegen den Einfluss von *factions*. Der amerikanische Wirtschaftswissenschaftler Mancur Olson zeigte in seinem Standardwerk *Logik des kollektiven Handelns* 1965, dass Interessengruppen unterschiedliche Anreize haben, sich zu organisieren. Kleine, homogene Gruppen sind schlagkräftig, weil sie durch ihr Spezialinteresse hochmotiviert sind und geschlossen auftreten. Große heterogene Gruppen hingegen sind meist wenig durchsetzungsstark, weil unter anderem der Nutzen für den Einzelnen abnimmt und die Organisationskosten steigen.[4] Die Verbände der Mais-, Soja- und Weizenbauern kämpfen zum Bei-

Karikatur ‹Die Bosse des Senats› aus dem Jahr 1889

spiel heute auch deshalb höchst erfolgreich um Subventionen aus Washington, weil es kaum eine Gegenlobby gibt, die sich für eine sparsame Haushaltspolitik einsetzt. Die Farmer haben durch ihr Engagement viel zu gewinnen, der einzelne Verbraucher nur wenig.

Verwunderlich ist angesichts dieser Logik, dass es überhaupt Interessengruppen gibt, die sich um große weltanschauliche oder gesellschaftliche Anliegen kümmern. Hier sind es moralische Anreize und die persönliche Befriedigung, sich für seine Überzeugungen einzusetzen, die über Olsons Kosten-Nutzen-Kalküle triumphieren. Obwohl einige dieser Gruppen von Aktivisten getragen und von Stiftungen oder wohlhabenden Individuen finanziert werden, überleben andere durch Kleinspenden oder Beiträge einer großen Zahl einfacher Bürger.[5] Der Anwalt Ralph Nader war 1971 einer der Ersten, der mit der Verbraucherschutzorganisation Public Citizen eine solche öffentliche Interessengruppe ins Leben rief. Sie agieren durchaus erfolgreich. Die Studie *Showdown at Gucci Gulch* beschreibt anhand des Kampfes um das Steuerreformgesetz von 1986, wie ökonomische Sonderinteressen, die ihre Schlupflöcher und Privilegien behalten wollten, gegen das öffentliche Interesse an niedrigeren Steuersätzen für alle verlieren.[6]

3. BRANDBESCHLEUNIGER DER POLARISIERUNG

Die Zahl der in Washington tätigen Interessengruppen ist seit den 1960er Jahren explodiert. Fast drei Viertel von ihnen sind Ableger von Unternehmen sowie Wirtschafts- und Berufsverbänden, 14 % sind Bürgervereinigungen, 12 % vertreten die Anliegen von Regierungen der Einzelstaaten, Universitäten, Krankenhäuser und Think Tanks, 2 % die von Gewerkschaften. Viele dieser Gruppen haben separate Organisationen, sogenannte Political Action Committees (PACs), gegründet, die Spenden einwerben und damit Politiker und Parteien unterstützen können. Gab es 1974 erst 608 dieser PACs, waren es 2022 fast 9000. Parallel hat die Zahl registrierter Lobbyisten, die die Anliegen der Interessengruppen in die Regierungspolitik einspeisen, stark zugenommen.[7]

Zwischen 2000 und 2022 schwankte ihre Zahl zwischen 11 500 und 15 000.[8] Die Ausgaben der Interessengruppen für Lobbying lagen im Zwischenwahljahr 2022 bei mehr als vier Milliarden Dollar. Am meisten wendeten dafür auf die Nationale Immobilienmaklervereinigung (82 Mio. Dollar), die US-Wirtschaftskammer (81 Mio.), die Pharma-Industrie (29 Mio.) und die Amerikanische Krankenhaus-Vereinigung (27 Mio). Firmen wie *Amazon* (21 Mio.), *Meta* (19 Mio.), *Pfizer* (15 Mio.), *Comcast* (14 Mio.) oder *Lockheed Martin* (14 Mio.) landeten ebenfalls auf den vordersten Rängen. Die fünf größten Sektoren waren Gesundheit (725 Mio.), Banken, Versicherungen und Immobilienmakler (609 Mio.), Kommunikation und Elektronik (542 Mio.), Energie und natürliche Ressourcen (359 Mio.) sowie Verkehr (283 Mio.). Die Ausgaben erscheinen gigantisch, doch sie lohnen sich. Eine Studie des Finanzanalyse-Unternehmens *Strategas* ergab 2011, dass die 50 Firmen, die den größten Anteil ihres Vermögenswerts ins Lobbying steckten, atemberaubende Profite erzielten. In der Dekade nach 2002 stieg ihr Börsenwert pro Jahr um 11 % stärker als der breite US-Aktienindex S&P 500.[9]

Die Gesetze, die die meisten Wirtschafts-Lobbyisten beeinflussen wollen, sind natürlich jene mit dem größten Ausgabenvolumen. 2022 waren dies das Inflationsreduzierungsgesetz mit 1754 eingetragenen Lobbyisten, zwei Haushaltsgesetze (1498 und 955), das Infrastruktur-, Investitions- und Jobsgesetz (787) sowie das Gesetz für das Verteidigungsbudget (708). Selbst 990 Unternehmen und Regierungen anderer Staaten heuerten zwischen 2016 und 2022 Lobbyfirmen in den USA an. Spitzenreiter war China mit Ausgaben von 292 Mio. Dollar, gefolgt von Japan

Interessengruppen 59

Gesamtausgaben in Milliarden   **Zahl der Lobbyisten**

Zahl und Gesamtausgaben der registrierten aktiven Lobbyisten

(285 Mio.), Südkorea (234 Mio.) und Katar (215 Mio.). Deutschland ist nur ein kleiner Spieler im amerikanischen Lobbyinggeschäft, wobei die Deutsche Telekom das Feld anführt.

Die wichtigsten Mittel zum Durchsetzen eigener Interessen sind: Gesetze oder Passagen darin entwerfen, Spezialwissen in Beratungen mit Politikern anbieten, bei Kongressanhörungen als Experten auftreten und für Wahlkämpfe spenden. Weil persönliche Kontakte und der Zugang zu Entscheidungsträgern dafür essenziell sind, heuern Lobbyfirmen zunehmend Ex-Politiker als hochbezahlte Mitarbeiter an. Gingen in den 1970er Jahren gerade einmal 3% der ehemaligen Parlamentarier diesen Weg, waren es 2014 die Hälfte der ausscheidenden Senatoren und 42% der Abgeordneten.[10] Lange Zeit residierten so viele ihrer Lobby- und Anwaltsfirmen in Washingtons K Street, dass die Straße zum Synonym für die Macht der Interessengruppen wurde. 2002 gab es sogar eine Fernsehserie von Regisseur Steven Soderbergh mit dem Titel ‹K Street›, in der reale Lobbyisten und Politiker auftraten.

Interessengruppen haben seit Madison keinen guten Ruf in den USA. Die politische Linke setzt sie oft mit einer legalen Form der Bestechung, mit unziemlicher Einflussnahme gleich oder gar mit Erpressung.[11] Selbst ein Rechtspopulist wie Trump spielte mit solchen Stereotypen, als er im Wahlkampf 2016 versprach, «den Sumpf trockenzulegen» (*drain the swamp*), weil Sonderinteressen «das System gegen den normalen Amerikaner manipulierten».[12] Was er freilich unter «Sumpf» verstand, war nicht der exzessive Einfluss von Lobbyisten und großen Geldgebern. Vielmehr sah er die Regierungsbürokratie wie die Umwelt- oder Verbraucherschutzbehörde als Ausdruck eines «tiefen Staats», der seinen Allmachtfantasien im Weg stand.[13] Vor allem am Abbau von Regulierungen interessierte Wirtschaftsverbände fanden bei Trump stets ein offenes Ohr. Selbst seine Verwaltungsanordnung von 2017, die Regierungsmitarbeitern nach ihrem Ausscheiden fünf Jahre lang verbot, als Lobbyisten tätig zu werden, widerrief er wenige Tage vor dem Ende seiner Präsidentschaft. Obama und Biden implementierten hingegen rigidere Lobbying-Regeln.[14]

Die Versuche des Kongresses, Verbände der öffentlichen Kontrolle zu unterwerfen, waren ebenfalls wenig erfolgreich, weil sie nie konsequent angewandt wurden. Das jüngste Gesetz, der *Honest Leadership and Open Government Act* von 2007, verschärfte die Berichtspflicht der Lobbys und legte Obergrenzen für Geschenke an Politiker und ihre Mitarbeiter fest.[15] Doch nach wie vor müssen Lobbyisten die Inhalte ihrer Treffen mit Entscheidungsträgern oder das zur Verfügung gestellte Material nicht offenlegen und finden Spenden von Interessengruppen fast ungehindert ihren Weg in die Wahlkämpfe.

Die für die Politik relevantesten Interessengruppen sind weltanschaulich orientiert. Diese Vereinigungen, die sich etwa für Menschenrechte, Umweltschutz oder Waffenrechte einsetzen, unterscheiden sich dreifach von den ökonomischen Gruppen: Ihre Ziele sind breiter, sie fordern öfter den Status quo heraus, und ihr wichtiges Instrument ist die Massenmobilisierung. Mit 193 Millionen Dollar an Lobbying-Ausgaben lagen sie weit hinter Wirtschaftsverbänden und Firmen. Aber da sie nicht Unternehmensgewinne maximieren, sondern Wertedebatten beeinflussen wollen, entfalten sie in politisch-kulturellen Fragen große Bedeutung. Der Politikwissenschaftler Alex Garlick zeigte, dass solche Gruppen wesentlich zur parteipolitischen Polarisierung beigetragen haben – auf Bundes- wie Einzelstaatsebene. Ihre wichtigsten Mittel waren die Förderung entsprechender ideologischer Gesetzgebung und der Druck auf Parlamentarier, sich bei kontroversen Abstimmungen an die Parteilinie zu halten.[16]

In den vergangenen Jahrzehnten ist der Einfluss weltanschaulicher

Interessengruppen massiv gestiegen. Voraussetzung dafür war, dass die namentliche Abstimmung im Kongress bei allen wichtigen Gesetzen seit Anfang der 1970er Jahre zur Regel wurde. Damit können Verbände Parlamentarier mit ihren Voten konfrontieren. Die American Conservative Union (ACU) und das Conservative Political Action Committee (CPAC) etwa erstellen darauf aufbauend regelmäßig Rankings, welche Kongresspolitiker wie weit rechts stehen.[17] Eine schlechte Bewertung kann für einen Senator oder Abgeordneten bei Vorwahlen der Republikaner zum Problem werden, weil sie radikaleren Herausforderern Angriffsfläche bietet. Auch auf der politischen Linken gibt es, obwohl weniger ausgeprägt, Gruppen wie Americans for Democratic Action (ADA), die die ideologische Reinheit demokratischer Parlamentarier kontrollieren. Allerdings können selbst politisch stark interessierte Wähler die Positionen nur weniger prominenter Interessengruppen identifizieren.[18] Der Einfluss der Verbände wirkt sich deshalb primär bei Vorwahlen aus, an denen sich vor allem Aktivisten beteiligen und bei denen die Linientreue der Bewerber ein entscheidendes Auswahlkriterium ist.

Zu den bekanntesten Interessengruppen im konservativen Lager gehört die National Rifle Association (NRA), die größte Waffenlobby der Welt. Wie der Kampf gegen Abtreibung oder die Einwanderung ist unbeschränkter Waffenbesitz für viele Konservative zu einer Identitätsfrage geworden, ja zu einem Marker für ein rechtes Ideologiegebäude. Das war nicht immer so. Ronald Reagan, die Ikone der Konservativen, unterzeichnete 1967 als kalifornischer Gouverneur ein Gesetz, das Zivilisten das öffentliche Waffentragen ohne Lizenz verbot. Waffen seien, so Reagan damals, «eine lächerliche Art, Probleme zu lösen, die unter Menschen guten Willens gelöst werden müssen»[19]. Die NRA, ein Verein von Jägern und Sportschützen, unterstützte das Gesetz, das in erster Linie politisch radikale Schwarze in Großstädten wie die Black Panthers entwaffnen sollte. Aus Protest marschierten die Panthers mit Pistolen und Gewehren, aber friedlich ins Kapitol von Sacramento. Ironischerweise initiierten dieses und ähnliche Gesetze die Entstehung der modernen – weißen, ländlichen und konservativen – Bewegung für Waffenrechte.[20] 1985 hatten noch fast genauso viele Demokraten wie Republikaner eine Waffe zuhause (49 zu 50%); 2022 lauteten die Zahlen 28 und 52%[21], weil viele Waffenbesitzer die Partei gewechselt hatten.

Unter dem Vorsitz von Wayne LaPierre (1991–2024) setzte sich die NRA an ihre Spitze und wurde zu einer der mächtigsten Lobbys im Land. Ihre vier Millionen Mitglieder sind hochpolitisiert und eine feste Größe innerhalb der Republikanischen Partei. Darin und weniger in effektivem Lobbying oder hohem Spendenvolumen liegt der Kern ihrer Macht.[22] Nicht umsonst treten republikanische Spitzenpolitiker regelmäßig bei ihren Jahrestagungen auf und buhlen um ihre Unterstützung. Und die NRA tut alles, um Politiker ihren Einfluss spüren zu lassen. Jeweils vor Wahlen bewertet sie diese – 2022 zum Beispiel 926 Kongresskandidaten – danach, ob sie sich gegen jede Form der Waffenkontrolle stemmen. Dabei erhielt keiner der gut 450 Demokraten die Höchstnote A, nur einer ein B und 81% die schlechteste Note F. 2012 hatten noch 70 Demokraten ein A bekommen. Dies zeigt, wie sich auch die Parlamentarier mittlerweile nach Unterstützern und Gegnern der Waffenkontrolle sortieren.[23]

Eine noch vor wenigen Dekaden nicht eindeutig parteipolitisch konnotierte Frage war ein elementares Unterscheidungsmerkmal geworden. Aber die Macht der NRA schwand in den 2020er Jahren: Der starke Anstieg von Massenschießereien mit vier oder mehr Opfern – von 2020 bis 2023 mehr als 600 pro Jahr –, die fallende Zahl von Haushalten mit Waffen, ein Rückgang bei Mitgliederzahlen und Spenden, interne Machtkämpfe sowie die Verurteilung LaPierres wegen Korruption schwächten die Organisation. Im Juni 2022 verabschiedete der Kongress gegen erbitterten Widerstand der NRA den *Bipartisan Safer Communities Act*, das bedeutendste Waffenkontrollgesetz seit 28 Jahren.[24]

Eine weitere wichtige Vereinigung ist die Federalist Society, ein Verband konservativer Juristen. Republikanische Präsidenten sind seit ihrer Gründung 1982 dazu übergegangen, Bundesrichter primär aus den Mitgliedern und dem Umfeld dieser Interessengruppe zu berufen. Das *Washington Monthly* bezeichnete sie schon bald als «das am besten organisierte, finanzstärkste und wirksamste juristische Netzwerk in diesem Land»[25]. 2013 bezifferte ein Buch mit dem vielsagenden Titel *The Federalist Society. How Conservatives Took the Law Back from Liberals* die Zahl der Mitglieder auf 45 000 Anwälte und Jurastudenten.[26] In einem Interview versprach Trump im Wahlkampf 2016 sogar: «Wir werden großartige, konservative Richter haben, die alle von der Federalist Society ausgewählt wurden.»[27] Es waren dann zwar nur die Hälfte seiner Richter an Bezirks- und Berufungsgerichten Mitglieder der Vereinigung, aber alle drei seiner Supreme-Court-Ernennungen. 2023 hatten dort fünf der sechs konservativen Richter Verbindungen zur Federalist Society.

Besondere Interessengruppen sind ethnische Lobbys, etwa die jüdischen Amerikaner mit ihrer Nähe zu Israel. Doch auch die irisch-, griechisch-, armenisch- und kubanischstämmigen Bürger haben traditionell großen Einfluss. Seit 2000 sind mit den Indien- und Taiwan-Amerikanern weitere wirkungsvolle Lobbys hinzugekommen.[28] Nach dem Terrorüberfall der Hamas auf Israel am 7. Oktober 2023 und dem israelischen Gegenschlag in Gaza traten die arabischen Amerikaner erstmals als Interessengruppe in Erscheinung. Um die Außenpolitik mitzugestalten, müssen die Organisationen mehrere Kriterien erfüllen: Ihre Positionen dürfen nicht im Gegensatz zum nationalen Interesse der USA stehen. Sie müssen sich zur Demokratie bekennen und benötigen eine hohe moralische Legitimation. Sie streben den Erhalt des Status quo an. Sie müssen gut organisiert und wahlrelevant sein, indem sie über Stimmenpakete in Swing States verfügen sowie Mobilisierungsfähigkeit und/oder Finanzkraft demonstrieren. Und sie benötigen starke Verbündete über ihre eigene ethnische Gruppe hinaus.

Eine Studie kam 2009 zu dem Ergebnis, dass die jüdische und die kubanische Interessengruppe am erfolgreichsten agieren.[29] Beide leisteten dem oben aufgestellten Katalog geradezu prototypisch Genüge: Die Israel-Lobby stützt die US-Nahostpolitik und die einzige Demokratie in der Region, drängt auf den Fortbestand der Sonderbeziehungen und ist mit dem American Israel Political Action Committee (AIPAC) exzellent organisiert wie finanziell potent; ihre Mitglieder konzentrieren sich in New York und Florida. Darüber hinaus findet sie Unterstützung bei der evangelikalen Bewegung. Die Kuba-Lobby trägt den harten Kurs Washingtons gegen das kommunistische Mutterland mit und fordert demokratische Reformen auf der Insel, will keine Richtungsänderung, verfügt mit der Cuban American National Foundation (CANF) über eine schlagkräftige und wohlhabende Organisation; ihre Anhänger konzentrieren sich in Florida. Zudem bekommt sie Schützenhilfe von antikommunistischen Kreisen insbesondere in der Republikanischen Partei.

Doch selbst diese Lobbys haben Rückschläge einzustecken. So setzte

Obama gegen ihren Widerstand 2014 eine Entspannungspolitik mit Kuba und 2015 den Atomdeal mit dem Iran durch. Biden hingegen musste in seiner Haltung zum israelischen Krieg gegen die Hamas in Gaza 2023/24 Rücksicht auf die arabischen Amerikaner nehmen. Ihr Einfluss war bis dahin gering, ihr Arab American Political Action Committee (AAPAC) wenig durchsetzungsfähig. Allerdings stellen die arabischen Amerikaner in den wichtigen Swing States Michigan, Arizona und Georgia eine signifikante demokratische Wählergruppe und genießen Sympathien beim sozialistischen und kulturkämpferischen Flügel der Partei.[30]

Eine neue Form weltanschaulicher Interessengruppen entwickelte sich seit Mitte der 2000er Jahre mit Großspender-Konsortien, die über Seminare und Öffentlichkeitsarbeit systematisch und dauerhaft auf die politische Landschaft in den USA einwirken.[31] Ihre prominentesten Vertreter sind das konservative Americans for Prosperity (AFP), finanziert von den milliardenschweren Koch-Brüdern, und die progressive Democratic Alliance (DA), unterstützt von Superreichen wie George Soros und Tom Steyer. Beide Gruppen verfügen über ein großes Netz an wohlhabenden Mitgliedern, die sich regelmäßig treffen. So gelang es insbesondere der AFP mit ihrem vielen Geld und ihrem großen Mitarbeiterstab, die Republikanische Partei organisatorisch und inhaltlich zu unterwandern. Größter Erfolg war die Organisation der Tea-Party-Bewegung, die die Partei deutlich nach rechts verschob.

Die DA war weniger effektiv, weil in der Demokratischen Partei traditionell starke Gruppen wie die Gewerkschaften, die National Association for the Advancement of Colored People (NAACP) oder Planned Parenthood ihre wichtige Rolle behielten. Aber beide Großspender-Konsortien veränderten den politischen Diskurs und die Regierungspolitik auf allen staatlichen Ebenen. Die AFP verschob die republikanische Agenda hin zu Steuerkürzungen, Einsparungen bei Sozialausgaben, Abbau von Regulierungen, Kampf gegen Obamas Gesundheitsreform und Leugnung der Erderwärmung, die DA jene der demokratischen in Richtung gesellschaftliche Inklusion, sozioökonomische Gleichheit, Klimaschutz und Erhöhung des Mindestlohns.

Seit der Jahrhundertwende trugen die weltanschaulichen Interessengruppen also maßgeblich dazu bei, dass sich die Selbstsortierung der

Wähler in zwei Parteien verstärkte und ideologische Randthemen nicht nur in die Mitte der politischen Auseinandersetzung rückten, sondern auch zu identitätsstiftenden kulturellen Markern mutierten. In dieselbe Richtung, freilich mit anderen Mitteln und Methoden, wirkten auch Soziale Bewegungen, Think Tanks und Medien.

Soziale Bewegungen

Im Gegensatz zu Interessengruppen sind Soziale Bewegungen locker organisiert, und ihre Entscheidungsfindung verläuft informell und flexibel. Meist formieren sie sich um große gesellschaftliche oder politische Konflikte herum auf der Basis einer kollektiven Identität. Die Anhänger Sozialer Bewegungen fühlen sich oft vom politischen Entscheidungsprozess ausgeschlossen und in den Medien nicht vertreten und wollen ihren Anliegen deshalb über Demonstrationen und Proteste Gehör verschaffen.

Historisch spielten Soziale Bewegungen eine große Rolle in den USA. Die vierbändige *Encyclopedia of American Social Movements* identifizierte von 1789 bis 2004 nicht weniger als 16 Sachbereiche, in denen sie sich formierten – darunter die Abolitionisten für die Sklavenbefreiung, die Abstinenzler für das Alkoholverbot, die Frauen für ihr Wahlrecht und die Progressiven für die Wahl- und Regierungsreform.[32] Die bekannteste Soziale Bewegung der Neuzeit war die Bürgerrechtsbewegung (*civil rights movement*), die in den 1950er und 1960er Jahren gegen Rassentrennung und wirtschaftliche Ungleichheit und für Aufstiegschancen von Schwarzen kämpfte. Die Anti-Vietnamkriegsbewegung organisierte Proteste gegen den amerikanischen Militäreinsatz in Südostasien. Nach einer Ölpest vor der Küste Kaliforniens 1969 schlossen sich erstmals Umweltschützer zusammen. Sie alle waren erfolgreiche Massenbewegungen, die ihre Anliegen in Politik, Gesetzen oder sogar der Verfassung verankern konnten.

Noch stärker als in den 1960er Jahren explodierte die Zahl Sozialer Bewegungen in den 2010ern.[33] Die Graswurzel-Aktivisten fanden sich erneut an den politischen Rändern, besonders auf der Linken. *Occupy Wall Street* begann 2011 in New York und klagte die teure Bankenrettung der Regierung sowie die Exzesse von Finanzindustrie und Plutokraten an, die sich angeblich auf Kosten der 99 unteren Prozent der Bevölkerung bereicherten. Die Bewegung rückte soziale Ungleichheit ins Zentrum der politischen Debatte. *Black Lives Matter* bekämpfte seit 2013 Rassismus gegenüber Schwarzen, wie er sich in Polizeigewalt und Gerichtsurteilen zeigte. *Me Too* prangerte sexuelle Übergriffe auf Frauen an, die lange Zeit kaum strafrechtlich geahndet worden waren. Diese Bewegung erhielt großen Zulauf im Zuge der Ermittlungen gegen den Hollywood-Produzenten Harvey Weinstein und revitalisierte den Feminismus. Die Klimaschutzbewegung entstand 2012 an Hochschulen, wo Studenten forderten, dass diese ihr Geld nicht mehr in die Kohle-, Öl- und Gasindustrie investieren.

Auf der konservativen Seite gründete sich schon in den 1980er Jahren die Christliche Rechte, in der evangelikale Protestanten ihre Überzeugungen wie den Kampf gegen Abtreibung, gegen gleichgeschlechtliche Ehen und für das Schulgebet in die politische Arena trugen. Die Tea Party kämpfte zunächst gegen Staatsdefizite, Bankenrettung und Obamas Gesundheitsreform, glitt jedoch bald in eine nativistische und ausländerfeindliche Ecke ab. Sie startete ihre Aktivitäten 2009 und erreichte ihren Zenit in den Jahren 2010 und 2011. Danach ging es mit ihr bergab: Die Republikanische Partei übernahm einige ihrer Positionen und verwarf andere als nicht durchsetzbar, viele ihrer Kandidaten scheiterten bei den Wahlen 2012, und der von ihnen verabscheute Obama gewann erneut die Präsidentschaft.[34] Ihre Reste wandten sich Trumps Make-America-Great-Again-Bewegung zu.

Nicht jede Soziale Bewegung schafft es, Massenunterstützung zu finden und erfolgreich zu sein. So misslang es zum Beispiel, trotz hoher Ablehnungsraten, eine breite Bewegung gegen Irak- oder Afghanistankrieg zu schmieden wie seinerzeit im Vietnamkrieg. Ein Grund dafür könnte sein, dass es heute eine Berufsarmee gibt, während im Vietnamkrieg bis 1973 Wehrpflicht herrschte und damit viel mehr Familien unfreiwillig und direkt betroffen waren. Insgesamt haben Soziale Bewegungen die politische Tagesordnung des Landes allerdings geprägt und die Politik verändert. Gerade seit den 2010er Jahren dynamisierten sie beide großen Parteien. Die steigende Wahlbeteiligung seit 2008 dürfte nicht zuletzt darauf zurückgehen, dass Aktivisten und Anhänger dieser Bewegungen ihre Vorstellungen auch durch ihre Stimmabgabe umsetzen wollen. Indem sie viele der Ideen der Sozialen Bewegungen absorbierten, entfernten sich Republikaner und Demokraten weiter vom politischen Zentrum.

Think Tanks

Think Tanks sind meist privatwirtschaftlich organisierte Einrichtungen, die zu politischen, wirtschaftlichen oder gesellschaftlichen Themen forschen. 2020 hatten die USA mehr als 2200 Think Tanks, wobei zwei Drittel erst nach 1980 entstanden waren.[35] 148 von ihnen, darunter die größten und wichtigsten, sitzen in Washington, konzentriert auf der Massachusetts Avenue, die deshalb auch «Think Tank Row» genannt wird.[36] Die ältesten Denkfabriken sind das Carnegie Endowment for International Peace (1910) und die Brookings Institution (1916). Lange Zeit war nicht klar, woher viele Denkfabriken ihre Spenden bekamen. 2014 gerieten sowohl die rechte Hoover Institution wie das linke Center for American Progress durch Intransparenz in die Kritik. Die *New York Times* klagte: «Was oft nicht bekannt ist, ist die Rolle, die verschiedene Unternehmen – oder sogar ihre Lobbyisten – bei der Bereitstellung von Geld für die Forschungsgruppen spielen.»[37] In den Jahren danach verbesserte sich die Lage freilich.[38]

Neben forschungsorientierten Think Tanks gibt es Institutionen, die eine weltanschauliche Agenda verfolgen und in die politische Debatte eingreifen. Sie werden als «advocacy tanks» bezeichnet. «Advocacy-Think-Tanks sind, obwohl formal unabhängig, mit bestimmten ideologischen Gruppierungen oder Interessen verbunden», schrieben zwei Kenner der Szene. «Sie neigen dazu, ihre Rolle im politischen Entscheidungsprozess eher als Sieg im Krieg der Ideen als eine unparteiische Suche nach der besten Politik zu sehen, und sie sind häufig mit Nicht-Akademikern besetzt, die weniger an Grundlagenforschung interessiert sind.»[39] Ihr Aufstieg seit den frühen 1970er Jahren veränderte die Think-Tank-Landschaft in den USA dramatisch.

Prominente Beispiele auf der konservativen Seite sind das American Enterprise Institute, die Heritage Foundation, das Cato Institute oder das Claremont Institute, auf der linken das Urban Institute, Human Rights Watch oder The Center for American Progress (CAP). Heritage etwa verfügt über ein Budget von mehr als 100 Millionen Dollar und 560 Mitarbeiter, in ihrem Stiftungsrat sitzt das Who's who der konservativen Bewegung. Das CAP hat 64 Millionen Dollar zur Verfügung und beschäftigt 290 Mitarbeiter. Mit Bidens Amtsübernahme stieg es «zum einflussreichsten Think Tank» in Washington auf, wie das Politikmagazin *Politico* schrieb.[40]

Der Einfluss von Advocacy Tanks ist vielfältig: Ideen in den politischen Prozess einspeisen, etwa bei Anhörungen im Kongress, die Medien mit Informationen versorgen, die eigene Weltsicht aggressiv vermarkten, Redner für Vorträge und Interviews bereitstellen, Workshops und Fortbildungen für Amtsträger und Nachwuchskräfte abhalten, Politikern im Falle ihrer Abwahl oder eines Regierungswechsels eine Arbeitsstätte bieten und Mitarbeiter in die Regierung entsenden. George Bush jr. sagte 2003, 20 Mitarbeiter des American Enterprise Institute in seine Regierung aufgenommen zu haben.[41] Und die Heritage Foundation warb in ihrem Rechenschaftsbericht 2022 mit folgenden Zahlen: 6435 Interviews, 1248 Meinungsstücke in Zeitungen und Zeitschriften, 2,9 Millionen Follower in den Sozialen Medien, 5324 Zitate in Büchern und Artikeln, 25 Kongressanhörungen, 67 Briefings für Kandidaten für politische Ämter, 178 Publikationen.[42] Auf ihrer Homepage heißt es: «The World's Leading Think Tank for Policy Impact» und «Join the Fight for America's Future».[43]

Trump revolutionierte nicht nur die amerikanische Politik, sondern auch die Stiftungslandschaft. Bestehende Advocacy Tanks legten den letzten Anschein wissenschaftlicher Betätigung ab, neue bemühten sich erst gar nicht darum. Das ultrakonservative Claremont Institute stellte intellektuelle Schützenhilfe selbst für Trumps gefährlichste Ideen wie den Sturm auf das Kapitol bereit.[44] Das 2017 gegründete Conservative Partnership Institute (CPI) sieht sich als verlängerter Arm von Trumps Make-America-Great-Again-Bewegung und schult Politiker und ihre Stäbe unter anderem darin, aggressiv gegen die Biden-Regierung vorzugehen. Sein Rechenschaftsbericht 2021 gebrauchte «kämpfen» 27 Mal auf 48 Seiten.[45] Nach Trumps Niederlage rief Brooke Rollins, eine seiner Beraterinnen, 2021 das America First Policy Institute (AFPI) ins Leben. 2023 beschäftigte es 172 Personen, darunter acht Minister und 20 weitere hochrangige Mitarbeiter seiner Regierung. Die Heritage Foundation bereitete systematisch eine zweite Amtszeit ihres Idols vor. In ihrem ‹2025 Presidential Transition Project› entwickelten 350 konservative Analysten für jedes Ministerium einen Aktionsplan und erstellten Listen von Loyalisten, die nach einem Wahlsieg Trumps die Regierungsposten besetzen sollen.[46]

Die Advocacy Tanks professionalisierten unter dem Deckmantel wissenschaftlicher Tätigkeit die Verbreitung von weltanschaulich ausgewählten und für die politische Agitation nutzbaren Informationen. Dabei waren konservative Einrichtungen erfolgreicher als progressive, weil sie mehr Mittel zur Verfügung hatten und die Republikanische Partei wegen ihres geringeren Organisationsgrads offener war für ideologische Einflüsse von außen als die Demokratische.

Medien

Massenmedien sind für jede Demokratie essenziell. Zum einen kommunizieren Politiker über sie mit den Wählern, zum anderen informieren sie die Bürger über lokale, nationale und globale Ereignisse und Entwicklungen. Im besten Fall legen sie Inkompetenz oder Verfehlungen von Regierungen und Politikern offen und fungieren damit als Wächter oder vierte Gewalt der Demokratie. Das zeigte insbesondere der Watergate-Skandal, als die *Washington-Post*-Journalisten Bob Woodward und Carl Bernstein illegale Machenschaften im Weißen Haus aufdeckten und damit den einzigen Rücktritt eines Präsidenten auslösten.

Der Weg zu unabhängigen, journalistischen Standards verpflichteten Medien war lang. Zu Beginn der Republik dominierten Zeitungen, die eindeutig einer Partei zuneigten. Technische Neuerungen ermöglichten es Ende des 19. Jahrhunderts, die Preise zu senken, die Auflagen zu erhöhen und Zeitungen zum ersten modernen Massenmedium zu machen. Oft drehte sich die Berichterstattung um Sensationen, Klatsch und Gerüchte, bisweilen nahmen mächtige Herausgeber direkt Einfluss auf die Politik. Zeitungsmagnat William Randolph Hearst etwa feuerte 1898 durch Falschmeldungen die öffentliche Empörung über angebliche spanische Gräuel in Kuba so an, dass die Regierung Madrid den Krieg erklärte und Truppen auf die Insel entsandte.

3. BRANDBESCHLEUNIGER DER POLARISIERUNG

Langsam entwickelten die Medien allerdings höhere Standards. Im Kampf um Marktanteile konnten es sich Zeitungen nicht mehr leisten, lediglich eine politische Klientel zu bedienen. Journalistenschulen wurden gegründet und neue Regeln festgelegt, mehr und mehr Blätter verpflichteten sich zur Objektivität. Mitte des 20. Jahrhunderts hatten sich Qualitätszeitungen und -zeitschriften etabliert wie die *New York Times*, die *Los Angeles Times*, das *Wall Street Journal*, das *Time Magazine* und *Newsweek*. In den 1920er Jahren stieg mit dem Radio ein neues Medium auf, bevor es 30 Jahre später – genau so wie die Zeitungen – vom Fernsehen als Hauptquelle von Nachrichten ersetzt wurde. 1960 besaßen bereits mehr als 80 % der amerikanischen Haushalte ein TV-Gerät. Wegen der hohen Produktionskosten des Fernsehens gab es mit CBS, ABC und NBC nur drei nationale Sender. Mehr als vier Jahrzehnte dominierten sie die politischen Informationssendungen, 1980 sahen 23 % der Amerikaner ihre Abendnachrichten. Die große weltanschauliche Bandbreite an Zuschauern zwang die Sender, sich bei Auswahl und Kommentierung der Themen in der Mitte der Gesellschaft zu positionieren.

Das änderte sich in den 1990er Jahren. Mit dem Durchbruch von Kabel- und Satellitenübertragung explodierte die Zahl der Fernseh- und Radiosender. Die Einschaltquoten der traditionellen TV-Nachrichtenshows fielen bis 2019 auf 6 %,[47] immer mehr Spartenkanäle brachten nun politische Kommentare. Der Siegeszug des Internets verschärfte diesen Trend. Mehr Informationsmöglichkeiten führten allerdings nicht dazu, dass sich die Bürger intensiver mit Politik beschäftigten. Vielmehr vertieften sie den Graben zwischen Interessierten und Desinteressierten sowie zwischen Konservativen und Progressiven. Musste ein Zuschauer früher eine ausgewogene Berichterstattung als Teil des Gesamtpakets einer TV-Nachrichtenshow akzeptieren, konnte er jetzt Politik entweder ganz ausblenden oder nur mehr Informationen an sich heranlassen, die die eigene Sichtweise bestärkten.[48] «Hatte die Strategie des monopolistischen Geschäftsmodells darin bestanden, allen Menschen ausreichend Dinge zu liefern», analysierte der Journalist Ezra Klein, «bestand die Strategie des digitalen Geschäftsmodells nun darin, manchen Menschen die Dinge zu liefern, die sie am meisten interessierten.»[49]

Damit rutscht das Mediensystem teilweise ins 19. Jahrhundert zurück, als parteiliche Berichterstattung die Norm war. Schlimmer noch: Es aktivierte und verstärkte politische und kulturelle Identitäten, die bisher geschlummert oder zumindest kein Ventil gefunden hatten.⁵⁰ Die technologische Revolution bei den Medien weitete die Weltsicht also nicht wie erhofft, sondern verengte sie. In erster Linie die Republikaner schufen sich seither ihre eigene abgeschottete Medienwelt. Bis dahin hatten sie nur wenige Sprachrohre wie die 1955 von William Buckley gegründete *National Review* oder die Leitartikel des *Wall Street Journal*. Am wichtigsten war 1996 die Gründung von *Fox News* durch den Medienunternehmer Rupert Murdoch, das sich unter CEO Roger Ailes in den darauffolgenden 20 Jahren zum konservativen Leitmedium entwickelte. Die Macht des Senders beruht darauf, dass er einheitliche Botschaften ausstrahlt (*framing*) und Nachrichten danach selektiert, ob sie weltanschaulich in sein Profil passen (*filtering*). Mit seinen durchschnittlich zwei Millionen Zuschauern hat der Sender seit 2002 durchweg höhere Einschaltquoten als die anderen Nachrichtenshows.⁵¹

Zugleich verfügte das hochprofitable *Fox News* fast über ein Monopol bei den rechten TV-Kabelkanälen und eine homogene Zuschauerschaft.⁵² Weltanschaulich vorbereitet und flankiert wurde der Sender von rechten Talk-Radio-Moderatoren wie Rush Limbaugh und Glenn Beck. Sie erkannten, dass es nicht geteilte Ideale sind, die ihre Anhänger zusammenschweißen, sondern das Verunglimpfen und Dämonisieren der Gegenseite. Sie waren die Ersten, die das Wort ‹liberal› synonym für ‹left› und als Schimpfwort verwendeten. Konservative Websites wie *Drudge Report* und *Breitbart* komplettieren die ideologische Echo-Kammer der Republikaner.

Rechte Medienwelt und Politik sind mittlerweile aufs Engste verwoben. So war es maßgeblich Beck, der mit Geld der milliardenschweren Koch-Brüder 2009 die ultrakonservative und Obama-hassende Tea-Party-Bewegung innerhalb der Republikanischen Partei aus der Taufe hob und groß machte.⁵³ Obwohl es auch linke TV-Kanäle wie *MSNBC* oder *CNN* gibt, ist deren individuelle Reichweite geringer als die von *Fox News*. Demokraten nutzen breitere Informationsquellen als die Republikaner, darunter bewährte Mainstream-Medien wie die *New York Times*, die *Washington Post* sowie die nichtkommerziellen Fernseh- und Radiosender *PBS* und *NPR*.⁵⁴ Die folgende Graphik zeigt die Nachrichtenquellen der Anhänger beider Parteien Ende 2021.

3. BRANDBESCHLEUNIGER DER POLARISIERUNG

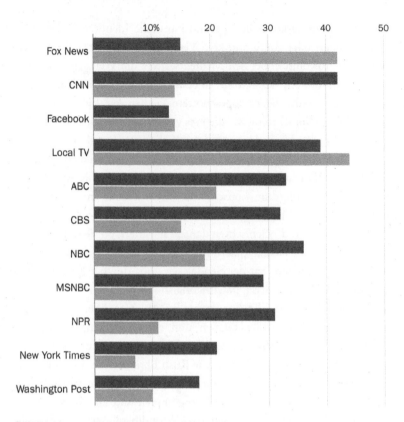

● für Demokraten und ihnen nahestehende Unabhängige
● für Republikaner und ihnen nahestehende Unabhängige

Hauptquellen für politische Nachrichten

Das Internet und die Sozialen Medien verstärkten die Tendenz bei den Wählern, nur mehr Nachrichten und Kommentare an sich heranzulassen, die die eigenen Meinungen bestätigen. Bürger am rechten und linken Ende des politischen Spektrums leben heute in parallelen Medienuniversen, die sich kaum berühren.[55] Dabei schaukelt sich die Ablehnung der anderen Seite bei Konsumenten linker und rechter Medien wechselseitig hoch. Demokraten und Republikaner, die in einem Feldversuch einem *Twitter*-Kanal der anderen Partei folgten, standen sich am Ende der Untersuchungsperiode noch feindseliger gegenüber als zu deren Beginn.[56] Die politischen Eliten spinnen sich ebenfalls in ihre eigene Kommunikationswelt ein. In republikanischen Kongressbüros läuft meist *Fox News*, in demokratischen *MSNBC* oder *CNN*.

Eine weitere Folge der explosiven Entwicklung alternativer Medien, insbesondere der Nachrichtensender und der Sozialen Medien, war die Schwächung traditioneller Parteieliten.[57] Wie kein Politiker vor ihm kommunizierte Trump mit seinen Anhängern über die republikanische Führung hinweg und an etablierten Kanälen vorbei. Über den Kurznachrichtendienst *Twitter* zog er seine Anhänger von früh bis spät in seinen Orbit, versorgte sie mit seinen Botschaften und verbreitete seine Verschwörungsmythen. Als Präsident gab er dies offen zu: «Ich denke, dass ich vielleicht nicht hier wäre, wenn es Twitter nicht gäbe.»[58] Während seines Wahlkampfs 2016 setzten er oder seine Vertrauten unter seinem Namen 8000 Tweets ab, während seiner Präsidentschaft 25 000. Damit dominierte Trump die Nachrichten auch der konventionellen Medien – 16 % aller Berichte über ihn oder seine Regierung schlossen einen seiner Tweets mit ein[59] – und auf diesem Weg die öffentliche Agenda.[60]

Zugleich förderten die neuen rechten Kanäle oft Politiker mit extremen Ansichten und hoben sie durch ihre Sendungen aus der Versenkung. Schon früh setzte der «konservative Entertainmentkomplex»[61] (David Frum) um Sean Hannity, Ann Coulter oder Breitbart auf Trump. Vertreter von Qualitätsmedien, die es wagten, ihn zu kritisieren, wurden von Trump und seinen Anhängern als Lügenpresse (*fake news*) beschimpft. Auf diese Weise aufgeputscht unterstützten 45 % der Republikaner 2017 sogar die Idee, den Medien einseitige oder unzutreffende Berichterstattung zu verbieten. 70 % von ihnen vertrauten dem Präsidenten mehr als der *New York Times*.[62] Das Misstrauen konservativer Wähler ist nicht ohne Grundlage. Eine Studie des *Economist* ergab, dass sich *CNN*, *New York Times* und *Washington Post* zwischen 2017/18 und 2021/22 deutlich nach links bewegten. Vor allem bei Themen wie Race, Amokläufen an Schulen und Umwelt verwendeten sie zunehmend dieselben Ausdrücke wie Politiker der Demokraten.[63]

Auf der anderen politischen Seite entwickelten *Fox News* und Trump ein symbiotisches Verhältnis: Der Präsident brauchte den konservativen Sender, um seine Botschaften zu verbreiten, der Sender Trump als Quotenbringer.[64] Der Journalist Matt Gertz sprach von einer «Trump-Fox-

Rückkoppelungsschleife»[65], weil sich beide auf die Äußerungen und Nachrichten des jeweils anderen bezogen und sie somit verstärkten. Und Trump wusste genau, was das Fernsehen wollte, nämlich Lärm, Drama, Überraschung, Action, Konflikt. Das lieferte er zuverlässig – nicht als Schauspieler wie Reagan einst, sondern als jemand, für den es keinen Unterschied gab zwischen Rolle und Realität. Für ihn existierte alles durchs, fürs und vom TV.

Für Mainstream- und linke Medien war eine solche Person ebenfalls attraktiv. Als einziger Politiker konnte Trump mit einem einzigen Tweet die gesamte Nachrichtenlage bestimmen. «Es ist vielleicht nicht gut für Amerika, aber es ist verdammt gut für CBS», sagte dessen CEO Anfang 2016 über Trumps Präsidentschaftskandidatur.[66] Selbst weltanschauliche Gegner profitierten davon: Von seinem Einstieg in den Wahlkampf 2015 bis zu seinem Ausscheiden aus dem Amt 2021 wuchs die Abonnentenzahl der *New York Times* von gut zwei auf 7,5 Millionen.[67] Für Trump zahlte sich die mediale Sensationsgier nicht zuletzt finanziell aus. Während seines Wahlkampfs 2015/16 erhielt er freie Berichterstattung im Wert von 5,6 Milliarden Dollar und damit mehr als seine Rivalen Clinton, Sanders, Cruz und Rubio zusammen.[68]

Anfang 2023 kam heraus, dass *Fox News* Trumps Lüge von der gestohlenen Wahl in Sendungen aus Angst vor wütenden Reaktionen seiner Anhänger und fallenden Einschaltquoten unterstützte, obwohl Journalisten des Senders keinerlei Indizien dafür fanden. Ebenso spielten sie den vom abgewählten Präsidenten angefachten Sturm auf das Kapitol wider besseres Wissen notorisch als legitime Demonstration herunter.[69] Wie zynisch *Fox-News*-Quotenstar Tucker Carlson dabei vorging, zeigten seine privaten Schmähungen Trumps, während er ihn in seinen Shows vehement verteidigte.[70] Solche Verrenkungen waren allein damit zu erklären, dass *Fox News* für Murdoch und die konservativen Moderatoren beträchtliche Profite generierte – 2020 betrug der Vorsteuergewinn 571 Millionen Dollar.

Wie alles im Fernsehen, so schien allerdings auch Trump seine Halbwertzeit zu haben. Ab Mitte 2022 begann der Sender, ihn kaum mehr zu Interviews einzuladen und den scheinbar aufstrebenden Star der Republikaner Ron DeSantis zu hofieren. Hatten die Nachrichtensender in den Monaten vor Trumps Wahl 2016 noch durchschnittlich 240 Stunden im

Monat über ihn berichtet, fiel diese Zahl bis März 2023 auf 80 Stunden.[71] Die Anklageerhebung – die erste gegen einen Ex-Präsidenten in der Geschichte – durch die New Yorker Staatsanwaltschaft Anfang April 2023 und drei weitere Gerichtsverfahren katapultierten ihn jedoch zurück in die Schlagzeilen.

Wie viele seiner Claqueure zahlte *Fox News* für die Symbiose mit Trump einen buchstäblich hohen Preis. Der Hersteller elektronischer Wahlmaschinen Dominion Voting Systems verklagte den Sender, er habe wider besseres Wissen Trumps Lüge verbreitet, seine Geräte seien bei der Wahl 2020 zugunsten von Biden manipuliert gewesen. Im April 2023 erklärte sich *Fox* kurz vor Prozessauftakt bereit, den Disput durch eine Zahlung von 800 Millionen Dollar außergerichtlich beizulegen. Damit verschaffte ein zivilrechtliches Verfahren journalistischen Standards Geltung.[72]

Der Versuch der Medien, Trump hinter sich zu lassen, ging jedoch nicht auf. *Twitter/X*, *Facebook/Meta* und *Youtube*, die seine Konten nach dem Putschversuch vom 6. Januar 2021 gesperrt hatten, schalteten sie Ende 2022 und Anfang 2023 wieder frei. Aber Trump äußerte sich dort nur mehr sporadisch und setzte auf neue Kanäle (*Truth-Social*, *Rumble*). Die Explosion konservativer Medien wie *Daily Wire* oder die Tucker-Carlson-Show auf *X* verwässerte den Einfluss des alten Platzhirschen *Fox News*. Trump emanzipierte sich von dem Sender, er war es, der die politische Linie im rechten Lager vorgab. «Und dann folgen alle anderen», analysierte Rich Lowry, Chefredakteur der *National Review*. «Er ist die konservativen Medien.»[73]

Nicht-staatliche Akteure als Einpeitscher

Intermediäre Institutionen sind in den USA ein fester Bestandteil der öffentlichen Debatte und spielen eine größere Rolle als in allen anderen Demokratien der Welt. Madisons Hoffnung, Pluralismus sorge für ein ausgeglichenes Spielfeld der Meinungen, hat sich jedoch nur teilweise erfüllt. Denn bei der seit den 1970er Jahren einsetzenden Politisierung von Interessengruppen, Think Tanks und Medien agierte das konservative Lager erfolgreicher. Allerdings sahen die 2010er Jahre einen erheblichen

Anstieg der Aktivität Sozialer Bewegungen, die oft progressiven Ideen näherstehen und damit eine gewisse Balance herstellen konnten. Obwohl die nicht-staatlichen Akteure die parteipolitische Polarisierung und die Spaltung der Gesellschaft entlang kultureller Identitäten nicht auslösten, beschleunigten und vertieften sie die Entwicklungen. Und auch wenn nur ein geringer Prozentsatz der Amerikaner direkt mit parteiischen Interessengruppen, Sozialen Bewegungen, Advocacy Tanks und ideologischen Medien in Kontakt kommt, sind es meist die politisch aktivsten, die dort mitmachen oder entsprechende Produkte konsumieren. So erreichte die meistgesehene Kabel-Nachrichtenshow ‹Tucker Carlson Tonight› auf *Fox News* im ersten Quartal 2021 durchschnittlich drei Millionen Menschen, ‹NBC Nightly News› über seinen Senderverbund hingegen mehr als doppelt so viele. Doch die *Fox-News*-Zuschauer wirken als Meinungsführer und Multiplikatoren in das konservative Biotop hinein und dominieren damit den politischen Diskurs.

Es kommt also nicht unbedingt darauf an, die meisten Follower zu haben, sondern die wichtigsten und aktivsten. Das gilt ebenso für Interessengruppen, Advocacy Tanks und Soziale Bewegungen. Das nächste Kapitel wendet sich den Parteien und ihren Spitzenpolitikern zu und argumentiert, dass sie den größten Anteil am Schrumpfen der politischen Mitte und am Erstarken der ideologischen Ränder hatten.

4. STAMMESKRIEGER STATT WAHLVEREINE: DIE PARTEIEN

Für die Verfassungsväter hatten Parteien im Regierungssystem keinen Platz. Mehr noch: Sie betrachteten alle Arten von *factions*, also organisierten Sondergruppen, als Gefahr für die Demokratie. Hintergrund dieser Angst waren die blutigen Religionskriege in Europa und insbesondere in England sowie die internen Machtkämpfe, die die Republiken im antiken Athen und Rom zerstört hatten. Gleichzeitig sahen sich die Gründer des neuen Staats als Vertreter des Wohls des gesamten Landes; organisierter Widerstand dagegen erschien ihnen fehlgeleitet, wenn nicht verräterisch. John Adams schrieb bereits 1780, er fürchte nichts mehr als «eine Spaltung der Republik in zwei große Parteien».[1] Ähnlich argumentierten Madison in den *Federalist Papers* und der erste Präsident George Washington in seiner Abschiedsbotschaft nach zwei Amtszeiten 1796. Parteianhänger, warnte Washington das amerikanische Volk, «ersetzen den delegierten Willen der Nation durch den Willen einer Partei, oft einer kleinen, aber geschickten und geschäftstüchtigen Minderheit».[2]

Doch genauso kam es. Schon in den späten 1790er Jahren entwickelten sich landesweite Parteien, weil sie den politischen Prozess ungemein erleichterten – in dreifacher Hinsicht. Erstens halfen sie den Führern in den Häusern des Kongresses, eine stabile Gruppe von Gleichgesinnten zu versammeln und Mehrheiten bei Abstimmungen zu schmieden. Zweitens organisierten sie Allianzen für Wahlkämpfe, insbesondere für die Präsidentschaft, wo sie auch auf ihre jeweiligen Kandidaten verpflichtete Wahlmänner benannten und damit Unwägbarkeiten im Electoral College reduzierten. Drittens halfen sie den Wählern durch die Proklamation bestimmter Werte und Interessen, sich inhaltlich zu orientieren, sich zusammenzuschließen und politische Loyalitäten zu entwickeln. Diese Funktionen verstärkten sich wechselseitig, bald waren Parteien aus der Politik nicht mehr wegzudenken. Ja, die Qualität der amerikanischen Demokratie stand und fiel mit der Qualität der sie tragenden Parteien.

Dass es stets nur zwei große nationale Parteien gab, verwundert ange-

4. STAMMESKRIEGER STATT WAHLVEREINE: DIE PARTEIEN

sichts der regionalen, religiösen und ethnischen Vielfalt der USA. Die Logik des Wahlsystems erwies sich jedoch als überwältigend. Waren die Wahlmänner für die Präsidentschaft anfangs noch meist von den Parlamenten der Einzelstaaten bestimmt worden, setzte sich seit 1804 deren Wahl durch das Volk durch. Dabei fallen in der Regel alle Elektoren eines Staats an den Bewerber mit den meisten Stimmen. Bei den Wahlen von Repräsentanten und seit 1913 auch Senatoren gehen die Ämter an jene Kandidaten, die in den Wahlkreisen die einfache Mehrheit erzielen. Dieses Verfahren zwang die Parteien, Wählerkoalitionen für ihre Bewerber zu schmieden.

Der französische Soziologe Maurice Duverger argumentierte 1951, dass die relative Mehrheitswahl ein Zweiparteiensystem geradezu erzwingt, weil die beiden herrschenden Parteien Drittparteien diskriminieren und die Wähler ihre Stimme nicht an erfolglose Kandidaten verschenken wollen.[3] Obwohl das Duvergersche Gesetz später als zu rigide kritisiert und auf Gegenbeispiele wie Kanada, Schottland oder Australien verwiesen wurde, behält es für die USA bis heute seine Erklärkraft. Zwar gab es immer wieder Fälle, in denen alte Parteien zerbrachen und sich neue formierten. Aber diese blieben Episoden, nach ein oder zwei Wahlzyklen hatte sich ein neues Zweiparteiensystem etabliert. Kein Drittpartei-Bewerber hat jemals die Präsidentschaft gewonnen, und im Kongress saßen selten mehr als eine Handvoll Parlamentarier, die nicht einer der beiden großen Parteien angehörten.

Evolution des Parteiensystems

Völlig überraschend kam die Entwicklung von Parteien für die Gründerväter nicht. Schon bei den Verfassungsdiskussionen hatten sich zwei Lager herausgebildet: Die Federalists um Hamilton wollten eine starke nationale Regierung und eine aktive Wirtschaftspolitik und standen außenpolitisch Großbritannien nahe. Die Gruppe um Madison und Jefferson hielt die Rechte der Einzelstaaten hoch, verdächtigte die Federalists aristokratischer Neigungen und suchte enge Beziehungen zu Frankreich. Mitglieder der zweiten Gruppe nannten sich Demokraten-Republikaner. Mit ihren Präsidenten Washington und Adams dominierten die Federalists die ersten zwölf Jahre der Republik. Um deren Vorherrschaft zu brechen, zimmerte Jefferson für den Wahlkampf 1800 eine Koalition aus Bauern, Handwerkern und Kleingewerbetreibenden. Sie ermöglichte ihm einen historischen Sieg gegen Adams und leitete eine Phase der Übermacht der Demokraten-Republikaner ein. Selbst wenn sie besser organisiert waren als ihre Gegner, fehlten ihnen langfristig eine gemeinsame Programmatik, belastbare Allianzen und sogar ein einheitlicher Name.

Dieses erste Parteiensystem endete nach 20 Jahren.[4] 1814 verloren die Federalists fast alle Sitze im Kongress, weil sie 1812 gegen den Krieg mit Großbritannien opponiert und eine unpopuläre Gehaltserhöhung für die Abgeordneten unterstützt hatten. Die folgenden gut zwei Dekaden gelten als ‹Ära der guten Gefühle›, weil es kaum Parteienkonkurrenz gab und die Demokraten-Republikaner alle Präsidentschaftswahlen gewannen. Allerdings kam es 1824 zu einem internen Machtkampf, als vier Kandidaten der Partei für die Präsidentschaft antraten und keiner die Mehrheit der Wahlmänner errang. Die Entscheidung musste also im Repräsentantenhaus fallen, wo der zweitplatzierte John Quincy Adams durch eine Absprache mit einem Gegenkandidaten den Frontrunner Andrew Jackson ausstach und Präsident wurde. Jackson agitierte in den darauffolgenden Jahren gegen das «korrupte Geschäft»[5] und baute mit Hilfe des New Yorker Politikers Martin van Buren die Partei, die sich jetzt nur mehr ‹Demokraten› nannte, zu seiner Plattform um. Aufgrund ihrer überlegenen Organisation, zu der 1832 erstmals ein nationaler Parteikonvent zählte, und ausgefeilter Patronage (*spoils system*) erzielte Jackson zwei triumphale Wahlsiege.

Angesichts ihrer Niederlagen blieb seinen innerparteilichen Gegnern nichts anderes übrig, als eine eigene Vereinigung aufzubauen. Sie nannten sie in Anlehnung an eine antiroyale britische Partei Whig Party, die gegen die angebliche Tyrannei des von ihnen als «König Andrew» geschmähten Präsidenten kämpfte. 1840 gelang es den Whigs, den populären Kriegshelden William Harrison als Kandidaten zu gewinnen und die Zwei-Parteien-Konkurrenz auf eine neue Stufe zu führen. Erstmals umfasste sie jeden Staat der USA und neben der Präsidentschaft auch alle anderen Ämter auf Bundes- und Einzelstaatsebene. Wahlkämpfe wurden zu nationalen Spektakeln, die Wahlbeteiligung sprang von 27 % 1824 auf 80 % 1840 – und das bei einer raschen Ausweitung der Gruppe der

Stimmberechtigten.[6] Ausgefeilte Parteiorganisationen und scharfer Parteienwettbewerb waren also essenziell für das Entstehen der ersten Massendemokratie der Welt. Zwei Mal, 1840 und 1848, errangen die Whigs die Präsidentschaft. Von den Demokraten unterschieden sie sich in Wirtschaftsfragen wie Zöllen und Gründung einer Staatsbank, aber beide Parteien waren kaum an programmatischer Konsistenz interessiert, sondern am Gewinnen von Wahlen.

Da Demokraten und Whigs Wähler im Norden und Süden des Landes hatten, versuchten sie, das heikle Thema der Sklaverei zu umschiffen. Mit der Aufnahme neuer Staaten und Territorien im Westen des Landes rückte es in den 1850er Jahren jedoch in den Mittelpunkt der nationalen Debatte. Darüber zerbrach das zweite Parteiensystem. 1854 gründete eine Koalition der Anti-Sklaverei-Kräfte die Republikanische Partei. Ihre Führer und Wähler kamen aus zwei früheren Parteien, die die Sklaverei abschaffen wollten, und aus gleichgesinnten Kreisen bei den Whigs und den Demokraten aus dem Norden. Darüber hinaus bemühte sich die neue Partei um Geschäftsleute und Bauern, indem sie den einen Schutzzölle und den Bau einer transkontinentalen Eisenbahn, den anderen freies Land zum Besiedeln versprach. Schon im zweiten Anlauf holten sie mit ihrem Kandidaten Abraham Lincoln, einem ehemaligen Whig, 1860 die Präsidentschaft. Die Whigs verschwanden, und seither sind Demokraten und Republikaner die Träger des amerikanischen Zweiparteiensystems.

In den 1870er Jahren begann der aus Deutschland stammende Thomas Nast, Vater der politischen Karikatur in den USA und Schöpfer des Santa Claus, Tiere als Symbole für die beiden Parteien zu verwenden.[7] Die Demokraten erhielten einen Esel. Als solchen hatten seine Gegner Präsidentschaftskandidat Jackson 1828 verspottet, was der so amüsant fand, dass er das Tier auf seinen Wahlplakaten abbilden ließ. Den Republikanern verpasste Nast einen Elefanten. Im Bürgerkrieg bedeutete «einen Elefanten sehen» so viel wie den Beginn einer Schlacht. Schon damals waren die Republikaner ein paar Mal in Zeichnungen mit dem Tier identifiziert worden. Nast war ein loyaler Anhänger dieser Partei, was ein Grund dafür gewesen sein könnte, dass die Demokraten den störrischen Esel und die Republikaner den noblen Elefanten als Symbol zugeteilt bekamen.[8]

In dieser Karikatur von Thomas Nast aus dem Jahr 1879 erscheinen die beiden Tiersymbole erstmals zusammen in einer Karikatur. Hier versucht Senator Thomas Bayard die Demokratische Partei davon abzuhalten, sich ins Finanzchaos zu stürzen, während die Republikanische Partei schläft.

In dieser Zeit entstand auch die Bezeichnung *Grand Old Party* (GOP) für die Republikanische Partei. Obwohl sie erst zwei Jahrzehnte alt war, sollte der Begriff darauf hinweisen, dass sie es gewesen war, die die Union im Bürgerkrieg zusammengehalten und die Prinzipien der Gründerväter bewahrt hatte. Ihr typisches Rot und Blau erhielten Republikaner und Demokraten sehr viel später, im Jahr 2000. Bis dahin hatten die großen Fernsehanstalten die beiden Farben uneinheitlich angewendet, um die von den Präsidentschaftskandidaten jeweils gewonnenen Staaten zu kennzeichnen. Erst am 7. November 2000 bei der Wahl zwischen George W. Bush und Al Gore kolorierten alle Wahlsondersendungen die Parteien einheitlich. Die Farben, die am Tag davor noch ohne Bedeutung waren, wurden am Tag danach emblematisch für Republikaner und Demokraten. Inzwischen haben sich entsprechende Begriffe etabliert, man spricht von «blauer Mauer» und «roter Welle».

Ihre Basis hatten die Republikaner im Nordosten und im Mittleren Westen der Nation, bei Protestanten und der Wirtschaft sowie nach dem Bürgerkrieg bei den befreiten Sklaven. Die Demokraten dominierten den Süden, weil die Republikaner dort mit der verhassten Union gleichgesetzt wurden, und in den großen Städten des Nordens, wo sich viele arme katholische Einwanderer niederließen. In diesem dritten Parteiensystem der zweiten Hälfte des 19. Jahrhunderts stellten die Republikaner fast durchweg den Präsidenten. Die Wähler waren hochmobilisiert, beteiligten sich eifrig an Wahlen und standen loyal zu ihrer Partei.

In dieser Epoche entwickelten die beiden Parteien, insbesondere die Demokraten, in Metropolen wie Chicago, Boston, New York oder Philadelphia ein ausgeklügeltes System des Machterhalts. Diese ‹politischen Maschinen› gründeten auf Hierarchie und Disziplin, angeführt von einem ‹Boss› oder einer kleinen autokratischen Gruppe der Partei. Für die Unterstützung bei Wahlen belohnte eine politische Maschine ihre Anhänger mit Jobs oder Sozialprogrammen oder sie half mittellosen Immigranten bei Arbeitssuche und Einbürgerung. Stets führte die politische oder administrative Kontrolle einer Stadt oder eines Landkreises zu Korruption und Cliquenwirtschaft.

Eine der berüchtigtsten Maschinen der Demokraten war Tammany Hall, benannt nach dem Tagungsort einer demokratischen Vereinigung. Sie bestimmte die New Yorker Politik von Mitte des 19. Jahrhunderts bis in die 1930er Jahre und förderte den gesellschaftlichen Aufstieg vor allem der Iren, indem sie ihnen Patronage-Posten in der Stadtverwaltung und öffentliche Aufträge zuschanzte und Sozialreformen für bedürftige Einwanderer anstieß.[9] Ihren Höhepunkt erreichte Tammany Hall unter William ‹Boss› Tweed in den 1860er Jahren, der seine Protegés zum Bürgermeister der Stadt und Gouverneur des Staats wählen ließ und alle Schlüsselpositionen von den Gerichten über das Parlament bis hin zu den Wahlleitern kontrollierte.

Ende des Jahrhunderts endete dieses dritte Parteiensystem.[10] Reformer kämpften seit Jahren gegen politische Maschinen, Korruption und Kartelle. Ein erster Erfolg war die Einführung des geheimen Wahlzettels, der seine Ursprünge in Australien hatte und die Kandidaten aller Parteien auflistete. Erstmals stellte die Regierung die Dokumente bereit, die jetzt in einer Wahlkabine ausgefüllt werden mussten. Bis dahin hatten die Parteien vor den Stimmlokalen eigene Wahlzettel verteilt, die nur ihre Bewerber aufführten. Die Neuerung machte es den Parteien unmöglich zu sehen, wer für wen votierte. Außerdem wurden die Kandidaten in den Einzelstaaten nicht länger von den Parteibossen benannt, sondern immer häufiger durch Vorwahlen (*Primaries*) bestimmt. 1896 verbündeten sich die Demokraten mit den Populisten, einer Drittpartei, und nominierten William Jennings Bryan als ihren Präsidentschaftskandidaten. Er kämpfte gegen Big Business, Großbanken und Eisenbahnbarone sowie für Kleinbauern und verlor drei Mal gegen Bewerber der wirtschaftsfreundlichen Republikaner.

Selbst bei diesen gab es indes reformorientierte Elemente. Mit der Übernahme der Präsidentschaft durch den Republikaner Theodore Roosevelt (1901–09) kam die Progressive Ära auch auf Bundesebene in Schwung. Roosevelt zerschlug Monopole und Kartelle, stärkte Arbeiter- und Verbraucherrechte, regulierte das Geschäftsleben etwa durch Überwachen der oft horrenden Frachtpreise der Eisenbahnen, engagierte sich für den Naturschutz und gründete Nationalparks. Als die Republikaner nach seinem Ausscheiden wieder in ihren Laissez-Faire-Kapitalismus zurückfielen, kandidierte Roosevelt 1912 erneut für das Amt – diesmal als Kandidat der von ihm gegründeten Progressiven Partei. Mit 27,4% der Wählerstimmen erzielte er das beste Ergebnis eines Drittpartei-Bewerbers in der Geschichte. Präsident wurde indes der Demokrat Woodrow Wilson (1913–21), der von der Spaltung der Republikaner profitierte. Er reformierte die Banken, führte Einkommenssteuer und Zentralbank ein und wollte der Demokratie international zum Durchbruch verhelfen.

Die Progressive Ära sah weitere Reformen, die das amerikanische Regierungssystem bis in die Gegenwart prägen: Referenden und Volksabstimmungen sowie die Möglichkeit zum Abberufen gewählter Politiker (*Recall*) primär in den Staaten des Westens, die Direktwahl der Senatoren, die bisher von den Einzelstaatsparlamenten benannt worden waren, das Registrieren der Wähler, um Wahlbetrug auszuschließen, oder 1920 das Wahlrecht für Frauen auf Bundesebene. In der Folge von Registrierung und Frauenwahlrecht fiel die Wahlbeteiligung, die von den 1840er bis in die 1890er Jahre bei 80% gelegen war, auf 50 bis 60%. Bei der Präsidentschaftswahl 1920 gaben zum Beispiel 68% der wahlberechtigten Männer, aber nur 36% der Frauen ihre Stimme ab.

Die Reformen schwächten die alten Parteistrukturen mit ihrem Patronage- und Klientelsystem. Zugleich mutierten die Parteien in vielen Einzelstaaten per Gesetz von privaten Gruppen zu öffentlichen Institutionen mit dem Auftrag, Wahlen zu organisieren. Demokraten wie Republikaner nutzten dieses Privileg, um das Entstehen neuer Parteien und die Kandidatur unabhängiger Bewerber zu erschweren. Dieses vierte Parteiensystem war wie das dritte dominiert von den Republikanern. Zwischen 1897 und 1933 konnte ihnen nur Wilson das Weiße Haus abnehmen.

Das fünfte Parteiensystem entstand während der Großen Depression, der schlimmsten Wirtschaftskrise der USA, mit den Wahlsiegen Franklin D. Roosevelts 1932 und 1936.[11] Sie läuteten eine Phase der Dominanz der Demokraten ein, die bis in die späten 1960er Jahre andauerte. Nur ein Republikaner, der Weltkriegsgeneral Dwight Eisenhower (1953–61), konnte die Phalanx ihrer Präsidenten durchbrechen. Im Senat hielten die Demokraten von 1933 bis 1981 bis auf zwei Jahre die Mehrheit, im Haus mit einer kurzen Unterbrechung sogar bis 1995. Ihre Dominanz war so total, dass man vom «Immerwährenden Demokratischen Kongress» sprach.[12]

Grundlage ihrer Vorherrschaft war eine neue Allianz großer Wählerblocks mit dem Ziel, Wahlen auf Bundesebene zu gewinnen. Diese New-Deal-Koalition, benannt nach FDRs Wirtschafts- und Sozialreformen, fügte den traditionell demokratischen Wählern im Süden sowie in den Großstädten des Nordens und Mittleren Westens zwei bis dahin zu den Republikanern tendierende Gruppen hinzu: die Farmer und die Schwarzen, die beide von Roosevelts Sozialmaßnahmen enorm profitierten. Die Koalition war so heterogen und widersprüchlich, dass der Komiker Will Rogers 1935 spottete: «I am not a member of any organized party – I am a Democrat.»[13]

Seit Roosevelt (1933–45) stehen die Demokraten für eine aktive Wirtschafts- und Gesellschaftspolitik. Er bekämpfte die Massenarbeitslosigkeit mit Arbeitsprogrammen, regulierte die Finanzmärkte, förderte Eigenheimbau und Infrastrukturprojekte wie den Hoover Dam am Colorado oder den LaGuardia-Flughafen in New York City, unterstützte die Farmer und initiierte eine Renten- und Arbeitslosenversicherung. Vollbeschäftigung, Lohnsteigerungen und hohe Spitzensteuersätze ließen seit den frühen 1940er Jahren die Einkommensungleichheit schrumpfen und erstmals in der Weltgeschichte eine breite, wohlhabende Mittelschicht entstehen. Nach Japans Überfall auf Pearl Harbor am 7. Dezember 1941 führte Roosevelt, der vier Mal gewählt wurde, die USA in den Krieg gegen die Achsenmächte, schmiedete internationale Bündnisse und etablierte sie als Vormacht der freien Welt.

Seine Nachfolger Harry Truman (1945-53), John F. Kennedy (1961-63) und Lyndon B. Johnson (1963-69) setzten sich für den Ausbau des Wohlfahrtsstaats und gegen die Rassendiskriminierung ein. Mit dem *Great-Society*-Programm zur Armutsbekämpfung und dem *Civil Rights Act* 1964 sowie dem *Voting Rights Act* 1965 verhalf Johnson diesen Projekten zum legislativen Durchbruch. Doch auch republikanische Präsidenten wie Eisenhower (1953-61), Richard Nixon (1969-73) und Gerald Ford (1973-77) verfolgten in wirtschaftlichen und gesellschaftlichen Fragen einen gemäßigten Kurs und hielten den konservativen Flügel um Robert Taft, Barry Goldwater und Ronald Reagan in Schach. Nixon zum Beispiel unterstützte das Absenken des Wahlalters von 21 auf 18 Jahre, gründete die Umweltschutzbehörde und unterzeichnete Gesetze zur Verbesserung der Luft- und Wasserqualität und zum Ausbau der staatlichen Krankenversicherung für Rentner und Bedürftige.

Kennzeichneten Pragmatismus und Kompromiss die Innenpolitik im fünften Parteiensystem, so galt dies noch stärker in der Außenpolitik. Dort herrschte ein breiter Kalter-Krieg-Konsens, Demokraten wie Republikaner unterstützten parteiübergreifend die Eindämmung der Sowjetunion und den Aufbau einer liberalen, regelgeleiteten internationalen Ordnung.[14] Der Politikwissenschaftler Robert Goldwin riet den Republikanern 1959, als sie mit dem Gedanken einer klareren ideologischen Profilierung spielten, es sei «für eine große politische Partei weder möglich noch wünschenswert, sich von Prinzipien leiten zu lassen». Weiter sagte er: «Da beide Parteien sowohl Liberale als auch Konservative in ihren Reihen haben, werden Differenzen, die ansonsten die Hauptthemen des Wahlkampfs würden, mit Hilfe von Kompromissen innerhalb der jeweiligen Partei beigelegt.»[15] Das sollte sich allerdings ändern in den folgenden Jahrzehnten. «Die Ironie liegt darin», schreibt der Journalist Ezra Klein zu Recht, «dass das politische System der USA am ruhigsten und am wenigsten polarisiert war, als Amerika selbst kurz davorzustehen schien auseinanderzubrechen.»[16]

Polarisierung als Merkmal des sechsten Parteiensystems

Langsam öffnete sich nämlich ein Graben zwischen den Parteien. Einen Vorgeschmack hatte 1964 die Präsidentschaftskandidatur von Senator Goldwater geboten, der die Republikaner auf einen dezidiert konservativen Kurs führen wollte. Obwohl er gegen den populären Amtsinhaber Johnson eine der historisch schwersten Wahlniederlagen einfuhr, erzielte er Achtungserfolge in den Südstaaten. Das zeigte, dass sich Roosevelts New-Deal-Koalition aufzulösen begann und die Wählerschaft neu ausrichtete.[17] Über die folgenden 40 Jahre entwickelten sich die Parteien von weltanschaulich heterogenen Sammelbecken zu programmatisch homogenen Kampfverbänden. In den 1960er Jahren war ein Republikaner vom liberalen Rockefeller-Flügel aus New York progressiver als die meisten Demokraten aus Texas. Danach sortierten sich Anhänger und Amtsträger der Parteien anhand ideologischer Bruchstellen: Konservative wendeten sich den Republikanern zu, Linke und Liberale den Demokraten.

Wichtige Stationen bildeten die Präsidentschaft Reagans (1981–89) und die Kongresswahlen 1994. Der Republikaner Reagan konnte bei weißen Arbeitern, den sogenannten Reagan Democrats, und Südstaatlern, traditionellen Wählergruppen der Demokraten, große Erfolge erzielen. Und dem stellvertretenden republikanischen Minderheitsführer im Repräsentantenhaus Newt Gingrich gelang es bei den Midterms 1994, die Kandidaten seiner Partei erstmals auf ein einheitliches nationales Wahlprogramm zu verpflichten und so den Wählern die weltanschaulichen Unterschiede zwischen den Parteien zu verdeutlichen. Der *Contract with America* bot ein Füllhorn konservativer Glaubenssätze, darunter Steuerkürzungen, härtere Strafgesetze, Amtszeitbegrenzungen und eine Pflicht zum Haushaltsausgleich.[18] Mit dieser Agenda gewannen die Republikaner nach vier Jahrzehnten in der Opposition wieder die Mehrheit im

Haus. Ihre Kernwähler waren nun Christliche Rechte, Fiskalkonservative und Advokaten einer starken Außen- und Sicherheitspolitik. Die Südstaaten wurden zu ihrer neuen Bastion.[19]

Seit den 1980er Jahren dominierten die Republikaner dort nicht nur bei den Präsidentschaftswahlen, sondern sie nahmen den Demokraten auch mehr und mehr Gouverneursämter und Sitze in Kongress und Einzelstaatsparlamenten ab. Am Ende der Amtszeit Obamas war die Wende komplett. 1963 kamen 21 der 22 Senatoren aus dem Süden von den Demokraten, 2017 nur noch einer – und selbst der lediglich, weil sein republikanischer Gegenkandidat im Wahlkampf schweren sexuellen Fehlverhaltens bezichtigt worden war. 2022 hielten die Republikaner in neun der elf Südstaaten das Gouverneursamt und Mehrheiten in allen Parlamentskammern.

Diese politische Neuausrichtung des Südens (*southern realignment*) war der wichtigste Baustein für die weltanschauliche Homogenisierung der Parteien und das Entstehen des sechsten Parteiensystems. Machten Südstaaten-Demokraten im US-Repräsentantenhaus 1971/72 noch 31% der Fraktion aus, waren es 2022 nur mehr 22%. Zugleich wurden sie progressiver und unterschieden sich ideologisch kaum noch von ihren Parteifreunden aus dem Rest der Nation. Republikanische Abgeordnete aus dem Süden hingegen stellten 2022 42% ihrer Fraktion (1971/72: 15%) und waren markant konservativer als ihre Kollegen von außerhalb der Region.[20] Die Wähler der Partei konzentrierten sich auf dem Land oder in den Vorstädten, im Mittleren Westen und im Süden und waren überproportional weiß, religiös, alt, wohlhabend und männlich.

Die Demokraten erschlossen sich ebenfalls neue Bevölkerungsschichten. Sie holten überdurchschnittlich viele Stimmen bei Minderheiten wie Schwarzen, Hispanics, Asien-Amerikanern, Juden, Schwulen und Lesben, bei Frauen und Jüngeren, Geringverdienern und religiös Ungebundenen. Ihre regionalen Schwerpunkte lagen in den Küstenstaaten und im Nordosten, und sie dominierten in den großen Städten. Auch bei ihnen setzte eine weltanschauliche Homogenisierung ein. Je stärker ihre konservativen Unterstützer aus den Südstaaten zu den Republikanern abwanderten, desto mehr begannen bei ihnen linke und liberale Wähler, Interessengruppen und Kongressvertreter zu dominieren. Themen wie Umweltschutz, Sozialstaat, Arbeiter- und Minderheitenrechte wurden zu Alleinstellungsmerkmalen der Demokraten, während die Republikaner auf Steuersenkungen, Deregulierung, den Kampf gegen Abtreibung und Waffenkontrolle sowie harte Strafen für Kriminelle setzten. Gründeten die ersten fünf Parteiensysteme primär auf wirtschaftlichen und regionalen Spaltungen (*cleavages*), rückten danach Werte und Identitäten in den Vordergrund. Schon 2004 hatte der Journalist Thomas Frank in seinem Buch *What's the Matter with Kansas? How Conservatives Won the Heart of America* argumentiert, dass kulturelle «Keilthemen» (*wedge issues*) die weiße Arbeiterklasse veranlassten, den Demokraten den Rücken zu kehren.[21] Beide Parteien entfernten sich in Wertefragen immer weiter voneinander. Und die Amerikaner erkannten, dass zwischen den Parteien grundsätzliche Unterschiede existierten. 1950 sahen das nur 50% der Bürger so, 2004 waren es schon 76%, 2020 90%.[22]

Umstritten blieb lange, wer für diese ideologische Selbstsortierung der Parteien den Ausschlag gab: die Wähler oder die Parteieliten? Der Politikwissenschaftler Matthew Levendusky wies 2009 in seiner Studie *The Partisan Sort* überzeugend nach, dass es die Parteieliten waren. Indem sich die führenden Amtsträger inhaltlich mehr und mehr an den weltanschaulichen Polen positionierten, erhielten die Wähler Anhaltspunkte (*clues*), anhand derer sie sich mit ihren eigenen Präferenzen und Ansichten einordnen konnten.[23] Levendusky zeigte darüber hinaus, dass diese Sortierung nicht auf weiße Südstaatler begrenzt war, sondern ein nationales Phänomen darstellte. Schon fünf Jahre zuvor hatte der Journalist Bill Bishop in *The Big Sort* argumentiert, dass sich die Amerikaner seit Mitte der 1970er Jahre zunehmend in homogene Gemeinschaften eingliederten – nicht auf der Makro-Ebene der Einzelstaaten, sondern auf der Mikro-Ebene der Stadt oder der Nachbarschaft.[24]

Die Tea-Party-Bewegung, die sich nach Amtsantritt Obamas 2009 innerhalb der Republikanischen Partei bildete, beschleunigte diesen Trend. Ihr Name bezog sich auf die Boston Tea Party, mit der Amerikaner 1773 gegen die britische Kolonialpolitik protestiert hatten. Getragen wurde sie von älteren weißen Männern. Die Bewegung war lose organisiert, erhielt aber finanzielle und mediale Unterstützung von den Koch-Brüdern, zwei Milliardären, die für einen Laissez-Faire-Kapitalismus kämpften, und vom rechten TV-Sender *Fox News*. Einer ihrer Moderatoren, Glenn Beck, avancierte sogar zu ihrem Wortführer. Die Tea Party kämpfte vor-

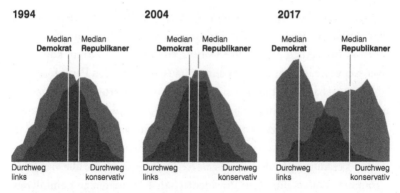

Demokraten und Republikaner ideologisch stärker gespalten als in der Vergangenheit
Verteilung von Demokraten und Republikanern auf einer Skala politischer Werte

dergründig für weniger öffentliche Ausgaben, ausgeglichene Haushalte, gegen die staatliche Bankenrettung in der Finanzkrise und gegen die Gesundheitsreform des Präsidenten.

Im Kern trieb ihre Anhänger indes die Angst vor gesellschaftlichem Wandel und Statusverlust, sie misstrauten der eigenen Partei und suchten nach einer reaktionären Form des Konservativismus.[25] Zunehmend gewannen Kräfte die Oberhand, die gegen Minderheiten und Immigranten agitierten und oft paranoide, verschwörungsmythologische und rassistische Ansichten vertraten. Bald war die Tea Party eine kaum verschleierte «Allzweck-Anti-Obama-Bewegung»[26]. 2010 gelang es ihr, bei den Vorwahlen der Republikaner viele ihrer Kandidaten gegen moderate Vertreter der Partei durchzusetzen.

Im Repräsentantenhaus bekannten sich 60 der 242 republikanischen Abgeordneten zur Tea Party, die erheblichen Druck auf Sprecher John Boehner ausübten, bis der 2015 entnervt zurücktrat. Zwar verschwand die Tea Party bis Mitte des Jahrzehnts als eigenständige Kraft, aber nur, weil die Partei zahlreiche Forderungen mittlerweile übernommen hatte. Trump promotete bereits damals Glaubenssätze der Bewegung, etwa dass Obama nicht in den USA geboren und deshalb ein unrechtmäßiger Präsident sei oder dass Einwanderung ein zentrales Problem darstelle. Als er 2015 für die Präsidentschaft kandidierte, hatte ihm die Tea Party ideologisch den Boden bereitet und die Republikanische Partei so sehr destabilisiert, dass sie ihm kaum Widerstand entgegensetzen konnte. Ihre Anhänger standen bereit für einen unkonventionellen, demagogischen Führer. Auch im *Freedom Caucus*, einer Gruppe extrem konservativer Republikaner im Repräsentantenhaus, lebte die Tea Party fort.

Weltanschauliche Homogenisierung, Radikalisierung, Polarisierung und Ausbau der Macht der nationalen auf Kosten der einzelstaatlichen Parteiorganisationen gingen in diesem sechsten Parteiensystem Hand in Hand. Bis zu den späten 1970er Jahren waren Republikaner und Demokraten Vereinigungen der jeweiligen Regionalparteien, die alle vier Jahre zusammenkamen, um einen Präsidentschaftskandidaten zu nominieren. Die Zentrale verfügte über wenig Mittel und Personal, hatte kaum Einfluss auf die einzelstaatlichen Organisationen und konnte meist nicht einmal die Regeln setzen, nach denen diese ihre Delegierten für die Nationalkonvente und ihre Kandidaten für den Kongress bestimmten.[27] Partei- oder Fraktionsdisziplin waren so gut wie unbekannt.

Das änderte sich nun fundamental. Zuerst entwickelten die Republikaner große nationale Organisationen, dann die Demokraten. Sie führen die Parteigeschäfte, leiten den professionellen Apparat und sammeln Spenden. Die Parteikonvente wählen das *Republican National Committee* (RNC) und das *Democratic National Committee* (DNC). Sie haben mindestens zwei Mitglieder aus jedem Einzelstaat und schaffen es zunehmend, die Autonomie der lokalen Parteien einzuschränken. Als etwa Florida und Michigan ihre *Primaries* entgegen den Maßgaben des DNC 2008 vorverlegten, bestrafte es beide Parteienorganisationen, indem es ihren Delegierten lediglich das halbe Stimmgewicht bei der Wahl des Präsidentschaftskandidaten-Duos gewährte.[28] 2022 beschloss das DNC auf Druck von Präsident Biden, South Carolina zum ersten Primary State zu machen und Iowa dieses 1972 gewährte Vorrecht abzuerkennen.[29]

Das Parteiensystem seit 2016

Mit den Präsidentschaftswahlen 2016 und 2020 entstand das siebte Parteiensystem. In ihm gelang es ideologischen Randgruppen, ihren Einfluss auf die Parteien massiv auszuweiten, im Fall der Republikaner diese sogar weitgehend zu dominieren. Damit verschärfte sich die Polarisierung. Trump war Nutznießer und Verstärker dieser Entwicklung. Die Republikanische Partei hatte zwar seit mehr als zwei Jahrzehnten fundamentalistische Christen, libertäre Staatsskeptiker und rechtsradikale Weiße hofiert. Aber inhaltlich stand sie weiter für Freihandel, solide Haushalte, Big Business und robusten Internationalismus. Jetzt brach Trump über die opportunistische und machtversessene Partei wie eine Naturgewalt herein und richtete sie neu aus, indem er ihr seinen protektionistischen, immigrationsfeindlichen und isolationistischen Kurs oktroyierte. «Wir hatten eine Republikanische Partei, die von Freaks, Neokonservativen, Globalisten, Eiferern für offene Grenzen und Narren regiert wurde», erklärte er 2023 während seiner erneuten Kandidatur. «Aber zu der Partei ... werden wir nie zurückkehren.»[30]

Entscheidendes Merkmal seines Wahlkampfs und seiner Politik waren Identitätsfragen wie ethnische Herkunft, Nationalität, Religion und Geschlecht. Mehr als jeder andere Politiker stellte Trump entsprechende Themen ins Zentrum seiner Reden und Handlungen und veränderte damit die Einstellungen der Anhänger beider Parteien dramatisch. Zwischen 2016 bis 2020, als er die amerikanische Politik dominierte, schoss die Zustimmung der Demokraten zu einer höheren Einwanderung von 30 auf 50%, während sie bei den Republikanern bei 13% verharrte. Zugleich stieg der Anteil der Demokraten deutlich, die strukturelle Erklärungen für «rassische» Ungleichheiten akzeptierten. In den vier Jahren unter Trump entwickelten sich die Einstellungen beider Parteien in diesen Identitätsfragen schneller auseinander als in den zwei Dekaden zuvor.[31]

Es waren politische Führer und unter ihnen primär Trump, die die Polarisierung in Identitätsfragen antrieben. Damit einher ging in Teilen eine Restrukturierung der republikanischen Wähler. Bisher waren Evangelikale, Libertäre, Neokonservative und Traditionalisten ihre Kernanhängerschaft gewesen. Jetzt zog Trump weiße Arbeiter ohne Collegeabschluss in die Partei, die lange Zeit zu den Stammwählern der Demokraten gezählt oder überhaupt nicht abgestimmt hatten. Dagegen kehrten weiße Akademiker den Republikanern den Rücken. Bald war die Rede von einem «Diplomgraben» oder einer «Ausbildungspolarisierung». Kam George Bush 2000 bei weißen Wählern ohne College-Abschluss auf weniger als die Hälfte der Stimmen, holte Trump bei ihnen 2020 zwei Drittel.[32]

Eigentlich war Trump von Karriere, politischem Profil und Kernwählerschaft her ein typischer Drittkandidat, wie sie in den USA in Krisenzeiten wiederholt auftraten.[33] Er erinnerte an einen anderen bizarren Milliardär, der 1992 bei der Präsidentschaftswahl 19% der Stimmen gewonnen hatte: Ross Perot. Im Jahr 2000 bewarb sich Trump sogar kurz um die Nominierung der Reform Party, die aus Perots Kampagne hervorgegangen war. 2015 war es sein Geniestreich, eine Anhängerschaft aus Wutbürgern um sich zu scharen, ihren Unmut über das Establishment anzufachen und die Republikanische Partei Schritt für Schritt zu übernehmen. Nach dem Gewinn der Kandidatur und dem Sieg bei Präsidentschafts- wie Kongresswahlen 2016 schnitt er sie völlig auf seine Person zu, radikalisierte sie weiter und besetzte Schlüsselpositionen mit seinen Gefolgsleuten. Dabei kam ihm zugute, dass der Präsident oder der Präsidentschaftskandidat traditionell den Geschäftsführer der nationalen Parteiorganisation festlegt sowie ihr Programm (*party platform*) maßgeblich bestimmt. Die Partei verkam zum Vehikel von Trumps Ambitionen und Impulsen, Loyalität zu seiner Person wurde das entscheidende Kriterium für eine Karriere bei den Republikanern.

Sogar nach seiner Abwahl und seinem Putschversuch vom 6. Januar 2021 blieb Trump die dominierende Figur in der Partei. Normalerweise ziehen sich Ex-Präsidenten aus der Politik zurück und der De-facto-Parteivorsitz wandert zum Mehrheitsführer im Senat, zum Sprecher im Haus oder, falls sie in der Hand der anderen Partei liegen, zu den Minderheitsführern der Kammern. Nicht so bei Trump. Unbotmäßige moderate Republikaner verunglimpfte der Ex-Präsident als «Rinos» (*Republicans in Name Only*) und marginalisierte sie in der Partei. Gegen die zehn republikanischen Abgeordneten, die für die Einleitung eines zweiten *Impeachment*-Verfahrens stimmten, führte er eine Vendetta. Mit Erfolg: Vier zogen sich aus der Politik zurück, vier weitere verloren ihre *Primaries* gegen von ihm unterstützte Herausforderer.

Das von Trump kontrollierte *Republican National Committee* sprach eine Rüge gegen die beiden Abgeordneten ihrer Partei aus, die der Ermittlungskommission zum 6. Januar beitraten, und seine Vorsitzende erklärte die Kommission zu einer von «den Demokraten angeführten Verfolgung von Bürgern, die sich an einem legitimen politischen Diskurs beteiligen»[34]. Erst nach den enttäuschenden Zwischenwahlen 2022 gab es breitere Kritik an Trump. Viele Kandidaten, die er bei den Vorwahlen gegen moderatere Bewerber durchgedrückt hatte, erwiesen sich als schwach und kosteten die Partei Sitze.

Damit steuerten die Republikaner auf einen internen Machtkampf zwischen Trumps Maga-Fundamentalisten und den Traditionalisten zu. Er schwelte seit Aufkommen der Tea-Party-Bewegung, brach jedoch jetzt öffentlich und nicht nur parteiintern auf. Nichts offenbarte die Rivalität deutlicher als der Konflikt Anfang 2023 um das Sprecheramt im Haus, wo die Republikaner nur eine Mehrheit von neun Sitzen hatten. Zum ersten Mal seit einhundert Jahren gelang es der führenden Fraktion nicht, den Posten im ersten Wahlgang zu besetzen. Vielmehr versagten 21 Abgeordnete, die meisten davon Mitglieder im extrem rechten *Freedom Caucus*, dem Kandidaten ihrer Partei Kevin McCarthy die Unterstützung.

Erst im 15. Wahlgang bekam McCarthy eine Mehrheit, musste dafür jedoch große Konzessionen eingehen. Die Rebellen erhielten ein Drittel der Sitze im einflussreichen Geschäftsordnungs-Ausschuss (*Rules Committee*) sowie erleichterte Mitsprache bei Budgetberatungen. Ein wichtiges republikanisches Super-PAC musste sich verpflichten, bei Vorwahlen nicht gegen erzkonservative Kandidaten zu spenden. Am schwerwiegendsten aber war: Ein Antrag auf Abwahl des Speaker bedurfte nicht länger der Mehrheit einer Fraktion, sondern konnte nun von jedem einzelnen Mitglied der Kammer gestellt werden.[35]

So verlor der Sprecher seine wichtigsten Instrumente, um Druck auf Abweichler auszuüben und die Kontrolle über seine Partei und damit die Kammer zu behalten. Das rächte sich schon im Oktober 2023, als neun rechtspopulistische Rebellen nach einem Abwahlantrag aus den eigenen Reihen McCarthy die Gefolgschaft verweigerten und damit erstmals in der Geschichte einen Speaker stürzten. Es brauchte drei chaotische Wochen und mehrere Anläufe, bis sich die Republikaner mit dem Hardliner Mike Johnson auf einen Nachfolger einigten.[36] Trumps Maga-Flügel hatte nach der Parteiorganisation auch die republikanische Fraktion im Repräsentantenhaus erobert und den konservativsten Sprecher in der Geschichte ins Amt gebracht. Mit seinem Sieg bei den Vorwahlen im Frühjahr 2024 unterwarf sich Trump die Partei völlig.

Obwohl weniger dramatisch, veränderte sich auch die Demokratische Partei. Bei ihr rückten ebenfalls kulturelle Identitäten in den Vordergrund. Im Gegensatz zu den auf Trump eingeschworenen Republikanern bilden die Demokraten heute ein Patchwork von vier Gruppen: Sozialisten, Kulturkriegern, Rostgürtel-Populisten und Technokraten. Die Sozialisten stehen der kapitalismuskritischen *Occupy-Wall-Street*-Bewegung nahe, die sich nach der Finanzkrise 2008 formierte. Sie fordern einen stärkeren Kampf gegen gesellschaftliche Ungleichheit und lehnen Militärinterventionen und eine aktivistische Außenpolitik ab. Sie sind jünger, weißer, männlicher, besser gebildet und einkommensschwächer als Durchschnitts-Demokraten. Die Kulturkrieger kämpfen gegen Rassismus und für eine großzügige Flüchtlings- und Einwanderungspolitik, für LGBTQ-Rechte, liberale Abtreibungsregeln und Klimaschutz. Sie verstehen sich als *woke*, als politisch wach, und tragen die *Me-Too-, Fridays-for-Future-* und *Black-Lives-Matter*-Bewegungen. Diese Gruppe ist gut ausgebildet, relativ wohlhabend, weiblich, jung, säkular, politisch überaus aktiv und multiethnisch.

Die Rostgürtel-Populisten umfassen gewerkschaftlich organisierte Arbeiter im industriellen Herzland um die Großen Seen. Sie sind älter, weißer, schlechter gebildet und konservativer, unterstützen staatliche Sozialprogramme wie Rentenversicherung und Krankenfürsorge für Alte (*Medicare*) und Arme (*Medicaid*) und sprechen sich gegen Handelsliberalisierungen und schärfere Waffengesetze aus. Die Technokraten schließlich profitieren von der Globalisierung, sind wohlsituiert und leben oft in den Suburbs der Metropolen an der Ost- und Westküste. In Fragen wie Waffenkontrolle, Homo-Ehe, Einwanderung, Abtreibung und Klimaschutz finden sie sich an der Seite der Kulturkrieger. Sie sind zugleich wirtschaftsfreundlicher und fiskalkonservativer, unterstützen den Freihandel und betrachten private Unternehmer als essenziell für Innovation und Wohlstand.[37]

Insgesamt rückte die Demokratische Partei unter dem Einfluss der Sozialisten und Kulturkrieger weg von zentristischen Positionen, wie sie noch die Präsidenten Bill Clinton (1993–2001) und Barack Obama (2009–17) vertraten. Joe Biden, der während seiner 50-jährigen politischen Karriere stets in der Mitte seiner Partei zu finden war, ist hierfür ein guter Seismograph. Als Obamas Vizepräsident vertrat er gemäßigte

Ansichten, als Präsidentschaftskandidat 2019/2020 und Präsident seit 2021 bewegte er sich jedoch deutlich nach links und setzte auf Staatsinterventionen, Industriepolitik, Protektionismus und große Ausgabenprogramme, um soziale Ungleichheit zu bekämpfen, klimafreundliche Technologien zu fördern, die Infrastruktur zu verbessern und China im Hochtechnologie-Wettbewerb entgegenzutreten. Neben den Minderheiten, hauptsächlich den Schwarzen, tragen Jüngere, Bessergebildete und Frauen die neue demokratische Wählerkoalition. Im Gegensatz zu den Republikanern geriet der Kampf der unterschiedlichen Gruppen bei den Demokraten im Kongress selten außer Kontrolle. Von 2021 bis 2023 führte im Repräsentantenhaus Sprecherin Nancy Pelosi trotz knapper Mehrheit ein eisernes Regiment, und im Senat unterstützten die demokratischen Mavericks Joe Manchin und Kyrsten Sinema, die Ende 2022 sogar aus der Partei austrat, in den meisten Fällen Präsident Bidens Agenda.

Ihre politische, kulturelle und ethnische Diversität erschwert es den Demokraten, ein klares gemeinsames Programm zu entwickeln. Doch diese Vielfalt hat demokratietheoretisch einen Vorteil: Sie erzwingt einen dauernden Verhandlungsprozess über Ziele und Schwerpunkte der Partei und erfordert Kompromisse zwischen den Flügeln. Letztlich müssen sich die Demokraten breit aufstellen und unterschiedliche Ansichten tolerieren, um ihre heterogenen Wählerklientele anzusprechen. Im Gegensatz dazu werden die Republikaner von Trumps weißen, wütenden Maga-Anhängern so sehr dominiert, dass die innerparteiliche Demokratie leidet und die GOP nach außen immer ideologischer und radikaler auftritt.[38]

Ein weiteres Merkmal dieses siebten Parteiensystems ist, dass es keine Partei dominiert, also die Anhängerschaft von Demokraten und Republikanern gleich groß und zahlenmäßig sehr stabil sind. Trotz aller Verschiebung der Wählerkoalitionen liegen beide Parteien seit dem Jahr 2000 gleichauf. Es gibt kaum mehr umkämpfte Staaten (*swing states*), Wahlkreise und Wechselwähler. Deshalb sind knappe Wahlergebnisse für Präsidentschaft, Senat und Repräsentantenhaus die Regel. Meist geben minimale Abstände in wenigen Staaten und Wahlkreisen den Ausschlag. So zog Trump 2017 ins Weiße Haus ein, weil er Pennsylvania mit 0,7, Wisconsin mit 0,8 und Michigan mit 0,3 Prozentpunkten Vorsprung gewann. Biden eroberte 2020 die Präsidentschaft mit Abständen von 1,2, 0,6 und 2,8 Prozentpunkten in diesen drei Staaten sowie 0,3 und 0,2 Punkten in Arizona und Georgia.

Im 100-köpfigen Senat verfügten die Republikaner 2017 über 51 Sitze, 2019 über 53, 2021 herrschte ein Patt, 2023 gerieten sie mit 49 Sitzen ins Hintertreffen. Im Haus mit seinen 435 Abgeordneten lagen sie 2017 mit 48 Sitzen vor den Demokraten, die aber 2019 und 2021 Mehrheiten von 36 beziehungsweise neun erzielten. 2023 hatten die Republikaner eine Mehrheit von neun, und die verdankten sie gerade einmal 6670 Stimmen bei mehr als 107 Millionen abgegebenen.[39] In dieser Zeit von *Insecure Majorities*, wie die Politikwissenschaftlerin Frances Lee von der Princeton University ihre Studie über die knappen Verhältnisse im Kongress betitelte, ist überparteiliche Zusammenarbeit selten, permanenter Wahlkampf die Regel.[40] Und Wahlsieger sind kaum mehr vorhersagbar.

Wichtigstes Kennzeichen des siebten Parteiensystems ist freilich die enorme Bedeutung parteipolitischer Identitäten. Die Politikwissenschaftler Ronald Inglehart von der University of Michigan und Pippa Norris von der Harvard University wiesen 2019 in ihrer Studie *Cultural Backlash. Trump, Brexit and Authoritarian Populism* eine «stille Revolution bei gesellschaftlichen Werten» nach, die sich in den vergangenen Jahrzehnten in vielen westlichen Demokratien, allen voran in den USA, vollzog.[41] Dabei stehen sich Demokraten und Republikaner gerade in den Fragen am fernsten, die sie für am bedeutendsten halten. Eine der größten je durchgeführten Umfragen unterstrich dies: Für die Anhänger beider Parteien hatten die Themen Amtsenthebung Trumps, Deportation illegaler Immigranten und Mauerbau an der Südgrenze der USA oberste Priorität, aber sie beurteilten diese auch am kontroversesten. Die Politikwissenschaftler, die die Umfrage auswerteten, folgerten: «Die Politik wird wütender, wenn die Menschen ihre Meinungsverschiedenheiten todernst nehmen.»[42]

Dieser Megatrend mündete in die Herausbildung von zwei Gruppenidentitäten entlang von Parteilinien. Erhebungen belegen zudem, dass es nicht die Identifikation mit der eigenen Partei ist, die sich in den vergangenen 40 Jahren verändert hat, sondern der Groll auf die andere – speziell seit 2012.[43] «Nichts schweißt eine Gruppe mehr zusammen als ein gemeinsamer Feind», konstatiert Ezra Klein.[44] Die Politikwissenschaft-

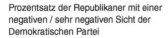
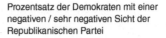
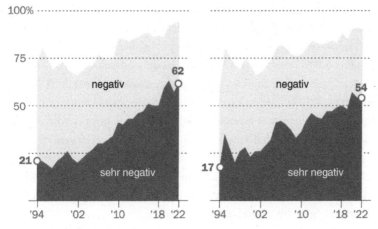

Zwei Jahrzehnte wachsender Antipathie zwischen den Parteien

lerin Lilliana Mason von der Johns Hopkins University geht noch einen Schritt weiter: «Parteibindung kann man sich inzwischen als eine Art Megaidentität vorstellen, mit all den Verstärkungen in Psychologie und Verhalten, die dies impliziert.»[45] Und die Journalistin Julia Azari weist auf das Paradox hin: «Das definierende Merkmal unserer Zeit ist, dass die Parteien schwach sind und die Parteibindung stark ist.»[46] Diese Schwäche des Parteiestablishments erlaubte es den Außenseiterkandidaten Obama und Trump, sich 2008 und 2016 die Nominierung der Demokraten beziehungsweise Republikaner zu sichern. Als sie das aber erreicht hatten, stellten sich die Parteianhänger geschlossen hinter sie.

Verstärkt wird der Hass dadurch, dass sich Republikaner und Demokraten physisch kaum noch begegnen – nicht in der Kirche, nicht am Arbeitsplatz, nicht in der Kneipe – und so die Sorgen und Nöte der anderen Seite selten erfahren. Ihre Lebenswelten drifteteten immer weiter auseinander. 1980 wohnten bei der Präsidentschaftswahl lediglich 4% der Wähler in «Erdrutsch-Landkreisen»[47], in denen ein Kandidat mehr als 70% der Stimmen gewann. 2020 waren es 35%.[48] Und holte Bill Clinton 1996 knapp die Hälfte der 3100 Landkreise der USA, schaffte das seine

Frau Hillary 2016 bei gleich hohem Stimmenanteil nur mehr in weniger als 500 – darunter aber 88 der 100 einwohnerreichsten.[49] Die Demokraten waren die Partei der Bevölkerungszentren geworden, die Republikaner die des flachen Landes und der Klein- und Mittelstädte. Eine Folge: 64% der Demokraten und 55% der Republikaner sagen, sie hätten «nur wenige» oder «keine» engen Freunde aus der anderen Partei.[50]

Der Dauerwahlkampf und parteiische, sensationsgesteuerte Medien vertiefen die Dämonisierung der anderen Seite, da es kaum mehr Perioden des Abkühlens der hitzigen Debatte gibt. Anhänger der beiden Parteien stehen sich deshalb nicht nur in Sach- und Wertefragen diametral gegenüber, sondern sie misstrauen und verabscheuen sich auch persönlich immer mehr. Mason betont: «In den Wahlkabinen finden sich zunehmend Leute, die unbedingt wollen, dass ihre Seite gewinnt, und die die andere Seite für eine Katastrophe halten.»[51]

Eine Pew-Umfrage unterstrich dies 2022: Wachsende Teile der Demokraten und Republikaner empfinden sich gegenseitig als «engstirnig, unehrlich, unmoralisch, unintelligent und faul». 72% der Republikaner sagten, Demokraten seien «unmoralischer» als andere Amerikaner (2016: 45%), 64% der Demokraten meinten das von Republikanern (2016: 42%).[52] Diese Feindseligkeit heißt «negative Parteilichkeit» oder «affektive Polarisierung», weil sie nicht vernunft-, sondern gefühlsgesteuert ist. Beide Gruppen haben übertriebene und stereotype Vorstellungen von der jeweils anderen. So denken Republikaner, 46 beziehungsweise 36% der Demokraten seien schwarz und agnostisch/atheistisch, obwohl es in Wirklichkeit nur 24 und 9% sind. Demokraten glauben, 44% der Republikaner seien sehr wohlhabend und verdienten mehr als 250 000 Dollar im Jahr, obwohl das lediglich auf 2% zutrifft.[53]

Für identitäre Demokraten und Republikaner sind Multikulturalismus, Zuwanderung, LGBTQ-Rechte, Klimaschutz oder *Black-Lives-Matter*-Bewegung keine Themen, die diskutiert werden können, sondern sie stilisieren sie entweder zum unverrückbaren Ausdruck oder zur existenziellen Bedrohung ihrer Lebensweise. Besonders hasserfüllt sind viele Trump-Anhänger. Für sie sind oft nur weiße Christen legitime Amerikaner.[54] Eine große Zahl von ihnen glaubt, ihre Welt werde zerstört, wenn sie Wahlen verlieren, und das Bewahren dieser Welt sei wichtiger als der demokratische Prozess. Dies erklärt ihre Bereitschaft, einem «transgressiven», also alle Normen und Regeln sprengenden Führer wie Trump zu folgen und seinen verfassungswidrigen Autoritarismus zu verteidigen, zu entschuldigen oder zu unterstützen.[55]

Wie wenig dieser von Demokratie hält, offenbarte seine Aussage vor den Wahlen 2016, dass er deren Ergebnis nur akzeptieren werde, falls er gewinnt.[56] Sein Parteifreund Senator Mike Lee aus Utah twitterte sogar, die USA seien keine Demokratie, sondern eine Republik, und Demokratie sei nicht das Ziel des Gemeinwesens, sondern Freiheit, Frieden und Prosperität.[57] Angestachelt von Trump begannen viele Republikaner, Fairness und Legitimität von Wahlen anzuzweifeln. Bei den Midterms 2022 unterstützte fast die Hälfte ihrer Kongresskandidaten seine Lüge von der gestohlenen Wahl ganz oder teilweise, ein weiteres Fünftel legte seine Position nicht offen.[58] Zwar verfolgen auch identitäre Demokraten wie die Kulturkrieger auf der radikalen Linken ihre Vorhaben bisweilen kompromisslos. Aber sie stellen im Gegensatz zu den Trumpisten das Regierungs- und Wahlsystem der USA nicht grundsätzlich in Frage.

Selbst nationale Zeremonien wie die Ansprache zur Lage der Nation geraten ins Räderwerk der parteipolitischen Polarisierung. Bis ins 21. Jahrhundert war die Rede getragen von Respekt gegenüber dem Amtsinhaber. Das änderte sich, seit ein Republikaner Obama 2009 ein «Sie lügen» entgegenschleuderte. Damals wurde er vom gesamten Haus noch formal gemaßregelt. Einen weiteren Tiefpunkt erlebte die Ansprache, als Sprecherin Nancy Pelosi 2020 das ihr vorliegende Manuskript Trumps vor laufenden Kameras zerriss. Biden schließlich wurde 2023 mit Zwischenrufen von Republikanern wie «Lügner» und «Bullshit» bedacht. Der parteipolitische Hass stoppte nicht einmal vor einem solchen feierlichen Akt.[59]

Folgen für den Regierungsprozess

Die Stammeskriege zwischen Republikanern und Demokraten machen einen geordneten politischen Diskurs heute fast unmöglich. Sie bedrohen sogar die Funktionsfähigkeit des Regierungssystems. Im präsidentiellen System der USA ist die Exekutive darauf angewiesen, Mehrheiten im Kongress zu finden, selbst wenn die eigene Partei in einem oder beiden Häusern in der Minderheit ist. Von 1789 bis 2023 gab es 146 Jahre eine parteipolitisch einheitliche, 88 Jahre eine gespaltene Regierung. Von 1969 bis 2025 wurde das *divided government* die Norm: Lediglich während 18 Jahren beherrschte die Präsidenten-Partei auch den Kongress, während 38 dominierte die Opposition eine oder beide Kammern. Da zudem im Senat in den meisten Fragen wegen des Blockadeinstruments des *Filibuster* mindestens 60 Stimmen notwendig sind, ist in Zeiten extremer parteipolitischer Polarisierung der normale Gesetzgebungs- und Regierungsprozess immer öfter gelähmt (*gridlock*).

Dysfunktionalität ist das eine Merkmal des sechsten und besonders des heutigen siebten Parteiensystems, die Gefahr für die Demokratie und die hemmungslose Politisierung der die Nation tragenden Verfahren und Institutionen sind die beiden anderen. Die Demokratie lebt nämlich nur zum Teil von Verfassung und Gesetzen, sondern vorrangig von der Akzeptanz ungeschriebener Normen, Routinen und Verhaltensweisen. Wahlergebnisse anzuerkennen, dem Sieger zu gratulieren, den friedlichen Übergang von einer zur anderen Regierung zu gewährleisten, ist Kern dieser Staatsform. Machtgelüste einer Partei oder einer Person zum alleinigen Kriterium der Politik zu erheben, rüttelt an ihren Grundfesten. Das folgende Kapitel zeigt, wie die parteipolitische Polarisierung selbst das demokratische Wesensmerkmal schlechthin, freie und gleiche Wahlen, unterminiert.

5. SIEGEN UM JEDEN PREIS: DIE WAHLEN UND WAHLKÄMPFE

Wahlen sind die Quintessenz einer Demokratie. Erstmals praktiziert wurden Volksabstimmungen über Personen und Sachfragen im Sparta, Athen und Rom der Antike. Die große Leistung der US-Gründerväter war es, das Wahlprinzip für öffentliche Ämter wiederbelebt und zum Kern des neuen Regierungssystems gemacht zu haben. Die ganze Lebenskraft der amerikanischen Demokratie zeigt sich in nichts besser, als dass ihre Wähler seit 1788 alle zwei Jahre das Repräsentantenhaus und (seit 1914) ein Drittel des Senats und alle vier Jahre den Präsidenten bestimmen – trotz Bürger- und Weltkriegen, trotz Wirtschaftskrisen und Terroranschlägen.

Bis heute wählen die Amerikaner öfter als die Bürger aller anderen Demokratien der Welt. Ursache dafür ist der extrem föderalistische Staatsaufbau und das grundsätzliche Misstrauen gegenüber Machtkonzentration. Mit einer nur zweijährigen Amtszeit hat das Repräsentantenhaus die kürzeste Legislaturperiode westlicher Parlamentskammern. Darüber hinaus gibt es eine Unzahl von Wahlämtern. In Floridas Lee County umfasste die Liste 2022 zum Beispiel: zwei Ämter für den Bund, acht für den Staat, drei für den Landkreis, ein bis zwei in den Städten, vier Richter und mehrere selbstständige Bezirksposten für Sonderaufgaben, und das alles bei Vor- und Hauptwahlen. Viele andere Positionen waren 2024 wieder fällig, etwa Sheriff, Steuereintreiber, Wahlaufseher, Rechnungsprüfer und Immobilienbewerter.[1] 26 der 50 Einzelstaaten vorrangig westlich des Mississippi kennen außerdem noch Initiativen und/oder Referenden. Wahlen in den USA sind basisdemokratisch und vielfältig, aber auch unübersichtlich und bisweilen langwierig. Eigentlich hat die Nation 51 Wahlsysteme – je eines für die Einzelstaaten und für Washington, D.C.

Official Ballot
Multnomah County, OR
November 3, 2020

2701-1-S

This is not a real ballot. Do not use to vote.

Instructions To Voter

Please Use A Blue or Black Pen.
Completely fill in the oval to the left of your choice to be sure your vote will be counted.

To add a candidate who is not on the ballot, fill in the oval to the left of the write-in line and write the candidate's name on the line.

See enclosed measure flyer for more detailed instructions.

ⓘ Attention!

Remember to inspect your ballot for mistakes! If you make a mistake or damage your ballot, call Multnomah County Elections Office at (503) 988-VOTE.

ⓘ Check for Errors

If you vote for more options than allowed, your vote will not count for that contest.

Federal Offices

President and Vice President
Vote for One

○ **Republican**
Donald J Trump
Michael R Pence

○ **Democrat**
Joseph R Biden
Kamala D Harris

○ **Libertarian**
Jo Jorgensen
Jeremy (Spike) Cohen

○ **Pacific Green**
Howie Hawkins
Angela Walker

○ **Progressive**
Dario Hunter
Dawn Neptune Adams

○ _____ OR Write-in on line above

Federal Offices

US Senator
Vote for One

○ Jo Rae Perkins
Republican

○ Jeff Merkley
Democrat/Independent/Working Families

○ Ibrahim A Taher
Pacific Green/Progressive

○ Gary Dye
Libertarian

○ _____ OR Write-in on line above

US Representative, 3rd District
Vote for One

○ Earl Blumenauer
Democrat/Working Families

○ Joanna Harbour
Republican

○ Alex C DiBiasi
Pacific Green

○ Josh Solomon
Libertarian

○ _____ OR Write-in on line above

State Offices

Secretary of State
Vote for One

○ Nathalie Paravicini
Pacific Green/Progressive

○ Kyle Markley
Libertarian

○ Kim Thatcher
Republican/Independent

○ Shemia Fagan
Democrat/Working Families

○ _____ OR Write-in on line above

State Treasurer
Vote for One

○ Michael P Marsh
Constitution

○ Tobias Read
Democrat/Working Families

○ Chris Henry
Independent/Progressive/Pacific Green

○ Jeff Gudman
Republican

○ _____ OR Write-in on line above

Attorney General
Vote for One

○ Ellen Rosenblum
Democrat/Independent/Working Families

○ Lars D H Hedbor
Libertarian

○ Michael Cross
Republican

○ _____ OR Write-in on line above

State Offices

State Senator, 14th District
Vote for One

○ Harmony K Mulkey
Republican/Libertarian

○ Kate Lieber
Democrat/Working Families

○ _____ OR Write-in on line above

State Representative, 27th District
Vote for One

○ Sandra Nelson
Republican/Libertarian

○ Sheri Schouten
Democrat/Working Families

○ _____ OR Write-in on line above

Nonpartisan State Judiciary

Judge of the Supreme Court, Position 4
Vote for One

○ Christopher L Garrett
Incumbent

○ _____ OR Write-in on line above

Judge of the Court of Appeals, Position 9
Vote for One

○ Jacqueline S Kamins
Incumbent

○ _____ OR Write-in on line above

Judge of the Circuit Court, 4th District, Position 12
Vote for One

○ Adrian L Brown

○ Rima Ghandour

○ _____ OR Write-in on line above

Judge of the Circuit Court, 4th District, Position 26
Vote for One

○ Steffan Alexander
Incumbent

○ _____ OR Write-in on line above

City of Portland

City of Portland, Mayor
Vote for One

○ Ted Wheeler

○ Sarah Iannarone

○ _____ OR Write-in on line above

City of Portland, Commissioner, Position 4
Vote for One

○ Mingus Mapps

○ Chloe Eudaly

○ _____ OR Write-in on line above

Multnomah Soil & Water Conservation District

West Soil & Water, Director, At-Large 1
Vote for One

○ Weston Miller

○ _____ OR Write-in on line above

West Soil & Water, Director, Zone 1
Vote for One

○ Kimberly Peterson

○ _____ OR Write-in on line above

West Soil & Water, Director, Zone 2
Vote for One

○ Jane Hartline

○ _____ OR Write-in on line above

West Soil & Water, Director, Zone 3
Vote for One

○ George Sowder

○ _____ OR Write-in on line above

Review Both Sides ➡

ⓘ Warning

Any person who, by use of force or other means, unduly influences an elector to vote in any particular manner or to refrain from voting is subject to a fine. (ORS 254.470)

Die erste Seite des zweiseitigen Musterstimmzettels aus dem Multnomah County in Oregon für die Wahlen am 3. November 2020

Wahlrecht

Die Frage, wer an Wahlen teilnehmen darf, ist fundamental für jede Demokratie. Die Verfassung machte ursprünglich keine Vorgaben und überließ es den Einzelstaaten, die Wahlberechtigten festzulegen. «We the People», wie es in der Präambel einschränkungslos und genderneutral heißt, bedeutete 1788 bei den ersten Präsidentschafts- und Kongresswahlen in den meisten Staaten de facto weiße Männer über 21 Jahre mit Grundbesitz – damals 6% der Bevölkerung. Allerdings stimmten in ein paar Staaten anfangs einige Frauen und freie Schwarze ab. In New Jersey gewährte die Verfassung «allen Einwohnern» das Wahlrecht, die älter als 21 waren, Landbesitz im Wert von mehr als 50 Pfund besaßen und seit mindestens einem Jahr im Staat wohnten. Da die Einhaltung dieser Regeln kaum überprüft wurde, wählten in der Folge auch Frauen unabhängig von ihrem Vermögen. Die elitären Federalists fürchteten, dies könnte ihren Gegnern, den Demokraten-Republikanern, zugute kommen, und bekämpften deshalb deren Wahlrecht. Einer von ihnen schrieb: «Es ist offensichtlich, dass Frauen im Allgemeinen weder durch ihre Natur, noch durch ihre Gewohnheit, noch durch ihre Erziehung, noch durch ihre notwendige Stellung in der Gesellschaft dazu geeignet sind, diese Pflicht [des Wählens] mit Ehre für sich selbst oder mit Vorteil für die Öffentlichkeit zu erfüllen.»[2] 1807 beschloss New Jerseys Parlament, fortan allein «freie weiße Männer» wählen zu lassen. Andere Staaten taten dasselbe.

Zugleich schafften immer mehr Staaten Einschränkungen des Wahlrechts über Eigentumserfordernisse ab, selbst wenn sie in wenigen bis ins 20. Jahrhundert bestehen blieben. 1828 gewährte Maryland Juden das Wahlrecht und hob damit als letzter Staat religiöse Ausschlusskriterien auf, obwohl die Verfassung in Artikel 6 festgelegt hatte, «dass keine religiöse Prüfung jemals als Qualifikation für ein öffentliches Amt in den USA verlangt werden darf». Bei den Präsidentschaftswahlen in jenem Jahr konnten landesweit erstmals fast alle weißen Männer abstimmen. In der Folge stieg die Wahlbeteiligung auf 80%. Sklaven in den Südstaaten blieb das Wahlrecht versagt, ebenfalls den meisten freien Schwarzen im Norden. Lediglich Maine, Massachusetts, New Hampshire, Rhode

Island und Vermont, wo ohnehin kaum Schwarze lebten, ließen sie ohne höhere Hürden wählen.[3]

Der Durchbruch kam erst 1870 – fünf Jahre nach Ende des Bürgerkriegs. Der 15. Verfassungszusatz verbot dem Bund und den Einzelstaaten, amerikanischen Staatsbürgern aufgrund von «Rasse, Hautfarbe oder früherem Zustand der Leibeigenschaft» das Wahlrecht zu verweigern oder zu beschränken. Treibende Kraft hinter dieser Regel waren die Radikalen Republikaner, der größte die Befreiung der Sklaven fordernde Flügel der Partei. Sie glaubten, allein die Teilnahme an Wahlen ermögliche den Schwarzen die Verteidigung ihrer neugewonnenen Rechte, weil sie als umworbene Gruppe politische Forderungen würden stellen können. Einige hofften, die Republikaner könnten so eine Wählerbasis im Süden aufbauen.[4]

Genau dies wollten die dort lebenden Weißen verhindern. Sie nutzten in den folgenden Jahrzehnten alle Mittel, um Schwarzen das Wählen zu vergällen: willkürliche Hürden für die Registrierung im Wählerverzeichnis wie Lesetests und Wahlsteuern, Wahlkreismanipulation, Vorwahlen nur für Weiße, Betrug, Einschüchterung und Lynchmord. 1891 scheiterte ein Bundeswahlgesetz, das Washington mehr Rechte beim Überwachen der Abstimmungen eingeräumt hätte. Der republikanisch dominierte Kongress stellte daraufhin seine Bemühungen ein, das Wahlrecht der Schwarzen in den Südstaaten durchzusetzen. Bald durften in Mississippi von den 147 000 Schwarzen im Wahlalter lediglich noch 9000 wählen, in Louisiana von 130 000 nur mehr 1342.[5] Die Demokratische Partei in den ehemaligen Staaten der Konföderation versagte Schwarzen systematisch jede politische Mitwirkung. Das fiel ihr umso leichter, als sich zeitweise 95% aller Wahlämter in ihren Händen befanden.[6] 1938 konnten dort allein 4% der Schwarzen wählen.[7]

Noch 1960 wurde Clarence Gaskins, einem schwarzen Wähler in Georgia, im Wahlbüro ein Glas Mais, eine Gurke, eine Wassermelone und ein Stück Seife vorgelegt. Um abstimmen zu dürfen, beschied man ihn, müsse er folgende Fragen richtig beantworten: «Wie viele Maiskörner sind in dem Glas? Wie viele Beulen hat die Gurke? Wie viele Kerne hat die Wassermelone? Und wie viele Seifenblasen sind in dem Seifenstück?» Da es darauf keine richtige Antwort gab, wie der Wahlhelfer gegenüber Gaskins eingestand, konnte dieser nicht wählen.[8] Erst der

Voting Rights Act von 1965 verbot jedwede Beschränkung der Stimmabgabe.

Etwas besser erging es anderen diskriminierten Gruppen, allen voran den Frauen. 1869 gewährte ihnen Wyoming als erster Staat das Wahlrecht unterhalb der Bundesebene. Der Grund war jedoch nicht die Einsicht in eine Gleichberechtigung der Geschlechter, sondern der Versuch, in dem unter massivem Männerüberschuss leidenden Staat Frauen anzulocken. Erst 1920 erhielten sie im 19. Verfassungszusatz auf nationaler Ebene das Wahlrecht. Die Native Americans wurden 1924 Staatsbürger und durften damit wählen, obgleich die letzten Hürden in Arizona, New Mexico und Maine erst nach dem Zweiten Weltkrieg fielen. Chinesischstämmige Einwohner und Personen mit anderer asiatischer Herkunft bekamen sogar erst 1943 beziehungsweise 1952 Bürger- und Wahlrecht.

Seit 1961 dürfen gemäß 23. Amendment die Bewohner von Washington, D. C. an den Präsidentschaftswahlen teilnehmen. Dies war ihnen bis dahin nicht erlaubt, weil die Hauptstadt als Bundesdistrikt dem Kongress unterstellt ist. Bis heute hat D. C. weder Abgeordnete mit Stimmrecht noch Senatoren. 1971 senkte der 26. Verfassungszusatz das Wahlalter von 21 auf 18 Jahre. Seit 1986 dürfen im Ausland lebende Bürger wählen sowie Militärangehörige auf US-Basen, die ebenfalls der ausschließlichen Jurisdiktion des Parlaments unterstehen. Vorenthalten bleibt das Wahlrecht für Bundesämter den Bewohnern der amerikanischen Territorien Puerto Rico, American Samoa, United States Virgin Islands und Guam.

Keine andere Demokratie hat so drakonische Gesetze zum Ausschluss von Wählern wie die amerikanische. Das wichtigste Instrument hierfür ist, verurteilten Straftätern das Wählen während ihrer Haft oder auf Lebenszeit zu verbieten. Da in den USA überproportional viele Schwarze ins Gefängnis kommen, hatten solche Gesetze stets einen rassistischen Beigeschmack. 1850, vor der Sklavenbefreiung und der Gewährung des Stimmrechts, waren 2% der Häftlinge in Alabama nicht-weiß, 1870 fast drei Viertel. Zwischen 1865 und 1880 führten 13 der damals 38 Einzelstaaten Gesetze ein, die Straftätern das Wahlrecht entzogen.[9] 2022 hatten sogar 48 der 50 Staaten entsprechende Regeln – die Ausnahmen waren Maine und Vermont. In jenem Jahr durften deshalb 4,6 Millionen Personen und damit 2% der Amerikaner über 18 nicht an den Zwischenwahlen teilnehmen. In Alabama, Mississippi und Tennessee lag die Quote bei mehr als 8%. Während 1,5% der Nicht-Schwarzen das Wahlrecht verloren hatten, waren es bei den Schwarzen 5%. In sechs Südstaaten und Wyoming lag der Anteil nicht-stimmberechtigter Schwarzer sogar bei 10%.[10]

Danach entspannte sich die Lage: 2016 konnten noch 6,1 Millionen Amerikaner nicht wählen, ein Viertel mehr als 2022. Grund für den Rückgang war die leicht sinkende Zahl der Gefängnisinsassen. Zugleich beendeten mehrere Staaten den lebenslangen Entzug des Wahlrechts gesetzlich oder per Referendum. 2018 etwa stimmten in Florida 65% der Wähler für einen Verfassungszusatz, der fast allen Kriminellen, die ihre Strafe abgesessen hatten, automatisch das Wahlrecht zurückgab. Zuvor durften knapp 1,7 Millionen Bürger im drittbevölkerungsreichsten Staat der USA nicht abstimmen, darunter jeder fünfte Schwarze. Mitte 2019 unterzeichnete Floridas republikanischer Gouverneur Ron DeSantis jedoch ein Gesetz, das Kriminelle selbst nach Verbüßen ihrer Haft erst dann zu Wahlen zuließ, wenn sie ihre Geldstrafen und Gebühren beglichen hatten. Davon war die Hälfte aller Ex-Insassen betroffen. Bürgerrechtsgruppen erhoben Klage, aber ein Berufungsgericht wies sie ab.[11]

Heute sind es vor allem die Demokraten, die das Wählen so einfach wie möglich machen wollen. Dagegen versuchen die Republikaner, neue Hürden zu errichten und potenziellen demokratischen Wählern wie Schwarzen oder Studenten die Stimmabgabe zu erschweren. Begünstigt wird dies durch einen Spruch des Obersten Gerichtshofs. Seit 1965 mussten neun Einzelstaats- und viele Lokalregierungen im Süden der USA gemäß Paragraph 4(b) des *Voting Rights Act* wegen ihrer flagranten Diskriminierung von Schwarzen die Erlaubnis des Justizministers einholen, wollten sie ihre Wahlgesetze ändern. 2013 erklärte der Supreme Court diese Klausel mit seiner konservativen Fünf-zu-vier-Mehrheit für nichtig.[12]

In der Folge führten viele Südstaaten schärfere Ausweispflichten sowie Beschränkungen der vorzeitigen Stimmabgabe und der Briefwahl ein – unter dem Vorwand, Wahlbetrug unterbinden zu wollen. Dabei gab es keinerlei Hinweise für größere Unregelmäßigkeiten bei Abstimmungen. Der umfangreichste Datensatz zu Wahlbetrug, zusammengestellt von der rechten Heritage Foundation, führte von 1982 bis 2022 gerade einmal 1396 nachgewiesene Verstöße an,[13] und von diesen hielten nur wenige Dutzend einer Überprüfung stand. So fand man in diesem Zeitraum nur zehn Fälle von Vorspiegelung einer falschen Identität im Wahllokal und lediglich 41, in denen Nicht-Staatsbürger wählen wollten – und das bei insgesamt drei Milliarden für Bundesämter abgegebenen Voten.[14] Andere Experten kamen auf ähnliche Zahlen.[15]

Einen enormen Auftrieb erhielt der Verschwörungsmythos vom Wahlbetrug während Trumps Amtszeit. Der Präsident überzog seine Anhänger mit dem aus der Luft gegriffenen Vorwurf, Millionen illegaler Einwanderer hätten 2016 für die demokratische Kandidatin Hillary Clinton gestimmt. Nach seiner Wahlniederlage im November 2020 wiederholte Trump seine Lüge in radikalerer Form. Mit Erfolg: 70% der Republikaner betrachteten Biden nicht als legitimen Präsidenten.[16] Sie ignorierten geflissentlich, dass Trump und seine Gefolgsleute alle ihre mehr als 60 Klagen gegen die Rechtmäßigkeit der Wahlresultate vor Gericht aus Mangel an Beweisen verloren hatten. Nur einmal gewann Trump einen Fall, in dem es um sehr wenige Stimmen ging, und selbst dieses Urteil wurde vom Supreme Court von Pennsylvania kassiert.[17] Auch die bei einem Abstand von weniger als 0,5% nötigen automatischen Nachzählungen wichen lediglich marginal von den vorherigen amtlichen Endergebnissen ab, und das meist zugunsten der Demokraten.

Trotzdem setzten die Republikaner weiterhin alles daran, den Wahlzugang einzuschränken. 2021 und 2022 brachten sie in 39 Staaten insgesamt 405 entsprechende Gesetze ein. Obwohl der Großteil davon scheiterte, wurde die Stimmabgabe in 21 Staaten erschwert. Dabei handelte es sich fast ausnahmslos um republikanisch dominierte Staaten im Süden und Mittleren Westen. Besonders rabiat gingen Texas, Florida, Georgia und Iowa vor.[18] Betroffen waren davon überproportional demokratische Wählergruppen. So besaßen 25% der Schwarzen keine von der Regierung ausgegebene Foto-Identifikationskarte, aber nur 8% der Weißen. Der Grund für diese Diskriminierung ist offensichtlich und wurde von Trump öffentlich eingestanden. Im März 2020 warnte er Parteikollegen, von den Demokraten während der Corona-Pandemie vorgeschlagene Maßnahmen zur leichteren Stimmabgabe wie Briefwahl oder Registrieren am Wahltag hätten dazu führen können, dass «nie wieder ein Repu-

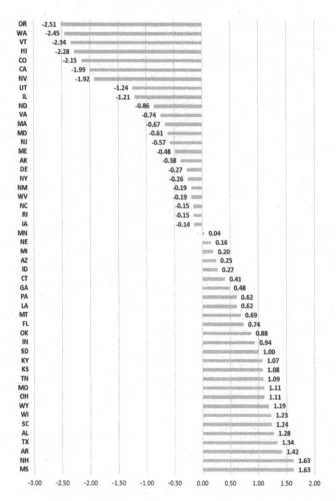

Der Kosten-des-Wählens-Index 2022
Die Staaten links der Nulllinie hatten Ende 2022 die niedrigsten Hürden für eine Stimmabgabe, die rechts davon die höchsten. Oregon liegt auf dem ersten Rang, weil es die Wahlberechtigten automatisch registriert und völlig auf Briefwahlen setzt, New Hampshire und Mississippi auf den letzten, weil es keine Online-Registrierung und keine begründungsfreie Briefwahl-Möglichkeit gibt.

blikaner in diesem Land gewählt würde»[19]. Tatsächlich reduzierten 21 meist demokratisch regierte Staaten Hürden für den Wahlprozess.

Die USA driften damit nicht nur kulturell und politisch, sondern auch bei der Stimmabgabe auseinander: Republikanische Staaten errichten Zugangsschranken für Wähler, demokratische bauen sie ab. Der

Wahlbeteiligung in den USA 1789–2022 (Anteil der Wähler an den Wahlberechtigten)

Cost-of-Voting-Index, der seit 1996 die Schwierigkeit der Wahlteilnahme in den Einzelstaaten misst, bestätigt dies. 2022 war es am leichtesten, in Oregon, Washington State und Vermont zu wählen, am schwierigsten in New Hampshire, Mississippi und Arkansas.

Wahlbeteiligung

Bis dato gibt es keine wissenschaftlichen Studien, die belegen, dass die Versuche der Republikaner, bestimmten Gruppen die Wahlteilnahme zu erschweren, sich in besseren Ergebnissen ihrer Kandidaten niederschlagen. Denn diskriminierende Maßnahmen können benachteiligte Gruppen besonders mobilisieren. Ebenso wenig Evidenz existiert, dass ein erleichterter Wahlzugang, wie oft vermutet, die Resultate zugunsten der Demokraten beeinflusst.[20] Wichtiger als Abstimmungsmodalitäten sind kurzfristige Ereignisse wie die Attraktivität eines Bewerbers, akute Krisen oder Skandale, die den Ausschlag dafür geben, ob weniger an Politik interessierte Bürger zur Wahl gehen oder nicht.[21]

Nachdem die Beteiligung bei Präsidentschaftswahlen von 1840 bis 1900, als meist allein weiße Männer wählen durften, bei 80% gelegen hatte, pendelte sie danach um die 60%. Das war Folge der Einführung der Registrierungspflicht, der Jim-Crow-Regeln im Süden sowie des Wahlrechts für Frauen, die es zunächst weniger häufig nutzten als Männer. Zwischen 1972 und 2000 ging die Beteiligung sogar auf 55% zurück. Seither erhöhte sie sich auf 60%. Die Präsidentschaftswahl 2020 sah mit

66,8% sogar den höchsten Turnout seit 1900. Auch die Zwischenwahlen 2018 und 2022 brachten mit 49 und 47% die stärkste Wahlbeteiligung seit einhundert Jahren. Der Hauptgrund: Die Abscheu gegenüber der anderen Seite, was Wissenschaftler «negative Parteilichkeit» nennen, ist auf einem Rekordniveau und motiviert Bürger gerade bei den häufigen Kopf-an-Kopf-Rennen zur Stimmabgabe. Was gut ist für den Turnout, ist allerdings nicht notwendigerweise gut für die Demokratie. Denn es sind primär die Wutbürger, die ihre Wahlabstinenz aufgeben und meist Populisten auf der Rechten und Linken unterstützen.[22]

Medien nennen bisweilen eine niedrigere Wahlbeteiligung für die USA. Die amerikanische Zensusbehörde berechnet sie nämlich als Anteil der Wähler an der Wohnbevölkerung über 18. Da zur Bevölkerung viele legale und illegale Immigranten sowie Häftlinge ohne Stimmrecht zählen, muss die Wahlbeteiligung um etwa vier Prozentpunkte erhöht werden, um international vergleichbare Zahlen zu erhalten. Bei der Präsidentschaftswahl 2020 lag sie so bereinigt bei 66,8%. Zum Vergleich: Bei Bundestagswahlen votierten seit 2000 zwischen 71 und 79%, bei Wahlen zum Europäischen Parlament zwischen 43 und 51%, bei den Schweizer Nationalratswahlen zwischen 45 und 48%.

Generell gilt, dass Länder mit starken direktdemokratischen Elementen wie die Schweiz oder die USA auf Einzelstaatsebene niedrigere Wahlbeteiligungen haben als rein repräsentative Demokratien. Ein weiterer Faktor drückt sie in Amerika nach unten: In vielen Einzelstaaten steht der Sieger bei Präsidentschaftswahlen wegen der Dominanz einer der beiden großen Parteien und des relativen Mehrheitswahlrechts von vornherein fest. In diesen Zuschauerstaaten (*spectator states*) ist die Motivation der Bürger zur Stimmabgabe geringer als in den umstrittenen Schlachtfeld-Staaten (*battleground states*). 2012 lag die Wahlbeteiligung in den zwölf Schlachtfeld-Staaten mit 65,3% um 9,1 Punkte höher als in den 38 Zuschauer-Staaten und DC, 2016 mit 66,7% um 6,5 Punkte.[23]

Dagegen spielt die Notwendigkeit, sich für Wahlen zu registrieren, heute kaum mehr eine Rolle. Entsprechende Gesetze waren während der Progressiven Ära zwischen 1880 und 1916 eingeführt worden, um in einer hochmobilen Nation, die keine Personalausweise kennt, Wahlbetrug auszuschließen. Doch nutzen beide Parteien das Instrument auch, um Anhängern der anderen Seite die Stimmabgabe zu erschweren und

Minderheiten, speziell Schwarze, zu diskriminieren.[24] In der Folge fiel die Wahlbeteiligung um sechs Prozentpunkte.[25] Seit dem *National Voter Registration Act* von 1993 müssen fast alle Einzelstaaten einfache Registrierungsmöglichkeiten anbieten, etwa bei der meist alle vier Jahre fälligen Erneuerung des Führerscheins (2020 nutzten dies 39%), online (28%), per Fax/Brief/E-Mail (13%) oder direkt im Wahllokal am Tag der Abstimmung (8%).[26] 2020 registrierten sich 88% der Wahlberechtigten, von denen 94% abstimmten. Dafür standen 132556 Wahllokale und 775101 Wahlhelfer bereit. 0,8% der Stimmen waren ungültig (Bundestagswahl 2021: 0,9% der Zweitstimmen), davon jede zweite wegen fehlender oder nicht-übereinstimmender Unterschriften bei den Briefwahlunterlagen.

Unterschiedliche Gruppen gehen in Amerika wie in allen Gesellschaften unterschiedlich häufig zum Wählen. Je gebildeter, wohlhabender, älter, weißer und weiblicher Personen sind, desto höher ist die Beteiligung. Bürger mit mehr als einem Bachelor-Abschluss votierten im Jahr 2020 zu 83, Highschool-Abbrecher zu 37,7%. Wessen Familieneinkommen bei mehr als 150000 Dollar lag, stimmte zu 84,4% ab, wer unter 10000 Dollar verdiente, zu 50,4%. Bei den 65- bis 74-Jährigen gaben 76%, bei den 18- bis 24-Jährigen 51,4 ihre Stimme ab. Der Turnout von Weißen war mit 68,3% höher als der von Schwarzen (62,6%), asiatischstämmigen Amerikanern (59,7%) und Hispanics (53,7%). Die Quote der Frauen lag 3,4 Punkte über jener der Männer.[27] Es gibt aber Ausnahmen: Bei der Wiederwahl Obamas 2012 ging zum ersten und bisher einzigen Mal ein höherer Anteil von Schwarzen (66,2%) zur Wahl als von Weißen (64,1%).[28]

Die ethnischen Minderheiten spielen bei Wahlen also in der Regel unter ihrem demographischen Gewicht. Während ihr Anteil an der Bevölkerung rasch steigt, wächst er an den Wahlurnen langsamer. So machten im Jahr 2020 die Hispanics 18,7% der Einwohner der USA aus, aber nur 13,3% der Wähler, die Asienstämmigen 6 beziehungsweise 4,7%. Der Grund: Angehörige von Minoritäten sind seltener Staatsbürger und über 18 Jahre alt, lassen sich weniger häufig registrieren und gehen selbst als Registrierte unterproportional zur Wahl. Dies führte dazu, dass die Weißen mit einem Bevölkerungsanteil von 61,6% 2020 bei den Präsidentschaftswahlen 66,7% aller Stimmen abgaben.[29] Mit 41% bildeten Weiße ohne College-Diplom die größte Gruppe unter allen Wahlberechtigten – jedoch mit rasch fallender Tendenz. 2016 waren es noch 45% gewesen.[30]

Wahlsystem

Nach Artikel I, Paragraph 4 der Verfassung werden «Zeit, Ort und Art der Abhaltung von Wahlen für Senatoren und Repräsentanten in jedem Staat von der jeweiligen Legislative vorgeschrieben». Sie befinden über Wahlverfahren, Zuschnitt der Distrikte für das Repräsentantenhaus, Registrierung der Wähler, Gestaltung der Wahlzettel, Zeitraum und Art der Stimmabgabe – ob per Briefwahl, Lochkarten, Hebelmaschine oder elektronisch – und Form der Auszählung. Allerdings darf «der Kongress per Gesetz entsprechende Verordnungen erlassen oder ändern». Davon machte er seit Ende des 19. Jahrhunderts Gebrauch, um die Verfahren anzugleichen. So müssen alle Staaten die Wahlen an einem festgelegten Datum in Einer-Wahlkreisen durchführen und bei der Wählerregistrierung bestimmte Regeln beachten.

Am Beginn jedes Wahlzyklus steht die Frage, ob Kandidaten überhaupt antreten dürfen. Die Vertreter der Demokraten und Republikaner finden sich dabei automatisch auf den Wahlzetteln aller Staaten und haben keine besonderen Kriterien zu erfüllen. Bewerber anderer Parteien wie der Grünen, Libertären oder Sozialisten und unabhängige Kandidaten müssen hingegen nachweisen, dass sie in den vorherigen Wahlen zwischen 5 und 15% der Stimmen für dasselbe Amt erhielten, oder eine bestimmte Zahl von Unterstützerunterschriften vorlegen.

Historisch waren es die Parteigranden, die die Kandidaten bestimmten. Während der Progressiven Ära von 1890 bis 1920 gingen indes 25 der damals 48 Staaten zu Vorwahlen über. Dies sollte Hinterzimmer-Deals zwischen den Parteichefs der Einzelstaaten und den Kongressführern bei den Parteikonventen beenden. Allgemeinverbindlich wurden Vorwahlen über *Caucuses* und *Primaries* Anfang der 1970er Jahre, als in Reaktion auf Vietnamkrieg und Watergate-Affäre der Wunsch nach mehr Transparenz und Bürgerbeteiligung Konjunktur hatte. Beim *Caucus*, dessen Wortherkunft umstritten, aber wohl indigenen Ursprungs ist, treffen sich Parteimitglieder auf lokaler Ebene in öffentlichen Gebäuden oder Privathäusern, um die Kandidaten zu diskutieren und danach über sie abzustimmen. Diese einst verbreitete Form der Bewerberauswahl verliert aber an Popularität. 2024 praktizierten sie gerade noch drei kleine Staaten (Iowa, Idaho, Wyoming) und einige Territorien für beide Parteien.[31]

Heute dominieren *Primaries*. Bei der offenen Variante (*open primary*) muss der Wahlberechtigte sich nicht als Parteianhänger registrieren oder kann dies noch am Tag der Wahl tun, bei der geschlossenen (*closed primary*) dürfen allein zuvor für eine Partei registrierte Wahlberechtigte mitwirken, bei der halbgeschlossenen (*semi-closed primary*) können darüber hinaus ungebundene Bürger votieren. Die Wahlbeteiligung bei der Kandidatenaufstellung ist etwa halb so hoch wie bei den Hauptwahlen, und es stimmen primär hochmotivierte Anhänger ab. Kandidaten präsentieren sich deshalb bei den Vorwahlen meist kompromisslos, um diese Parteiaktivisten für sich zu gewinnen, in den Hauptwahlen gemäßigt, um auch Wähler in der Mitte anzusprechen.

Der zweite Teil der Aussage gilt aber nur mehr eingeschränkt: Zum einen gibt es durch die parteipolitische Polarisierung immer weniger Wechselwähler, die ein Kandidat erreichen kann. Zum anderen erlebte und erlebt das Repräsentantenhaus ein ausgeklügeltes *Gerrymandering*, also die Schaffung sicherer Wahlkreise für eine Partei durch Manipulation ihrer Grenzen. Die entscheidende Hürde für den Gewinn eines Sitzes ist damit selten der Sieg gegen den Konkurrenten der anderen Partei, sondern der gegen einen parteiinternen Herausforderer. Das führt zu einer politischen Radikalisierung, weil moderate Amtsinhaber leichter angreifbar sind.[32]

Präsidentschaftswahlen: Primaries und Caucuses

Voraussetzungen für eine Präsidentschaftskandidatur sind: Die Person hat das 35. Lebensjahr vollendet, lebt seit mindestens 14 Jahren in den USA und ist gebürtiger Staatsbürger (*natural born citizen*), also nicht eingebürgert. Damit wollten die Verfassungsväter die Nation von ausländischem Einfluss freihalten und im schlimmsten Fall die Wahl eines europäischen Monarchen zum Präsidenten verhindern. Chester Arthur und

Barack Obama waren die einzigen Präsidenten mit einem ausländischen Elternteil (aus Irland und Kenia), aber in den USA geboren. Ihr Recht zur Kandidatur war damit gegeben. Unklar bleibt, ob ein nicht im Land geborener Amerikaner das Amt übernehmen kann. 2008 stellten die Republikaner Senator John McCain auf, der als Sohn zweier amerikanischer Staatsbürger in der Panamakanalzone zur Welt gekommen worden war. Der Senat erklärte dies einmütig für zulässig, ein Verfassungszusatz oder Supreme-Court-Urteil dazu fehlt indes bis heute. Schwieriger liegt der Fall bei Senator Ted Cruz, der 2016 kandidierte. Er kam in Kanada zur Welt als Sohn einer US-Bürgerin und eines kubanischen Vaters. Verfassungsrechtler waren sich uneinig, ob er Präsident werden könnte. Cruz scheiterte in den Vorwahlen jedoch an Trump, und die Angelegenheit wurde nicht weiterverfolgt.

Ungeklärt war ebenfalls, ob der 14. Verfassungszusatz, verabschiedet 1868 nach dem Bürgerkrieg, auch für Ex-Präsidenten gilt. Er verbietet Beamten (*officers*), die ihren Amtseid insbesondere durch «Teilnahme an einem Aufstand oder einer Rebellion gegen die Vereinigten Staaten» verletzt haben, die Übernahme eines Regierungsamts. Im Vorwahlkampf 2023 nutzten dies Colorado und Maine, um Trump von einer Kandidatur auszuschließen. Da es dafür keinen Präzedenzfall gab, musste der Supreme Court entscheiden.[33] Er urteilte im März 2024, dass kein Einzelstaat ein solches Verbot eigenmächtig für Bundesämter verhängen kann.

Unbestritten ist: Ein Bewerber darf antreten, wenn er unter Anklage steht oder sogar im Gefängnis sitzt. Der Sozialist Eugene Debs ist das bekannteste Beispiel. Er wurde 1920 wegen Ablehnung der Einberufung während des Ersten Weltkriegs verurteilt und inhaftiert, trat aber als Kandidat seiner Partei an und holte 3,4% der Stimmen.[34] Es war wieder einmal Trump, der neue Maßstäbe setzte. Vor ihm war noch nie ein Präsident oder Ex-Präsident angeklagt worden. 2023 wurden ihm in vier Verfahren 91 Straftaten vorgeworfen, unter anderem Verschwörung zum Betrug an den USA und zur Behinderung eines amtlichen Verfahrens.[35] Trotzdem hielt er an seiner Kandidatur um die Nominierung der Republikaner fest, ja, jeder Prozessauftakt stärkte seine Position in der Partei. Tatsächlich gewann er die Vorwahlen mühelos.

Da die Vorwahlen für die Präsidentschaft im Februar des Wahljahres beginnen, erklären die Bewerber meist sechs bis neun Monate zuvor ihre Kandidatur. Trump war auch hier eine Ausnahme, als er seine Bewerbung für 2024 schon im November 2022 ankündigte. Es folgen ab Mitte des Jahres vor der Wahl Fernsehdebatten, bei denen die Kandidaten um Unterstützer buhlen. Traten früher pro Partei meist eine Handvoll ernsthafter Bewerber an, setzten die Republikaner 2015 mit 17 Kandidaten einen Rekord, nur um 2019 von den Demokraten mit 29 übertrumpft zu werden. Aber allein die gut 20 von ihnen, die bei Umfragen und Einzelspenden bestimmte Kriterien erfüllten, durften an den Debatten teilnehmen.

Seit 1972 startete die Wahlsaison mit dem *Caucus* in Iowa, gefolgt von der halbgeschlossenen Vorwahl in New Hampshire, dem *Caucus* in Nevada und der offenen *Primary* in South Carolina. Danach kommt seit 1992 Anfang März der Super Tuesday, bei dem eine große Zahl von Staaten – 2020 waren es 15 – abstimmen und der oft eine Vorentscheidung bringt. Bei diesen Vorwahlen sammeln die Kandidaten entweder im Proportional- (Demokraten), im *Winner-Takes-All-* (Republikaner bis 2008) oder in einem gemischten Verfahren (Republikaner seit 2012) Delegierte, die den Sieger bei den Nationalkonventen (*national conventions*) zum Präsidentschaftsbewerber ihrer Partei küren. Dabei half es, in Iowa und New Hampshire gut abzuschneiden. Von den 13 demokratischen Kandidaten zwischen 1972 und 2020 hatten zehn zuvor einen der beiden Staaten gewonnen. Am spektakulärsten war der Triumph des landesweit kaum bekannten Gouverneurs von Georgia Jimmy Carter 1976 in Iowa, der den daraus resultierenden Schwung (*momentum*) nutzte, um die Nominierung zu erringen. Bei den Republikanern hatten sogar alle späteren Spitzenkandidaten in einem der beiden Staaten gesiegt.

Anfang 2023 folgte die Nationale Parteiorganisation der Demokraten (DNC) einem Vorschlag von Präsident Biden, South Carolina als ersten Staat abstimmen zu lassen. Der Staat ist deutlich repräsentativer für die Partei, weil dort viel mehr Schwarze (26,7%) leben als in den weißen und ländlichen Staaten Iowa und New Hampshire. Biden besaß darüber hinaus persönliche Gründe für die Regeländerung. 2020 hatte er in den ersten beiden Staaten verloren und seine Kandidatur nur durch ein starkes Abschneiden in South Carolina wiederbelebt. Diesem Staat jetzt die erste Vorwahl zuzuweisen, fungierte für ihn als Brandmauer gegen potenzielle Konkurrenten für die Nominierung seiner Partei 2024. Auf South Carolina folgen New Hampshire und Nevada, ein Staat mit starkem Latino-Anteil. Iowa und New Hampshire reagierten wütend auf die Entscheidung des DNC, haben sie ihr Recht, erste Auswahlstaaten zu sein, doch gesetzlich festgeschrieben. Aber gegen den Beschluss der Parteizentrale konnten sie wenig ausrichten, bei Zuwiderhandlung drohten ihnen wie den Kandidaten, die dort Wahlkampf betrieben, der Verlust ihrer Delegiertenstimmen.[36]

In der Forschung war umstritten, ob die Bürgerbeteiligung über die Vorwahlen tatsächlich zu einer Schwächung der Parteieliten führte. 2008 argumentierte eine Gruppe Politikwissenschaftler in *The Party Decides. Presidential Nominations Before and After Reform*, eine Koalition der wichtigsten Parteigruppen habe ihre favorisierten Kandidaten bereits ausgewählt, bevor die Wähler überhaupt über sie abstimmen.[37] Ihr Ziel sei es, moderate Bewerber zu unterstützen, die die Hauptwahl gewinnen können. So eindeutig ist die Lage indes nicht. Gerade zu Beginn der Einführung der Vorwahlen gelang es Außenseiter-Kandidaten wie George McGovern 1972 und Jimmy Carter 1976, Unterstützung außerhalb des Parteiestablishments zu finden.

Zwischen 1980 und 2000 lernten die Parteien freilich die Regeln dieses Spiels und sie konnten ihre Kandidaten durchsetzen. Nominiert wurden jeweils jene Bewerber, die vor dem *Caucus* in Iowa die meisten Unterstützungsbekundungen (*endorsements*) von Parteigranden bekommen hatten. Die Demokraten gingen gar so weit, 1984 sogenannte ‹Superdelegierte› für die Nationalkonvente zu benennen. Diese nichtgewählten Parteiführer stellten fast 15% aller Delegierten und sollten bei einem Kopf-an-Kopf-Rennen die Nominierung des aussichtsreicheren Kandidaten garantieren. 2008 trug ihre Unterstützung dazu bei, dass sich Obama gegen Clinton durchsetzen konnte.[38] Doch wuchsen die Widerstände gegen diesen Versuch der Einflussnahme auf die Kandidatenauswahl. 2020 nahm die Partei die Regelung aufgrund des Drucks des linkspopulistischen Senators Bernie Sanders weitgehend zurück.[39]

Dies war ein weiteres Indiz gegen die *The-Party-Decides*-These. 2004, 2016 und 2020 bedrängten bei den Demokraten die Populisten Howard Dean und Sanders die jeweiligen Parteifavoriten, 2008 schlug Obama sogar die Establishment-Kandidatin Clinton. Bei den Republikanern gelang 2016 Trump ein noch größeres Kunststück: Trotz des geschlossenen Widerstands der Parteielite gewann er Vorwahl um Vorwahl. Da die GOP ihre Delegierten überproportional dem Kandidaten mit den meisten Stimmen zuweist, reichten Trump Siege mit relativen Mehrheiten von etwa 30%, um seine vielen Rivalen auszustechen. *Primaries* sind also ein probates Mittel für die Wähler, in Krisenzeiten ihrem Unmut Ausdruck zu verleihen und Außenseitern zur Nominierung der Partei zu verhelfen.

Seit 1956 bestimmten Demokraten und Republikaner beim Nationalkonvent, der nach dem Ende der Vorwahlen meist zwischen Ende Juli und Anfang September zuerst von der Oppositionspartei abgehalten wird, ihre Präsidentschaftskandidaten jeweils im ersten Wahlgang. Das war vor Einführung der landesweiten Vorwahlen in den frühen 1970er Jahren nicht immer der Fall. Bei den 60 Konventen zwischen 1868, der ersten Wahl nach dem Bürgerkrieg, und 1984, der letzten nicht von vornherein klaren Nominierung, kam es 18 Mal zu einer ‹vermittelten Kandidatenkür› (*brokered convention*) – acht Mal bei den Republikanern und zehn Mal bei den Demokraten.

1924 benötigte der Demokrat John Davis sogar 103 Wahlgänge, bevor er eine Mehrheit der Delegierten erreichte. Der letzte Kandidat einer der beiden großen Parteien, der nicht bereits bei der ersten Abstimmung gewann, war 1952 der Demokrat Adlai Stevenson. Dabei galt: Wer sich die Kandidatur sofort sicherte, hatte bessere Chancen (55%) auf die Präsidentschaft als Bewerber, die sich mehreren Voten stellen mussten (39%). Heute dienen die meist viertägigen Nationalkonvente primär dazu, der Öffentlichkeit nach oft hart umkämpften Vorwahlen das Bild der Geschlossenheit zu vermitteln.[40] Deshalb halten die wichtigsten Parteiführer ihre Reden, in denen sie die Vorzüge des Kandidaten anpreisen, zu den besten TV-Sendezeiten am Abend. Weniger linientreue Politiker werden ins Vormittagsprogramm verbannt.

Die Nationalkonvente haben weitere Funktionen. Sie verabschieden das Wahlmanifest (*platform*), das die politischen Ziele des Präsidentschaftskandidaten spiegeln soll. Und sie bestimmen auf dessen Vorschlag durch Akklamation seinen oder ihren Vize. Seit dem Bürgerkrieg treten die beiden als Team auf dem Stimmzettel an (*joined ticket*) und können nur gemeinsam gewählt werden. Bei der Auswahl ihres Stellvertreters berücksichtigen Präsidentschaftskandidaten eine Reihe von Gesichtspunkten – weltanschauliche, regionale, mittlerweile auch geschlechtliche und ethnische –, um so die eigene Herkunft und Biographie zu ergänzen. 1960 wählte John Kennedy aus Massachusetts den Texaner Lyndon B. Johnson, weil dieser die für die demokratische Wählerkoalition wichtigen Südstaaten vertrat. Obama als erster schwarzer und junger Kandidat ergänzte sein Ticket, wie das Duo aus beiden Bewerbern genannt wird, 2008 mit dem weißen und erfahrenen Biden. Der wenig kirchenkonforme Trump wählte 2016 den ultrareligiösen Ex-Gouverneur Mike Pence als *running mate*, um die wichtige Gruppe der Evangelikalen an sich zu binden. Biden schließlich holte 2020 Kamala Harris für den Stellvertreterposten, um schwarze, indischstämmige und weibliche Wähler anzuziehen.

Ob Weltanschauungs-, Herkunfts- oder Gender-Kalküle viele zusätzliche Stimmen bringen, ist nicht klar. Am stärksten ist die Evidenz für den Heimatstaat-Vorteil. Studien zeigen: Präsidentschafts- und Vizepräsidentschaftskandidaten schneiden dort 3,6 beziehungsweise 2,7 Prozentpunkte besser ab als im nationalen Durchschnitt.[41] Dies ist ein Argument dafür, Politiker aus wahlmännerreichen Swing States ins Rennen ums Weiße Haus zu schicken. Wären die Demokraten 2000 und 2004 entsprechend vorgegangen, hätten sie beide Male gewonnen und nicht Bush jr. – diesen Berechnungen nach zumindest.[42] Bei Drittkandidaten läuft die Nominierung identisch, obgleich sie oft nicht genug Kriterien erfüllen, um auf die Stimmzettel aller Einzelstaaten zu kommen. Während etwa die Libertäre Partei 2020 überall antreten konnte, schaffte es die Grüne Partei lediglich in 30 Staaten.

Hauptwahlen

Haben die Nationalen Parteitage ihre jeweiligen Bewerber bestimmt, beginnt der Hauptwahlkampf (*general election*). Hier geht es um den Gewinn einer Mehrheit der Wahlmänner – der Begriff hat sich eingebürgert, obwohl Frauen seit hundert Jahren vertreten sind. Seit dem Inkrafttreten des 23. Verfassungszusatzes Anfang der 1960er Jahre, der Washington, D.C drei Wahlmänner zuwies, gibt es 538 Elektoren. Dabei erhält jeder Staat so viele Stimmen, wie er Senatoren und Abgeordnete hat, also mindestens drei. Wyoming, mit 580 000 Einwohnern der bevölkerungsärmste Staat, stellt deshalb ebenso drei Elektoren wie Montana mit 900 000. In Wyoming kommt ein Wahlmann auf knapp 200 000 Einwohner, in den bevölkerungsreichsten Staaten Kalifornien, Texas, Florida und New York auf mehr als 700 000.

Die Neuberechnung der Sitze im Repräsentantenhaus und damit der Wahlmänner pro Staat erfolgt auf Grundlage des zu jedem Dekadenwechsel abgehaltenen Zensus und gilt für die folgenden zehn Jahre. Nach dem Zensus 2010 gewannen acht Staaten insgesamt zwölf Sitze hinzu, die meisten davon Texas mit vier und Florida mit zwei. 2020 bekamen sechs Staaten sieben Sitze mehr, Texas erneut zwei davon. Am meisten Sitze verloren nach den beiden zurückliegenden Bevölkerungserhebungen New York, Ohio (je drei), Illinois, Pennsylvania und Michigan (je zwei). Stärker im Wahlmännergremium werden also Staaten im Süden und Südwesten des Landes, schwächer die alten Industriestaaten im Norden und Osten.

Die Elektoren eines Staats gehen gemäß des *Winner-Takes-All*-Prinzips an den Kandidaten mit den relativ meisten Stimmen. Das System setzte sich seit 1800 durch, als Virginia es einführte, um seinem Landessohn und Präsidentschaftskandidaten Jefferson einen Vorteil zu verschaffen. Massachusetts, der Heimatstaat seines Rivalen Adams, tat dasselbe. Dies löste einen Dominoeffekt aus, weil die jeweils in einem Staat dominierende Partei das *Winner-Takes-All*-Verfahren etablierte. 1880 nutzten es alle Staaten. Nur Maine seit 1972 und Nebraska seit 1992 vergeben je zwei Wahlmänner an den Kandidaten mit den meisten Stimmen im Staat und je einen an den Sieger in den Wahlbezirken des Repräsentantenhauses. Für die Präsidentschaftsbewerber ist es deshalb nicht sinnvoll, Zeit, Energie und Geld in Staaten mit eindeutigen Mehrheitsverhältnissen zu investieren. So treten heute republikanische Kandidaten fast nie im demokratisch kontrollierten Kalifornien auf, obwohl es als bevölkerungsreichster Staat die meisten Wahlmänner stellt. Umgekehrt engagieren sich Demokraten kaum in Texas, das eine solide, obgleich schwächer werdende republikanische Mehrheit hat.

Beide Parteien verfügen über eine ähnlich große Zahl an sicheren Staaten und Elektoren. Von 2000 bis 2020 gewannen die Demokraten

5. SIEGEN UM JEDEN PREIS: DIE WAHLEN UND WAHLKÄMPFE

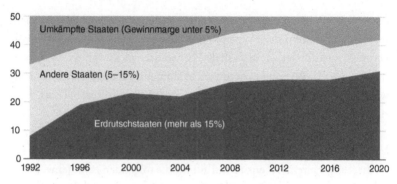

Bei Präsidentschaftswahlen sind nur wenige Staaten umkämpft.

regelmäßig 16 Staaten mit zuletzt 193 Wahlmännern, die Republikaner 20 mit 154. Pennsylvania, Michigan und Wisconsin sind seit 2016 die wichtigsten Swing States. Die Demokraten betrachteten sie bis dahin als ‹Blue Wall›, weil sie sie seit 1992 konstant gewonnen hatten. Aber Trump siegte 2016 in alle dreien und holte sich so die Präsidentschaft. Vier Jahre später eroberte Biden sie für die Demokraten zurück und zog ins Weiße Haus ein.

Der Präsidentschaftswahlkampf findet deshalb fast ausschließlich in einer begrenzten Zahl von Swing States statt. Sie ändern sich von Wahl zu Wahl nur wenig, auch wenn seit 2016 Ohio ins republikanische und Colorado und Virginia ins demokratische Lager rückten. 2020 absolvierten die Präsidentschafts- und Vizepräsidentschaftskandidaten der Demokraten und Republikaner 204 ihrer 212 Hauptwahlkampf-Auftritte (96 %) in lediglich zwölf umstrittenen Staaten. Pennsylvania und Florida hatten mit 47 (22 %) beziehungsweise 31 (15 %) die meisten Events, 33 Staaten und DC keinen einzigen.[43] Trump und Biden gaben 90 % ihres TV-Werbebudgets in gerade einmal sechs Staaten aus.[44]

Wegen der entscheidenden Rolle von immer weniger Swing States wird der Wahlausgang immer knapper. Hätten 2016 in Michigan, Pennsylvania und Wisconsin 80 000 Wähler anders abgestimmt, wäre Clinton Präsidentin geworden. Vier Jahre später hätten Trump sogar 45 000 Stimmen in Georgia, Arizona und Wisconsin gereicht, um erneut ins Weiße Haus einzuziehen. Weil sich 95 % der Wähler in den Swing States bereits festgelegt haben, sagt ein demokratischer Politikberater voraus, dass sich der Wahlkampf 2024 um 400 000 gewinnbare Wähler (*gettable voters*) in drei oder vier Staaten dreht.

Die Parteien werden besser und besser darin, auf die Anliegen kleinster Gruppen einzugehen. Der Einsatz Künstlicher Intelligenz dürfte es schon bald erlauben, *gettable voters* individuell zu identifizieren und sie mit maßgeschneiderten Wahlkampfbotschaften zu versorgen.[45] Demokratietheoretisch ist dies problematisch. 2020 lebte nur ein Viertel der Amerikaner in Staaten, die zwischen den Parteien umkämpft waren. Weil Florida mittlerweile fest im republikanischen Lager steht, dürfte der Anteil 2024 auf 18 % zurückgehen. Und in diesen Swing States gilt die Aufmerksamkeit der Parteien immer weniger Wählern, nämlich den politisch Uninteressiertesten, die sich bis kurz vor Stimmabgabe keine Meinung gebildet haben.

Beide Seiten versuchen, einen kurzen Slogan für ihre Kampagne zu finden. Er muss griffig und einprägsam sein und die Stimmung im Land treffen. Paradebeispiel dafür sind Bill Clintons Motto «It's the economy, stupid», das das Scheinwerferlicht 1992 auf die Wirtschaftskrise und seinen angeblich nur an Außenpolitik interessierten Gegenkandidaten warf. 2008 zog Obama mit «Yes We Can» in den Wahlkampf, der Aufbruchsstimmung nach acht Jahren republikanischer Herrschaft im Weißen Haus verbreiten sollte. 2016 schaffte es Trump, mit seinem «Make America Great Again» eine bündige Botschaft zu formulieren und sich von den Demokraten abzugrenzen, die vermeintlich den Abstieg der USA akzeptierten.

Größtes nationales Wahlkampfereignis sind die TV-Debatten. Erstmals trafen die Kandidaten der beiden großen Parteien 1960 zu vier Rededuellen aufeinander: der Demokrat Kennedy und der Republikaner Nixon. Nach einer langen Pause kam es 1976 erneut zu Präsidentschaftsdebatten, seither finden sie regelmäßig statt. Nur einmal, 1992, wurde mit Ross Perot ein Drittparteikandidat hinzugezogen, weil er in landesweiten Umfragen auf mehr als 15 % kam.

Die Debatten produzierten regelmäßig unvergessliche Momente: 1960 beim ersten Duell, als Nixon, gerade aus dem Krankenhaus entlassen und erschöpft von einem langen Wahlkampftag, sich einem ausgeruhten und strahlenden JFK gegenübersah; 1976, als Präsident Ford unerklärlicherweise sagte, es gebe keine sowjetische Dominanz über Osteuropa;

122   5. SIEGEN UM JEDEN PREIS: DIE WAHLEN UND WAHLKÄMPFE

1984, als der 73-jährige Reagan Bedenken über sein Alter mit dem Satz zerstreute, er gedenke nicht, die Jugend und Unerfahrenheit seines damals 56-jährigen Herausforderers Walter Mondale aus politischen Gründen auszuschlachten. Seit 1976 gibt es auch eine Debatte der Bewerber um die Vizepräsidentschaft. Aber fast alle wissenschaftlichen Studien gelangen zu dem Ergebnis, dass die Debatten das Wahlverhalten nicht beeinflussen. Weder wechselten bereits festgelegte Bürger die Seiten, noch halfen sie unentschlossenen bei der Entscheidungsfindung.[46]

Wahlverfahren

Wie stark Traditionen und Kompromisse des späten 18. Jahrhunderts Wahlsystem und -prozedere dominieren, verdeutlicht die Festlegung des Wahltags. Sie folgt der Logik einer Agrargesellschaft, in der die schnellsten Fortbewegungsmittel Pferd und Kutsche waren. Die Präsidentschaftswahlen finden stets am Dienstag nach dem ersten Montag im November statt, also zwischen dem 2. und 8. des Monats. Das Datum wurde gewählt, weil dann die Ernte eingebracht war und Schnee die Wege in der Regel noch nicht unpassierbar gemacht hatte. Der Dienstag, weil der Sonntag für den Gottesdienst reserviert war und man deshalb erst am Montag zu den oft weit entfernten Wahllokalen anzureisen vermochte. Der Dienstag nach dem ersten Montag, damit Katholiken am 1. November Allerheiligen feiern und Kaufleute ihren Monatsabschluss machen konnten.

Für die Wahl nutzen die Bürger unterschiedliche Verfahren, denn diese werden von den jeweiligen Einzelstaaten und bisweilen sogar von den Landkreisen festgelegt. Die USA haben die umfangreichsten Wahlzettel aller Demokratien, da oft Dutzende Kandidaten zu wählen und Sachfragen zu entscheiden sind. Wegen der langwierigen Auszählung setzten sie schon früh auf Automaten. In den 1890er Jahren kamen erste Hebel- und Lochkartenmaschinen zum Einsatz, die sich in den folgenden Dekaden verbreiteten. 1996 wählten 37% der Amerikaner mit Lochkarten (*punch cards*). Dazu lochten sie ihren Stimmzettel vor oder nach dem von ihnen präferierten Kandidaten und warfen ihn in die Urne. Die Auszählung erfolgte maschinell.[47] 21% benutzten Hebelsysteme. Sie zogen an

Richter Robert Rosenberg vom Broward County Canvassing Board untersucht am 24. November 2000 während einer Neuauszählung der Stimmen in Fort Lauderdale, Florida, mit einem Vergrößerungsglas auf einem Lochkartenwahlzettel, ob das Loch sauber ausgestanzt wurde.

einer Wahlmaschine die einzelnen Hebel wie bei einer alten Registrierkasse auf die von ihnen gewünschten Bewerber. Beim Verlassen der Wahlkabine wurde ein mechanischer Impuls ausgelöst, der die Stimmabgabe registrierte und die Maschine wieder auf null stellte. 8% wählten mit der elektronischen Version des Hebelsystems über Knöpfe oder durch Berühren eines Bildschirms.[48]

Nach der Wahl vom November 2000, als Bush in Florida 537 Stimmen (0,009%) vor Gore lag und deshalb Präsident wurde, schaffte man die Lochkarten sukzessive ab. Denn in sehr seltenen Fällen waren die Löcher neben den Kandidaten nicht sauber ausgestanzt, und es musste in Florida in einigen Landkreisen mühselig überprüft werden, ob das Papierstückchen in der Karte hing. Der Kongress stellte daraufhin 3,9 Milliarden Dollar zur Verfügung, um Hebel- und Lochkartensysteme zu ersetzen, die Zukunft schien dem papierlosen elektronischen Wählen zu gehören.

Doch erlebte diese Variante nur eine kurze Blüte (2006: 31%), weil seit Mitte der 2000er Jahre angesichts veralteter Maschinen Manipulationsbedenken zunahmen.[49] Nach den Versuchen russischer Hacker, 2016 in Systeme zur Wählerregistrierung einzudringen, fiel diese Art der Stimmabgabe rapide. 2020 nutzten nur mehr 9% (2016: 22%) der Wähler elektronische Wahlmaschinen.[50] Die allermeisten Amerikaner stimmen heute auf Papierzetteln ab, auf denen sie Ovale mit einem Stift ausfüllen – ähnlich der deutschen Führerscheinprüfung. Sie werden durch einen optischen Scanner ausgezählt.[51]

Im Herbst 2020, als die Corona-Pandemie wütete, votierten 43% der Wähler per Briefwahl. Weitere 26% nutzen die Möglichkeit, ihre Stimme bereits vor dem Wahltag abzugeben.[52] Doch selbst hier schlug die parteipolitische Polarisierung durch. Verhetzt von Trumps Lüge vom Wahlbetrug votierten lediglich 32% seiner Wähler postalisch (Biden: 58%). 94% der Biden-Wähler sagten, dass die Wahlen gut durchgeführt wurden (Trump: 21%). Dass man ihre Stimme akkurat zählte, glaubten 97% der Biden-Wähler (Trump 72%).[53] Selbst das Vertrauen in die Wahl, das Herzstück jeder Demokratie, spaltet heute Demokraten und Republikaner.

Das Wahlsystem kann dazu führen, dass Wählerstimmen (*popular vote*) und Wahlmännerstimmen (*electoral vote*) sich nicht decken und ein Kandidat mit weniger Wählerstimmen Präsident wird. Das passierte bei den 50 Präsidentschaftswahlen seit 1824, als die Wählerstimmen zum ersten Mal aufgezeichnet wurden, vier Mal: 1876, 1888, 2000 und 2016. Es ist Folge davon, dass der/die Kandidat/in einer Partei seine/ihre Staaten mit geringeren Abständen bei den Wählern gewinnt als der/die der anderen. Zwischen 1976 und 2012 war dieser Vorteil mit durchschnittlich 0,9 Prozentpunkten gering und bevorzugte beide Parteien jeweils fünf Mal.

2016 und 2020 verteilten sich die Trump-Wähler mit einem Plus von 2,9 und 3,3 Prozentpunkten deutlich günstiger über die Einzelstaaten als die der demokratischen Kandidaten. 2016 konnte er die Mehrheit der Elektoren gewinnen, obwohl er bei den Wählerstimmen 2,1 Prozentpunkte hinter Clinton lag. Vor allem in den Swing States besaß Trump Vorteile. 2020 verlor er dort knapper gegen Biden, als es sein Rückstand von 4,5 Punkten beim landesweiten *Popular Vote* nahelegte.[54] Seit 1992

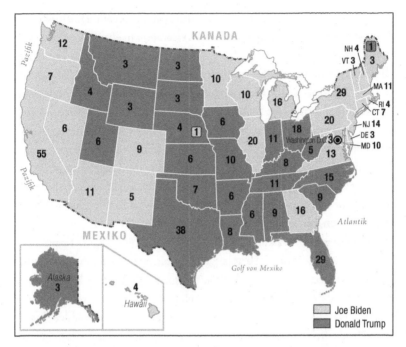

Das Ergebnis der Präsidentschaftswahl 2020 im Wahlmännergremium

siegten republikanische Präsidentschaftskandidaten lediglich einmal beim *Popular Vote* (2004 Bush jr.), holten allerdings drei Mal die Mehrheit der Wahlmänner. Politikwissenschaftler der Universität Texas berechneten, bei einem Patt bei den Wählerstimmen 2024 besäßen die Republikaner eine 65-prozentige Chance auf die Mehrheit im Electoral College.[55]

Die Wahlergebnisse von Drittparteien liegen meist bei weniger als 1 %. Doch es gibt Ausnahmen. Im Jahr 2000 holte der grüne Bewerber Ralph Nader 2,7, 2016 der libertäre Gary Johnson 3,3 %. Die erfolgreichsten Drittbewerber repräsentierten indes kurzlebige, ganz auf ihre Person zugeschnittene Parteien. 1912 stieg Ex-Präsident Theodore Roosevelt erneut in den Ring, diesmal nicht mehr für die Republikaner, sondern für die Progressive Partei. Er gewann 27 % der Stimmen und 88 Elektoren und landete damit vor William Howard Taft, dem Kandidaten der GOP. Lachender Dritter war der Demokrat Wilson mit 42 % und 435 Wahlmännern.

1948 trat der Gouverneur von South Carolina Strom Thurmond aus Protest für die States' Rights Party (Dixiecrats) an, eine Abspaltung von den Demokraten. Der Grund: Präsident Truman, ein Demokrat, hatte die Segregation bei den Streitkräften beendet. Thurmond schaffte es nur in den Südstaaten auf die Wahlzettel, gewann aber vier von ihnen mit 39 Wahlmännern. Zwei Dekaden später brachte es der Rassist und ehemalige Gouverneur von Alabama George Wallace für die American Independent Party sogar auf 13,5 %, fünf Südstaaten und 46 Elektoren. 1980 holte der Ex-Republikaner John Anderson für die Unabhängigen 6,6 %. Erfolgreichster Drittkandidat seit Roosevelt 1912 wurde der Milliardär Ross Perot mit seiner Reform-Partei. 1992 erzielte er 18,9 und 1996 8,4 % der Stimmen, ohne jedoch Wahlmänner zu gewinnen.[56]

41 Staaten und Washington, D.C. erlauben unabhängige Kandidaturen von Personen ohne Parteizugehörigkeit, wenn sie eine bestimmte Zahl an Unterstützerunterschriften vorlegen. Die Wähler können dann am Wahltag den Namen ihrer Favoriten per Hand in ein freies Feld eintragen. *Write-in*-Bewerber spielten bei Präsidentschaftswahlen bisher keine Rolle. In den Kongress zogen sie aber ein paar Mal ein. 1954 gewannen Thurmond und 2020 Lisa Murkowski auf diesem Weg einen Senatssitz für South Carolina beziehungsweise Alaska, nachdem sie ihre Parteien nicht aufgestellt hatten.[57]

Stimmauszählung

Auszählung der Stimmen und Vergabe der Elektoren verlaufen meist ohne Probleme. Im nächsten Schritt treffen sich die Wahlmänner am Mittwoch nach dem zweiten Montag im Dezember in ihren jeweiligen Staaten und stimmen schriftlich ab. Diese Voten werden dem Kongress übermittelt, der sie in seiner ersten Sitzung im neuen Jahr auszählt und das Ergebnis verkündet. Ab und an klappt aber nicht alles wie geplant. Zwei Mal musste das Repräsentantenhaus, wo jede Staatsdelegation dann eine Stimme hat, den Präsidenten wählen: 1801 im 36. Wahlgang Jefferson, weil er und Burr bei den Elektoren gleichauf lagen, und 1825 John Quincy Adams, weil kein Kandidat die Mehrheit der Wahlmänner hinter sich hatte. Der Vizepräsident wurde einmal, 1837, nicht vom Electoral College bestimmt, weil kein Kandidat dort die Mehrheit fand. Die Wahl fiel deshalb dem Senat zu.[58]

Seit dem Bürgerkrieg stechen drei Fälle heraus: 1876 führte der Demokrat Samuel Tilden knapp vor dem Republikaner Rutherford Hayes. Doch waren die Ergebnisse in drei Südstaaten umstritten, und beide Parteien übermittelten eigene Elektorenlisten an den Kongress. Das demokratisch kontrollierte Haus und der republikanisch beherrschte Senat richteten daraufhin eine parteiübergreifende Wahlkommission ein, die über die Vergabe der unklaren Wahlmänner entscheiden sollte. In der verfahrenen Lage einigten sich beide Seiten auf einen Kompromiss. Die regierenden Republikaner zogen alle seit dem Bürgerkrieg in den Südstaaten stationierten Truppen in die Kasernen zurück und gaben damit den Versuch auf, ihre Politiker und Wähler vor rassistischen Übergriffen zu schützen. Im Gegenzug erhielt Hayes alle Elektoren der drei Südstaaten und wurde so neuer Präsident. Viele Schwarze und Republikaner kritisierten diese De-facto-Beendigung der Reconstruction, der politischen Neuordnung des Südens, als «den großen Betrug»[59].

Im Jahr 2000 lagen der Demokrat Al Gore und der Republikaner George Bush jr. nach Auszählung von 49 Staaten und D.C. fast gleichauf bei den Wahlmännern. Die Entscheidung musste in Florida fallen, wo Bush nach dem amtlichen Endergebnis mit 1784 Stimmen führte – bei sechs Millionen abgegebenen Voten. Das extrem knappe Resultat löste eine automatische maschinelle Nachzählung aus, nach der Bush noch 537 Stimmen mehr hatte. Während die Demokraten eine erneute Überprüfung forderten und dies in einigen Landkreisen umzusetzen begannen, wollten die Republikaner weitere Nachzählungen verhindern. Nach zwei Gerichtsurteilen in Florida landete die Frage beim Supreme Court in Washington. Er entschied in *Bush v. Gore* am 12. Dezember 2000, fünf Wochen nach der Wahl, mit seiner konservativen Fünf-zu-vier-Mehrheit, eine nochmalige Auszählung vor der von Floridas Wahlkommission gesetzten Frist sei unmöglich.[60] Damit erhielt Bush die Elektoren des Sunshine State und war Präsident.

Ende 2020 schließlich versuchte Trump, seine Wahlniederlage vom 3. November mit allen Mitteln abzuwenden. Der Präsident und seine Anhänger ließen in sieben verlorenen Swing States Listen mit ihm verpflichteten Wahlmännern erstellen, obwohl der Rechtsberater im Weißen Haus und der Justizminister das Vorgehen für illegal hielten. Als Trump mit seiner Wahlanfechtung vor den Gerichten scheiterte und alle sieben Staaten am 14. Dezember Bidens Sieg zertifizierten, trat Phase zwei seines Plans in Kraft. Gestützt auf den unklar verfassten *Electoral Count Act* von 1887 sollte Vizepräsident Pence als Vorsitzender der Kongresssitzung zur Auszählung der Elektorenstimmen Trump doch noch zum Präsidenten machen. Dazu müsste er entweder Trumps Wahlmännerlisten anerkennen oder die Wahl für fehlerhaft erklären und die Einzelstaatsdelegationen im Haus den Präsidenten wählen lassen.[61]

Doch Pence beugte sich Trump nicht, obwohl ihn dieser persönlich bedrängte und am 6. Januar 2021 einen wütenden Mob zum Kongress schickte, um den eigentlich formalen Akt zu verhindern. Viele der Putschisten riefen «Hang Mike Pence!», als sie gewalttätig und plündernd durch das Kapitol zogen.[62] Nie war die amerikanische Demokratie mit Ausnahme des Bürgerkriegs von innen heraus mehr gefährdet als an diesem Tag. Ende 2022 verabschiedete der Kongress den *Electoral Count Reform Act*, um die Auszählung der Wahlmännerstimmen, wie eine Juristin schrieb, «Trump-sicher»[63] zu machen. Das Gesetz stellt klar, die Rolle des Vizepräsidenten in diesem Verfahren sei rein zeremoniell. Und im Gegensatz zur alten Regel, nach der es nur eines Senators und eines Abgeordneten bedurfte, die Rechtmäßigkeit der Wahlmännerliste eines Staats anzuzweifeln, müssen dies künftig mindestens 20% der Mitglieder jeder Kammer tun.[64]

Eigentlich hatten die Verfassungsväter das Electoral College als unabhängige Instanz zwischen Wählern und Präsidenten- beziehungsweise Vizepräsidentenwahl eingerichtet. «Das Volk wählt die Wahlmänner», sagte James Madison während der Ratifizierungsdebatte in Virginia. «Dies kann mit Leichtigkeit und Bequemlichkeit geschehen und wird die Wahl vernünftiger machen.»[65] Aber die Hoffnung, weise alte Männer würden moderierend in den Wahlprozess eingreifen, erfüllte sich nicht. Seit der ersten Wahl George Washingtons stimmten die Wahlmänner fast durchweg ab wie zugesagt. Von 1788 bis 2020 gab es lediglich 165 Fälle von treulosen (*faithless*) Elektoren, 90 bei der Präsidenten- und 75 bei der Vizepräsidentenwahl. Sie haben nie den Ausschlag gegeben, und die meisten votierten für Drittkandidaten.

2016 sah bei der Präsidentschaftswahl Trump/Pence gegen Clinton/

Kaine die größte Zahl treuloser Wahlmänner in mehr als einhundert Jahren, nämlich zehn. In zehn Staaten werden solche Voten trotzdem gezählt, aber den Abweichlern drohen Sanktionen. Vier Elektoren von Washington State, die nicht für das demokratische Ticket Clinton/Kaine stimmten, mussten je 1000 Dollar Strafe zahlen. 14 weitere Staaten haben Gesetze, die solche Voten annullieren. 2016 wurden deshalb drei der zehn treulosen Wahlmänner ersetzt oder gezwungen, für die Person stimmen, der sie sich verpflichtet hatten. Letztlich verlor Hillary Clinton fünf Elektoren, Trump zwei.[66] 2020 gab es keinen *faithless elector*.

Amtsinhaber verfügen über einen Bonus, wenn sie für die Wiederwahl antreten. Sie haben einen hohen Bekanntheitsgrad und können sich mit allen präsidentiellen Regalien wie Weißem Haus, Nationalwappen oder Reisen in der Air Force One als Verkörperung der Nation präsentieren. Doch der Vorteil ist nicht groß. Von den 45 Präsidenten vor Biden suchten sechs keine weitere Amtszeit. Weitere sechs starben, bevor sie erneut antreten konnten, und drei ihrer Nachfolger wurden von ihrer Partei nicht aufgestellt. Von den 30 *Incumbents*, die zur Wahl antraten, verloren zehn (33%) – darunter vier der letzten acht seit 1976 (Ford, Carter, Bush sr., Trump). Auch blieb eine Partei seit 1953 nur einmal länger als zwei Amtszeiten an der Macht, nämlich die Republikanische mit den Präsidenten Reagan und Bush sr. von 1981 bis 1993. Offenbar wünschen die Wähler regelmäßige Wechsel im Weißen Haus. Dabei bevorzugen sie Kandidaten, die zuvor ein politisches oder militärisches Amt innehatten. Trump war der erste Präsident, dem beides fehlte – ein deutliches Zeichen, wie sehr die Fundamente des Regierungssystems bröckelten.

Mit der Amtseinführung (*inauguration*) des Präsidenten endet der Wahlzyklus. Sie fand seit 1789 am 4. März nach dem Wahljahr statt, weil zur Zeit der Gründerväter lange Anreisen bei Winterwetter beschwerlich waren. Mit dem 20. Verfassungszusatz 1933 wurde das Datum auf den 20. Januar vorverlegt, um die Zeit zwischen Wahl und Amtsübernahme zu verkürzen. Franklin Roosevelt war 1937 der Erste, der an diesem Tag seinen Eid ablegte. Seither wird der säkularreligiöse Charakter der friedlichen Amtsübergabe dadurch unterstrichen, dass Gebete gesprochen und gelegentlich Musikstücke oder Gedichte vorgetragen werden. Danach kommt es zur Parade des Präsidenten vom Kapitol bis zum Weißen Haus.

Seit 1981 erfolgt die Inauguration an der Westseite des Kapitols mit Blick über die Mall, wo sich oft Hunderttausende Bürger einfinden. Den Rekord setzte Obama bei seiner ersten Amtseinführung 2009 mit 1,8 Millionen Menschen. Bis auf fünf Ausnahmen waren die scheidenden Präsidenten bei der Amtseinführung ihres Nachfolgers stets zugegen, um die demokratische Übergabe der Macht zu dokumentieren. Der erste Amtsinhaber seit einhundert Jahren, der das nicht tat, war Trump 2021.

Wahlkampffinanzierung

Wahlkämpfe sind enorm teuer in den USA, und ihre Kosten wachsen exponentiell. Das liegt hauptsächlich daran, dass sie primär im Fernsehen stattfinden und Werbung dort viel Geld verschlingt. Obgleich Online-Medien aufholen, flossen im Wahlzyklus 2019/20 noch immer 80% aller Werbeausgaben ins lineare TV. Ein großer Mitarbeiterstab, Büros, Reisen und Werbemittel wie Plakate, Aufkleber und T-Shirts verschlingen ebenfalls hohe Summen. Die Kosten explodieren aber nicht allein wegen steigender Ausgaben. Vielmehr sind sie auch angebotsgetrieben, denn der Politik steht mehr und mehr Geld für ihre Wahlkämpfe zur Verfügung.

Die meisten Wahlkampfspenden kommen von Privatleuten, Interessengruppen und Unternehmen in Form von ‹hartem› und ‹weichem› Geld (*hard and soft money*). Seit 1974 unterliegen Spenden an Kandidaten, Parteien und Political Action Committees (PACs) – Lobbygruppen, die Kandidaten und Parteien unterstützen – Höchstgrenzen. So durften Individuen und PACs im Wahlzyklus 2021/22 einem Kandidaten oder seinem Wahlkampfausschuss maximal 2900 Dollar pro Vor- und Hauptwahl spenden. Parteien können in allen Untergliederungen (Bund, Staat, Wahlkreis, Kommune) je 5000 Dollar geben. Spenden von Einzelpersonen sind ebenfalls limitiert für Kandidaten (seit 2014: $ 48 600), Parteien (seit 2014: $ 74 600) und PACs (seit 2014: $ 123 200). Dieses harte Geld überwacht die Bundeswahlkommission (Federal Elections Commission/ FEC), deren Website detailliert Auskunft gibt über Einnahmen und Ausgaben.[67]

Gleichzeitig suchten Republikaner wie Demokraten nach Möglichkeiten, an weiches Geld zu kommen, das unbegrenzt eingesetzt werden kann in Wahlkämpfen. Das geschah zunächst über Spenden an Parteien, die nicht der Unterstützung ihrer Kandidaten, sondern angeblich dem «Aufbau von Parteistrukturen» dienten. Als das Überparteiliche-Wahlkampf-Reformgesetz (*McCain-Feingold Act*) dies 2002 einschränkte, traten sogenannte 527-Gruppen auf den Plan. Ihren Namen haben sie vom entsprechenden Paragraphen im Steuerrecht für gemeinnützige Organisationen. Sie können in politischen Personal- und Sachfragen Position beziehen. Im Präsidentschaftswahlkampf 2004 nutzte das die 527-Gruppe Swift Boat Veterans for Truth, um den Demokraten John Kerry wegen angeblicher Unfähigkeit im Vietnamkrieg zu diskreditieren. Die FEC versuchte deshalb in den Jahren danach, solchen Gruppen Angriffe auf den Charakter eines Kandidaten zu untersagen. Ihre Versuche, den Zustrom von weichem Geld zu regulieren, glichen allerdings einer Sisyphos-Arbeit. Denn nach jeder neuen Regulierung fand es stets andere Wege in die Wahlkämpfe.

Ein Kontrollinstrument wären öffentliche Wahlkampfmittel. Diese können Präsidentschaftsbewerber seit 1976 für die Vorwahlen und den Hauptwahlkampf bekommen. Im Gegenzug müssen sie sich an Spenden- und Ausgabengrenzen halten, wobei die 527-Gruppen nicht betroffen sind. Die Mittel werden erhoben, indem Bürger auf ihrer Steuererklärung ein entsprechendes Kästchen ankreuzen, das drei Dollar dafür bereitstellt. Zwischen 1989 und 1994 taten das zum Beispiel 33 Millionen Personen. Bis 2008 akzeptierten alle Kandidaten der Republikaner und Demokraten diese Form der Unterstützung für den Hauptwahlkampf. Sie lag damals bei 84 Millionen Dollar pro Bewerber. Dann sammelte Barack Obama jedoch so große Summen an Spenden ein, dass er als erster Kandidat auf Staatsgeld verzichtete, weil er sich keinen Auflagen unterwerfen wollte.[68] Sein Gegner John McCain, ein Befürworter öffentlicher Wahlkampffinanzierung, akzeptierte hingegen solche Mittel – freilich hatte er mehr Geld als Obama von 527-Gruppen zur Verfügung. Seither nahm kein Präsidentschaftsbewerber einer großen Partei mehr staatliche Unterstützung an.

Das hat auch damit zu tun, dass Gerichte alle Spendenbarrieren einrissen. Das Bundesberufungsgericht von Washington, D. C., der Supreme Court in *Citizen United v. FEC* und das Berufungsgericht für Washington, D.C. hoben 2009 und 2010 unter Verweis auf den 1. Verfassungszusatz der Redefreiheit alle Obergrenzen für Wahlkampfspenden von Individuen, Unternehmen und Gewerkschaften auf. Einzige Auflage ist seither, Geld nicht direkt an Kandidaten oder Parteien zu geben oder seine Verwendung mit ihnen abzusprechen. 2014 schaffte der Supreme Court in *McCutcheon v. FEC* zudem Obergrenzen für Gesamtspendensummen von Einzelpersonen an Kandidaten, Parteien und PACs ab. Für die konservative Richtermehrheit waren Meinungsfreiheit und Wahlkampfspenden offenbar dasselbe. Damit kreierte der Supreme Court ein System, in dem die problematischsten Aspekte der Wahlkampffinanzierung – der Einfluss von Unternehmen, Verbänden und Superreichen – völlig legal sind.

Seitdem strömt weiches Geld über zwei neue Wege in die Wahlkämpfe: über Super-PACs, die unlimitierte Spenden von einer nicht begrenzten Zahl von Quellen akzeptieren können, solange sie eigenständig ohne Einfluss des Kandidaten oder der Partei agieren, und über 501-Gruppen, benannt nach dem Paragraphen im Steuerrecht, der Wohlfahrtseinrichtungen, Gewerkschaften oder Wirtschaftsverbände von der Steuer befreit. Diese 501-Gruppen dürfen ebenfalls so viele Mittel in Wahlkämpfe stecken, wie sie wollen, solange dies nicht ihr Hauptzweck ist. Der besondere Vorteil: Die Geldgeber können ihre Spenden als Beiträge steuerlich absetzen, die im Gegensatz zu allen anderen Spendenmöglichkeiten nicht einmal offengelegt werden müssen. Solche Mittel heißen deshalb ‹dunkles Geld› (*dark money*). Superreiche wie die Koch-Brüder nutzten diesen Weg, um Kandidaten und Anliegen zu finanzieren.[69]

2019/2020 verschlangen Vor- und Hauptwahlen für die Präsidentschaft 5,7 Milliarden Dollar, für den Kongress 8,7. Das war mit Abstand der teuerste Wahlzyklus in der amerikanischen Geschichte und stellte eine Verdoppelung zum bisherigen Rekordjahr 2016 dar. Die Kandidaten nahmen dabei drei Milliarden Dollar ein, die Parteien zwei und die PACs neun.[70] Im Präsidentschaftswahlkampf 2020 verfügte Biden über 1,04 Milliarden Dollar an Spenden, dazu kamen 580 Millionen von Super-PACs. Für Trump lauteten die Zahlen 778 Millionen und 312 Millionen Dollar. Beide Kandidaten gaben das meiste Geld für Werbung in den Medien aus (Biden: 79%, Trump 68%). Allein im großen Swing State Florida flossen 250 Millionen Dollar ins Fernsehen.[71] Der Grund: TV-

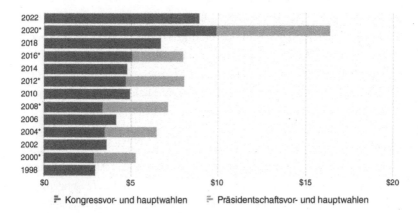

Gesamtkosten der Wahlen auf Bundesebene (1998–2022)
(In Milliarden Dollar, inflationsbereinigt)

Werbung stellte lange Zeit die nachweislich beste Möglichkeit dar, den eigenen Stimmenanteil zumindest marginal zu erhöhen. Zwischen 2016 und 2020 waren die Anhängerschaften der beiden großen Parteien jedoch so stabil, dass sogar Bidens enormer Vorteil bei TV-Werbespots in den letzten Wahlkampfmonaten keinen Vorteil bei den gewonnenen Stimmen brachte.[72] An *Facebook* und *Google* zahlten Biden und Trump sowie die sie unterstützenden Super-PACs 364 Millionen Dollar, allerdings primär, um Spenden zu akquirieren und Wahlkampf-Merchandising zu verkaufen.[73] Im Endeffekt kostete eine Wählerstimme den Biden-Wahlkampf 13 Dollar, den von Trump zehn Dollar.[74] Die wichtigsten Geldgeber der Präsidentschaftskandidaten waren Kleinspender, die 200 Dollar oder weniger überwiesen. Bei Biden kamen sie für 38 % ($ 504 Millionen), bei Trump sogar für fast 50 % ($ 378 Millionen) aller Einnahmen auf.[75] Summa summarum spendeten 4,1 Millionen Personen für den demokratischen, 1,8 Millionen für den republikanischen Bewerber.

Im Wahlzyklus 2019/20 pumpten 2267 Super-PACs 2,1 Milliarden Dollar in die Wahlkämpfe der Präsidenten und Parlamentarier. Größte Super-PACs waren der konservative Senate Leadership Fund mit Einnahmen von 475 Millionen Dollar und das liberale Senate Majority PAC mit 372 Millionen.[76] Eine weitere Quelle der Wahlkampffinanzierung sind Superreiche. Die Top-100-Spender gaben 1,2 Milliarden Dollar, wovon 61% für konservative Kandidaten und Themen und 38 für linke eingesetzt wurden. Wichtigste Financiers waren der Casino-Mogul Sheldon Adelson und seine Frau Miriam mit 215 Millionen Dollar für die Super-PACs der Republikaner und der Medienunternehmer Michael Bloomberg mit 151 Millionen für die der Demokraten.[77]

Obwohl der Kandidat mit den höchsten Spenden meist die Wahlen gewinnt, bedeutet das nicht automatisch, dass Geld Stimmen kaufen kann. Die aussichtsreichsten Bewerber kommen auch deshalb leichter an Spenden, weil sich Unternehmen, Individuen und Interessengruppen präferierten Zugang zum Sieger sichern wollen. Im Kongress sind das meist die Amtsinhaber. Fast alle PACs von der Landwirtschaft bis zur Energie- und Finanzindustrie ließen ihnen 2019/20 mehr als 95% ihrer Unterstützung zukommen. Nur Weltanschauungs- und Einzelthemen-PACs wie Gegner und Verteidiger von Abtreibung oder Waffenkontrolle gaben ein Drittel ihres Geldes an Herausforderer oder Bewerber für offene Sitze.

Die Folge: Im Repräsentantenhaus triumphierten von 2000 bis 2020 zu 88 bis 97% die besserfinanzierten Kandidaten. Im Senat waren es 72 bis 88%. Dort ist mittlerweile so viel Geld vorhanden, dass es kaum mehr eine Rolle spielt, wer mehr hat, und der Amtsbonus oft den Ausschlag gibt. Bei der Senatswahl 2020 siegten republikanische *Incumbents* häufig gegen demokratische Herausforderer, obwohl diese über deutlich mehr Mittel verfügten. So schlug Lindsey Graham (R) Jaime Harrison (D), der bei Gesamtkosten von 130 Millionen Dollar 33 Millionen mehr ausgegeben hatte.[78] Ein Analyst bezeichnete das enorme Unterstützungsgeld für Außenseiter-Kandidaten wie Harrison als «Wutspenden»[79]. Im teuersten Senatswahlkampf aller Zeiten triumphierten die Demokraten, als in Georgia Jon Ossoff Amtsinhaber David Perdue bezwang. Die Ausgaben summierten sich auf 510 Millionen Dollar, wobei hartes Geld 239 Millionen und weiches 271 Millionen ausmachte.[80]

Bei Präsidentschaftswahlen spielt der Amtsbonus beim Spendeneinwerben eine geringere Rolle, weil er hier wegen der Amtszeitbegrenzung weniger schwer wiegt und ideologische Motive dominieren. Geld hilft, aber nicht immer. Trump zum Beispiel schlug Clinton 2016, obwohl er nur über 239 Millionen Dollar an Spenden verfügte, seine Gegnerin über

450 Millionen. Indes ließen Superreiche die Bewerberfelder in beiden Parteien seit 2012 unübersichtlicher werden. Früher mussten sich Kandidaten oft bald nach ihrer Ankündigung wieder zurückziehen, weil ihnen die Mittel ausgingen. Jetzt halten Mega-Gönner aussichtslose Bewerber manchmal künstlich im Wettbewerb. 2012 pumpten die Adelsons 20 Millionen Dollar in den strauchelnden Wahlkampf des ehemaligen Sprechers des Repräsentantenhauses, Newt Gingrich.[81] Und der Hedge-Fonds-Gründer Robert Mercer und die Fracking-Magnaten Dan und Farris Wilks finanzierten 2016 Senator Ted Cruz mit 15,5 beziehungsweise 6,8 Millionen Dollar bei seinem Unterfangen, Kandidat der Republikaner zu werden.[82]

Medien-Tycoon Bloomberg und der Hedge-Fonds-Chef Tom Steyer konnten 2020 überhaupt nur deshalb im Nominierungsprozess der Demokraten mitmischen, weil sie ihren Wahlkampf mit 570 Millionen beziehungsweise 342 Millionen Dollar ihres Vermögens finanzierten. Beide scheiterten jedoch kläglich. Bloomberg hatte bei seinem Rückzug lediglich 31 der zu vergebenden 3979 Delegierten gewonnen. Damit kostete ihn jeder Delegierte 18 Millionen Dollar.[83] Immobilien-Milliardär Trump nutzte hingegen für seinen Wahlkampf 2016 nur 8021 Dollar an eigenen Mitteln. 2016 und 2020 hatten die Demokraten mehr Spenden für ihren Präsidentschaftswahlkampf zur Verfügung als die Republikaner, addiert man aber hartes und weiches Geld für alle Bundesämter, so herrscht in etwa ein Patt zwischen beiden Parteien.

Wahlentscheidung

Warum Wähler wie abstimmen, ist *die* Frage der Wahlforschung. Es existieren mindestens fünf große Modelle, die unterschiedliche Aspekte in den Mittelpunkt rücken.[84] Das Parteiidentifikations-Modell wurde 1960 im Klassiker *The American Voter* entwickelt. Es postuliert eine tiefe psychologische Verbundenheit von Wählern zu ihren Parteien, die ihre Wahrnehmung von Fakten und Sachfragen formt.[85] Das Modell der rückwirkenden Stimmabgabe argumentiert dagegen, dass die Wähler ihre Entscheidung rational aufgrund der mit einer Regierung gemachten Erfahrungen treffen. Wenn die Wirtschaft zum Beispiel läuft, halten sie dies dem Amtsinhaber zugute. Bürger bewerten also die Fähigkeiten und Leistungen von Politikern und Parteien in der Vergangenheit und extrapolieren sie in die Zukunft.[86] Im Valenz- oder Wertigkeits-Modell treffen Wähler ihre Entscheidung danach, ob Kandidaten und Parteien bestimmte Merkmale wie Charakterstärke, Ehrlichkeit, Charisma oder Führungskraft demonstrieren.[87] Das Raum-Modell geht davon aus, dass Wähler jene Bewerber bevorzugen, mit denen die Schnittmenge in Weltanschauungs- und Sachfragen am größten ist.[88] Im Richtungs-Modell spielen diese Faktoren ebenfalls die zentrale Rolle, aber in dem Sinne, ob ein Kandidat oder eine Partei gewillt ist, die künftige Politik in die präferierte Richtung zu verändern.[89] Alle Modelle weisen auf wichtige Faktoren hin und sind nicht grundsätzlich richtig oder falsch, sondern in verschiedenen Phasen der amerikanischen Politik unterschiedlich aussagekräftig.

Angesichts der Direktwahl von Abgeordneten und Senatoren in ihren Wahlkreisen und Einzelstaaten galt lange Zeit, dass Persönlichkeiten und lokale Themen bei der Stimmabgabe dominieren. Der langjährige Sprecher des Repräsentantenhauses Tip O'Neill (1977–87) popularisierte den Satz «all politics is local», der besagt, für einen Wahlerfolg sei es ausschlaggebend, sich um die Sorgen und Nöte der Wähler vor Ort zu kümmern. Das änderte sich seit den 1980er Jahren, als die Bedeutung von Präsidenten und Präsidentschaftskandidaten für die Wahlentscheidung der Bürger dramatisch anstieg. Ihre Rhetorik und ihre Handlungen definieren ihre Partei, klären, wofür und wogegen sie steht, und erleichtern es damit den Wählern, sich weltanschaulich zu positionieren. Heute formen Präsidenten und Präsidentschaftskandidaten das Image von Demokraten und Republikanern, und ihr Ansehen und ihre Zustimmungs- und Kompetenzwerte sind ausschlaggebend für den Wahlerfolg ihrer Parteifreunde auf Bundes-, Einzelstaats- und Gemeindeebene.[90]

In den 1960er und 1970er Jahren war Ticketsplitting, also die Stimmabgabe für Präsidentschafts- und Kongresskandidaten unterschiedlicher Parteien, weitverbreitet. So votierten 1972 viele Bürger für den Präsidentschaftsbewerber der Republikaner Nixon, dessen außen- und innenpolitischen Kurs sie unterstützten, und gleichzeitig für die Kongresskandidaten der Demokraten, deren Politik oder Personal ihnen lokal mehr zusagte und die über einen Amtsbonus verfügten. Das änderte sich danach fundamental. 1980 kamen 59 Senatoren aus einem Staat, den ihr Präsidentschaftskandidat gewonnen hatte, 2022 waren es 97.[91] Im Haus war der Trend identisch. Eine Studie der Politikwissenschaftler Alan Abramowitz und Steven Webster zeigte: Zwischen 1972 und 1980 bestand bei demokratischen Wählern in hart umkämpften Wahlkreisen nur eine geringe Korrelation von 0,54, ob sie für den Präsidentschafts- und den Abgeordnetenkandidaten der eigenen Partei votierten. Bis 2016 kletterte dieser Wert auf 0,97, das heißt, fast jeder Demokrat wählte alle Bewerber der eigenen Partei, Ticketsplitting war tot. Der Titel der Studie war zugleich die Schlussfolgerung und eine Umkehrung von O'Neills Erkenntnis: *All Politics Is National*.[92]

Ursache dieser Nationalisierung und Unitarisierung war die ideologische Polarisierung der Politik. Je mehr die heterogenen Sammelparteien zu weltanschaulichen Programmparteien mutierten, desto stärker überlagerten kulturelle Fragen lokale bei der Wahlscheidung der Bürger. Und je mehr Präsidenten und Präsidentschaftskandidaten zu den dominierenden Figuren ihrer Parteien aufstiegen, desto stärker richteten die Wähler ihre Stimmabgabe auf allen Ebenen nach ihnen aus. Was heißt das für die Erklärkraft der unterschiedlichen Wahlentscheidungs-Modelle? Die jüngsten Entwicklungen erfasst eine Kombination aus Raum- und Partei-Modell am besten, weil Kandidaten und Parteien aufgrund ideologischer Übereinstimmung gewählt werden und die Realität durch den Parteifilter interpretiert wird. Damit verlieren rationale und objektive Kriterien für das Wahlverhalten an Relevanz. War früher zum Beispiel die wirtschaftliche Lage der wichtigste Indikator, so wird sie jetzt durch die Partei-Brille entsprechend positiver oder negativer interpretiert, als sie wirklich ist.

Damit einher geht das weitgehende Verschwinden von Wechselwählern. Einige Politikwissenschaftler sprechen von einer «verkalkten (calcified) Politik»[93], weil selbst Mega-Ereignisse wie die Covid-Pandemie, *Black-Lives-Matter*-Proteste oder der Sturm auf das Kapitol Parteiidentifikation und Wahlverhalten kaum mehr beeinflussen. Bei den vier Wahlen zwischen 2016 und 2022 kam es lediglich zu geringen Verschiebungen zwischen den beiden Lagern. Zum Beispiel stimmten 95% der Clinton- und Trump-Wähler von 2016 auch vier Jahre später für den Kandidaten ihrer Partei – ein historischer Rekord.[94] Bei den Senatswahlen 2022 sah man, wie von Trump unterstützte Kandidaten in Nevada, Arizona und Georgia fast dieselben Stimmanteile holten wie ihre Vorgänger einen Wahlzyklus früher, obwohl sie fast alle Medien, Beobachter und Parteifreunde für völlig ungeeignet für die angestrebten Ämter hielten. Parteiloyalität und Hass auf den Gegner triumphierten über Zweifel an der Eignung der Kandidaten.

Angesichts des politischen Patts und der verschwindend geringen Möglichkeiten, Anhänger der anderen Seite zu sich herüberzuziehen, verfolgen die Parteien unterschiedliche Strategien. Die Demokraten hoffen, dass der demographische Wandel sie begünstigt, und setzen auf eine Mobilisierung von Minderheiten, Frauen und Jungen. Die Republikaner versuchen, Hispanics zu sich herüberzuziehen, und greifen zu Mitteln wie Ergebnisleugnung, Wahlrechtsmanipulation und, am 6. Januar 2021, zum Aufwiegeln und Unterstützen von Putschisten, um an der Macht zu bleiben oder an sie zu gelangen. Die parteipolitische Polarisierung macht bei ihnen also sogar vor der Beschädigung grundlegender demokratischer Spielregeln nicht Halt. Das folgende Kapitel erörtert, wie die Spaltung und Radikalisierung der Politik entlang ideologisch-kultureller Bruchlinien das Präsidentenamt verändert hat.

6. AUFSTIEG ZUR DOMINANTEN REGIERUNGSGEWALT: DER PRÄSIDENT

Kaum etwas fürchteten die Gründerväter mehr als einen übermächtigen Chef der Exekutive. Auch deshalb verbannten sie ihn in Artikel II der Verfassung und reservierten Artikel I für die ausführliche Auflistung der Rechte und Kompetenzen der Volksvertretung. Obwohl es in den ersten 140 Jahren der USA wiederholt starke Präsidenten gab wie George Washington, Andrew Jackson, Abraham Lincoln oder Theodore Roosevelt, blieb der Kongress die dominierende Kraft im Regierungssystem. Das änderte sich erst mit Franklin Delano Roosevelt 1933, als der Kampf gegen die schwerste Wirtschaftskrise in der Geschichte des Landes, die Große Depression, und der Eintritt in den Zweiten Weltkrieg dem Amt einen enormen Machtschub verliehen. Mit FDR beginnt die «moderne Präsidentschaft»[1], in der das Weiße Haus seine Zuständigkeiten in der Innen-, aber vor allem in der Außenpolitik massiv ausweitete, die Initiative im Gesetzgebungsprozess übernahm und einen eigenen Apparat unabhängig von den Ministerien aufbaute. Diese Verschiebung der Gewichte rechtfertigt es, den Präsidenten, entgegen der Verfassung und gängiger Lehre über das amerikanische Regierungssystem, in diesem Buch vor dem Kongress zu behandeln.

Moderne Präsidenten transzendieren nämlich die Verfassung, indem sie energisch und dauerhaft politisch führen. «Amerika steht nicht still», erklärte etwa Barack Obama in seiner Ansprache zur Lage der Nation 2014, als er ohne eine Mehrheit seiner Partei im Kongress regieren musste, «und ich werde es auch nicht tun. Wann und wo immer ich also Schritte ohne Gesetzgebung unternehmen kann, um die Chancen für mehr amerikanische Familien zu verbessern, werde ich das auch tun.»[2] Sein Nachfolger Donald Trump behauptete in einer Rede im Juli 2019 sogar, Artikel II gebe ihm «das Recht, als Präsident zu tun, was ich will.»[3] Während der Corona-Pandemie sagte er im April 2020 vor einem Treffen mit den Gouverneuren der 50 Einzelstaaten: «Wenn jemand der Präsident der Vereinigten Staaten ist, hat er die totale Autorität. Und so muss es auch sein. Sie ist total.»[4] Ganz in diesem Sinne spielte Trump im Wahlkampf 2023/24 mit dem Gedanken, im Falle eines erneuten Einzugs ins Weiße Haus «Diktator am ersten Tag» zu sein.[5]

Rechtsprofessoren widersprachen Trumps extensivem Machtanspruch unisono. Weder in der Verfassung noch in den *Federalist Papers* finden sich dafür Anhaltspunkte. Im Gegenteil, den Gründervätern waren Gewaltenteilung und Föderalismus heilig. Aber wie Obamas Zitat zeigte, sind selbst durch und durch demokratisch gesinnte Amtsinhaber bereit, ihre Ziele unkonventionell und mit aller Kraft zu verfolgen – besonders dann, wenn sie in polarisierten Zeiten keine Mehrheit im Kongress haben.

Als einziges unumschränktes Recht gewährt die Verfassung dem Präsidenten das der Begnadigung (*pardon*) für alle bundesstaatlich Verurteilten außer in Fällen einer Amtsenthebung. Allein im 20. Jahrhundert profitierten davon mehr als 20 000 Personen, nicht eingerechnet die 200 000, die Carter wegen Einberufung-Entzugs während des Vietnamkriegs, und die 6500, die Obama wegen einfachen Marihuana-Besitzes begnadigte. Das berühmteste politische *pardon* sprach Ford 1974 seinem Vorgänger Nixon wegen dessen Verstrickungen in den Watergate-Skandal aus, kurz bevor er dafür angeklagt werden konnte. Es war das einzige Mal, dass ein Präsident davon profitierte. Im Gegensatz zu seinen Vorgängern nutzte Trump dieses Recht primär für Personen, die ihm politisch oder persönlich nahestanden.[6]

Darüber hinaus weist die Verfassung dem Präsidenten wenige Kompetenzen explizit zu. Artikel II ist mit gut tausend Wörtern knapp halb so lang wie Artikel I über die Legislative, beschäftigt sich in erster Linie mit dem Wahlverfahren und definiert die Rechte des Präsidenten vage. Hamilton, stets auf der Suche nach Argumenten für eine starke Exekutivgewalt, leitete daraus einen großen Spielraum für den Präsidenten ab, weil die Verfassung seine Befugnisse nicht ausdrücklich durch eine Aufzählung beschränke – im Gegensatz zu denen des Kongresses. Wie weit diese Befugnisse reichen, bestimmen Präzedenzfälle, politische Rahmenbedingungen, Urteile des Supreme Court und Ambitionen der Amtsinhaber.

Chef der Exekutive

Der Präsident und sein Stellvertreter sind die einzigen beiden aus nationalen Wahlen hervorgehenden Amtsträger in den USA. Während parlamentarische Systeme die Posten von Regierungschef und Staatsoberhaupt trennen, vereint sie die amerikanische Verfassung in einer Person. Grundlage dieser ‹einheitlichen Exekutive› ist der erste Satz von Artikel II: «Die Exekutivgewalt soll einem Präsidenten der Vereinigten Staaten von Amerika übertragen werden.» Das war eine bewusste Entscheidung der Gründerväter, die andere Vorschläge, etwa ein kollektives Führungsgremium, verwarfen. Im Unterschied zur ausgiebig abwägenden und lang debattierenden Legislative sollte ein Präsident entschlossen und schnell handeln können.

Vor seinen Entscheidungen kann der Präsident die Leiter der Ministerien (*executive departments*) konsultieren. Doch die Verfassung legt ihre Zahl und Aufgaben nicht fest. George Washington schuf, wie in anderen Fragen auch, den Präzedenzfall. Er etablierte ein Kabinett, das seither Teil der Exekutive ist. Allerdings hat es im Alltagsgeschäft keine eigenen Befugnisse, seine Mitglieder werden allein von den Präsidenten bestimmt, und diese nutzen es unterschiedlich intensiv für unterschiedliche Zwecke. Lincoln band fähige Rivalen aus diversen weltanschaulichen Flügeln ein und hielt so die Partei zusammen.[7] Wie alle Amtsinhaber widersetzte er sich indes Versuchen, Kabinettsregierungen nach europäischem Vorbild zu formen. Ausdruck fand dies in seiner Zusammenfassung einer Kabinettssitzung zur Proklamation der Sklavenbefreiung: «Sieben Nein-Stimmen, eine Ja-Stimme – die Ja-Stimmen gewinnen»[8]. Als der Kongress 1947 Truman mit dem Nationalen Sicherheitsrat (NSC) ein Kollegialorgan bei der Führung der Außenpolitik zur Seite stellen wollte, verwässerte dieser das entsprechende Gesetz und blieb der konstituierenden Sitzung demonstrativ fern. «Die Politik selbst muss vom Präsidenten festgelegt werden», schrieb er später in seinen Memoiren, «wie alle endgültigen Entscheidungen von ihm getroffen werden müssen.»[9] Auf seinem Schreibtisch stand ein hölzernes Schild mit dem Satz: «The buck stops here!» (frei übersetzt: «Die Verantwortung liegt hier!»).[10]

Schon die Namen *Department* und *Secretary* verdeutlichen, dass Ministerien und ihre Leiter keine selbstständigen Akteure sind, sondern sie im Auftrag des Präsidenten handeln. Zwar benötigt er für die Ernennung der Minister die Zustimmung des Senats, aber er kann sie jederzeit und ohne Bestätigung einer Kongresskammer absetzen, wie der Supreme Court 1926 in *Myers v. United States* urteilte. Trump höhlte sogar die Zustimmungspflicht aus: Öfter als jeder Amtsvorgänger berief er Geschäftsführende Minister, um die Mitsprache der Kammer für eine Frist von 210 Tagen zu umgehen. Dies gab ihm «mehr Flexibilität», wie er sagte, untergrub indes die Gewaltenteilung. Dass die republikanische Mehrheit im Senat dies hinnahm, zeigte ihre Bereitschaft, Parteiloyalität selbst über Verfassungsrechte zu stellen.[11]

Die einzigen formalen Rollen kommen den Ministern durch das Gesetz zur Präsidentennachfolge von 1947 und den 25. Verfassungszusatz von 1967 zu. Wenn es beim Tod oder Rücktritt eines Präsidenten keinen Vizepräsidenten, Sprecher des Repräsentantenhauses und Präsidenten auf Zeit des Senats gibt, folgen ihm die Kabinettsmitglieder in der Reihenfolge nach, in der ihre Behörden historisch eingerichtet wurden: Außenminister (*Secretary of State*), Verteidigungsminister (*Secretary of Defense*, ursprünglich *Secretary of War*), Schatzminister (*Secretary of the Treasury*), Justizminister (*Attorney General*) etc. Und nach dem 25. Amendment kann der Vizepräsident gemeinsam mit einer Mehrheit «der wichtigsten Beamten der Exekutivabteilungen», also der vollen Kabinettsmitglieder, den Präsidenten für «unfähig» erklären, «die Befugnisse und Pflichten seines Amtes auszuüben».

Ein so abgesetzter Präsident darf dagegen Widerspruch einlegen und sein Amt wieder übernehmen, falls Vize und Kabinettsmehrheit nicht an ihrer Position festhalten. Tun sie dies jedoch, liegt es am Kongress, den Präsidenten mit Zweidrittelmehrheit für handlungsunfähig oder nicht zu erklären. Freilich trat der Verfassungszusatz erst 1967 in Kraft. Davor war es völlig unklar, was in Situationen geschehen sollte, in denen Präsidenten erkrankten und ihr Amt nicht ausüben konnten. Der berühmteste Fall ist der Wilsons. Er erlitt im Oktober 1919 einen schweren Schlaganfall. Aber weder sein Leibarzt noch der Kongress bescheinigten ihm die Amtsuntauglichkeit, und der Präsident wollte nicht zurücktreten. Für die letzten 17 Monate seiner Amtszeit übernahm seine Frau Edith de facto die Regierungsgeschäfte.[12]

Die Verfassung legt fest, dass die Regierung in einem eigenen Bundesdistrikt beheimatet sein muss. In einem Kompromiss einigten sich Süd- und Nordstaaten auf ein Gebiet an den Ufern des Potomac, für das Maryland und Virginia Gebiet abtraten. Schon 1791 gaben die drei Mitglieder der Baukommission der neu zu errichtenden Hauptstadt den Namen ‹Washington› zu Ehren des ersten Präsidenten. Den Distrikt nannten sie ‹Columbia›, die weibliche Form von Kolumbus, was damals ein weitverbreiteter poetischer Name für die USA war.

Der Bau des Amtssitzes begann 1792, und acht Jahre später konnte John Adams als erster Präsident in die weiß getünchte Residenz einziehen. Obwohl Zeitungen im 19. Jahrhundert deshalb gelegentlich vom ‹Weißen Haus› sprachen, ordnete erst Theodore Roosevelt 1901 den Namenswechsel von Executive Mansion zu The White House offiziell an. 1906 wurde dessen Adresse erstmals mit ‹1600 Pennsylvania Avenue› angegeben. Seit 1909 gilt das ‹Oval Office› als Präsidentenbüro und Sitz der politischen Macht. Unter FDR begann die Praxis, internationale Telegramme des Präsidenten mit POTUS (President of the United States) zu unterzeichnen, die Abkürzung ging in das politische Vokabular des Landes ein.[13]

Noch Anfang der 1930er Jahre verfügte ein Präsident nur über 140 Mitarbeiter. Seit FDR entstand mit dem *Executive Office of the President* (EOP) allerdings eine mächtige Präsidialbürokratie. Je stärker sich das Präsidentenamt zum Gravitationszentrum der Politik entwickelte, desto mehr wuchsen Stäbe und Abteilungen. Kam Roosevelt mit nur einem Pressesprecher aus, so hatte dessen Büro 2023 30 Angestellte. Und beschäftigte Truman lediglich eine Person für Personalfragen, waren es 2023 mehr als einhundert, die alle Berufungen auf Regierungsämter überwachten. Unter Biden umfasst das EOP 17 Behörden, darunter das *White House Office* (WHO), den Nationalen Sicherheitsrat (NSC), den Nationalen Wirtschaftsrat (NEC), das Büro des Handelsbeauftragten und, als größte Abteilung mit 500 Angestellten und zuständig für den Haushaltsentwurf, das *Office of Management and Budget* (OMB). Geleitet wird das EOP mit seinen 2000 Mitarbeitern seit 1953 von einem Stabschef (*Chief of Staff*).[14]

Die wichtigen Entscheidungen fallen in kleinen Zirkeln im Weißen Haus, zu denen Minister selten gehören. FDR etwa bediente sich für die

Wer sitzt wo in Präsident Bidens Westflügel des Weißen Hauses?

Führung der Außenpolitik seines Sonderberaters Harry Hopkins, Eisenhowers zentraler Vertrauter war Stabschef Sherman Adams, Nixon managte die internationalen Beziehungen über Sicherheitsberater Henry Kissinger, Trump hörte, wenn überhaupt auf jemanden, dann auf seinen *Senior Advisor* und Schwiegersohn Jared Kushner. Auch und gerade in der US-Politik bedeutet Nähe Macht. Wer im Parterre des Westflügels des Weißen Hauses residiert, also in unmittelbarer Nähe des Oval Office, zählt zu den einflussreichsten Beratern des Präsidenten.[15] Nicht von ungefähr heißt die bekannteste TV-Serie über die amerikanische Präsidentschaft *The West Wing* mit der treffenden deutschen Ergänzung *Im Zentrum der Macht*.

Die Stärkung des Weißen Hauses ging zulasten der Ministerien.[16] Traf Kennedy in seinen drei Amtsjahren das volle Kabinett, obgleich mit geringem Enthusiasmus, noch 31 Mal, berief es Nixon seltener und seltener ein. Fast nie diente es als Forum intensiver Beratungen. Selbst Jimmy Carter, der zu Beginn seiner Amtszeit wöchentliche Kabinettssitzungen angesetzt hatte, ruderte bald zurück. Versammelte er es im ersten Amtsjahr noch 36 Mal, tat er es im zweiten 23, im dritten zwölf und im vierten sechs Mal. Reagan stellte schnell von vollen Kabinettssitzungen auf Kabinettsausschüsse mit wenigen Beteiligten um. Dieses Format blieb unter seinen Nachfolgern populär. Anfang 2023 umfasste das Kabinett die Vizepräsidentin und 15 Minister. Weitere neun Personen wie Stabschef, UN-Botschafterin und Geheimdienstdirektorin berief Präsident Biden ins Kabinett, ohne dass sie in der gesetzlichen Nachfolgeregelung genannt sind. Um CIA-Chef William Burns für seine gute Arbeit zu würdigen, stellte Biden im Juli 2023 den 2005 abgeschafften Kabinettsstatus dieses Amts wieder her. Dies war indes ein symbolischer Akt ohne neue Kompetenzen.[17]

«Das Kabinett ist eine dieser Institutionen», meinte schon ein Berater von Präsident Johnson in den 1960er Jahren, «bei denen das Ganze weniger ist als die Summe seiner Teile.»[18] Wenn Kabinettsmitglieder eine wichtige politische Rolle spielen, dann meist aufgrund ihrer langjährigen vertrauensvollen Beziehungen zum Präsidenten. Beispiele hierfür sind die Außenminister James Baker unter Bush sr. und Anthony Blinken unter Biden.

Die Gründe, jemanden ins Kabinett zu berufen, sind vielfältig. Lincoln holte seine größten innerparteilichen Rivalen in das Gremium, um sie einzubinden und von ihrer Expertise zu profitieren.[19] Trump ernannte loyale Unterstützer und Spendensammler und hielt Kabinettssitzungen nur ab, um sich huldigen zu lassen.[20] Biden dienten die Ministerbesetzungen dazu, wichtigen Wählergruppen der Partei – Frauen, Schwarzen, Latinos, Asien-Amerikanern, Native Americans, LGBTQ – zu signalisieren, dass sie öffentlich sichtbare Vertreter in der Regierung besaßen.

Seit Inkrafttreten des Anti-Nepotismus-Gesetzes 1967 dürfen Präsidenten und andere Amtsträger keine Verwandten mehr in Bundesbehörden beschäftigen. Das Gesetz trägt den Spitznamen Bobby Kennedy Law, weil sein Bruder John ihn gegen scharfe Medienkritik 1961 zum Justizminister ernannt hatte. Trotzdem fanden Präsidenten später Möglichkeiten, Familienmitglieder in hohe Positionen zu hieven. So übertrug Clinton seiner Frau 1993 den Vorsitz des Arbeitsausschusses zur Gesundheitsreform, was ein Berufungsgericht akzeptierte, weil es «eine lange Tradition des öffentlichen Dienstes der First Ladies [gibt], die (wenn auch im Hintergrund) als Beraterinnen und persönliche Vertreterinnen ihrer Ehemänner fungierten»[21]. 2017 dehnte Trump die Beschränkungen des Anti-Nepotismus-Gesetzes weiter, indem er seinen Schwiegersohn Jared Kushner zum Berater ernannte mit dem Argument, dieser sei im Stab des Weißen Hauses angestellt und nicht in einer Regierungsbehörde.[22]

Neben den Leitern der Ministerien und Behörden wie der Zentralbank, der CIA oder dem FBI beruft der Präsident die Botschafter und Bundesrichter, darunter jene des Supreme Court. Für 1100 dieser herausgehobenen Positionen benötigt er «Rat und Zustimmung» (*advise and consent*) des Senats. Weitere 350 in seinem Präsidialbüro kann er eigenständig besetzen, darunter den Stabschef oder den Nationalen Sicherheitsberater. Gut 2000 Ämter werden auf Vorschlag der Behördenleiter ernannt, wenn das Personalbüro des Weißen Hauses zugestimmt hat. Insgesamt füllt ein Präsident bei Amtsübernahme direkt und indirekt 4000 Stellen. Keine andere Demokratie der Welt kennt auch nur annähernd so viele politische Ernennungen.[23] Bei einem Regierungswechsel in Berlin etwa werden um die 400 Personen ausgetauscht.

Befindet sich der Senat mehr als drei Tage in Parlamentsferien, kann der Präsident sogar ohne dessen Mitwirkung Ämter besetzen bis zum

Präsident Joe Biden und Vizepräsidentin Kamala Harris auf einem Gruppenfoto mit den Mitgliedern des Kabinetts am 20. Juli 2021

Ende der Legislaturperiode (*recess appointments*). Die Präsidenten nutzen dieses Instrument jedoch nur selten und meist nicht für hochrangige Posten, um keine Konfrontation mit der Kammer oder dem Supreme Court zu riskieren. Clinton machte 139, Bush 171 und Obama 32 *recess appointments*. Wieder einmal war es Trump, der diese Regel brachial zu seinen Gunsten verändern wollte. Als der Senat ihn durch Pro-forma-Sitzungen in den Parlamentsferien daran hinderte, seine Kandidaten durchzudrücken, drohte er mit einer Vertagung des Kongresses. Das war in der Geschichte der USA noch nie geschehen und ist einem Präsidenten allein dann gestattet, wenn beide Kammern keinen Ferienplan aufstellen.[24] Letztlich musste Trump klein beigeben.

Entscheidungsmodelle

In Deutschland begrenzen Koalitionsvertrag, Geschäftsordnung der Bundesregierung und Ressortverantwortlichkeit die Entscheidungsautonomie des Kanzlers. Die USA kennen solche Einschränkungen nicht. Wie der Präsident seine Regierung organisiert, spiegelt seinen Führungsstil und seine persönlichen Präferenzen. Dabei haben sich zwei Modelle herauskristallisiert: das formalistische und das kollegiale, verkörpert von den Prototypen Eisenhower und Kennedy. Eisenhower als ehemaliger Oberbefehlshaber der alliierten Streitkräfte in Europa präferierte ein bürokratisches Modell, in dem Entscheidungsoptionen systematisch durch die Gremien bearbeitet wurden, bis sie bei ihm landeten. Kennedy, im kollegial arbeitenden Senat sozialisiert, dagegen setzte auf offene Debatten zwischen seinen engsten Beratern und eigene Nachfragen, um unterschiedliche Positionen präsentiert zu bekommen.[25]

Die meisten ihrer Nachfolger wählten Spielarten einer dieser beiden Varianten für ihre Regierungsarbeit. Nixon, durch Vietnamkriegsproteste bedrängt und menschenscheu, wählte das formalistische Modell, etablierte aber eine extrem hierarchische Struktur, in der er nur mit wenigen Vertrauten kommunizierte. Reagan scheute kontroverse Debatten und persönliche Konfrontationen und ließ sich unterschiedliche Optionen von seinen Stabschefs präsentieren. Am populärsten waren Beratungen in kleinen Gruppen unter selbstsicheren und sachkundigen Präsidenten wie Bush sr., Clinton, Obama und Biden. Der unerfahrene Bush jr. folgte zu Beginn seiner Amtszeit dem Rat weniger altgedienter Vertrauter, allen voran Vizepräsident Dick Cheney. Eine Ausnahme stellte Trump dar, dessen Regierung so chaotisch und dilettantisch arbeitete wie der sie leitende Präsident. Mehrere Stabschefs scheiterten daran, Trump zu einem Mindestmaß an strukturierten Entscheidungsabläufen und Aktenstudium zu bewegen. Unter ihm reduzierte sich Regierungsarbeit auf die Impulse und Einfälle eines einzelnen Mannes, oft per Tweet in die Welt hinausposaunt. Dauernd rief Trump Bekannte oder TV-Prominente wie *Fox-News*-Moderator Tucker Carlson an, um mit ihnen Innen- und Außenpolitik zu erörtern.[26]

Eine Gefahr bestand stets darin, dass Präsidenten unliebsame Stimmen aus dem Entscheidungsprozess ausschlossen, Gleichgesinnte um sich scharten und Konformitätsdruck ausübten, etwa vor der US-Invasion in der kubanischen Schweinebucht 1961. Der gerade ins Amt gelangte Kennedy ordnete die Aktion an, ohne abweichende Meinungen zu hören und andere Vorgehensweisen zu eruieren. Nach dem Fehlschlag reflektierte JFK: «Wir waren etwa 50 Personen, vermutlich die erfahrensten und klügsten Leute, die wir für die Planung einer solchen Operation gewinnen konnten. Die meisten von uns dachten, es würde funktionieren. ... Aber fünf Minuten, nachdem alles kollabiert war, sahen wir uns alle an und fragten: ‹Wie konnten wir nur so dumm sein?›»[27]

Der Psychologe Irving Janis von der University of California/Berkeley prägte dafür den Begriff *Groupthink* – den psychologischen Drang, mit dem Führer einer Gruppe übereinstimmen zu wollen und deshalb Bedenken hintanzustellen.[28] *Groupthink* war auch präsent im Vietnamkrieg, als Johnson in seiner Tuesday-Lunch-Gruppe, die den Fortgang des Konflikts diskutierte, mit zunehmender Eskalation der Kämpfe nur mehr Hardliner zuließ.[29] In dieselbe Falle tappte Bush jr., der vor dem Irakkrieg 2003 Loyalität zu seinen Entscheidungen über die gründliche Erörterung von Fakten und Alternativen stellte.[30]

Alle Präsidenten betonten ihr *executive privilege*, also das Recht, bestimmte Informationen vor den anderen Regierungsgewalten und der Öffentlichkeit zurückzuhalten. Der Supreme Court bestätigte 1974 in *United States v. Nixon* im Rahmen der Watergate-Untersuchungen die Existenz eines solchen Rechts, legte aber zugleich fest, dass es nicht uneingeschränkt galt. In der Folge musste Nixon seine im Oval Office geheim auf Tonband aufgezeichneten Gespräche an das Justizministerium übergeben.

Trump pochte auf eine besonders breite Auslegung des Exekutivprivilegs. Er behinderte die Untersuchungen von Sonderermittler Robert Mueller zu einer angeblichen Einmischung Russlands in die Präsidentschaftswahlen von 2016. Er verweigerte Mitarbeitern die Erlaubnis, in den Anhörungen zu seiner Amtsenthebung 2019 als Zeugen mitzuwirken.[31] Er zerriss offizielle Schriftstücke, warf sie in den Papierkorb oder spülte sie die Toilette hinunter.[32] Und er ließ Präsidialdokumente bei seinem Auszug aus dem Weißen Haus rechtswidrig in seine Privatresidenz Mar-a-Lago bringen und gab sie trotz mehrmaliger Aufforderungen des Nationalarchivs nicht alle heraus. Im August 2022 unternahm das FBI deshalb eine Razzia und beschlagnahmte Dutzende Kisten mit zum Teil streng geheimen Papieren. Im Juni 2023 verklagte das Justizministerium Trump deshalb unter anderem wegen Zurückhaltens von Dokumenten der nationalen Sicherheit, Falschaussage und Behinderung der Ermittlungsbehörden.[33]

Gesetzgeber

Obwohl die legislative Kompetenz beim Kongress liegt, ist der Präsident durch die Gewaltenverschränkung vielfältig in sie eingebunden. So verleiht er verabschiedeten Gesetzen durch seine Unterschrift Rechtskraft.

Mit seinem Veto kann er jeden Gesetzesvorschlag verhindern, falls es der Kongress nicht mit einer Zweidrittelmehrheit in beiden Kammern zurückweist. Von 1789 bis Anfang 2024 kam es zu 1528 Vetos, von denen 93% standhielten. Den Rekord hält FDR mit 372 Vetos, wobei nur 2% scheiterten. Seit den 1960er Jahren gebrauchen Präsidenten Vetos immer seltener – Bush und Obama in ihren zwei Amtszeiten je zwölf Mal, Trump in seiner einen und Biden bis Anfang 2024 je zehn Mal.[34]

Bei einer weiteren Vetomöglichkeit, dem *pocket veto*, unterzeichnet ein Präsident die Gesetzesvorlage einfach nicht. Vertagt sich der Kongress innerhalb von zehn Tagen wie zum Beispiel am Ende der Sitzungsperiode, tritt sie nicht in Kraft. Von Gründung der Republik bis Ende 2023 war das 1066 Mal der Fall, seit 1993 ist das *pocket veto* aber nur mehr einmal vorgekommen. Der drastische Rückgang der Vetos ist auch eine Folge der Polarisierung. Denn die Partei des Präsidenten verhindert schon im Vorfeld in einer den beiden Kammern für ihn inakzeptable Gesetze. Im Senat, wo die meisten Gesetze 60 der 100 Stimmen für eine Annahme benötigen, reicht dafür eine Sperrminorität von 41 Mitgliedern.

Eine weitere Möglichkeit, die legislative Macht des Kongresses zu umgehen, ist das Regieren per Verwaltungsanordnung (*executive order*). Denn die Verfassung weist dem Präsidenten die Aufgabe zu, «Sorge zu tragen, dass die Gesetze gewissenhaft vollzogen werden». Meist handelt es sich bei solchen Direktiven lediglich um Ausführungsbestimmungen. Sie können in Ausnahmefällen jedoch politisch bedeutend sein. Die berühmteste ist die *Emancipation Proclamation* von 1862, mit der Lincoln mehr als 3,5 Millionen Sklaven in den Südstaaten ihre Freiheit gewährte. 1907 beschloss das State Department, *executive orders* durchzunummerieren beginnend mit einer Anordnung vom Oktober 1862, als der Begriff zum ersten Mal verwendet wurde. Bis Anfang 2024 war die Zahl auf 14 115 gewachsen. FDR ist auch hierbei Rekordhalter, er erließ in seinen zwölf Amtsjahren 3721.

Direktiven haben freilich den Nachteil der mangelnden Dauerhaftigkeit: Bundesgerichte können sie aussetzen, und der Kongress hat die Möglichkeit, sie durch ein Gesetz für ungültig zu erklären oder ihre Finanzierung zu verweigern. Auch kann sie der Nachfolger eines Präsidenten durch eine eigene Direktive leicht annullieren. Trump etwa verbot per *executive order* die Einreise von Bürgern aus sieben muslimischen

Staaten und stornierte eine ganze Reihe von Obamas Umweltschutz-Dekreten. Sein Nachfolger Biden unterzeichnete direkt nach seiner Vereidigung am 20. Januar 2021 öffentlichkeitswirksam mehr als ein Dutzend Direktiven. In einigen nahm er Anordnungen Trumps wie den Bau einer Mauer an der Südgrenze der USA zurück, in anderen widmete er sich lange von seiner Partei geforderten Projekten zu Einwanderung, Klimaschutz und Rassendiskriminierung. In parteipolitisch polarisierten Zeiten, in denen ein Präsident meist nur zu Beginn seiner Amtszeit über Mehrheiten in beiden Häusern verfügt (*unified government*), steigen Zahl und Bedeutung von *executive orders*. Unterzeichneten Clinton, Bush und Obama im Schnitt 33 bis 36 pro Jahr, lagen die Zahlen bei Trump und Biden (2021–23) bei 55 und 43.[35]

Unter dem Eindruck von Terroranschlägen, Finanzkollaps und Covid-Pandemie verkünden Präsidenten immer häufiger Notfälle, um ihre politischen Ziele zu erreichen. 2023 gab es nicht weniger als 135 gesetzliche Befugnisse, die ihre Kompetenzen in nationalen Krisensituationen erweiterten.[36] Von der Verabschiedung des Nationalen Notstandgesetzes 1976 bis zum Februar 2024 riefen Präsidenten 78 Mal per Verwaltungsanordnung einen solchen Fall aus, wovon am Ende noch 43 in Kraft waren.[37] Bush jr. erklärte 21 Mal den Notstand, etwa nach 9/11, um das Militär angesichts der terroristischen Bedrohung neu zu organisieren und unter anderem die Nationalgarde einzuberufen und im Ausland einzusetzen. Diese Proklamation bildet einen großen Teil der Rechtsbasis für den Krieg gegen den Terror.

Obama verlängerte sie während seiner gesamten Amtszeit und verhängte zwölf neue Notfallverfügungen, vor allem um Vermögenswerte von Personen einzufrieren, die Frieden, Menschenrechte und Demokratie verletzten. Trump berief sich 13 Mal auf seine entsprechenden Vollmachten, beispielsweise im Februar 2019, um sich Geld für den Bau einer Mauer an der Südgrenze zu sichern, das der Kongress verweigert hatte. 2020 wies er im Zuge der Corona-Pandemie Unternehmen gemäß dem *Defense Production Act* von 1950 an, Beatmungsgeräte für Krankenhäuser zu fertigen. Biden setzte in seinen ersten drei Amtsjahren neun Mal den Notstand in Kraft.[38] 2022 bezog er sich sogar auf eine Notstandsdirektive von 2003 und die Pandemie bei seiner Entscheidung, Studenten 400 Milliarden Dollar an staatlichen College-Darlehen zu erlassen.[39]

Der Kongress könnte einen Notstand durch eine Resolution für beendet erklären, gegen die der Präsident sein Veto einlegen darf. Dieses Recht haben die Parlamentarier allerdings erst einmal genutzt, und das ohne Erfolg. Es liegt letztlich am Supreme Court, die Notstandvollmachten zu beurteilen. Tatsächlich entschied dieser in der Frage der Studentendarlehen im Juni 2023, der Präsident habe seine Kompetenzen überschritten und der Kongress müsse eine solche Maßnahme genehmigen.[40]

Last but not least können Präsidenten Gesetze initiieren, zwar nicht formal, aber politisch. Seit FDRs Zeiten nutzen sie diese Möglichkeiten immer extensiver. Denn die Verfassung trägt dem Präsidenten auf, dem Kongress Maßnahmen zu empfehlen, die er für «notwendig und zweckmäßig» hält. Oft bedient er sich dafür seines Berichts zur Lage der Nation (*state of the union*), den er nach Artikel II, Abschnitt 3 dem Parlament von Zeit zu Zeit vorlegen muss. Mehr als einhundert Jahre lang tat er dies fast ausschließlich schriftlich. Erst 1913 etablierte Wilson die Praxis, eine Rede vor einer gemeinsamen Sitzung beider Häuser zu halten. Dort stellen die Präsidenten seither ihre Agenda und zentralen Gesetzesprojekte vor.

Doch auch außerhalb dieses formalen Rahmens entwickeln sie in kurzen Abständen Gesetzesinitiativen.[41] Bisweilen bittet der Präsident Parteifreunde im Kongress, Gesetzesentwürfe für ihn einzubringen und Unterstützer dafür zu finden. Zudem beschäftigt das *White House Office of Legislative Affairs* Dutzende Mitarbeiter, die mit Senatoren und Abgeordneten auf die Umsetzung der Prioritäten des Präsidenten hinarbeiten. Die Parlamentarier erwarten es mittlerweile von der Exekutive, dass sie Gesetze initiiert – als Startpunkt für eigene Beratungen in den jeweiligen Ausschüssen. Besonders deutlich wird dies beim Haushaltsprozess. 1921 verpflichtete der Kongress den Präsidenten, ihm zu Beginn jeden Jahres einen Budgetentwurf zu übermitteln.

Außenpolitiker

In der Außenpolitik unterliegt der Präsident weit weniger Einschränkungen als in der Innenpolitik. Das ist nicht explizit vorgesehen in der Verfassung, sondern hat sich in den vergangenen 235 Jahren so etabliert.

George Washington machte den Anfang, als er Botschafter empfing und sich damit als Sprecher der Nation gegenüber dem Ausland profilierte. Der Präsident entscheidet seither über die Anerkennung neuer Nationen und neuer Regierungen und handelt internationale Verträge aus. Vor deren Ratifizierung benötigt er jedoch die Zustimmung einer Zweidrittelmehrheit des Senats. Diese hohe Hürde ließ unterzeichnete Vereinbarungen 22 Mal seit 1789 scheitern. Die bekanntesten Fälle sind der Versailler Vertrag 1919 und der Umfassende Atomteststoppvertrag 1996.[42] Viele andere behandelte der Senat einfach nicht, seit 1949 ungefähr drei Dutzend.[43] Weitere wichtige Verträge wie das Kyoto-Protokoll zum globalen Klimaschutz von 1998 unterzeichnete der Präsident zwar, legte sie aber dem Senat nicht vor, weil dort eine Zweidrittelmehrheit aussichtslos war.

Ungeklärt in der Verfassung ist, ob ein Präsident einen ratifizierten Vertrag kündigen kann oder dafür die Zustimmung des Kongresses benötigt. Präzedenzfälle wie der Rückzug vom ABM-Vertrag 2002 oder vom INF-Vertrag 2019 legen nahe, dass der Präsident dies im Alleingang zu tun vermag. Da Trump wiederholt mit dem Gedanken eines Nato-Austritts im Fall seiner erneuten Wahl spielte, fügte der Kongress Ende 2023 einen entsprechenden Passus ins Verteidigungsbudget ein. Er verbietet einem Präsidenten, die Allianz zu verlassen, ohne dafür zuvor eine Zweidrittelmehrheit des Senats oder einfache Mehrheiten in beiden Häusern eingeholt zu haben. Wie wirkkräftig diese Klausel ist, müssten im Ernstfall wohl Gerichte entscheiden.[44]

Wegen der hohen Ratifizierungshürde gingen Präsidenten dazu über, internationale Verhandlungen nicht mit Verträgen, sondern mit Verwaltungsabkommen (*executive agreements*) abzuschließen. Diese benötigen keine Zustimmung des Senats, sind indes nur politisch bindend und nicht rechtlich. Die einzige Auflage besteht darin, dass der Präsident den Senat binnen 60 Tagen darüber informieren muss. Mit der wachsenden weltpolitischen Rolle der USA stieg die Zahl der *executive agreements* enorm an. Während die Nation bis zum Zweiten Weltkrieg 826 Verträge und 1241 Verwaltungsabkommen einging, waren es in den folgenden 50 Jahren 650 und 10 000.[45]

Seit Ende des Kalten Kriegs geht die Zahl der dem Senat überstellten Verträge weiter zurück. Legte Clinton dem Senat noch 23 pro Jahr vor, waren es bei Bush zwölf, bei Obama fünf, bei Trump drei und bei Biden (2021–23) einer.[46] Die Nachfolgeübereinkunft zum Kyoto-Protokoll, das Pariser Klimaabkommen von 2015, unterzeichnete die Obama-Regierung als Verwaltungsabkommen, weil es im Senat dafür keine Mehrheit gab. Dasselbe galt für den *Joint Comprehensive Plan of Action* (JCPOA), die Nuklearvereinbarung mit dem Iran aus demselben Jahr. Sein Nachfolger Trump kündigte beide Vereinbarungen.

Mit dem Aufstieg der USA zur Groß-, später zur Weltmacht begannen Präsidenten mit persönlicher Gipfeldiplomatie. Einen ersten Vorstoß unternahm Theodore Roosevelt, als er 1905 Delegationen Russlands und Japans in New Hampshire empfing und einen Waffenstillstand zwischen den beiden Kriegsparteien aushandelte. Dafür erhielt er den Friedensnobelpreis. Wilson führte 1919 die amerikanische Delegation bei der Pariser Friedenskonferenz an, FDR traf sich im Zweiten Weltkrieg mit den wichtigsten Alliierten in Teheran und Jalta, Truman in Potsdam. Seit den 1960er Jahren bauten sich die Präsidenten für die Führung der Außenpolitik einen eigenen Apparat auf, den Stab des Nationalen Sicherheitsrats. Die Zahl seiner Mitarbeiter wuchs von ein paar Dutzend unter JFK bis auf 370 unter Biden.[47]

Der Stab, meist einfach NSC genannt, wird geleitet vom Nationalen Sicherheitsberater, der oft in unmittelbarer Nähe des Oval Office residiert. McGeorge Bundy unter Kennedy, Walt Rostow unter Johnson, aber vor allem Henry Kissinger unter Nixon und Ford sowie Zbigniew Brzeziński unter Carter übertrafen häufig die jeweiligen Außenminister an Einfluss.[48] Auch später gab es wiederholt starke Amtsinhaber: Brent Scowcroft unter Bush sr., Sandy Berger unter Clinton, Condoleezza Rice unter Bush jr., Thomas Donilon und Susan Rice unter Obama oder Jake Sullivan unter Biden. Zwei von Reagans Sicherheitsberatern, Robert McFarlane und John Poindexter, betrieben sogar operationelle Politik aus dem Weißen Haus heraus und manövrierten ihren Präsidenten in die Iran-Contra-Affäre, den größten Skandal seiner Amtszeit. Dabei ließen sie insgeheim Waffen an den Erzfeind Iran liefern, um von der unter Teherans Kommando stehenden Terrororganisation Hisbollah im Libanon festgehaltene US-Geiseln freizubekommen. Die Verkaufserlöse nutzten sie, um die Contra-Rebellen gegen die prosowjetische Regierung in Nicaragua gesetzeswidrig zu unterstützen. Als dies 1986 an die Öffentlichkeit kam, musste Reagan öffentlich Abbitte leisten und entging nur knapp einem *Impeachment*-Verfahren.[49]

Wie andere Staats- und Regierungschefs entdeckten amerikanische Präsidenten seit den 1960er Jahren verstärkt die Möglichkeit, sich durch Gipfeltreffen als Vertreter ihrer Nation zu profilieren. Foren wie die Gruppe der sieben wichtigsten Industriestaaten des Westens (G7) und der 20 größten Volkswirtschaften der Erde (G20) sind zu Fixpunkten für Präsidenten geworden. Am spektakulärsten bleiben freilich bilaterale Gipfel mit Amtskollegen: Kennedy und der sowjetische Parteichef Nikita Chruschtschow 1961 in Wien, Nixon und der KP-Vorsitzende Mao Tse-tung 1972 in Peking, Carter und der israelische Premier Menachim Begin sowie der ägyptische Präsident Anwar al-Sadat in Camp David 1978, Reagan und Generalsekretär Michail Gorbatschow 1985 in Genf, Bush sr. und Gorbatschow 1989 vor Malta, Clinton mit Israels Premier Jitzchak Rabin und PLO-Chef Jassir Arafat 1993 im Weißen Haus sowie Trump mit Nordkoreas Diktator Kim Jong-un 2018 in Singapur.

Solche Treffen lieferten nicht unbedingt substanzielle Ergebnisse, sie schufen aber weltweite Aufmerksamkeit und untermauerten das Bild vom jeweiligen Amtsinhaber als obersten Diplomaten des Landes. Bidens Reisen nach Kyjiw im Februar 2023 und nach Jerusalem im Oktober desselben Jahres waren ein Novum: Erstmals begab sich ein Präsident in nicht von den USA dominierte Kriegszonen und demonstrierte damit der Ukraine und Israel seine Unterstützung im Kampf gegen den Aggressor Russland und die Terrororganisation Hamas.[50]

Kriegsherr

Als außenpolitisches Instrument von größter Tragweite kann der Präsident Gewalt einsetzen. Die Verfassung weist ihm das Oberkommando über die Streitkräfte und die Milizen der Einzelstaaten zu. Das Recht, Krieg zu erklären, hat jedoch der Kongress. Dies tat er bis dato fünf Mal: 1812 gegen Großbritannien, 1848 gegen Mexiko, 1898 gegen Spanien, 1917 gegen Deutschland und 1941 gegen die Achsenmächte im Zweiten Weltkrieg. Laut Wissenschaftlichem Dienst des Kongresses ordneten Präsidenten von 1789 bis 2023 fast 500 Militäraktionen im Ausland an. Dazu zählen gewaltsame Konflikte und Truppenverlegungen, nicht aber reguläre Rotationen von Streitkräften, geheimdienstliche Operationen oder Katastrophenhilfen. Vor allem seit dem Kalten Krieg stieg die Zahl solcher Einsätze. In den 1990er Jahren bildete die Befriedung der Kriege in Ex-Jugoslawien einen Schwerpunkt, in den 2000ern und 2010ern der Anti-Terror-Kampf in Afghanistan und der arabischen Welt, seit dem russischen Überfall auf die Ukraine 2014 die Unterstützung der europäischen Nato-Verbündeten. Von den zwölf Militäraktionen 2022 hatten sieben mit Europa zu tun.[51]

Allerdings darf die hohe Zahl nicht den Blick darauf verstellen, dass es fast ausschließlich Kriege einer längeren Dauer und mit vielen Opfern waren, die Öffentlichkeit und Kongress stärker beschäftigten. Das Parlament hielt sich bis in die 1970er Jahre selbst bei großen Einsätzen bewusst zurück, weil es der überlegenen Kompetenz des Präsidenten vertraute und nicht in heikle militärische Fragen hineingezogen werden wollte. Der Historiker Arthur Schlesinger argumentierte damals, die Exekutive habe die «wichtigste nationale Entscheidung», nämlich die der Kriegführung, völlig an sich gezogen und somit eine «imperiale Präsidentschaft» begründet.[52]

Je mehr amerikanische Soldaten in Vietnam starben, desto größer wurde im Kongress der Unmut über diese Praxis. Nach dem Abzug aus Südostasien versuchte er deshalb, den Präsidenten 1973 im Kriegsvollmachtengesetz (*War Powers Resolution*) zu zwingen, die Volksvertreter vor einer Entsendung des Militärs «in jedem möglichen Fall» zu konsultieren, den Führern von Haus und Senat innerhalb von 48 Stunden über Ausmaß und Ziele der Aktion zu berichten und die Streitkräfte binnen 90 Tagen zurückzuholen, falls das Parlament dem Einsatz nicht explizit zustimmt. Über eine Gemeinsame Resolution sollte der Kongress sogar einen früheren Rückzug anordnen können.[53] Doch kein Präsident erkannte die Rechtmäßigkeit des Gesetzes an, und das Parlament verschaffte den Bestimmungen keine Geltung. Anfang der 1980er Jahre schrumpfte der Einfluss der Legislative weiter. Der Supreme Court verbot dem Kongress, dem Präsidenten seinen Willen durch eine Gemeinsame Resolution aufzuzwingen; dies sei ein Verstoß gegen die Gewaltentrennung. Schließlich dominiert bei Militäraktionen das Phänomen des ‹Rally

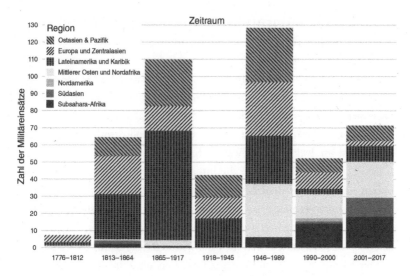

US-Militäreinsätze nach Zeitraum und Region (1776–2017)

around the flag›, bei dem sich die Nation zumindest kurzfristig um die Truppen und den Präsidenten schart.[54]

Ford erteilte der Marine vor Kambodscha Feuerbefehl, Carter ordnete eine militärische Befreiung der US-Geiseln in Teheran an, Reagan schickte Soldaten in den Libanon und nach Grenada und ließ Libyen sowie iranische Ziele bombardieren, Bush sr. entsandte Truppen nach Panama und Somalia, Clinton setzte Militär in Irak, Haiti, Bosnien, Afghanistan, Sudan und Kosovo ein – alles ohne parlamentarische Zustimmung. Bis zum Ende des Jahrhunderts hielten die Präsidenten die Einsätze indes unter der 90-Tage-Grenze. Der Grund: Durch das Trauma des achtjährigen Vietnamkriegs, der die Präsidentschaft Johnsons ruinierte und jene Nixons beschädigte, erschien es selbst bisweilen martialisch tönenden Amtsinhabern wie Reagan nicht opportun, die USA in lange und rasch unpopulär werdende Militäreinsätze zu führen.

Das änderte sich erst unter dem Schock der Anschläge der islamistischen Al Khaida auf New York und Washington am 11. September 2001 mit fast 3000 Todesopfern. Präsident, Kongress und Bevölkerung waren nun im Zuge des *War on Terror* erstmals seit den 1960er Jahren wieder zum großangelegten Einsatz der Streitkräfte bereit. Doch selbst in

Afghanistan, von wo aus Al Khaida beschützt von der Taliban-Regierung operierte, wollte Bush 2001 einen Regimewechsel in erster Linie mit Hilfe lokaler Verbündeter herbeiführen. Und im Irak hoffte er 2003, dessen Diktator Saddam Hussein stürzen, die Macht in die Hände der Opposition legen und die Truppen schnell wieder abziehen zu können.[55] Dass sich der Afghanistankrieg von 2001 bis 2021 zum längsten Militärkonflikt in der Geschichte der USA entwickeln sollte und die Streitkräfte acht Jahre im Irak blieben, war nicht geplant; die anfängliche Unterstützung der Bevölkerung für die Interventionen schmolz angesichts der hohen Verluste und finanziellen Kosten rasch zusammen. Beim Afghanistan-Einsatz verhielt es sich ähnlich. Die *Washington Post* deckte später auf, dass drei Präsidenten und die Armeeführung aus Angst vor einer negativen öffentlichen Reaktion die Entwicklungen im Land beschönigten.[56]

Der Kongress autorisierte beide Feldzüge, ohne formal den Krieg zu erklären. Selbst sonst interventionsskeptische Senatoren wie Clinton und Biden stimmten 2003 für den Militärschlag gegen Bagdad, weil sie außenpolitisch nicht schwach erscheinen und ihre Ambitionen auf das Weiße Haus nicht gefährden wollten. Seit dem Irakfiasko wurden Präsidenten unter öffentlichem Druck allerdings wieder interventionskritischer. Zwar setzte Obama Militär in Libyen, Jemen und Pakistan ein, Trump in Syrien, Irak und Jemen. Aber sie präferierten Drohnen- oder Luftangriffe, um eigene Verluste möglichst niedrig zu halten und nicht in unberechenbare Bodenkämpfe hineingezogen zu werden. Im Afghanistankrieg genehmigten beide Präsidenten zu Beginn ihrer Amtszeit eine Truppenaufstockung, jedoch mit dem Ziel, durch ein Zurückdrängen der Taliban den Abzug aus dem Land zu beschleunigen. Trump bediente sich dabei einer neoisolationistischen Rhetorik, warf seinen Vorgängern vor, durch ihre «endlosen Kriege»[57] exorbitante Ressourcen verschwendet zu haben, und stellte sogar multi- und bilaterale Sicherheitsabkommen in Frage.

Dass Biden die in Afghanistan verbliebenen Streitkräfte bald nach seinem Amtsantritt zurückbeorderte und das militärische Engagement im Mittleren Osten auf Drohneneinsätze gegen islamistische Terroristen beschränkte, spiegelte die Vorbehalte beider Parteien gegenüber Militärinterventionen. Sie offenbarte sich auch in Gesetzesvorlagen im Haus 2020 und 2021 sowie im Senat 2023, die die Autorisierung des Irakkriegs von 2002 zurücknahmen. Als erster Amtsinhaber unterstützte Biden diesen Schritt. Doch die jeweils andere Kammer verweigerte sich, und die Entwürfe waren Makulatur. Andernfalls hätte der Kongress zum ersten Mal seit 1970 die Kriegsvollmachten eines Präsidenten beschnitten, als er die Gulf of Tonking Resolution von 1964 widerrief, mit der Johnson den Truppeneinsatz in Vietnam legitimierte.[58] Ebenfalls in Kraft blieb die Ermächtigung, die der Kongress Bush jr. nach 9/11 gewährte und die bis heute die Grundlage des Kriegs gegen den Terror bildet.

Vizepräsidenten

Obwohl die Vizepräsidenten neben den Präsidenten die einzigen landesweit gewählten Politiker sind, weist ihnen die Verfassung nur drei Aufgaben zu: dem Präsidenten im Falle von dessen «Absetzung, Tod, Rücktritt oder Amtsunfähigkeit» nachzufolgen, die Wahlmännerstimmen auszuzählen und die Sieger offiziell zu verkünden sowie dem Senat formal vorzustehen. Darüber hinaus haben Vizepräsidenten kaum niedergelegte Rechte. Die ersten 150 Jahre waren sie deshalb fast völlig auf sich allein gestellt und verfügten nur über einen Sekretär und ein oder zwei Assistenten.

Das änderte sich zwar 1939, als der Vize ein Büro im Verwaltungsgebäude auf dem Gelände des Weißen Hauses erhielt. Aber politisch gewann er nicht an Einfluss. Die Vizepräsidentschaft sei «keinen Eimer warmer Pisse wert», klagte John Nance Garner, immerhin acht Jahre Franklin Roosevelts Stellvertreter.[59] Als Roosevelt im April 1945 im noch tobenden Weltkrieg starb, hatte er seinen erst drei Monate amtierenden Stellvertreter Truman weder in seine Nachkriegspläne noch ins Manhattan Project zur Entwicklung der Atombombe eingeweiht. Truman, der Farmer aus dem Mittleren Westen, nannte den Posten später bitter «so nützlich wie die fünfte Zitze einer Kuh».[60]

Auch in den ersten drei Nachkriegsjahrzehnten blieb das Amt marginal. Eisenhower hielt wenig von seinem Vize Nixon und zog ihn kaum zu Beratungen hinzu. Johnson, zuvor mächtiger Mehrheitsführer im Senat, drängten Präsident John F. Kennedy, sein Bruder Robert und ihre Ostküsten-Kamarilla mit Wonne ins politische Abseits. Bis 1967 der 25. Verfassungszusatz in Kraft trat, wurde der Vizepräsident nicht einmal ersetzt, falls er zurücktrat (einmal), im Amt verstarb (sieben Mal) oder einem verstorbenen Präsidenten nachfolgte (acht Mal). Ein Fünftel ihrer Geschichte hatte die Nation keinen Vizepräsidenten. Seit 1967 wählen bei Vakanz beide Kammern auf Vorschlag des Präsidenten einen Nachfolger mit einfacher Mehrheit. Das ist bisher nur 1973 im Fall von Gerald Ford vorgekommen.

In den späten 1970er Jahren erfuhr der ‹Veep›, so die seit 1949 gebräuchliche Abkürzung für Vice President, indes einen Machtzuwachs. 1976 brüstete sich Carter im Wahlkampf damit, als Gouverneur von Georgia nie etwas mit dem durch Vietnamkrieg und Watergate diskreditierten Washingtoner Politikbetrieb zu schaffen gehabt zu haben. Um trotzdem effektiv mit dem Kongress verhandeln zu können, gewann er mit Walter Mondale einen langjährigen Senator und Hauptstadt-Insider als Vize. Dieser bedang sich aus, in diesem Amt erstmals wirkliche Verantwortung zu bekommen – und das in allen Bereichen. Carter stimmte zu. Nach dem Wahlsieg bezog Mondale nicht nur als erster Vizepräsident ein Büro im Weißen Haus, sondern er begründete auch die Tradition wöchentlicher Mittagessen mit dem Präsidenten. Mondale und sein Stab erhielten Zugang zu allen Gesetzesentwürfen und Geheimdienstinformationen, er fungierte zudem als Streitschlichter mit dem Parlament.[61]

Mit den 1990er Jahren brach die große Zeit der Vizepräsidenten an. Clinton involvierte Gore in präzedenzloser Weise in Entscheidungen und machte ihn zu einem Hauptberater. Er übertrug ihm zentrale Politikbereiche wie den Ausbau der technologischen Infrastruktur, das Verschlanken der Regierung und den Klimaschutz. Unter anderem verhandelte Gore federführend das internationale Kyoto-Protokoll zur Reduzierung des Schadstoffausstoßes. Unter Bush jr. erreichte mit Cheney ein Vize enormen Einfluss. Er war erfahrener und gerissener als sein Boss und baute sich eine unabhängige Machtbasis auf. Nach 9/11 überzeugte Cheney Bush von der Notwendigkeit eines Ausweitens der Folter und eines Kriegs gegen Saddam Hussein. Zugleich sorgte er für eine Deregulierung der fossilen Energiewirtschaft. Einigen Beobachtern galt Cheney als «Schattenpräsident»[62] oder «Co-President»[63]. Mit dem Irakfiasko schmolz seine Macht in Bushs zweiter Amtszeit dahin.

Biden war ebenfalls ein aktiver Amtsinhaber. Obama, einer der jüngsten Präsidenten der Geschichte, wählte 2008 den Routinier, der bereits seit 25 Jahren im Senat gesessen war und sich zwei Mal um die Präsidentschaft beworben hatte. Mit den Worten «Joe, Du machst Irak» bevollmächtigte er ihn, mit Bagdad den amerikanischen Truppenabzug zu vereinbaren. Biden verantwortete das gigantische Konjunkturprogramm, mit dem die Regierung die Folgen der Immobilien- und Finanzkrise von 2008 bekämpfte, und verhandelte das Haushaltskontrollgesetz von 2011 mit dem Kongress. Sein Stab schwoll auf fast hundert Mitarbeiter an. Am wichtigsten freilich war, dass der Präsident seinem Vize zusicherte, nach allen Beratungen im größeren Kreis noch einmal unter vier Augen mit ihm sprechen zu können.[64]

Der Trend zu stärkeren Vizepräsidenten erfuhr unter Trump und Biden einen Rückschritt. Beide wählten ihre Stellvertreter Mike Pence und Kamala Harris primär, um wichtige Einflussgruppen in ihren Parteien – im ersten Falle Evangelikale, im zweiten Frauen, Schwarze und Asien-Amerikaner – an sich zu binden. Harris hatte aber große Bedeutung für die legislativen Erfolge der Biden-Regierung. Als formelle Vorsitzende des Senats fiel ihr qua Verfassung die Aufgabe zu, bei einem Patt die entscheidende Stimme (*tie-breaking vote*) abzugeben. Angesichts der knappen Mehrheitsverhältnisse in der Kammer hatte sie dazu häufig Gelegenheit: in den ersten drei Amtsjahren 33 Mal und damit öfter als jeder ihrer Vorgänger. Biden etwa kam als Vize Obamas während zweier Amtszeiten kein einziges Mal in diese Lage. Insgesamt gab es zwischen 1789 und 2024 nur 310 *tie breaking votes*.[65]

Die wichtigste Funktion eines Vizepräsidenten jedoch bleibt: den Präsidenten im Falle seines Ausscheidens zu beerben. Das kommt gar nicht selten vor. Von den 46 Präsidenten seit 1789 starben acht im Amt, einer trat zurück. Nicht umsonst antwortete Johnson 1960 auf die Frage einer Reporterin, warum er Kennedys Angebot der Vizepräsidentschaft angenommen habe, offenherzig, obgleich rechnerisch nicht ganz akkurat: «Ich habe es nachgeschlagen: Jeder vierte Präsident ist im Amt gestorben. Ich bin ein Spieler, Darling, und das ist die einzige Chance, die ich habe.»[66] Tatsächlich rückte er nach JFKs Ermordung ins Oval Office nach. Die Chance, sich als Veep ins höchste Staatsamt wählen zu lassen, ist deutlich schlechter. Das gelang nur sechs Männern: John Adams, Jefferson, Martin van Buren, Nixon, Bush sr. und Biden.

First Ladies

Lange Zeit war die Rolle der Ehefrau des Präsidenten eine rein zeremonielle, sie begleitete ihren Mann bei offiziellen Anlässen oder fungierte als Gastgeberin bei Empfängen im Weißen Haus.[67] Der Begriff ‹First Lady› kam erstmals 1838 auf im Fall von Martha Washington, der Frau des ersten Präsidenten, inzwischen ist auch FLOTUS (*First Lady of the United States*) gängig. Ihre Rolle wurde nie rechtlich kodifiziert oder offiziell definiert, aber seit Beginn des 20. Jahrhunderts verfügt die First Lady über ein eigenes Büro mit Mitarbeitern im Ostflügel des Weißen Hauses.

Die einflussreichste Präsidentengattin war Edith Wilson, allerdings in einer Ausnahmesituation. Nach dem schweren Schlaganfall ihres Mannes 1919 managte sie fast eineinhalb Jahre dessen Präsidentschaft. Eine Journalistin fragte sich später, ob sie nicht «the First Woman President» gewesen sei.[68] Das erste Rollenmodell für eine politisch engagierte First Lady lieferte Eleanor Roosevelt. Noch am Tag der Amtseinführung ihres Mannes Franklin gab sie ihr erstes Interview, bald begann sie regelmäßige Pressekonferenzen, zu der nur Journalistinnen zugelassen waren, und eine wöchentliche Zeitungskolumne ‹My Day›. Inhaltlich kümmerte sie sich anfangs um die Lebensverhältnisse verarmter Minenarbeiter, setzte sie sich schnell für die Bürgerrechte von Frauen und Schwarzen ein und protestierte gegen die Politik der Rassentrennung. Während des Zweiten Weltkriegs drängte sie ihren Mann, mehr verfolgte Juden aus Europa in die USA einreisen zu lassen. Sie war Augen und Ohren des Präsidenten und wegen dessen Kinderlähmung in seinem Auftrag landesweit unterwegs. Nach FDRs Tod berief Truman sie zur Delegierten bei den Vereinten Nationen, wo sie die Universelle Erklärung der Menschenrechte mitausarbeitete.[69]

Es dauerte Jahrzehnte, bis wieder First Ladies vom politischen Gestaltungswillen einer Eleanor Roosevelt ins Weiße Haus einzogen. Rosalynn Carter und Nancy Reagan zählten zu den engsten Beraterinnen ihrer Männer und waren tief in die Regierungsarbeit involviert. Carter nahm auf Einladung ihres Mannes an Kabinettssitzungen teil, diskutierte mit ihm innen- und außenpolitische Fragen beim dienstäglichen Mittagessen, half ihm beim Redenschreiben und beriet ihn in Personalfragen.

Als der Präsident einmal keine Zeit für eine Lateinamerikareise fand, bat er seine Gattin, sie an seiner Stelle zu absolvieren. Ihr persönliches Anliegen war der Kampf für einen Verfassungszusatz zur Gleichstellung von Frauen.[70] Reagan mischte sich direkt in Personalentscheidungen ihres konfliktscheuen Mannes ein, bestärkte ihn in seinem Entspannungskurs mit der Sowjetunion und startete eine Anti-Drogen-Kampagne unter dem Schlagwort ‹Just Say No›.[71]

Die ehrgeizigste und unabhängigste Amtsinhaberin seit Eleanor Roosevelt war die Juristin Hillary Rodham Clinton. «Keine First Lady hat jemals versucht, die Grenzen ihrer Rolle so weit und so schnell zu verschieben», schreibt Katie Rogers in ihrer Studie über die First Ladies. «Die Amerikaner haben seither keine andere First Lady wie sie gesehen, aber Hillarys Amtszeit hat die Sicht der Amerikaner auf die Rolle der First Lady dauerhaft und grundlegend verändert.»[72] Schon dass die erklärte Feministin ihren Geburtsnamen beibehielt, demonstrierte Selbstständigkeit. Auf Bitten ihres Mannes übernahm sie den Vorsitz einer Kommission zur Gesundheitsreform, einem Vorzeigeprojekt seiner Regierung. Nach deren Scheitern interpretierte sie die Rolle der First Lady traditioneller. Wie groß ihre politischen Ambitionen jedoch blieben, zeigen ihre Wahl zur Senatorin von New York, die Übernahme des Außenministeriums und – als erste Frau in der Geschichte – die Spitzenkandidatur für das Präsidentenamt 2016.

Eine politisch so herausgehobene Rolle wie Rodham Clinton spielte keine ihrer Nachfolgerinnen, wohl auch wegen der Anfeindungen, denen sich diese durch ihre aktive Rolle in der Regierung ihres Mannes ausgesetzt sah. Die Bibliothekarin Laura Bush widmete sich der Alphabetisierung im Kindesalter, die Juristin Michelle Obama dem Kampf gegen Übergewicht bei Kindern und der Ausbildung von Mädchen, das Ex-Model Melania Trump dem Cyberbullying und die Erziehungswissenschaftlerin Jill Biden Soldatenfamilien. Biden war die erste First Lady, die einen Doktortitel hat und nach der Wahl ihres Gatten ins Präsidentenamt weiter einer bezahlten Beschäftigung nachging – als Lehrerin an einem Community College.

Die Präsidentschaft heute

Alexander Hamilton sprach in *Federalist* Nr. 70 von der besonderen «Energie», die der Präsident im Gegensatz zum Kongress in den politischen Prozess einbringen könne. Aber selbst er als Advokat einer starken Exekutive wäre wohl überrascht, wie sehr sich die Aufmerksamkeit der nationalen und internationalen Öffentlichkeit auf dieses Amt konzentriert. Die Rolle des Präsidenten im Regierungssystem ist heute größer als zu jedem anderen Zeitpunkt in der Geschichte – Kriegsperioden ausgenommen. Das hat mit dem Aufstieg der USA zur Weltmacht zu tun, die ihn ins Zentrum der globalen Politik rückt. Diplomatische Initiativen, multi- und bilaterale Verteidigungsgarantien sowie das Schmieden und Führen internationaler Koalitionen machen ihn zum wichtigsten Staats- und Regierungschef der Welt. In der Außenpolitik ist es dem Präsidenten gelungen, die Graubereiche der Verfassung wie den Einsatz des Militärs oder die Nutzung von Verwaltungsabkommen fast durchweg zu seinen Gunsten zu nutzen.

Auch in der Innenpolitik ist seine Macht gewachsen. Der Präsident ist heute Führer, Ideengeber und Aushängeschild seiner Partei. Der Politikwissenschaftler Gary Jacobson von der UC San Diego hat nachgewiesen, dass sein Einfluss «tiefgreifend und durchdringend» ist.[73] Präsidenten beeinflussen wesentlich, wie die Bürger ihre Partei und ihre politischen Positionen wahrnehmen, wie kompetent die Partei bei der Lösung von Problemen eingeschätzt wird und wie sie bei Kongresswahlen abschneidet. Obama und Trump haben dabei die Einstellungen der Öffentlichkeit zu ihren Parteien weit stärker geprägt als andere Amtsinhaber. Der Präsident steht im Zentrum der Medienberichterstattung und nutzt sein Amt als «herausgehobene Plattform» (*bully pulpit*), wie Theodore Roosevelt einmal sagte, um die politische Agenda und den nationalen Diskurs zu bestimmen.[74] Er ist Haupttriebkraft aller großen legislativen Initiativen. Der Begriff ‹Präsidialsystem› dient eigentlich dazu, es von Parlamentssystemen abzugrenzen. Heute identifiziert er den herausragenden Akteur in der amerikanischen Demokratie. Gestützt wird diese Entwicklung vom Supreme Court. Am 1. Juli 2024 entschied er mit seiner konservativen Sechs-zu-drei-Stimmen-Mehrheit, dass ehemalige Präsidenten für offizielle Handlungen im Amt absolute Immunität vor Strafverfolgung genießen. «Im Gegensatz zu allen anderen Bürgern», schrieb der Gerichtsvorsitzende John Roberts für die Mehrheit, «ist der Präsident ein Teil der Regierung, und die Verfassung überträgt ihm weitreichende Befugnisse und Pflichten.» In einer empörten abweichenden Stellungnahme, der sich die beiden anderen Liberalen anschlossen, entgegnete Richterin Sonia Sotomayor: «Bei jeder Ausübung der Amtsgewalt ist der Präsident jetzt ein König, der über dem Gesetz steht.»[75]

Konnten früher populäre Präsidenten wie Reagan durch öffentlichen Druck Parlamentarier der anderen Partei für ihre Programme gewinnen, ist dies in Zeiten parteipolitischer Polarisierung fast unmöglich geworden. Gesetze bekommt ein Präsident meist nur mehr durch den Kongress, wenn er über Mehrheiten in beiden Kammern verfügt. Obama, Trump und Biden genossen diesen Vorteil allein in ihren beiden ersten Amtsjahren und erzielten deshalb ihre größten legislativen Erfolge wie die Gesundheitsreform, die Steuersenkungen sowie das Infrastruktur- und Klimaschutzprogramm vor den ersten Zwischenwahlen. Danach kam es regelmäßig zu gesetzgeberischem Stillstand (*gridlock*). Deshalb greifen Präsidenten immer stärker zu Verwaltungsanordnungen und Notstandsrechten. Dies ermöglicht ihnen zwar, die Politik ohne Zustimmung des Kongresses zu dominieren. Aber es widerspricht dem Geist der Verfassung, die Kompromiss und Ausgleich als Kernprinzip festschreibt, nicht das Vorbeiregieren an den anderen Gewalten. Trump demonstrierte, wie kurz der Weg von der extensiven Auslegung präsidentieller Vollmachten zu demokratiegefährdendem populistischen Autoritarismus ist. Dabei wollte er sich auch nicht von einer auf Recht und geordnete Verfahren verpflichteten Verwaltung einhegen lassen. Das nächste Kapitel analysiert, inwieweit sich die Bürokratie der parteipolitischen Instrumentalisierung entziehen konnte.

7. VOLLZUGSORGAN ODER TIEFER STAAT: DIE BÜROKRATIE

Die Verwaltung ist essenzieller Teil jedes Regierungssystems. Sie setzt nicht nur Gesetze des Parlaments und Anordnungen des Präsidenten um, sondern entwickelt auch selbstständig Regeln und überwacht deren Einhaltung. 2,9 Millionen Bundesbeamte überweisen Renten, sichern Grenzen, legen Zinssätze für Banken fest, vergeben Darlehen an Studenten, Farmer und Kleinunternehmer, betreiben Nationalparks oder verfolgen Verbrechen. Weitere 20 Millionen Beamte in Einzelstaaten und Kommunen unterrichten Schüler und Studenten, kümmern sich um die öffentliche Sicherheit und Gesundheitsversorgung, halten Straßen in Schuss und öffentlichen Nahverkehr am Laufen, inspizieren Restaurants auf Sauberkeit oder geben Führerscheine aus.

2019 arbeiteten 15% aller Beschäftigten in den USA im öffentlichen Sektor – im Durchschnitt der hochentwickelten OECD-Staaten waren es 19%, in Deutschland 11.[1] Bundesbeamte sind in drei Arten von Institutionen tätig:

- In Hunderten von Behörden, aus denen die 15 Ministerien bestehen. Das für Heimatschutz umfasst zum Beispiel neun Behörden wie die für Zoll- und Grenzschutz, Staatsbürgerschaft und Einwanderung, Katastrophenhilfe oder Finanzkriminalität und Personenschutz. Besonders viele Mitarbeiter hatten 2022 die Ministerien für Verteidigung (772 000/ohne Soldaten), Veteranen (412 000), Landessicherheit (201 000), Justiz (115 000), Finanzen (94 000), Agrarwirtschaft (85 000), Gesundheit (79 000) und Inneres (62 000).
- In unabhängigen Behörden, die nicht Teil eines Ministeriums sind und damit über größere Autonomie verfügen. Am personalstärksten waren die Rentenversicherung (58 000), die Zentralbank FED (24 000), der Geheimdienst CIA (ca. 22 000), die Weltraumagentur NASA (18 000), die Umweltagentur EPA (14 000) und das Bundesverwaltungsamt (12 000).[2] Eine Unterkategorie bilden die weitgehend selbstständigen Unabhängigen Regulierungsbehörden wie die Bundeskom-

munikationskommission FCC, die Sendefrequenzen für Radio und Fernsehen vergibt und mobile Funkdienste lizenziert.
- In den Staatsunternehmen, die der Kongress mit einer bestimmten Aufgabe betraut, etwa der Briefbeförderung, dem Schienenpersonenverkehr oder der Finanzeinlagensicherung. Sie arbeiten gewinnorientiert, unterliegen aber staatlichen Auflagen. Größte Unternehmen sind die Post (667 000), der Eisenbahnbetrieb Amtrak (20 000) und der Stromversorger Tennessee Valley Authority (10 000).

Behörden haben unterschiedliche Spielräume. Diese können eng sein wie die Umsetzung eines Passus im Militärhaushalt 2024, der die Navy anwies, 13 weitere atomgetriebene U-Boote zu kaufen.[3] Alles, was die Flottenverwaltung zu tun hatte, war, den Vertrag mit dem Hersteller auszuhandeln, die Lieferung der U-Boote zu gewährleisten und sie zu bezahlen.

Meist legen Legislative und Exekutive allerdings nur allgemeine Ziele fest, für deren Erreichen die Bürokratie Regeln und Programme entwickeln muss. 1984 wies der Oberste Gerichtshof ihr dafür einen beträchtlichen Beurteilungsspielraum zu. In *Chevron USA v. Natural Ressource Defense Council* hatte er zu befinden, wie stark die Umweltagentur den Schadstoffausstoß regulieren durfte. Der Kongress hatte nämlich gesetzlich festgelegt, die EPA müsse alle neuen «Quellen» der Luftverschmutzung einer Fabrik genehmigen. Daraus entspann sich der Streit, ob «Quelle» nur neue Fabriken oder auch neu gebaute Teile alter meint. In seinem Spruch erlaubte der Supreme Court der EPA und damit jeder Behörde, solche Fragen selbst zu entscheiden, wenn der Gesetzgeber wie im vorliegenden Fall den Begriff nicht eindeutig definiert. Die Auslegung habe nur «angemessen» und «vernünftig» zu sein.[4] Ende Juni 2024 kippte das Oberste Gericht mit seiner konservativen Sechs-zu-drei-Stimmenmehrheit jedoch die *Chevron*-Doktrin und schmälerte die Interpretationsvollmacht der Bürokratie.

Entwicklung des Verwaltungsstaats

Skepsis gegenüber der Bürokratie gehörte zur DNA der Nation. Schon die Gründerväter warfen in der Unabhängigkeitserklärung 1776 König

George III. vor, er habe «eine Vielzahl neuer Ämter geschaffen und Heerscharen von Beamten hierher geschickt, um unser Volk zu schikanieren und von seinem Vermögen zu zehren»[5]. Da die wichtigsten Verwaltungsaufgaben wie Schulen und öffentliche Bauvorhaben bei den Einzelstaaten lagen und die Bundesregierung anfangs nur drei Ministerien umfasste, wuchs deren Bürokratie nur langsam. Allein Post und Zoll legten an Personal zu, weil sich ihr Zuständigkeitsbereich mit dem geographischen und wirtschaftlichen Wachstum der Nation immens ausweitete. Präsidenten nutzten dabei gerade die Post, um verdiente Unterstützer mit Jobs zu versorgen. Trotzdem beschäftigte der Bund auch viele Jahrzehnte nach der Unabhängigkeit nur wenige tausend Mitarbeiter.

Erst gegen Ende des 19. Jahrhunderts vergrößerte und professionalisierte sich die Bürokratie. 1883 schuf der *Pendleton Civil Service Act* ein Berufsbeamtentum, das auf Fachkompetenz und Leistung fußte und nicht länger auf politischen Beziehungen.[6] Mit den Reformen der Progressiven Ära (1890–1920) begann Washington, erstmals Bereiche des öffentlichen Lebens zu regulieren. Kartellverbote, Lebensmittel- und Medikamentenkontrollen, Fleischinspektionen und Umweltschutzvorschriften wurden organisiert und überwacht von einer Schar neuer Beamter. Mit dem Eintritt der USA in den Ersten Weltkrieg 1917 wuchs die Zahl ziviler Angestellter im Kriegsministerium auf fast 800 000.[7]

Mit Kriegsende und Demobilisierung fiel sie wieder auf eine halbe Million. Aber schon ein gutes Jahrzehnt später benötigte Roosevelts Kampf gegen die Große Depression einen größeren Regierungsapparat, der Banken beaufsichtigte, Arbeitsbeschaffungsprogramme auf die Beine stellte oder ein Rentensystem aus der Taufe hob. Der Überfall Japans und die Kriegserklärung Hitlers führten ab 1941 zu erneuter Mobilmachung und massivem Ausbau der Rüstungsproduktion, was das Zivilpersonal im Militärsektor erneut explodieren ließ. 1945 arbeiteten dort 2,6 Millionen der 3,4 Millionen Bundesbeamten.

Nach dem Weltkrieg halbierte sich deren Zahl zunächst, weil man im 1947 neu eingerichteten Verteidigungsministerium mit weniger Personal auskam. Doch der Kalte Krieg und die aktive Bundespolitik bei Bürgerrechten, Gesundheitsfürsorge für Ältere und Arme, Ausbildung, Massentransport, Umweltschutz, Künsten und Erforschung des Weltraums ließen in den 1960er und 1970er Jahren neue Ministerien entstehen für

Wohnungsbau und Stadtentwicklung (1965), Verkehr (1967), Energie (1977) und Bildung (1979). Hinzu kamen unabhängige Behörden unter anderem für Entwicklungshilfe (1961), Umweltschutz (1970), Personenzüge (1971), Bundeswahlen (1975) und Atomaufsicht (1975). Sie alle brauchten viele Mitarbeiter. Der immer größere Verwaltungsapparat war also sowohl Voraussetzung als auch Ergebnis einer dynamischen Bundespolitik, die mehr und mehr Bereiche regulierte und Kompetenzen aus den Einzelstaaten an sich zog. Angetrieben wurde das Wachstum der Bundesverwaltung primär von den Demokraten. Sie dominierten die Politik von 1933 bis 1981 – weltanschaulich und personell. Der moderne Wohlfahrts- und Interventionsstaat beruhte auf ihren Ideen, sie beherrschten in diesem Zeitraum die Präsidentschaft (32 Jahre) und beide Kongresskammern (44 Jahre). Allerdings trugen die republikanischen Amtsinhaber dieser Epoche – Eisenhower, Nixon und Ford – den Ausbau der Bürokratie mit.

Zu Beginn der 1980er Jahre kam es zu einer Trendwende. Zunehmend setzten sich bei den Republikanern Kräfte durch, die den Verwaltungsapparat als Bürde für wirtschaftliches Wachstum und politische Freiheit betrachteten. Die Stagflation der 1970er Jahre – ökonomische Stagnation bei hoher Inflation – diskreditierte die expansive Bundespolitik der vorhergegangenen zwei Jahrzehnte. Das Vertrauen der Amerikaner in die Regierung fiel von 77% 1964 auf 26% 1980.[8] In seiner Rede zur Amtseinführung verlieh Reagan diesem Stimmungswandel Ausdruck mit seinem berühmten Satz: «Government is not the solution to our problems, government is the problem.»[9] Er versprach, Regulierungen und Bürokratie abzubauen. Und er hielt Wort: Reagan kürzte die Budgets der Behörden für Umwelt und Arbeitsplatzsicherheit sowie des Energieministeriums um ein Viertel, und nur das von Demokraten kontrollierte Haus konnte ihn davon abhalten, alle drei ganz abzuschaffen. 1980 umfasste das Bundesregister, das Amtsblatt aller Verwaltungsvorschriften, 87 012 Seiten mit 604 Präsidialdokumenten sowie 16 276 vorgeschlagenen und 21 092 geltenden Verordnungen; am Ende von Reagans zweiter Amtszeit 1989 waren es 40% weniger.[10]

Selbst demokratische Präsidenten wie Clinton und Obama beugten sich dem anti-etatistischen Zeitgeist, auch weil sie meist über keine eigenen Mehrheiten im Kongress verfügten. Kurz nach seinem Amtsantritt lancierte Clinton die Initiative *National Partnership for Reinventing Government* mit dem Vorsatz, die Bundesregierung solle «besser funktionieren, weniger kosten und Ergebnisse erzielen, die den Amerikanern wichtig sind».[11] Bei seiner Ansprache zur Lage der Nation 1996 klang er wie ein Echo auf Reagans Credo. Clinton erklärte, er wolle den Amerikanern «eine kleinere, weniger bürokratische Regierung in Washington» geben und betonte: «The era of big government is over».[12] Sogar Obama, der mit seiner Gesundheitsreform den Sozialstaat am stärksten seit den 1960er Jahren ausweitete, zollte der Bürokratieskepsis rhetorisch Tribut, als er 2013 in seiner Rede zur Lage der Nation beteuerte: «Wir brauchen keine größere Regierung, sondern eine intelligentere Regierung.»[13]

Tatsächlich wuchs die Verwaltung in den 40 Jahren nach dem Amtsantritt Reagans kaum. 2022 umfasste das Bundesregister in etwa so viele Seiten wie 1980, nämlich 80756. Die Zahl der Beamten, die 1980 knapp drei Millionen erreicht hatte, veränderte sich mit kleinen Ausschlägen bis 2023 ebenfalls nur unwesentlich. Diese Stagnation ist erstaunlich angesichts des Umstands, dass die Bevölkerung der USA in diesem Zeitraum um 50 % wuchs. Ein Grund: Die Computerisierung sorgte für Effizienzgewinne, sie erleichterte zum Beispiel die Datenverarbeitung von Millionen von Rentenempfängern beträchtlich und sparte Personal.

Ein anderer, wichtigerer lautet: Staatliche Aufgaben wurden privatisiert und ausgelagert, etwa der Betrieb von Kantinen und Wäschereien der Streitkräfte. In Hochrisikoländern wie Irak und Afghanistan übernahmen Sicherheitsfirmen wie Blackwater in den 2000er Jahren den Schutz der Diplomaten und ihrer Einrichtungen. Mitte der 1980er Jahre begann der Bund sogar, Häftlinge in kommerziell betriebenen Gefängnissen unterzubringen. Biden beendete diese Praxis jedoch, um die «gewinnorientierten Anreize für Inhaftierungen» zu verringern.[14] 2015 gaben 92 % der befragten leitenden Beamten in Bundesbehörden an, Dienstleistungen outzusourcen.[15] Zwischen 2008 und 2018 verfünffachten sich die Ausgaben für Zeitarbeiter auf 1,7 Milliarden Dollar, im Gesundheitsbereich verzwölffachten sich die entsprechenden Kosten.[16]

Die Ergebnisse von Deregulierung und Bürokratieabbau waren zwiespältig. Auf der einen Seite zeigte sich, dass die Liberalisierung im Verkehrswesen – insbesondere bei Flügen, Bahn und LKW-Transporten – sowie in der Telekommunikation die Kosten für die Verbraucher

Präsident Clinton sieht zu, wie Vizepräsident Al Gore am 12. Juni 1995 einen ein Meter hohen Vorschriften-Stapel aufschichtet, der getilgt werden soll.

reduzierte. Im Erziehungswesen produzieren staatlich finanzierte und privat organisierte Schulen (*charter schools*) zuvörderst für schwarze, hispanische und arme Kinder bessere Ergebnisse als öffentliche.[17] Selbst die Nasa profitierte von der Auftragsvergabe an Privatunternehmen. Elon Musks *Space X* und Jeff Bezos' *Blue Origin* machten Raketenstarts so günstig wie nie zuvor und bescherten dem Weltraumsektor Innovationskraft und Profitabilität.

Auf der anderen Seite trugen Deregulierungen 2008 zu der schweren Finanzkrise in den USA bei, die sogar die Weltwirtschaft erfasste. Viele der prognostizierten Ersparnisse traten nie ein. Das lag auch daran, dass es den Entbürokratisierern nicht primär um Effizienzgewinne ging. Donald Cohen und Allen Mikaelian zeichneten in ihrer Studie *The Privatization of Everything* die Entwicklungen der vergangenen vier Jahrzehnte detailliert nach. Ihr Fazit: Privatisierungen und Auslagerungen entsprangen der politischen Strategie konservativer Kräfte, den Wohlfahrtsstaat zurückzudrängen und die Regierungsverantwortung für öffentliche Güter zu reduzieren.[18]

Spielball der Polarisierung

Obwohl die Bundesbehörden seit den frühen 1980er Jahren nicht mehr wuchsen, entwickelte sich der Kampf gegen einen angeblich aufgeblähten Verwaltungsapparat und übertriebene Vorschriften zu einem Glaubensbekenntnis der Republikaner. Trump folgte in dieser Frage dem Drehbuch seiner Partei. Er besetzte wichtige Regierungsposten nicht, strich Umweltvorschriften und agitierte gegen die Bürokratie. Zugleich musste er erkennen, wie langwierig und schwierig es war, einmal in Kraft getretene Verwaltungsregularien zurückzunehmen. Ihre Abschaffung ist oft erst nach längeren Fristen möglich, Gerichte können sie aufschieben oder ganz verhindern, und der Kongress muss dazu oft eigens Gesetze erlassen.

Bei Trump führte das zu Trotz und Wutausbrüchen. Als Behörden und Beamte seinen politischen Wünschen nicht bedingungslos folgten, sah er darin nicht die normalen Beharrungskräfte einer Verwaltung, die über verschiedene Präsidentschaften hinweg Kontinuität und Berechenbarkeit garantiert. Vielmehr polemisierte er gegen die angebliche Existenz eines «deep state», der, von Demokraten dominiert, seine Agenda sabotiere: «Ungewählte Agenten des tiefen Staats, die sich über die Wähler hinwegsetzen, um ihre eigene geheime Agenda durchzusetzen, sind eine echte Bedrohung für die Demokratie selbst.»[19]

Die Realität war banaler. Obwohl sich vor den Präsidentschaftswahlen 2016 50% der Bundesbeamten für Hillary Clinton und nur 34% für Trump ausgesprochen hatten,[20] bestand nie ein Zweifel, dass die Bürokratie professionell weiterarbeiten würde. Aber Trump war ohne jede Regierungserfahrung ins Amt gekommen, hatte viele politische Posten unbesetzt gelassen und gehofft, seine Anordnungen würden automatisch erfüllt. Auf rechtsstaatliche Abläufe war er nicht vorbereitet. Hätte sich Trump für Geschichte interessiert, wäre er vielleicht auf eine Warnung des scheidenden Präsidenten Truman gestoßen. Dieser bedauerte seinen gewählten Nachfolger, Weltkriegsgeneral Dwight ‹Ike› Eisenhower, indem er auf seinen Schreibtisch im Oval Office zeigte: «Er wird genau hier sitzen und sagen: Tu dies, tu das! Und nichts wird geschehen. Der arme Ike – es wird kein bisschen sein wie bei der Armee. Er wird es sehr frustrierend finden.»[21] In der Tat ist es für Amtsinhaber eine konstante Herausforderung, die Bürokratie dazu zu bringen, ihre Ziele umzusetzen. Eisenhower ging sie an, indem er einen starken Stabschef berief, der die Verwirklichung seiner Vorgaben penibel überwachte. Trump verfügte weder über das Temperament noch über die Fähigkeiten, zu delegieren oder seine Ideen methodisch und hartnäckig zu verfolgen.

Mit seiner Hetze gegen den «deep state» war er jedoch erfolgreich – zumindest im eigenen Lager.[22] Tauchte der Begriff im Fernsehen im Jahr 2016 erst 64 Mal auf, schoss er 2018 auf fast 5000 Nennungen, viele davon auf *Fox News*.[23] Trump attackierte insbesondere das Justizministerium und nahm selbst die von seiner Partei traditionell hochgeachteten Sicherheitsorgane FBI und CIA ins Visier, als sie seinen Ansichten nicht folgten. Am Ende seiner Amtszeit 2020 glaubten 71 % der Republikaner und 15 % der Demokraten, es gäbe einen «tiefen Staat, der daran arbeitet, Präsident Trump zu unterminieren»[24].

Norm Ornstein, ein erfahrener Beobachter des Washingtoner Politikbetriebs, meinte, neue Regierungen neigten dazu, «viele der Karrierebeamten, die für frühere Regierungen gearbeitet haben, als Verräter zu betrachten, die man aus dem Amt drängen will. Die Spannungen sind jetzt, in der Ära der polarisierten Politik, noch größer»[25]. Tatsächlich ging Trump so weit, im Oktober 2020 per Exekutivanordnung eine neue Stellenkategorie einzuführen, das sogenannte *Schedule F*. Sie erlaubte es Bundesbehörden, Beamtenposten so umzuwandeln, dass sie ein Präsident nach Belieben mit politischen Gefolgsleuten besetzen kann. *Schedule F* gefährdete nicht nur Kompetenz und Leistungsfähigkeit des Verwaltungsapparats, wie Studien belegen. Vielmehr bedrohte es auch die Rechtsstaatlichkeit, weil Beamte verpflichtet sind, die Absichten des Gesetzgebers gewissenhaft auszuführen und als Aufseher und Beschützer der demokratischen Ordnung zu fungieren.[26] Nicht umsonst schwören sie einen Eid, «die Verfassung zu unterstützen und zu verteidigen» und «die Pflichten des Amtes gut und treu zu erfüllen».[27]

Trumps Nachfolger Biden nahm dessen *Schedule-F*-Verordnung zwei

Tage nach Amtsantritt zurück. Mehr noch: Erstmals seit den 1970er Jahren betrachtete ein Präsident die Verwaltung nicht als Hindernis für seine Politik, sondern als unerlässlich für deren Realisierung. Bidens Ziel, die USA durch großangelegte Staatsinterventionen gleicher, sozialer und ökologischer zu machen, brach mit der Praxis und Rhetorik seiner sechs Vorgänger. Obwohl er sich nicht explizit zu ‹big government› bekannte, zählte er in seiner Rede zur Amtseinführung 2021 eine erhebliche Zahl an Vorhaben auf, die sich nur mit einer starken Bürokratie verwirklichen ließen: «Wir können Unrecht korrigieren. Wir können Menschen in gute Jobs bringen. Wir können unsere Kinder in sicheren Schulen unterrichten. Wir können das tödliche Virus besiegen. Wir können Arbeit belohnen, die Mittelschicht wieder aufbauen und die Gesundheitsversorgung für alle sichern. Wir können für Rassengerechtigkeit sorgen.»[28]

Folgerichtig stieg die Zahl der Beamten unter Biden kräftig an.[29] Er setzte darauf, dass die Amerikaner bei aller generellen Bürokratiefeindlichkeit die Verwaltung sehr viel positiver bewerteten, wenn sie nach einzelnen Behörden gefragt wurden. Ganz vorn in der Gunst der Bürger lagen die Nationalparkverwaltung, die Rentenbehörde, das nationale Gesundheitsamt und das Veteranenbüro.[30]

Damit rückte der Konflikt über Rolle und Dimension der Verwaltung so scharf ins Zentrum des Parteienstreits wie seit den frühen 1980er Jahren nicht mehr. Bei Budgetverhandlungen widersetzten sich die Republikaner während der Biden-Amtszeit mehrmals einer Personalerhöhung für das Finanzamt IRS, obwohl eine besser ausgestattete Behörde nach Berechnungen des Haushaltsbüros des Kongresses über zehn Jahre 186 Milliarden Dollar an zusätzlichen Steuern hätte eintreiben können.[31] Zum einen passte dies zu ihrer Philosophie, die Regierung auszuhungern: Fehlten ihr die Mittel, müsste sie ihre Aufgaben reduzieren. Zum anderen hätten vor allem Superreiche, eine wichtige Spendergruppe der Partei, mehr Steuern entrichten müssen. Und zum Dritten vergaben konservative Aktivisten dem IRS nie, dass er Anfang der 2010er Jahre Steuerbefreiungs-Anträge von Gruppen, die der Tea-Party-Bewegung nahestanden, besonders scharf geprüft hatte.[32]

Der Kampf gegen die Bürokratie spiegelte sich auch in den Verschwörungsfantasien ihres abgewählten Präsidenten. Im Wahlkampf 2023/24 versprach Trump in apokalyptischen Worten: «Entweder zerstört der tiefe Staat Amerika, oder wir zerstören den tiefen Staat.»³³ Aus Reagans Skepsis gegenüber der Bürokratie war unter Trump offene Feindschaft geworden. Dabei ging es um nichts weniger als die Zentralisierung aller exekutiven Macht beim Präsidenten. Gemäß der von Trump und seinen Anhängern propagierten *Unitary Executive Theory* mussten sich Behörden dem Willen des Präsidenten komplett unterordnen. In ihrer extremsten Form bedeutete die Theorie, dass dessen Vollmachten unbegrenzt waren und ihm weder Kongress noch Gerichte vorschreiben konnten, wie er sie ausübte.³⁴

«Trump und seine Leute haben gelernt: Um die Regierung zu kontrollieren, muss man die Bürokratie kontrollieren», argumentierte der Politikwissenschaftler Donald Moynihan von der Georgetown University.³⁵ Ihre Strategie, den «administrativen Staat» zu zerstören, fußt in seiner Analyse auf drei Elementen: Zunächst wird der öffentliche Sektor delegitimiert, indem man ihn als Feind des Volkes verunglimpft. Dann wird er dekonstruiert, das heißt, seine Fähigkeit zum Erfüllen seiner Aufgaben beschnitten, etwa indem Stellen unbesetzt bleiben. Schließlich wird er unter politische Kontrolle des Präsidenten gebracht und auf Loyalität zu ihm verpflichtet.³⁶

In der Praxis sah das so aus: Wegen Trumps Dauerlügen glaubten 44% seiner Wähler und 34% der Republikaner Ende 2023, das FBI stecke hinter dem Angriff auf das Kapitol am 6. Januar 2021.³⁷ Seine Adlaten kündigten an, im Fall einer erneuten Wahl 2024 die Berufsbeamten durch die Wiedereinführung von *Schedule F* gefügig zu machen. Davon wären 50 000 Stellen betroffen. Die erzkonservative Heritage Foundation und weitere 80 Trump-nahe Organisationen erstellten Listen mit 20 000 seiner Maga-Loyalisten für diese Ämter. Nicht wieder sollten Ministerialbürokraten und Politprofis – Sympathisanten der Demokraten nannten sie die «adults in the room» – ihre radikalsten Ideen verhindern können, wie in der ersten Trump-Präsidentschaft. Dazu würde ein Kader konservativer Juristen Trumps harten Kurs in Einwanderungsfragen rechtlich absichern.³⁸ Selbst die Verwaltung, per Gesetz zu Professionalität und politischer Enthaltsamkeit verpflichtet, ist heute also Spielball der parteipolitischen Polarisierung.

Wichtige Behörden: FED, FBI, CIA und EPA

Ende 2023 umfasste die Exekutive des Bundes 436 Behörden und Unterbehörden – von ACTION, das Amerikaner seit 1971 für Freiwilligenarbeit in den USA und im Ausland mobilisiert, bis hin zur *Women's Progress Commemoration Commission*, die seit 1998 Orte geschichtlicher Bedeutung für die Frauenbewegung identifiziert und Vorschläge zu ihrem Erhalt macht.[39] Besonders bedeutende und bekannte Behörden sind Zentralbank, FBI, CIA und EPA. Ihre Leiter werden vom Präsidenten ernannt und vom Senat bestätigt.

Die **Zentralbank** (*Federal Reserve System*/FED) wurde 1913 nach einer Serie von Bankenpaniken als unabhängige Behörde geschaffen, um das Geldsystem zu kontrollieren und Finanzkrisen zu verhindern. Dazu unterteilte der Kongress die USA in zwölf Bezirke mit einer regionalen Notenbank an der Spitze und allen Banken ab einer bestimmten Größe als Mitglieder. Jede Mitgliedsbank ist verpflichtet, eine Mindestreserve an Einlagen zu halten, um einen eventuellen Kundenansturm bewältigen zu können. Die zentralen Institutionen der FED sind der Gouverneursrat und, wichtiger, der Offenmarktausschuss, gebildet von den sieben Mitgliedern des Rats sowie den Präsidenten der New Yorker FED und vier aus den anderen elf Bezirken. Der Vorsitzende des Rats ist auf vier Jahre gewählt und leitet auch den Offenmarktausschuss. Seit 1978 muss die FED dem Kongress zwei Mal im Jahr einen Bericht zur Geldpolitik vorlegen. Zudem treten die Vorsitzenden häufig vor seinen Ausschüssen auf.

Mit der Großen Depression der 1930er und der Großen Rezession nach 2008 wuchsen Aufgaben und Personal der Zentralbank. Sie ist heute gesetzlich verpflichtet, «ein langfristiges Wachstum der Geld- und Kreditmengenaggregate aufrechtzuerhalten, das dem langfristigen Produktionssteigerungspotenzial der Wirtschaft entspricht, um die Ziele der maximalen Beschäftigung, stabiler Preise und moderater langfristiger Zinssätze wirksam zu fördern»[40]. Die zentralen Instrumente hierfür sind das Festlegen des Leitzinses und der Mindestreserve, der An- und Verkauf von Bundesanleihen (*quantitative easing* und *tapering*) sowie Eingriffe in den Devisenmarkt. Oft genauso wirksam ist der Einfluss auf die Erwartungen der Kapitalmärkte, die jede Äußerung der FED und ihrer Vorsitzenden im Hinblick auf eine künftige Zinspolitik interpretieren.

Am schwersten versagte die FED während der Großen Depression. Anstatt nach dem Wall-Street-Crash von 1929 die Banken liquide zu halten und Geld über den Aufkauf von Staatsanleihen in die Wirtschaft zu pumpen, sah die FED zu, wie Hunderte Banken Pleite gingen und die Geldversorgung sank, was die Krise dramatisch verschlimmerte.[41] Aus diesem Scheitern zog sie nach dem Zweiten Weltkrieg die Konsequenz, die Zinsen im Zweifel niedrig zu halten und so Investitionen und Konsum zu stimulieren. Dies führte wiederholt zu hoher Inflation, insbesondere in den 1960er und 1970er Jahren. Notenbankchef Paul Volcker (1979–87) bekämpfte die Preissteigerungen mit drakonischen Maßnahmen. Der ‹Volcker-Schock› führte zu Rezession und einer Arbeitslosenquote von 10,8 %, aber bald ging die Inflation zurück und die Wirtschaft erholte sich.[42]

Sein Nachfolger Alan Greenspan (1987–2006) manövrierte die US-Ökonomie zunächst geschickt durch Börsenkrach (1987), Platzen der Internet-Spekulationsblase (2000) und die Terroranschläge (2001). Aber er hielt die Zinsen danach lange zu niedrig und begünstigte damit explodierende Immobilienpreise. Als er sie endlich nach oben setzte, löste dies Ende 2008 die Bankenkrise und die Große Rezession aus.[43] Denselben Fehler beging Jerome Powell (seit 2018), der zur Abfederung des durch Covid ausgelösten Wirtschaftseinbruchs die Geldmenge zu stark wachsen ließ. Anfang 2022 gestand er bei einer Kongressanhörung ein, die Inflation sei eine «ernste Gefahr».[44] Daraufhin hob die FED bis Juli 2023 den Satz um 5,25 Prozentpunkte an und damit so schnell wie seit 40 Jahren nicht mehr.

In der Regel drängten Präsidenten die Zentralbank zu einer Niedrigzinspolitik, weil dies die Wirtschaft antreibt, Aktienkurse steigen lässt und das Bedienen der Staatsschulden erleichtert. Keiner jedoch ging einen Vorsitzenden so direkt an wie Trump. Da der von ihm ernannte Powell die Zinsen 2018 nicht so rasch senkte, wie von Trump gewünscht, und er dessen Handelskrieg mit China indirekt kritisierte, nannte der Präsident die FED-Politik «verrückt»[45] und den Notenbankchef einen «Feind».[46]

Eine zweite wichtige Behörde ist das dem Justizministerium zugeordnete **Bundesamt für Ermittlungen** (*Federal Bureau of Investigation/ FBI*).[47] Es verfolgt bundesrechtliche Straftaten und ist gleichzeitig Inlandsgeheimdienst. Nach 9/11 stieg das FBI zur größten zivilen Behörde der Terrorabwehr auf. Seit seiner Gründung 1908 wurde es mehrmals umbenannt, bis es 1935 seinen heutigen Namen bekam. Das FBI unterhielt 2024 landesweit 400 Büros und war in mehr als 50 amerikanischen Botschaften und Konsulaten mit Mitarbeitern vertreten. An seiner Spitze steht ein Direktor mit einer Amtszeit von zehn Jahren.

Berühmtester FBI-Chef war J. Edgar Hoover, der die Behörde von 1924 bis zu seinem Tod 1972 leitete. Hoover professionalisierte das FBI und erreichte in den 1930er Jahren im Kampf gegen Verbrechersyndikate eine Ausweitung der Befugnisse. Von 1956 an instrumentalisierte er die Behörde für politische Zwecke und ließ geheim und illegal angeblich subversive Gruppen und Personen überwachen, belastendes Material gegen sie sammeln, sie manchmal öffentlich diskreditieren und durch Gewalt einschüchtern. Zu ihnen zählten die Kommunistische Partei, Anti-Vietnamkrieg-Demonstranten, Nation of Islam, Black Panther Party, der rassistische Ku-Klux-Klan oder die rechtsextreme National States' Rights Party. Unter den Zielpersonen dieses *Counterintelligence Program* (COINTELPRO) befanden sich sogar Anführer der Bürgerrechtsbewegung, darunter Martin Luther King.[48]

Als Hoovers Machtmissbrauch nach dessen Tod durch Journalisten und einen Untersuchungsausschuss des Senats, das Church Committee, Mitte der 1970er Jahre ans Licht kam, versetzte das dem bis dahin hohen Ansehen des FBI einen Schlag.[49] Seinen schwachen Nachfolgern gelang es nicht, die Reputation der Behörde wiederherzustellen. Das Jahr 2001 brachte weitere Skandale. Zunächst wurde Robert Hanssen enttarnt, ein hochrangiger Beamter der Spionageabwehr des FBI, der 20 Jahre lang Staatsgeheimnisse und Agenten an Moskau verraten hatte. Auch konnte die Behörde die Terroranschläge vom 11. September deshalb nicht verhindern, weil sie entsprechende Hinweise ignorierte.[50] Der Vorsitzende der 9/11-Untersuchungskommission folgerte: «Wir können in diesem Land nicht mit einem Nachrichtendienst weitermachen, der eine solche Bilanz aufweist wie das F.B.I. Wir haben die Bilanz einer Behörde, die versagt hat, und zwar wieder und wieder und wieder.»[51]

Erst unter der Leitung von Robert Mueller (2001–2013) fand das FBI ein Gleichgewicht zwischen Sicherheit und Freiheit. Der nach den Attacken verabschiedete USA PATRIOT Act erweiterte die Befugnisse der Behörde, insbesondere beim Überwachen von Telefonaten und Internet-Kommunikation. Parallel widersetzte sich Mueller den Wünschen der Bush-Regierung nach Abhöraktionen ohne richterlichen Beschluss. Zudem verbot er seinen Beamten, an brutalen Verhörpraktiken der CIA mitzuwirken.[52] Die neue Professionalität des FBI machte selbst vor hochrangigen Politikern nicht Halt. 2015 begann es eine Ermittlung gegen Hillary Clinton, die künftige Präsidentschaftskandidatin der Demokraten, weil sie als Außenministerin Geheimdokumente über ihren privaten E-Maildienst verschickt hatte. Im März 2017 eröffnete es eine Untersuchung möglicher Kontakte zwischen Trumps Wahlkampfteam und Russland im Jahr zuvor. Während Clinton mit der Behörde kooperierte, denunzierte der frisch gewählte Präsident sie als Teil des «tiefen Staats» und entließ im Mai 2017 ihren Direktor James Comey. Daraufhin setzte die Generalstaatsanwaltschaft Ex-FBI-Chef Mueller als Sonderermittler ein, um dem Vorwurf der Justizbehinderung nachzugehen.[53] Dieser befand 2019, dass es keine hinreichenden Belege für illegale Absprachen zwischen dem Trump-Team und dem Kreml gab.[54]

Die **Zentrale Nachrichtendienstbehörde** (*Central Intelligence Agency*/CIA) wurde 1947 im Nationalen Sicherheitsgesetz etabliert. Sie ist der wichtigste Auslandsgeheimdienst der USA mit dem größten Budget und den meisten Mitarbeitern.[55] Die Behörde mit Sitz in Langley/Virginia sammelt und analysiert Informationen und unternimmt verdeckte paramilitärische Operationen. Sie untersteht dem Präsidenten und ist erst seit 1978 den Geheimdienstausschüssen des Parlaments berichtspflichtig. Geleitet wird die CIA von einem Direktor. Bis 2005 war er in Personalunion Chef aller damals 17 Geheimdienste – allein das Verteidigungsministerium hat neun –, seither steht ihnen der Direktor für Nationale Nachrichtendienste vor. Wie Reagan und Clinton verliehen Trump und Biden (ab 2023) dem CIA-Direktor Kabinettsrang.

Während des Kalten Kriegs versuchte die CIA des Öfteren, feindlich gesinnte oder des Kommunismus verdächtigte Regierungen völkerrechtswidrig zu stürzen oder zumindest die interne Opposition gegen sie anzustacheln.[56] Das gelang ihr etwa im Iran 1953, in Guatemala 1954, in Brasilien 1964 oder in Chile 1973. Das größte Debakel der Behörde fällt allerdings auch in diese Kategorie des Regimewechsels von außen. 1961 landete eine von der CIA geheim trainierte Gruppe von Exilkubanern auf der Insel, um einen Aufstand gegen die Revolutionsregierung Fidel Castros anzuzetteln. Die Invasion scheiterte kläglich und blamierte die Behörde und die USA weltweit. Mitte der 1970er Jahre berichtete der Investigativ-Journalist Seymour Hersh, die CIA habe 10 000 Vietnamkriegsgegner in den USA illegal überwacht und ausspioniert.[57] Wenig später deckte das Church Committee auf, die Behörde sei in Mordanschläge gegen vier unliebsame politische Führer verwickelt gewesen: Castro (mehrmals gescheitert), Patrice Lumumba (Kongo/ermordet 1961), Rafael Trujillo (Dominikanische Republik/ermordet 1961) und General René Schneider (Chile, ermordet 1970).[58]

Angesichts des öffentlichen Aufschreis verbot Präsident Ford (1974– 77) daraufhin politisch motivierte Anschläge, und der Kongress richtete Sonderausschüsse zur Überwachung der Dienste ein. Doch der sowjetische Einmarsch in Afghanistan 1979 und die Verschärfung des Kalten Kriegs stärkten die Behörde erneut. Über den pakistanischen Militärgeheimdienst ISI (*Inter-Services Intelligence*) schleuste sie Waffen im Wert von mehreren Milliarden Dollar an die afghanischen Mujaheddin und trug damit wesentlich zur Niederlage und zum Abzug der Roten Armee aus dem Land bei. Der Zerfall der Sowjetunion war deshalb nicht zuletzt ein Triumph der CIA.

In den 1990er Jahren richtete sich die Behörde neu aus. Sechs Jahre hintereinander kürzte der Kongress ihr Budget so sehr, dass sie 20 Auslandsstationen schließen und in anderen das Personal um bis zu 60% reduzieren musste. Diese Malaise-Stimmung verstärkte 1994 die Enttarnung von Aldrich Ames als Doppelagent in der CIA. Er hatte das gesamte amerikanische Agentennetz in Osteuropa an Moskau verraten. Zugleich verkümmerten mit dem Ende des Kalten Kriegs Aufklärungsarbeit und Regionalexpertise. Immer weniger der 17 000 CIA-Beamten arbeiteten in der Spionage, nur mehr 200 übernahmen gefährliche Posten im Ausland.[59] Mitte des Jahrzehnts rückte der Anti-Terror-Kampf ins Blickfeld, 1996 schuf die Behörde ein Team zur Jagd auf Osama Bin Laden, den Führer der islamistischen Al Khaida. Aber erst die Angriffe von 9/11 ließen dies zur Top-Priorität werden.

Die CIA erhielt nun mehr Mittel, Personal und Vollmachten und spielte eine zentrale Rolle bei der Vertreibung der Taliban aus Afghanistan. Sie verlor jedoch an Einfluss im Geheimdienstsystem, als offenbar wurde, dass die Sicherheitsbehörden vor 9/11 bei der Terrorbekämpfung zu wenig kooperiert hatten. Ein neuer Direktor für Nationale Geheimdienste übernahm viele der bisherigen Koordinationsfunktionen des CIA-Chefs. Ihre Rolle im ‹Krieg gegen den Terror› beschädigte zudem ihre Glaubwürdigkeit massiv. Anfang Februar 2003 präsentierte Außenminister Colin Powell der Weltöffentlichkeit in einer Sitzung des UN-Sicherheitsrats die angeblichen Beweise für irakische Massenvernichtungswaffen. Sie beruhten auf CIA-Informationen, die sich später allesamt als falsch herausstellten. Die Behörde hatte nicht nur den Terrorangriff nicht verhindert, sondern legitimierte mit ihren Fehleinschätzungen auch noch den Einmarsch in ein anderes Land. Dazu kam in den folgenden Jahren heraus, dass die CIA bei befreundeten Staaten ein Netz von Geheimgefängnissen (*black sites*) unterhalten hatte, in denen Terrorverdächtige brutal befragt und gefoltert wurden.[60]

Obama versuchte, die Behörde zu stabilisieren und umzustrukturieren. Er verbot verschärfte Verhörpraktiken und entzog ihr die Vollmacht, Terrorverdächtige mit Drohnen auszuschalten, stellte sich indes zugleich schützend vor die CIA, die er bei der Abwehr von Terrorbedrohungen und im Afghanistankrieg benötigte. 2011 gelang ihr endlich ein Erfolg, als sie Bin Laden in Pakistan aufspürte. Trump stärkte 2017 die Kompetenzen der CIA wieder und erlaubte ihr Hackerangriffe, ohne ihre Ziele vorher mit dem Weißen Haus abklären zu müssen, sowie Drohnenangriffe auf Terrorverdächtige. Parallel begann Trump einen Kleinkrieg gegen die Behörde, als sie Einflussversuche und Desinformationskampagnen Russlands bei den Wahlen 2016 aufdeckte.[61] Das sah der Präsident als Versuch, seinen Wahlsieg zu relativieren. Nach einem Treffen mit Putin in Helsinki 2018 zweifelte er in einem präzedenzlosen Vorgang öffentlich die Erkenntnisse seiner Dienste an.[62] Diese protestierten daraufhin, unterstützt von einflussreichen Politikern beider Parteien, so energisch, dass Trump in einer Pressekonferenz zurückrudern musste.

Viele in der CIA-Leitung betrachteten Trump als Sicherheitsrisiko, weil er wiederholt Geheiminformationen ausplauderte, einmal sogar direkt gegenüber dem russischen Außenminister im Oval Office.[63] Sein Verhältnis mit der Behörde blieb über seine gesamte Amtszeit zerrüttet.

Erst Biden schaffte es 2021, mit der Berufung des Karrierediplomaten William Burns wieder Ruhe in die Beziehungen zwischen Weißem Haus und CIA zu bringen. Burns stieg durch seinen engen Kontakt zum Präsidenten zu einem der mächtigsten Direktoren in der Geschichte auf und wurde von ihm auf Sondermissionen nach Afghanistan, Moskau und in den Nahen Osten entsandt.[64] Doch Trumps Attacken auf die Sicherheitsdienste wirkten nach. Traditionell sahen die Republikaner sie positiv, die Demokraten skeptisch. 2022 hatte sich dies umgekehrt: 79% der Demokraten fanden, das FBI leiste exzellente oder gute Arbeit, 69% glaubten dies von der CIA. Bei den Republikanern lauteten die Zahlen 29 und 38%.[65] Die Loyalität zu Trump und Partei prägte also mittlerweile selbst die Bewertung von Behörden.

Die vierte bedeutende Behörde, die **Umweltagentur** (*Environmental Protection Agency*, EPA), gründete Präsident Nixon 1970 in Reaktion auf die öffentlichen Proteste gegen die Umweltverschmutzung. Mit dem *Clean Air Act* 1970 erhielt sie die Vollmacht, Standards für Luftqualität und Schadstoffemissionen festzulegen, mit dem *Clean Water Act* 1972, den Schmutzwasserausstoß zu regulieren und Kläranlagen vorzuschreiben. Ein früher Erfolg war die Vereinbarung mit der Autoindustrie, Katalysatoren einzubauen. Hatten anfangs beide Parteien die EPA unterstützt, entwickelten sich ihre Positionen zu Beginn der 1980er Jahre auseinander. Republikanische Präsidenten wie Reagan und Bush jr. versuchten, Vorschriften für Unternehmen zu verwässern oder zu unterlaufen, demokratische wie Clinton und Obama machten die Behörde zum Herzstück ihrer Umwelt- und Klimaschutzpolitik. Die EPA erhielt nun das Mandat, den Benzinverbrauch für Autos festzuschreiben und die Treibhausgase von Kraftwerken und Raffinerien zu regulieren. 2015 deckte sie auf, wie Volkswagen die Software seiner Dieselfahrzeuge über ein Jahrzehnt manipuliert hatte, um Emissionsvorgaben zu umgehen.

Trump trieb den Kampf gegen die Umweltagentur auf neue Höhen. Er schlug vor, ihr Budget um ein Drittel zu kürzen und ein Viertel ihrer Arbeitsplätze zu streichen.[66] Das ging selbst republikanischen Parlamentariern zu weit, und der Kongress unterband solch drastische Einschnitte. Aber in seinen vier Amtsjahren hob der Präsident mehr als hundert Umweltvorschriften auf oder schwächte sie ab, darunter Schadstoffobergrenzen für Kohle- und Gaskraftwerke, Autos und Lastwagen.[67] Biden setzte die meisten dieser Regeln 2021 wieder ein und wies der EPA die zentrale Rolle für seine Klimaschutzpolitik zu. Heute ist die Behörde zwischen den beiden Parteien umstritten wie keine andere im Verwaltungsapparat der USA.

8. KONFRONTATIONS- STATT KOMPROMISSMASCHINE: DER KONGRESS

Die Angst vor einer übermächtigen Exekutive bewog die Verfassungsväter, den Kongress ins Zentrum des Regierungssystems zu stellen und ihm eine lange Liste konkreter Kompetenzen zuzuweisen. Er durfte gemäß Artikel I, Abschnitt 8 Steuern erheben, Schulden aufnehmen und Münzen prägen, den Außenhandel regeln, Armee und Flotte einrichten und finanzieren, Krieg erklären, Aufstände niederschlagen, die Post betreiben, Wissenschaft und Kunst fördern oder die Hauptstadt erbauen.

Seine wichtigste Aufgabe war jedoch, «alle zur Ausübung der vorstehenden Befugnisse und aller anderen Rechte, die der Regierung der Vereinigten Staaten, einem ihrer Zweige oder einem einzelnen Beamten auf Grund dieser Verfassung übertragen sind, notwendigen und zweckdienlichen (*necessary and proper*) Gesetze zu erlassen». Kein Passus in der Verfassung verleiht einer Staatsgewalt so weitreichende Vollmachten wie die *Necessary-and-proper*-Klausel. Mit Ausnahme einiger starker Präsidenten wie Washington, Jackson, Lincoln oder Theodore Roosevelt war es deshalb der Kongress, der bis weit ins 20. Jahrhundert die entscheidenden Impulse im Regierungssystem gab. Erst die Große Depression und der Zweite Weltkrieg ließen die moderne Präsidentschaft entstehen, die immer mehr Kompetenzen an sich zog und zum Motor der Politik aufstieg.

Der Kongress besteht aus zwei Kammern, dem Repräsentantenhaus und dem Senat. Sie spiegeln den dualen Charakter des Regierungssystems, indem sie Volksherrschaft und Föderalismus verbinden. Das Haus repräsentiert die gesamte Nation, der Senat die Einzelstaaten. Die Legislaturperioden werden nach dem zweijährigen Wahlturnus durchnummeriert. Der von 2023 bis 2025 gewählte Kongress war der 118. seit Inkrafttreten der Verfassung. Obwohl weiße, ältere Männer nach wie vor dominieren, sah er eine Rekordzahl an Frauen (28%), Angehörigen ethnischer Minderheiten (25%) und LGBTQ-Personen (2,4%), wobei die

Demokraten diverser waren als die Republikaner. 57% der Volksvertreter identifizierten sich als Protestanten, 28% als Katholiken und 6,2% als Juden. Bei Ausbildung und Einkommen wichen sie deutlich vom Durchschnittsamerikaner ab: 96% der Parlamentarier hatten einen Collegeabschluss (41% in Jura und 39% in Wirtschaftswissenschaften), während es in der Bevölkerung 38% waren.[1] Senatoren besaßen 2018 im Mittel ein Vermögen von 1,2 Millionen Dollar, Repräsentanten von 410 000.[2] Mehr als die Hälfte der Kongressmitglieder waren Millionäre. Ihr Jahresgehalt beträgt 174 000 Dollar.

Repräsentantenhaus und Senat sind im Gesetzgebungsprozess gleichberechtigt – mit einer Ausnahme: Alle steuerrelevanten Initiativen müssen vom Haus ausgehen. Die große Kammer leitet aus diesem Verfassungspassus zudem den Anspruch ab, auch die konkreten Ausgabenbewilligungen (*appropriations*) und nicht nur die allgemeinen Budgetvorschläge hätten bei ihr zu beginnen. Andere Kompetenzen liegen explizit beim Senat. Er muss internationale Verträge vor ihrer Ratifizierung mit einer Zweidrittelmehrheit genehmigen und vom Präsidenten nominierte Behördenleiter, Bundesrichter und Botschafter bestätigen. Falls kein Kandidat für die Vizepräsidentschaft die Mehrheit im Wahlmännergremium erzielt, wählt die kleine Kammer einen der beiden Bewerber, die dort am meisten Stimmen erhalten haben. Das kam bisher einmal vor, im Jahr 1837.

Wahlen: Gerrymandering und Dschungel-Vorwahl

Die zwei Kammern vertreten unterschiedliche Wählerschaften, und sie erfüllen nach dem Wunsch der Verfassungsväter unterschiedliche Funktionen. Das Haus soll den Volkswillen möglichst ungefiltert ausdrücken und die Sorgen und Nöte der Amerikaner in die Politik einspeisen, der Senat impulsives Handeln eindämmen. Die Mitglieder im Haus vertreten die Bevölkerung darum proportional und sind ihr unmittelbar und in kurzen Abständen verantwortlich, was sich in der Direktwahl und im zweijährigen Wahlturnus ausdrückt. Gewählt wird stets am ersten Dienstag nach dem ersten Montag im November in Jahren mit gerader Jahreszahl. Kandidaten müssen mindestens 25 Jahre alt und seit sieben

Jahren US-Bürger sein sowie in dem Staat leben, in dem sie kandidieren. Die Verfassung legte kein Wahlverfahren fest. Aber in der ersten Hälfte des 19. Jahrhunderts setzten sich Einer-Wahlkreise durch, in denen nur der/die Kandidat/in mit den meisten Stimmen gewählt ist. 1967 verankerte der Kongress dies gesetzlich aus Furcht, die Südstaaten-Demokraten in Georgia könnten das Wahlsystem manipulieren, indem sie etwa eine staatsweite Liste aufstellen, um eine rein weiße Delegation nach Washington zu entsenden.[3]

Die Zahl der Abgeordneten war ebenfalls nicht fixiert. Sie stieg die ersten 130 Jahre wegen der wachsenden Bevölkerung mit fast jedem Zensus: von 59 im Jahr 1789 bis auf 435 im Jahr 1910. 1929 beschloss der Kongress nach langen kontroversen Debatten, die Kammer nicht größer werden zu lassen, und schrieb die letzte Zahl dauerhaft fest. Das hatte zum einen zur Folge, dass Abgeordnete aus kleinen Staaten weniger Stimmen für einen Einzug ins Haus brauchen als die aus großen. Wyoming zum Beispiel hatte 2020 mit seinen 578 000 Bewohnern wie jeder Staat Anrecht auf mindestens einen Sitz, eine Wählerstimme hat dort also größeres Gewicht als etwa in Kalifornien. Zum anderen musste jeder Abgeordnete immer mehr Einwohner vertreten: 210 000 im Jahr 1910, 760 000 im Jahr 2020. Damit repräsentieren Mitglieder des Hauses heute mehr Bürger als direktgewählte Parlamentarier in jeder anderen Demokratie mit Ausnahme Indiens.[4] Das bringt Probleme mit sich, etwa bei der Wählerbindung der Abgeordneten.

Für die Wahlen zum Haus kommt den Wahlkreisgrenzen große Bedeutung zu. Das wusste 1812 schon Gouverneur Elbridge Gerry von Massachusetts, als er ein Gesetz unterzeichnete, das die Wahlkreise für den Staatssenat aufgrund parteilicher Kalküle zuschnitt. Einer davon erinnerte aufgrund seiner gewundenen Form an einen Salamander. Der Winkelzug funktionierte: Obwohl Gerrys Partei bei den Wahlen in jenem Jahr Haus und Gouverneursamt verlor, hielt sie den Senat. Die Opposition bezeichnete diese Wahlkreismanipulation schon bald mit dem Kofferwort *Gerrymander*, zusammengesetzt aus dem Namen des Gouverneurs und Salamander.

Gerrymandering ist allein möglich in einem Wahlsystem mit Einerwahlkreisen, in denen nur die Person mit den meisten Stimmen ins Parlament einzieht. Die Stimmen des unterlegenen Kandidaten sind ebenso

Satirische Darstellung des Senatswahlkreises in Massachusetts 1812, die dem *Gerrymandering* seinen Namen gab.

verloren wie die des Siegers, die über die notwendige Mehrheit hinausgehen. Oberstes Ziel ist es deshalb, den Stimmen der eigenen Wähler eine maximale Wirkung zu verleihen und denen der Gegner eine möglichst geringe. Das wird durch zwei, meist kombinierte Strategien erreicht: *cracking* verteilt die Wähler der Opposition so geschickt über die Wahlkreise, dass sie in keinem die Mehrheit stellen; *packing* konzentriert möglichst viele von ihnen in einem Wahlkreis und verschafft damit in den umliegenden der eigenen Partei Mehrheiten.[5] Gleichzeitig wollen die Amtsinhaber maximal sichere Wahlkreise für sich, selbst wenn dies nicht im Interesse ihrer Partei liegt.

8. KONFRONTATIONS- STATT KOMPROMISSMASCHINE: DER KONGRESS

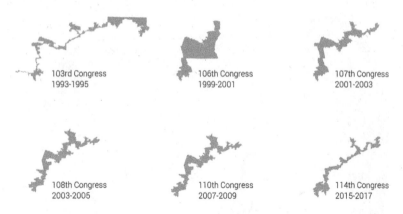

Ein besonders markantes Beispiel für *Gerrymandering*: die Entwicklung des 12. Wahlbezirks für das Repräsentantenhaus in North Carolina

Neben diesem parteilichen *Gerrymandering* gibt es noch die ethnische Variante. 1986 entschied der Oberste Gerichtshof, eine Wahlkreisziehung dürfe ethnische Minderheiten nicht bewusst oder unbewusst diskriminieren. In der Folge versuchten Gesetzgeber in einigen Einzelstaaten, die Grenzen so zu legen, dass schwarze Wähler Vertreter ihrer Wahl ins Haus entsenden konnten. Dies führte indes zu neuen Problemen, wie der Fall North Carolina zeigt. Dort zogen sich zwei Wahlkreise mit schwarzer Mehrheit Anfang der 1990er Jahre dermaßen offensichtlich wie Schlangen durch den Staat, dass sie der Supreme Court 1993 wegen Verstoßes gegen das von ihm aufgestellte Kompaktheitsgebot untersagte. Erst nach zwei Überarbeitungen war das Gericht zufrieden.[6] Doch nach einem weiteren, die Republikaner massiv begünstigenden Neuzuschnitt der Wahlkreise wiederholte sich das Spiel, bis 2021 ein Richterausschuss des Staats die Grenzen durch eine Expertenkommission ziehen ließ.[7]

In Alabama legte das von Republikanern dominierte Parlament die sieben Wahlkreise für das Repräsentantenhaus in Washington dergestalt fest, dass nur eine schwarze Person gewählt wurde – obgleich die Schwarzen im Staat 27% ausmachten. Das ging selbst dem konservativen Supreme Court zu weit. Mit fünf zu vier Stimmen verlangte er am 8. Juni 2023, einen zweiten Wahlkreis so zu ziehen, dass in ihm ein zweiter Schwarzer eine Chance auf den Sieg hat.[8] Das wäre wohl ein Gewinn für die Demokraten, da sich die Parteien in Alabama weitgehend nach Haut-

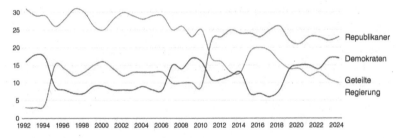

Zahl der Staaten mit *Trifectas* pro Jahr, 1992–2024

farbe sortieren. Von den 28 Abgeordneten der Demokraten in Alabamas Repräsentantenhaus sind zwei weiß, von den 77 der Republikaner ist einer schwarz.[9] Deshalb versuchten die Republikaner im Staat, die Umsetzung des Richterspruchs zu unterlaufen und zu verzögern.[10]

Das Neuzuschneiden der Wahlkreise (*redistricting*) für das Haus erfolgt alle zehn Jahre nach dem Zensus. Dabei müssen meist beide Kammern des Staatskongresses sowie der Gouverneur zustimmen. In Zeiten parteipolitischer Polarisierung funktioniert dies nur, wenn Demokraten oder Republikaner alle drei Institutionen kontrollieren. Dann kann eine Partei das entsprechende Gesetz über den Wahlkreiszuschnitt im Parlament verabschieden und hat kein Veto des Gouverneurs zu fürchten. Man nennt diese Konstellation in Anlehnung an eine Dreierwette bei Pferderennen ein *Trifecta*; ein *Trifecta* mit Supermehrheit existiert, wenn eine Partei in den Parlamentskammern das Veto eines Gouverneurs überstimmen kann. Nachdem die Zahl von *Trifectas* von den frühen 1980er Jahren bis 2008 um die 20 geschwankt hatte, verdoppelte sie sich seither. 2024 gab es 40 *Trifectas* (23 republikanische und 17 demokratische) und damit die höchste Zahl seit dem Zweiten Weltkrieg. Diese Entwicklung ist umso dramatischer, als die Republikaner 1993 nur über drei *Trifectas* und die Demokraten 2017 nur über sechs verfügt hatten. 29 Staaten (20 republikanische, neun demokratische) hatten 2024 sogar Supermehrheiten-*Trifectas*.

Durch den Boom von *Trifectas* wuchsen die Möglichkeiten für *Gerrymandering*. Davon profitierten die Republikaner stärker, weil sie mehr Staaten kontrollierten. Zwischen 1996 und 2020 mussten die Demokraten deshalb landesweit zwischen 2,7 und 6 % mehr Wähler gewinnen, um eine Mehrheit im Haus zu erzielen.¹¹ Vor allem nach dem Zensus 2010 konnte die GOP, die wegen ihrer vielen Wahlsiege in jenem Jahr zwei Mal so viele *Trifectas* besaß wie die Demokraten, aggressiv *Gerrymandering* betreiben. Das verschaffte ihr im folgenden Jahrzehnt ein Plus von bis zu 17 Sitzen im 435-köpfigen Haus.

Wie dramatisch die Folgen des *Gerrymandering* sein können, demonstrierte Pennsylvania 2012. Damals erhielten die demokratischen Kandidaten für das Haus 83 000 mehr Stimmen als die republikanischen. Doch durch die von den Republikanern kontrollierte Grenzziehung der Wahlkreise gewannen sie lediglich fünf der 18 Sitze. Ausgeklügelte Datenerhebungs- und Software-Programme helfen heute, Wahlkreise immer genauer zum eigenen Vorteil zu gestalten. Böse Zungen behaupten, dass sich bei den Wahlen zum Haus nicht länger die Wähler ihre Politiker, sondern die Politiker ihre Wähler aussuchen. Der Supreme Court lässt sie mit seiner konservativen Mehrheit gewähren. 2019 untersagte er Bundesgerichten mit fünf zu vier Stimmen, sich in die politische Wahlkreisziehung einzumischen – außer, wenn sie Minderheiten diskriminieren.¹²

Nach 2018 konnten die Demokraten ihren langjährigen Nachteil beim *Gerrymandering* fast ausgleichen. Bis 2022 stieg die Zahl ihrer *Trifecta*-Staaten von sechs auf 17, während die der republikanischen von 26 auf 22 fiel. Das hilft den Demokraten, in den von ihnen kontrollierten Staaten die nach dem Zensus 2020 oft nötigen neuen Wahlkreisgrenzen zu ihren Gunsten zu verändern. In Illinois und New Jersey waren sie damit erfolgreich. Zugleich verboten Einzelstaatsgerichte zu flagrantes *Gerrymandering*, ein republikanisches in North Carolina und ein demokratisches in New York.

2023 lebten etwas mehr Amerikaner in demokratischen *Trifecta*-Staaten (42 %) als in republikanischen (40 %).¹³ Beide Seiten manipulierten so unverfroren, dass die Zahl umkämpfter Wahlkreise weiter und weiter abnahm. 2016 hatten 21 Amtsinhaber nicht einmal einen Gegenkandidaten, in weiteren 148 Fällen gaben ihre Opponenten weniger als 10 000 Dollar für ihren Wahlkampf aus.¹⁴ Waren 1996 noch 96 Wahlkreise hochkompetitiv und 148 kompetitiv, traf das 2020 nur mehr auf 40 und 87 zu.¹⁵ Dass es überhaupt so viele umstrittene Wahlkreise gibt, liegt an Referenden und Gerichten, die ihren Zuschnitt in mehreren Staaten unabhängigen Kommissionen übertragen, darunter Kalifornien, Michigan, Pennsylvania, Colorado, New York und North Carolina. 2022 fielen 22 der 30 Wahlkreise mit dem knappsten Ergebnis in diese Kategorie.[16] Während das Haus seit jeher von den Bürgern direkt gewählt wird, gilt dies für den Senat erst seit Annahme des 17. Verfassungszusatzes 1913. Bis dahin bestimmten die Parlamente der Einzelstaaten die Senatoren. Stirbt eine/r im Amt oder tritt er/sie zurück, dürfen in 38 Staaten die Gouverneure eine/n Nachfolger/in bis zu den nächsten staatsweiten Wahlen ernennen. In zehn davon müssen sie jemanden von derselben Partei aussuchen. Die Amtszeit der Senatoren beträgt sechs Jahre, wobei alle zwei Jahre ein Drittel neu gewählt wird. Um Letzteres zu erreichen, erhielten die Senatoren bei der ersten Wahl 1788 zu je einem Drittel zwei-, vier- und sechsjährige Amtszeiten. Die Verfassungsväter wollten das Gremium damit von öffentlichen Stimmungsschwankungen isolieren und abgewogene Debatten ermöglichen.

Jeder Staat hat ungeachtet seiner Bevölkerungszahl zwei Sitze, wobei ein Senator stets den Gesamtstaat vertritt. Das privilegierte schon damals die kleinen Staaten: 1788 war Virginia als bevölkerungsreichster Staat zehn Mal größer als der einwohnerschwächste, Rhode Island. Seither nahmen die Ungleichgewichte enorm zu. 2023 wohnten in Kalifornien 68 Mal so viele Menschen wie in Wyoming. In jenem Jahr lebten 52% der Amerikaner in den neun größten Staaten und wurden von 18 Senatoren repräsentiert, der Rest der Bevölkerung von 82. Nachdem sich beide Parteien lange Zeit in den dünnbesiedelten Staaten im Süden und Mittleren Westen die Waage gehalten hatten, entwickelten sich diese in den vergangenen fünf Dekaden zu Bastionen der Republikaner. Das verschaffte der Partei einen wahlarithmetischen Vorteil. Ihre 50 Senatoren repräsentierten 2022 lediglich 145 Millionen Amerikaner (43,5%), die 50 der Demokraten dagegen 186 Millionen (56,5%).[17]

Um Senator zu werden, muss ein Bewerber mindestens 30 Jahre alt und seit neun Jahren Bürger sein sowie im Staat der Kandidatur wohnen. Wie im Haus, so gewinnt im Senat der Bewerber, der die relative Mehrheit (*plurality*) der Stimmen auf sich vereint. Es gibt aber Ausnahmen. In Georgia benötigen Kandidaten seit 1994 mehr als 50% (*majority*) der abgegebenen Stimmen. Mit dieser Regel wollten weiße Politiker das Gewicht des großen schwarzen Wählerblocks schmälern, weil sie annahmen, ein weißer Wähler würde in Stichwahlen (*runoff elections*) nie für einen schwarzen Kandidaten votieren.[18] Die Zeit überholte jedoch solche rassistischen Motive. 2021 und 2022 setzte sich der schwarze Demokrat Raphael Warnock im Duell für den Senatsposten zwei Mal gegen einen weißen Republikaner durch.

Maine (2016) und Alaska (2020) führten die Präferenzwahl (*ranked choice voting*) ein, um eine breitere Auswahl an Kandidaten zu haben und gemäßigten Politikern bessere Chancen einzuräumen. Sie funktioniert folgendermaßen: Die Wähler nummerieren die Bewerber nach ihrer Priorität durch. Wenn keiner die absolute Mehrheit erzielt, fällt das Schlusslicht weg. Dessen Stimmen werden entsprechend der vom Wähler angegebenen Rangfolge an die anderen Kandidaten verteilt. Das Verfahren wiederholt man so lange, bis einer auf mehr als die Hälfte kommt. 2022 erzielten die Demokratin Mary Petola bei der Wahl zum Haus 40, die beiden Republikaner Sarah Palin 31 und Nick Belgich 29%. Die Stimmen für Belgich wurden in Runde 2 an die beiden vor ihm Platzierten entsprechend der Wählerpräferenzen verteilt. Petola siegte mit 52%, ohne dass ein weiterer Wahlgang notwendig gewesen wäre.[19]

Louisiana, Kalifornien und Washington State haben ‹Dschungel›-Vorwahlen mit Bewerbern aller Parteien. Erreicht einer von ihnen dabei im ersten Wahlgang die absolute Mehrheit, ist er vorzeitig gewählt. Andernfalls müssen die zwei Frontrunner in eine Stichwahl. Das kann dazu führen, dass zwei Kandidaten derselben Partei gegeneinander antreten, wie 2018 in der kalifornischen Senatswahl geschehen.[20]

Da es im Kongress keine Amtszeitbeschränkung gibt, können Parlamentarier beliebig oft wiedergewählt werden. Den Rekord im Haus hält John Dingell, ein Demokrat aus Michigan, der seinen Wahlbezirk 30 Mal hintereinander gewann und 2015 nach 59 Jahren in Ruhestand ging. Vor ihm hatte den Sitz 22 Jahre sein Vater innegehabt, Nachfolgerin wurde seine Frau. Im Senat diente der Demokrat Robert Byrd aus West Virginia mit 51 Jahren am längsten. Er verstarb 2010 mit 92 Jahren im Amt. Der älteste Senator war Strom Thurmond aus South Carolina, der mit 94 wiedergewählt wurde und erst mit 100 ausschied. Mit langen Amtszeiten geht meist politische Macht einher. Senator Edward Kennedy aus Massachusetts etwa beeinflusste die Sozialpolitik während seiner 47 Amtsjahre stärker als fast jeder Präsident.

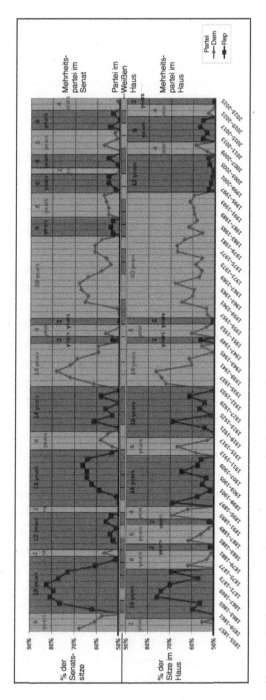

Kontrolle des Senats und des Repräsentantenhauses 1855–2025

Seit den 1860er Jahren lassen sich drei große parteipolitische Perioden im Kongress ausmachen. Nach dem Bürgerkrieg dominierten die Republikaner, von 1933 bis 1995 die Demokraten. Seither wechseln sich beide Parteien in der Kontrolle der Kammern ab, wobei die Republikaner im Haus Vorteile haben.

Organisation: Von der Anarchie zur Hierarchie

An der Spitze des Hauses steht der Sprecher (*speaker*). Er oder sie muss kein Mitglied der Kammer sein, war es jedoch bisher stets. Da er zugleich Führer der Mehrheitspartei ist, delegiert er den Vorsitz während der Debatten meist an einen Parteifreund. Sprecher werden zu Beginn jeder neuen Kongressperiode gewählt, bevor die Abgeordneten ihren Amtseid leisten. Das Haus darf sich erst danach selbst organisieren und den Gesetzgebungsprozess beginnen. Bei der Wahl des Sprechers kann es durchaus zu Problemen kommen. 1855/56 benötigte die Kammer wegen des Konflikts zwischen Sklaverei-Befürwortern und -Gegnern dafür fast zwei Monate und 133 Abstimmungen. Den Rekord für die meisten Wahlgänge seit dem Bürgerkrieg stellte 2023 Kevin McCarthy auf. Er kam erst im 15. Versuch ins Amt, da ein ultrarechter Zirkel in seiner Republikanischen Partei lange gegen ihn votierte.

Die zentrale Rolle der Sprecher im Regierungssystem zeigt sich auch daran, dass sie nach dem Vizepräsidenten die nächsten in der Reihe der Präsidentennachfolger sind. Dem Speaker stehen der Mehrheitsführer (*majority leader*) und sein Stellvertreter (*majority whip*) zur Seite. Ihre Hauptaufgabe ist es, Gesetzentwürfe durch die Kammer zu steuern. Dies war historisch nicht einfach, weil die Abgeordneten unterschiedlichen, oft widersprüchlichen Zwängen unterliegen, die aus Wahlkreis, Partei und Nation auf sie einwirken. Um ihre Wiederwahlchancen zu erhöhen, unterstützen sie in der Regel zielgerichtete Programme und Projekte für ihre Wähler und ignorieren die Kosten für den Staatshaushalt oder andere übergeordnete Belange.

2015 votierten beispielsweise 28 Demokraten mit 238 Republikanern für den Bau der umstrittenen Keystone-XL-Pipeline, die Öl aus Kanada an die Golfküste transportieren sollte, weil das Jobs in ihren Wahlkreisen schuf – obwohl sich Parteiführung und Präsident Obama für den Klimaschutz einsetzten.[21] Parlamentarier sind wegen ihres Engagements für ihren Wahlkreis dort oft populär, während ihre Institution oft wenig angesehen ist. Im November 2022 fanden nur 22% der Amerikaner die Arbeit des Kongresses gut.[22] Trotzdem gewannen 94,5% der Abgeordneten im Haus und 100% der Senatoren die Wiederwahl.[23]

Kommt der Präsident von der eigenen Partei, versucht ein Sprecher, dessen legislative Agenda voranzutreiben. Besonders erfolgreich agierten dabei Joseph Cannon, der Mehrheiten für die Gesetzesinitiativen Theodore Roosevelts und William Howard Tafts organisierte, und Sam Rayburn, der dasselbe für Kennedy und Johnson tat. Nach beiden wurden große Gebäude mit Abgeordnetenbüros unweit des Kapitols benannt. Nancy Pelosi brachte Obamas Konjunkturprogramm, seine Gesundheitsreform und seine Bankenregulierung sowie Bidens Corona-Paket, seinen Infrastrukturausbau und seine Klimaschutzmaßnahmen durch die Kammer, obwohl ihre Demokraten von 2021 bis 2023 nur über eine hauchdünne Mehrheit verfügten.

Saß hingegen ein Präsident der Gegenpartei im Weißen Haus, avancierte der Speaker oft zu seinem Verhandlungspartner. Der Demokrat Tip O'Neill etwa schmiedete mit Reagan 1986 eine große Steuerreform, die das System vereinfachte und fairer machte. Dieses kompromissorientierte Sprechermodell wurde jedoch von der parteipolitischen Polarisierung überrollt. Newt Gingrich, der republikanische Speaker der Jahre 1995 bis 1999, war der Erste, der die Kammer auf Fundamentalopposition ausrichtete. Dazu baute er die Macht seines Amts massiv aus: Er begrenzte die Amtszeiten der Ausschussvorsitzenden, limitierte die Zahl der Vorsitze, die eine Person innehaben durfte, reduzierte deren Stäbe um ein Drittel und stärkte seinen Einfluss auf die Postenvergabe.[24] Zudem verpflichtete er die Abgeordneten seiner Partei auf eine einheitliche Programmatik. Mit einer fügsamen und geschlossenen Fraktion (*conference*) im Rücken wurde Gingrich zum wichtigsten Gegenspieler Präsident Clintons.

Vorsitzender des Senats ist der Vizepräsident, der aber allein bei Pattsituationen abstimmen darf – in einem der wenigen Fälle, in denen die Gewaltentrennung der Verfassung formal durchbrochen ist. Meist leitet ein auf Zeit bestimmter Senatspräsident (*president pro tempore*), traditionell ein erfahrenes Mitglied der Mehrheitspartei, die Sitzungen. Die wichtigste Rolle nimmt allerdings der Mehrheitsführer ein, der seine Parteifreunde zu einheitlichem Vorgehen bewegen will. Das gestaltete sich im Senat traditionell schwieriger als im Haus. Denn die Senatoren waren ideologisch weniger homogen, die Regeln der Kammer gewährten ihnen viele Freiheiten und die sechsjährige Amtszeit verlieh ihnen Unabhängigkeit.

In Senat und Haus war es noch in den 1970er Jahren normal, dass bis zu einem Drittel der Parlamentarier gegen die offizielle Parteilinie und die Mehrheit ihrer Parteifreunde stimmte. Dies garantierte die Funktionsfähigkeit des präsidentiellen Regierungssystems, in dem Exekutive und Legislative aus getrennten Volkswahlen hervorgehen und wenig Druck aufeinander auszuüben vermögen. Der Präsident konnte so selbst in Zeiten, in denen seine Partei nicht beide Kammern kontrollierte, Mehrheiten für seine Gesetzesprojekte erreichen. Seit Republikaner und Demokraten immer geschlossener votieren, ist *gridlock*, Lähmung, zum Normalfall geworden.

Besondere Bedeutung im Kongress kam seit Gründung der Republik den Ausschüssen zu. Der junge Politikwissenschaftler Woodrow Wilson beklagte dies in seinem ersten wichtigen Buch *Congressional Government* 1885, weil eine nicht-öffentliche Entscheidungsfindung die Verantwortlichkeit der Abgeordneten gegenüber ihren Wählern unterlaufe.[25] In der Tat entwickelten beide Kammern ein ausgefeiltes, nach Sachgebieten organisiertes Ausschusssystem, das Gesetzesvorschläge filtert und bei positivem Beschluss weiter ans Plenum übermittelt. Am bekanntesten sind die Ständigen Ausschüsse, allen voran die für Haushalt, Landwirtschaft, Veteranen, Justiz und Außenpolitik. Jeder von ihnen hat meist diverse Unterausschüsse. 2024 gab es im Senat 16 Ständige Ausschüsse mit 71 Unterausschüssen, im Haus 20 mit 105. Sie können öffentliche Anhörungen (*hearings*) ansetzen und Regierungsmitarbeiter vorladen.

Der Vorsitz in den Ausschüssen geht an die Mehrheitspartei und dort meist an das Mitglied mit der längsten Amtszeit (Seniorität). Diese Vorsitzenden haben enorme Macht, weil sie die Agenda festlegen und dadurch entscheiden können, welche Gesetzesinitiativen zur Abstimmung ins Plenum gelangen. Von den 1930er bis in die 1980er Jahre waren es überproportional Demokraten aus dem Süden, die die Ausschussvorsitze innehatten und damit den Kongress dominierten. Sie kamen nämlich aus den sichersten Wahlkreisen und Staaten, weil die Republikaner nach Ende der Reconstruction, also der Neuordnung der Rebellengebiete nach dem Bürgerkrieg, dort hundert Jahre nicht wettbewerbsfähig waren.

Obwohl der Süden am Höhepunkt dieser Entwicklung 1933 nur 31 % der Bevölkerung der USA stellte, kontrollierten seine Parlamentarier 39 von 47 Ausschüssen im Haus (83 %) und 13 von 33 im Senat (39 %).[26] Die Region besaß deshalb weit überproportionalen Einfluss auf die Gesetzgebung. Er schwächte sich erst ab, als die Macht der Demokraten im Zuge der von ihnen betriebenen Bürgerrechtsgesetzgebung verfiel. Seit der 1990er Jahren ist der Süden zum Bollwerk der Republikaner geworden, und viele ihrer am längsten dienenden und konservativsten Parlamentarier kommen von dort. Die Folge: 2024 hatten zehn der 20 Ständigen Ausschüsse im Repräsentantenhaus republikanische Vorsitzende aus den Südstaaten. Im Senat ist dies weniger ausgeprägt, weil Ausschussvorsitze nach den internen Regeln der Republikaner von 1997 auf sechs Jahre begrenzt sind.

Sonder- und Untersuchungsausschüsse (*select committees*) beschäftigen sich mit speziellen Fragen und dienen oft der Kontrolle der Exekutive, indem sie durch öffentliche Anhörungen Bevölkerung und Medien sensibilisieren. Einige Beispiele dafür: 1974 widmete sich ein Ausschuss des Senats der Watergate-Affäre. Zwei Jahre später schuf das Haus ein Gremium, das die Morde an John F. Kennedy und Martin Luther King erforschte. Weitere Ausschüsse beschäftigten sich 1987 mit Reagans Iran-Contra-Affäre und 1999 mit Chinas Erwerb amerikanischer Nuklearwaffengeheimnisse. Untersuchungsausschüsse werden seit den 2010er Jahren zunehmend zu Instrumenten der Parteipolitik. Als die Republikaner die Mehrheit im Haus hatten, setzten sie 2014 ein *Select Committee* ein, das den Terroranschlag auf das US-Konsulat im libyschen Bengasi zwei Jahr zuvor durchleuchten sollte. Hauptziel war aber, die wahrscheinliche Präsidentschaftskandidatin der Demokraten Hillary Clinton, die 2012 Außenministerin gewesen war, zu diskreditieren.[27]

Kein Untersuchungsausschuss des Hauses konnte sich an Aufmerksamkeit messen mit dem, der 2021 und 2022 den Angriff auf das Kapitol am 6. Januar 2021 durchleuchtete. Nach von Medienprofis orchestrierten öffentlichen Anhörungen legte der Ausschuss Ende 2022 Trump vier Vergehen zur Last, darunter Anstiftung zur Rebellion.[28] Das Verfahren zeigte freilich, wie sehr die parteipolitische Polarisierung die Wächterfunktion der Kammer behinderte. Der ehemalige Präsident boykottierte und diffamierte die Arbeit des Ausschusses, die republikanische Fraktionsführung verweigerte ihre Mitwirkung und die Partei zensierte zwei ihrer Abgeordneten, Liz Cheney und Adam Kinzinger, die sich trotzdem dazu bereitfanden.[29]

Obwohl sich die meisten dieser Sonderausschüsse nach getaner Arbeit auflösten, existieren drei – die *Select Committees* für *Indian Affairs*, *Intelligence* und *Aging* – seit Jahrzehnten. Vor allem die *Select Committees on Intelligence* untersuchen immer wieder heikle nachrichtendienstliche Themen wie die Fehleinschätzungen von Iraks Massenvernichtungswaffen 2003, die Foltervorwürfe gegen die CIA im Zuge des Kriegs gegen den Terror oder die russische Einflussnahme auf die US-Wahlen 2016. Es gibt auch Sonderausschüsse mit Mitgliedern aus beiden Kammern. 2011 sollte ein solcher Gemeinsamer Ausschuss Vorschläge zur Reduzierung des Budgetdefizits erarbeiten, scheiterte jedoch. Konferenzausschüsse schließlich bestehen ebenfalls aus Parlamentariern von Haus und Senat. Ihre Aufgabe ist es, Kompromisse zu finden, wenn beide Kammern unterschiedliche Gesetzestexte zur selben Sachfrage verabschieden.

Um der unter FDR erstarkten Exekutive wirkungsvoller entgegentreten zu können, baute der Kongress nach dem Zweiten Weltkrieg seine Stäbe aus und schuf einen wissenschaftlichen Dienst, den *Congressional Research Service* (CRS). In den 1970er Jahren kam das *Congressional Budget Office* (CBO) als Gegengewicht zum Haushaltsbüro des Weißen Hauses hinzu. Hatten Parlamentarier 1943 maximal fünf oder sechs Mitarbeiter und die Ausschüsse beider Kammern zusammen 300, stieg ihre Zahl danach kontinuierlich an. Der neue Selbstbehauptungswille des Kongresses nach Vietnamkrieg und Watergate-Affäre ließ die Stäbe weiter wachsen. Von 1977 und 2023 beschäftigte das Haus zwischen 9000 und 10 000 Personen, 70 % davon in den Abgeordnetenbüros auf dem Kapitol und im Wahlkreis sowie 12 % in den Ausschüssen. 2023 hatte ein Abgeordneter im Durchschnitt 15 Mitarbeiter, allein der mächtige Finanzbewilligungsausschuss verfügte über 137.[30]

Im Senat wuchs die Zahl des Staff zwischen 1977 und 2022 von 3400 auf 6000, auch hier waren 70% in den Büros der Mitglieder tätig. 2022 hatte jeder Senator im Durchschnitt 41 Angestellte, wobei 60% in Washington und der Rest in den Büros im Heimatstaat arbeiteten.[31] Ihre Aufgaben sind vielfältig und verantwortungsvoll. Sie beraten ihre Chefs, organisieren deren Tagesplan und öffentliche Auftritte, bereiten Gesetzesentwürfe vor, schreiben Pressemitteilungen, halten Kontakt zu Mitarbeitern der Kollegen und der Exekutive und kümmern sich um Anliegen der Bürger aus ihren Wahlkreisen. Über den festangestellten Stab hinaus gibt es im Kongress ein Heer von Tausenden Praktikanten (*interns*).

Außerhalb des Ausschusssystems organisieren sich viele Abgeordnete zudem in weltanschaulichen oder ethnischen Gruppen (*caucuses*), um ihren Anliegen größere Schlagkraft zu verleihen. Selbst heute noch, in Zeiten hoher Geschlossenheit und Fraktionsdisziplin, ist ihr Einfluss innerhalb der Partei beträchtlich. So gibt es den *Freedom Caucus* aus extrem konservativen Republikanern, die *House Blue Dog Coalition* aus moderaten Demokraten, den parteiübergreifenden *Congressional Black Caucus*, der die Interessen der Schwarzen vertritt, und den *Problem Solver Caucus*, der pragmatische Lösungen in polarisierten Zeiten finden will.[32] Sprecher sowie Mehrheits- und Minderheitsführer müssen versuchen, die unterschiedlichen Gruppen bei Abstimmungen und Postenvergaben zu berücksichtigen. Im Haus gelang es einer kleinen Gruppe von Trump-Loyalisten wegen der knappen republikanischen Mehrheit seit 2023, der Fraktion ihren Willen aufzuzwingen: beim Sturz Kevin McCarthys als Speaker und der Wahl des erzkonservativen Mike Johnson zu seinem Nachfolger oder der sechs Monate dauernden Blockade der Ukraine-Hilfe.

Impeachment

Das härteste Kontrollrecht des Kongresses ist die Amtsenthebung. Artikel II, Abschnitt 4 zeigt den Weg auf, den Präsidenten, den Vizepräsidenten und alle zivilen Amtsträger aufgrund «Verrats, Bestechung oder anderer schwerer Verbrechen und Vergehen» anzuklagen (*impeachment*) und zu verurteilen (*conviction*). Was «schwere Verbrechen und Vergehen» (*high crimes and misdemeanors*) genau sind, sagt die Verfassung nicht. Die Begriffe sind also offen für politische Auslegungen: Die Verteidiger des Beschuldigten interpretieren sie naturgemäß gerne eng und seine Ankläger meist als jede Form von Machtmissbrauch.[33]

Das Prozedere ist hingegen vorgegeben. Nach Vorarbeit des Justizausschusses entwirft das Repräsentantenhaus Anklagepunkte für die Amtsenthebung und beschließt sie mit einfacher Mehrheit. Im zweiten Schritt kommt es zum Verfahren im Senat unter der Leitung des Vorsitzenden Richters des Supreme Court, wobei die Senatoren als Geschworene fungieren und entsprechend vereidigt werden. Die Anklagevertreter sind Mitglieder des Repräsentantenhauses, zu Beginn des Prozesses präsentieren sie die ermittelten Fakten und Indizien. Der Angeklagte lässt sich in der Regel von Juristen verteidigen. Das Verfahren mündet in die Schlussplädoyers beider Seiten und in die Abstimmung. Für einen Schuldspruch müssen zwei Drittel der Senatoren für einen Anklagepunkt votieren. Von den 16 Personen, darunter drei Präsidenten, über die der Senat von 1789 bis 2023 zu Gericht saß, wurden sieben verurteilt, allesamt Richter, und aus ihren Ämtern entfernt.[34] Außer dem Verbot, künftig öffentliche Funktionen zu bekleiden, kann der Senat keine Strafen aussprechen.

Das *Impeachment* bringt die Angst der Verfassungsväter zum Ausdruck, der Präsident könne zu einem Demagogen oder Tyrannen und zur Gefahr für die demokratische Ordnung mutieren. Andrew Johnson, Lincolns Nachfolger nach dessen Ermordung, war der Erste, der sich einer Amtsenthebung stellen musste. Er hatte nach dem Bürgerkrieg die Politik der Reconstruction zum Missfallen der Radikalen Republikaner systematisch behindert und entsprechende Gesetze unterlaufen. Als Johnson dann noch gegen ausdrücklichen Wunsch des Kongresses Kriegsminister Edwin Stanton entließ, der für eine längere Besatzung des Südens plädierte, beschloss das Haus Anfang 1868 ein *Impeachment* in drei Anklagepunkten.[35] Im Senat scheiterte die Absetzung allerdings an einer Stimme.

Es dauerte 130 Jahre bis zum nächsten Fall: Das republikanisch dominierte Repräsentantenhaus warf Bill Clinton vor, während der Untersuchungen des Vorwurfs einer sexuellen Belästigung einen Meineid geleistet und die Justiz behindert zu haben. Nach vier Wochen Prozess sprach der Senat Clinton frei.[36]

Die nächsten beiden Amtsenthebungsverfahren folgten schon gut 20 Jahre später und betrafen ein und denselben Präsidenten. Anfang 2019 bezichtigte das Haus Donald Trump, weitere Waffenlieferungen an die Ukraine davon abhängig gemacht zu haben, dass deren Präsident Wolodymyr Selenskyj Schmutzgeschichten gegen den in der Ukraine geschäftlich tätigen Sohn Joe Bidens finde. Damit habe dieser sein Amt genutzt, sich Vorteile im anstehenden Wahlkampf zu verschaffen. Die Anklage lautete auf Machtmissbrauch und Behinderung des Kongresses. Beim Prozess im Senat übernahm der Vorsitzende Richter des Supreme Court John Roberts die Leitung. Trump ließ sich von einem großen Anwaltsteam und Parteifreunden aus dem Repräsentantenhaus vertreten. Die republikanische Mehrheit im Senat sprach ihn in beiden Punkten frei.[37]

Anfang 2021 klagte das Haus Trump erneut an, weil er nach der verlorenen Präsidentenwahl rechtsextreme Anhänger aufgeputscht hatte, das Kapitol am 6. Januar gewaltsam zu stürmen und das Zertifizieren des Wahlergebnisses durch den Kongress zu verhindern. Neben allen Demokraten stimmten zehn Republikaner dafür, ihn der «Anstiftung zum Aufstand» (*incitement of insurrection*) anzuklagen.[38] Vom 9. bis 13. Februar, als Biden bereits die Präsidentschaft übernommen hatte, präsentierten Ankläger und Verteidiger ihre Argumente. Am Ende befanden 57 der 100 Senatoren, darunter sieben seiner eigenen Partei, Trump für schuldig und damit weniger als die für eine Verurteilung nötige Zweidrittelmehrheit von 67.

Die einzige *Impeachment*-Drohung, die einen Präsidenten aus dem Amt entfernte, war 1974 die gegen Nixon wegen der Watergate-Affäre.[39] Der Vorwurf gegen den Präsidenten lautete, einen von engen Mitarbeitern angeordneten Einbruch ins Wahlkampfhauptquartier der Demokraten vertuscht zu haben. Der Justizausschuss des Hauses führte Anhörungen durch und empfahl die Anklage in drei Punkten: Behinderung der Justiz, Machtmissbrauch und Missachtung des Kongresses. Als Nixon einsah, dass es sowohl eine Mehrheit für eine Anklage im Haus als auch für eine Verurteilung im Senat gab, erklärte er als bislang einziger Amtsinhaber seinen Rücktritt.

Dass es in den ersten 207 Jahren der US-Geschichte unter dieser Ver-

8. KONFRONTATIONS- STATT KOMPROMISSMASCHINE: DER KONGRESS

Am 26. Januar 2021 vereidigte Senator Patrick Leahy, der Präsident pro tempore des Senats, die Mitglieder der Kammer für das zweite Amtsenthebungsverfahren gegen Donald Trump. (Senatsfernsehen via AP)

fassung nur ein Amtsenthebungsverfahren gab, zwischen 1996 und 2021 aber drei, hat mit der wachsenden Polarisierung zu tun. Die politischen Positionen sind ähnlich wie im und nach dem Bürgerkrieg, also während des ersten *Impeachment*, so verhärtet, dass man Konflikte selbst über die Anklage und Absetzung eines Präsidenten auszutragen bereit ist. So waren es primär parteipolitische Erwägungen, die die Republikaner um Sprecher Gingrich gegen den verhassten Clinton wegen vergleichsweise geringer Vergehen 1998 Anklage erheben ließen. Doch Gingrich verkalkulierte sich. Die Öffentlichkeit stellte sich mehrheitlich hinter den Präsidenten und bescherte ihm bei den Zwischenwahlen in jenem Jahr einen Sieg.[40]

Das erste Verfahren gegen Trump hatte mit den Frustrationen der Demokraten über dessen selbstherrlichen und autoritären Führungsstil zu tun. Sie schafften es indes nicht, die Öffentlichkeit über die eigenen Anhänger hinaus für eine Verurteilung zu mobilisieren.[41] Hingegen waren Trumps Rechts- und Verfassungsverstöße beim Sturm auf das Kapitol gravierend und kamen einem Putsch gegen die demokratische Ordnung sehr nahe. Von allen vier Verfahren gegen Präsidenten war es das am besten begründete, genau dafür hatten es die Verfassungsväter geschaffen. Trotzdem hielten 95% der Republikaner im Haus und 84% der

Republikaner im Senat Trump die Treue, weil sie ihm entweder politisch ergeben waren oder den Zorn seiner Bewunderer fürchteten.[42] *Impeachment*-Forderungen sind inzwischen Teil der politischen Auseinandersetzung. In seinen beiden ersten Amtsjahren brachten republikanische Hardliner neun entsprechende Anträge gegen Präsident Biden im Haus ein. Nach ihrer Machtübernahme in der großen Kammer Anfang 2023 wurden Stimmen laut, die eine Anklageerhebung gegen ihn verlangten – auch als Vergeltung für die beiden *Impeachments* gegen Trump.[43] Dazu kam es zwar nicht, aber im Februar 2024 eröffneten die Republikaner erstmals in der Geschichte ein Verfahren gegen ein amtierendes Kabinettsmitglied. Sie warfen Heimatschutzminister Alejandro Mayorkas mit 214 zu 213 Stimmen vor, den Einwanderungsgesetzen an der Südgrenze des Landes vorsätzlich nicht Geltung verschafft und das Vertrauen der Öffentlichkeit missbraucht zu haben.[44] Fast alle Beobachter hielten das für eine politisch motivierte Anklage, um die Immigration als Wahlkampfthema auszuschlachten. Kein einziger Demokrat stimmte für das *Impeachment*, und es scheiterte erwartungsgemäß krachend im Senat, der nicht einmal ein Verfahren zuließ.

Gesetzgebungsprozess: von der ‹bill› zum ‹law›

Die wichtigste Aufgabe des Kongresses ist es, die Gesetze des Landes zu verabschieden. Dabei gibt es ein Standardverfahren, das in acht Stufen vom Entwurf bis zum Inkrafttreten führt. Alles beginnt, indem ein Abgeordneter entweder allein (*sponsor*) oder zusammen mit anderen (*cosponsors*) eine Gesetzesvorlage (*bill*) oder eine Resolution erarbeiten lässt und formal in seiner Kammer einreicht. Den Text schreibt meist sein Stab mit Hilfe von Lobbyisten, Vertretern von Interessengruppen und Fachleuten in der Exekutive. Seine Vorlage wirft der Parlamentarier in eine hölzerne Box, den *Hopper*, an der Frontseite der Kammer im Haus oder übergibt sie einem Mitarbeiter am Tisch des Vorsitzenden im Senat.

Pro zweijähriger Legislaturperiode wird auf diesem Weg eine fünfstellige Zahl von *bills* und Resolutionen in beide Kammern eingebracht. Im 117. Kongress von 2021 bis 2023 waren es 17 812.[45] Die meisten davon sind symbolische Resolutionen, die der Wählerbindung dienen und keine

Rechtskraft erlangen. So initiierten die Senatoren Kaliforniens im Februar 2022 eine Resolution, mit der sie dem Football-Team Los Angeles Rams zum Super-Bowl-Sieg gratulierten. Die Kammer stimmte zu. Vom Kongress angenommen werden zwischen 4 und 9% der Entwürfe, 2021/23 waren es 1231 – erneut primär Resolutionen, die Gesetze machten ein Drittel davon (364) aus. Das ist ein ähnlicher legislativer Output wie im Bundestag, der pro Jahr 140 Gesetze verabschiedet, jedoch bei durchschnittlich 230 Vorlagen. Entwürfe, die es in einer Legislaturperiode des Kongresses nicht zum Gesetz schaffen, müssen in der nächsten erneut eingebracht werden.

Im zweiten Schritt gehen die Gesetzesinitiativen an die fachlich zuständigen Ausschüsse des Hauses oder des Senats, wo sie der Vorsitzende an einen Unterausschuss verweist. 80 bis 90% der *bills* und Resolutionen versanden dort und gelangen nie ins Plenum. Das wissen ihre Urheber natürlich, aber sie bringen sie trotzdem ein, weil sie bestimmte Wählergruppen beeindrucken wollen. Bisweilen nutzen Sprecher im Haus oder Mehrheitsführer im Senat ihre Macht der Kontrolle der Tagesordnung, um unliebsame Entwürfe an den Ausschuss zu verweisen, von dem sie sich eine Ablehnung versprechen. Zu einigen wenigen Vorlagen setzt der Unterausschuss Anhörungen an, lädt Sachverständige ein und sammelt Informationen, um sie zu ändern, zu ergänzen oder zu redigieren. Stimmt eine Mehrheit der Mitglieder für den Text, wird er an den Ausschuss überstellt, der ihn ebenfalls bearbeiten und mit Zusätzen versehen kann.

Findet ein Gesetzesentwurf auch hier eine Mehrheit, geht er im dritten Schritt versehen mit einem schriftlichen Bericht ins Plenum. Im Haus legt das mächtige *Rules Committee* darüber hinaus fest, welche Regeln bei der Debatte gelten und ob Ergänzungen des Textes erlaubt sind. Ist die Führung zum Beispiel mit einer Vorlage unglücklich, lässt sie Amendments zu in der Hoffnung, sie zu verwässern oder ganz zu verhindern. Mehrheits- und Minderheitspartei benennen ein Mitglied, das verantwortlich ist für die Organisation einer Debatte. Oft sind dabei nur wenige Parlamentarier zugegen, die ein großes Interesse an der Vorlage haben oder Ergänzungen durchsetzen wollen. Ist alles geklärt, erfolgt die Abstimmung. Dabei sagen die Unterstützer *aye* (yes) – die Wortherkunft ist unklar, geht jedoch wohl auf einen englischen Dialekt zurück – und die Gegner *no*. Bei Unklarheit müssen sie sich erheben und sich zählen lassen. Wenn 20 Abgeordnete im Haus die Aufzeichnung eines Votums wünschen, ertönen Summer in den Büros und in den Sitzungsräumen und es kommt zu einer namentlichen Abstimmung aller Mitglieder (*roll call vote*). Sie findet im Haus elektronisch statt, im Senat verbal. Dort reicht der Wunsch eines Mitglieds für ein *roll call vote*.

Findet der Gesetzesvorschlag eine Mehrheit, wird er im vierten Schritt an die andere Kammer überstellt. Dort wiederholt sich das Prozedere. Verabschiedet das Plenum eine abweichende Version, muss ein Konferenzausschuss aus Mitgliedern beider Kammern im fünften Schritt die Unstimmigkeiten bereinigen und einen finalen Gesetzestext vorlegen. Danach, Schritt sechs, stimmen Haus und Senat darüber ab. Wird er angenommen, geht er zur Unterschrift an den Präsidenten. Unterzeichnet dieser innerhalb von zehn Tagen, ist aus einer *bill* in Schritt sieben ein *law* geworden. Legt er sein Veto ein, können es beide Kammern jeweils mit einer Zweidrittelmehrheit in Schritt acht zurückweisen und in Kraft setzen.

Es gibt allerdings Ausnahmen zu diesem Standardmodell der Gesetzgebung.[46] So dürfen die Führungen in beiden Kammern und die Parlamentarier mit Mehrheitsbeschluss den Ausschussprozess umgehen und einen Vorschlag direkt ans Plenum überstellen. Jedes fünfte wichtige Gesetz kommt so zustande, unter anderen der *Patriot Act* 2001 und der *Affordable Care Act* 2010. Bisweilen ändern die Unterstützer von wichtigen Gesetzen diese sogar außerhalb der Ausschuss-Beratungen, um die Chancen ihrer Annahme zu erhöhen. Auch werden bei Gipfeln zwischen der Kongressführung und dem Präsidenten gerade in Budgetfragen Kompromisse am normalen Gesetzgebungsverfahren vorbei ausgehandelt. Blockiert ein Speaker oder das *Rules Committee* eine *bill*, kann sie gemäß einer Regel von 1931 trotzdem ins Plenum gelangen, wenn 218 der 435 Abgeordneten eine Freisetzungsbitte (*discharge petition*) unterzeichnen. Dazu ist es in den vergangenen Jahrzehnten nur zwei Mal gekommen, weil dies als schwere Schlappe für die Führung der Mehrheitspartei gilt.[47]

Schließlich gibt es sogenannte *Omnibus bills*, die Dutzende Vorlagen und hunderte Seiten umfassen. Im Dezember 2022 verabschiedete der Kongress etwa ein gigantisches 1,7-Billionen-Dollar schweres Omnibus-Gesetz, das vor allem die laufenden Ausgaben der Regierung finanzieren sollte. Aber die Parteien und einzelne Abgeordnete nutzten die Gelegenheit, fertige Gesetzentwürfe oder Lieblingsprojekte hineinzupacken und sie noch schnell vor dem Ende der Legislaturperiode und der Machtübernahme der Republikaner im Haus zu verabschieden, darunter Vorsorgemaßnahmen für künftige Pandemien, eine Ausweitung des staatlichen Gesundheitsprogramms *Medicare* für Telemedizin und Kompressionskleidung für Patienten mit Lymphödem und die Modernisierung der psychiatrischen Versorgung. Viele dieser Vorlagen waren nicht kontrovers genug, um die Annahme der *Omnibus bill* zu verhindern, hätten indes als alleiniger Gesetzentwurf wohl keine Mehrheit gefunden.[48]

Die Politikwissenschaft nennt solche eng umgrenzten Projekte für eine bestimmte Zielgruppe oder Region ‹Kirchturmpolitik›, weil Effekte nur soweit bedacht werden, wie man den eigenen Kirchturm sieht. In den USA heißen sie *pork barrel spending*, Schweinefass-Ausgaben. Denn in Salzfässer eingelegtes Schweinefleisch symbolisierte Mitte des 19. Jahrhunderts Reichtum und avancierte zu einer Metapher für die Bundeskasse. Bald bekam der Begriff eine negative Konnotation und bezeichnete die Selbstbereicherung kleiner Gruppen auf Staatskosten. Ein berühmtes Beispiel war die sogenannte ‹Brücke ins Nirgendwo› von 2005, als Alaskas Kongressmitglieder 223 Millionen Dollar für eine Brücke zwischen zwei Kleinstädten in der *Omnibus Spending Bill* 2006 durchdrückten. Sie wurde letztlich nicht gebaut, im Gegensatz zum dazugehörigen Highway, der jetzt ins Nichts führt. Doch der Bund hatte das Geld bewilligt, und Alaska hätte es im Fall eines Baustopps zurücküberweisen müssen.[49] Arbeitsplätze vor Ort triumphierten über Common Sense, Haushaltsdisziplin und Loyalität mit Regionen, die das Geld dringender gebraucht hätten. Wenn Parlamentarier ihre Wahlkreisprojekte gegenseitig unterstützen, spricht man von *logrolling*, was sich auf Flößer bezieht, die früher ihre Baumstämme gemeinsam die Flüsse hinab zur Sägemühle manövrierten.

Filibuster

Die Gesetzgebung kennt eine Vielzahl von Regeln, die teils weit in die Geschichte des Landes zurückreichen. Ein markantes Beispiel ist das *Filibuster*, also die Möglichkeit, im Senat einen Beschluss durch Dauerreden oder dessen Ankündigung zu verhindern oder zumindest zu verzögern. Der Begriff stammt ursprünglich aus dem Niederländischen, ist aber aus dem spanischen Wort für ‹Freibeuter› ins Englische eingegangen und bezeichnet seit dem späten 19. Jahrhundert die Obstruktion in einer gesetzgebenden Versammlung. Da es der Senat bei Gründung der Republik versäumte, ein Verfahren zur Beendigung einer Debatte festzuschreiben, konnte eine Gruppe von Mitgliedern jede Entscheidung durch Dauerreden verhindern. Auf Drängen von Präsident Wilson bestimmte die Kammer 1917, dass eine Zweidrittelmehrheit der Senatoren eine Abstimmung erzwingen durfte (*cloture*).

Umgekehrt hieß das: Der Block der Südstaaten-Demokraten verfügte nun über ein Instrument, mit dem er jede gesetzliche Aufweichung der Segregation verhindern konnte.[50] Zum bekanntesten *Filibuster* kam es, als sie versuchten, das Bürgerrechtsgesetz von 1964 zu torpedieren. Nach 75 Stunden Dauerredens mehrerer Parlamentarier beendete der Senat die Debatte jedoch mit einem erfolgreichen *cloture*-Votum. Den Rekord für die längste individuelle Dauerrede hält Senator Strom Thurmond, der 1957 ebenfalls ein Bürgerrechtsgesetz aushebeln wollte. Er sprach 24 Stunden und 18 Minuten, unterbrochen von einer Toilettenpause, konnte freilich die Verabschiedung des Gesetzes nicht verhindern. 1975 reduzierte die Kammer die Hürde für die Beendigung eines *Filibuster* auf eine Dreifünftel-Mehrheit aller vereidigten Senatoren, also 60. Seither müssen Senatoren auch keine Dauerreden mehr halten, es genügt die Mitteilung, eine Abstimmung zu blockieren.

Die 60-Stimmen-Norm gilt aber nicht immer. So braucht die Verabschiedung eines Haushaltsgesetzes über eine sogenannte ‹Versöhnungsresolution› (*budget reconciliation*) zwischen den beiden Kammern seit 1974 lediglich eine einfache Mehrheit. Die Versöhnungsresolution darf nur einmal pro Jahr angewendet werden und keine sachfremden Angelegenheiten beinhalten. Auf diesem Weg brachten Trump 2017 seine Steuerreduzierung sowie Biden 2021 seinen Covid-Rettungsplan und 2022 sein Klimaschutzgesetz durch den Senat. Auch bei Handelsverträgen ist kein *Filibuster* möglich, wenn der Kongress dem Präsidenten zuvor das Recht auf eine schnelle Abstimmung (*fast track*) übertragen hat, wie in langen Phasen seit 1975 geschehen. Einfache Mehrheitsregeln gelten ebenfalls für Kongressresolutionen, die sich gegen einen vom Präsidenten verfügten Notstand oder Kriegseinsatz unter der *War Powers Resolution* aussprechen.

Am politisch umstrittensten war die Aussetzung des *Filibuster* bei Personalentscheidungen, allen voran für Bundesrichter. In der Geschichte der USA hatten Senatoren bis 2009 lediglich 68 Kandidaten für solche Ämter blockiert. In den ersten fünf Jahren der Obama-Regierung belegten die Republikaner hingegen allein 79 Richter mit einem *Filibuster*.[51] Aufgebracht über die systematische Sabotage ihrer Richternominierungen, beschlossen die Demokraten 2013 mit 52 zu 48 Stimmen, es für Personalvorschläge der Exekutive mit Ausnahme der Richter am Supreme Court aufzuheben. Als die Republikaner 2017 die Macht im Senat übernahmen, weiteten sie die Regel auf die Obersten Richter aus, um den von Trump nominierten Kandidaten Neil Gorsuch zu bestätigen. Seither setzen beide Seiten, wenn sie die Mehrheit im Senat haben und der Präsident von ihrer Partei stammt, dessen Richterkandidaten skrupellos durch. Damit werden Personalfragen politisiert, und es entfällt die Notwendigkeit, ausgewiesene Fachjuristen zu nominieren, die auch Senatoren der Opposition überzeugen können.

Während die 60-Stimmen-Regel bei der Bestätigung von Bundesrichtern parteiübergreifende Kooperation in einer sensiblen Frage erzwang, ist sie für die normale Gesetzgebung kontraproduktiv. «Im Grunde gab es in diesem Land schon immer zwei Parteien, von denen die eine den Wandel wollte und die andere eher den Status quo unterstützte», analysierte Noah Feldman von der Harvard Law School. «Der Senat ist eine Institution, die Veränderungen aufhält. So ist er konzipiert, und das wird immer der Partei schaden, die den Wandel will, der aktivistischen Partei. Heute sind das die Demokraten.»[52] Und eines der wichtigsten Instrumente, den Wandel zu verhindern, ist das *Filibuster*. Dabei könnte es der Senat mit einfacher Mehrheit abschaffen. Dies forderten die Präsidenten Trump und Biden, indes stets in Situationen, als ihre Partei beide Kammern kontrollierte. Doch da die nächste Wahl die Mehrheit zur Minderheit machen könnte, scheuen Republikaner und Demokraten diesen Schritt. Selbst einige gemäßigte Senatoren sind nicht daran interessiert, weil Fraktionsführung, Partei und Präsident mehr Druck auf sie ausüben könnten. So versagten 2021 und 2022 zwei Demokraten, Joe Manchin und Kyrsten Sinema, einem derartigen Vorstoß ihre Unterstützung.[53]

Eine weitere Möglichkeit der Obstruktion ist der sogenannte ‹Halt› (*hold*). Mit ihm kann jedes Mitglied eine Abstimmung des Senats torpedieren, wenn sie einstimmig erfolgen muss. Das ist bei immer mehr Routinegeschäften der Fall. Ursprünglich sollte dieses informelle Instrument sicherstellen, dass Senatoren bei Angelegenheiten konsultiert wurden, die ihren Heimatstaat betrafen oder ihr besonderes Interesse weckten. Bis in die 1970er Jahre gab es kaum *holds*, seither stieg ihre Zahl aber rapide an.[54] Ihre Initiatoren wollten damit meist Zugeständnisse von der Exekutive erpressen. Mehrere Reformen konnten das Instrument nicht entschärfen.

2023 nutzte es der republikanische Senator Tommy Tuberville aus Alabama, weil er das Verteidigungsministerium zu einer Änderung seiner Abtreibungsregeln zwingen wollte. Nach dem *Dobbs*-Urteil des Supreme Court entschied das Pentagon nämlich, schwangeren Soldatinnen die Reise in einen Einzelstaat mit Abtreibungsmöglichkeit zu bezahlen, falls diese an ihrem Stationierungsort nicht existierte. Tuberville verhängte deshalb ein *hold* gegen alle Beförderungen hochrangiger Militärs, die der Senat normalerweise im Block ohne Einzelfallprüfung konsensual verabschiedet. Bis Mitte August 2023 konnten 301 der insgesamt 852 Generals- und Admiralsposten nicht besetzt werden, darunter der Vorsitz der Stabschefs der Luftwaffe.

In der Ära des ungebremsten Kulturkampfs schwächte ein Senator die Abwehrkraft der Nation, um der Exekutive seine Moralvorstellungen zu oktroyieren. Ein Sicherheitsexperte nannte Tubervilles Blockade «ein Geschenk an China».[55] Erst unter massivem Druck seiner republikanischen Senatskollegen gab Tuberville seinen Widerstand gegen die meisten Ernennungen im Dezember 2023 auf.[56] Gleichzeitig hielten die drei erzkonservativen Senatoren Ted Cruz, Rand Paul und J. D. Vance ihr *hold* gegen 43 nominierte Mitarbeiter des Außenministeriums aufrecht – aus grundsätzlicher Ablehnung von Karrierediplomaten oder weil sie sie für zu «radikal» oder *woke* hielten.[57]

Last but not least ist die Schuldengrenze (*debt ceiling*) in polarisierten Zeiten zu einer Waffe in den Händen der Opposition geworden. Sie limitiert die Summe der vom Bund eingegangenen Verbindlichkeiten, bei Überschreiten muss die Regierung ihre Arbeit einstellen.[58] Seit ihrer Einführung 1917 beziehungsweise 1939 spielte die Schuldengrenze die längste Zeit keine Rolle, von 1979 bis 1995 passte sie der Kongress mit jedem neuen Haushalt sogar automatisch an. 1995 verweigerte jedoch die republikanische Mehrheit im Haus erstmals ihre Zustimmung und legte die Bundesverwaltung drei Wochen lahm, bis Clinton Einschnitte im Sozialbereich akzeptierte. 2011 und 2013 nutzten die Republikaner das Instrument erneut in der Absicht, um Obama zu Budgetkürzungen zu nötigen und seine Gesundheitsreform zu sabotieren, 2023, um Biden Kompromisse bei den Staatsausgaben abzuverlangen. Obwohl es zu keinen weiteren *government shutdowns* aufgrund der Schuldengrenze mehr kam, konnten die Konflikte oft erst wenige Stunden vor ihrem Auslaufen beigelegt werden. Die meisten Ökonomen halten das Instrument für redundant, wirkungslos und anachronistisch.[59]

Die Blockade des normalen Haushaltsprozesses verursachte hingegen wiederholt Regierungsstilllegungen: 2013 für 16 Tage, weil die Republikaner Obamacare aushebeln wollten, 2018 für drei Tage, weil die Demokraten im Kindesalter illegal Eingewanderte, die sogenannten ‹Dreamers›, zu schützen versuchten, und 2018/19 für die Rekordzeit von 34 Tagen, weil die Demokraten Mittel für Trumps Mauerbau ablehnten.[60] In Zeiten parteipolitischer Konfrontation und geteilter Regierung nahmen Krisen über Schuldengrenze und Haushaltsbewilligung zu – und wurden gefährlicher, weil Budget-Showdowns der Opposition ein riskantes Feiglingsspiel ermöglichten. Das führte die USA immer öfter an den finanziellen Abgrund, kostete sie 2013 ihren Triple-A-Status bei den Ratingagenturen Standard & Poor's und Moody's und erhöhte damit den Zinssatz für den Schuldendienst, destabilisierte die internationalen Finanzmärkte und ließ Zweifel an der Führungsfähigkeit der USA aufkommen.

Weltanschauliche Selbstsortierung

Bis in die 1990er Jahre waren Fraktions- oder Parteidisziplin bei Abstimmungen im Kongress so gut wie unbekannt. Zwar versuchten Präsidenten, Sprecher und Mehrheitsführer ihre Fraktionen zu geschlossenem Vorgehen zu bewegen, aber meist erfolglos. Dies änderte sich mit der ideologischen Selbstsortierung der Parteien, ihrer Abgeordneten und ihrer Wähler.

Weltanschauliche Selbstsortierung 211

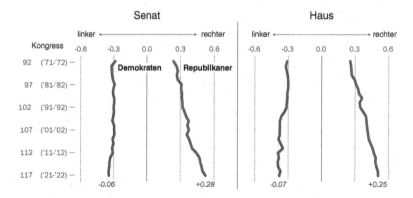

Die Republikaner bewegten sich seit den frühen 1970er Jahren weiter nach rechts als die Demokraten nach links.
Durchschnittliche ideologische Position von Parlamentariern in der jeweiligen Legislaturperiode

Eine Langzeitanalyse des Umfrageinstituts Pew zeigte, wie sich beide Parteien vom politischen Zentrum entfernten.[61] (Vgl. Graphik oben) Dabei rückten die republikanischen Parlamentarier weiter nach rechts als die Demokraten nach links. Die Folge: Der Kongress wurde konservativer und weltanschaulich polarisierter. Anfang der 1970er Jahre waren noch 144 Republikaner im Repräsentantenhaus liberaler als der konservativste Demokrat und 52 Demokraten konservativer als der liberalste Republikaner. Doch diese Zone ideologischer Überlappung verflüchtigte sich, weil konservative Demokraten und liberale Republikaner in den Ruhestand gingen, nicht mehr aufgestellt wurden, ihre Wiederwahl verloren oder in einigen Fällen die Partei wechselten. Zu Beginn des 21. Jahrhunderts war die Neusortierung im Parlament komplett, kein Republikaner war mehr liberaler als der konservativste Demokrat und kein Demokrat konservativer als der liberalste Republikaner.[62] Da beide Fraktionen jetzt aus ideologisch ähnlich Gesinnten bestanden und keine Rücksicht mehr auf abweichende Positionen nehmen mussten, radikalisierten sie sich weiter. Nach 2002 rückten die Parlamentarier der zwei Parteien noch schneller an die Ränder als in den 30 Jahren zuvor, hauptsächlich die der Republikaner.

Im Kongress votierten die Mitglieder einer Fraktion immer geschlossener, weil sie homogener wurden und stärkere Fraktionsführer dies erzwangen. Im Haus, wo diese Entwicklung besonders ausgeprägt war, nutzten sie ihre Kontrolle von Tagesordnung, Ausschussmitgliedschaften, Aufstiegschancen und – am wichtigsten – Wahlkampfspenden, um die Abgeordneten ihrer Partei auf Linie zu bringen.[63] Schon 2006 konstatierten Norman Ornstein und Thomas E. Mann, zwei der besten Kenner des Kongresses, dieser agiere zunehmend wie die Volksvertretung in einem parlamentarischen System.[64] Der Trend zu uniformem Verhalten der beiden Fraktionen verschärfte sich seither. Haus und Senat verstanden sich als Juniorpartner der Exekutive, wenn sie von derselben Partei gestellt wurde, und als Opposition, wenn dies nicht gegeben war (vgl. Graphik S. 213).[65] Der Anteil der Fälle, in denen eine Partei bei namentlichen Abstimmungen einhellig votierte, stieg von 60% im Jahr 1970 auf 90% 2020.[66]

Eine Folge war, dass die Kammern stromlinienförmiger und effizienter wurden. Freie Debatten und nicht-linienkonformes Verhalten gingen zurück. Die Möglichkeiten für Änderungsanträge zu Gesetzesvorlagen wurden eingeschränkt, und Ausschüsse tagten 2018 im Vergleich zu 2006 nur mehr halb so häufig im Haus und nur mehr ein Viertel so häufig im Senat. Die Zahl der Plenardebatten sank ebenso wie die Zahl der behandelten Gesetzesvorlagen.[67] Parteikohäsion avancierte für die meisten Demokraten und Republikaner im Kongress zur sozialen Norm. Das demonstrierten etwa Richterernennungen. Der republikanisch dominierte Senat bestätigte in den letzten zwei Jahren Obamas lediglich 28,6% der von ihm nominierten Kandidaten, in den ersten beiden Trump-Jahren indes 83,8% von dessen Vorschlägen.[68] Ein solches parteiisches Abstimmungsverhalten war präzedenzlos.

Da die Abstände zwischen den beiden Parteien im Kongress seit 2010 so knapp ausfallen wie zu keiner anderen Periode in der US-Geschichte, reichen seither allerdings weniger Abweichler als früher, um das Schicksal einer Gesetzesvorlage zu entscheiden. Die Studie *The Limits of Party* zeigte 2020: Zwei Drittel der legislativen Fehlschläge unter *Trifecta*-Bedingungen zwischen 1985 und 2018 gingen auf das Konto interner Abweichler, ein Drittel auf das des *Filibuster*.[69] Darunter befanden sich Obamas Gesetz zum Emissionshandel von 2010, dem demokratische Senatoren aus Kohle- und Ölstaaten nicht zustimmten, die Abschaffung von dessen Gesundheitsreform unter Trump 2017, die drei gemäßigte re-

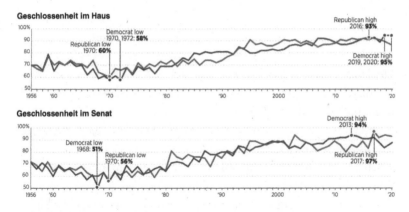

Wachsende Geschlossenheit der Parteien bei Kongressabstimmungen
Seit den 1970er Jahren votieren die Mitglieder der republikanischen und demokratischen Fraktion in beiden Kammern tendenziell einheitlicher.

publikanische Senatoren verhinderten, und Bidens Sozialpaket 2022, das an zwei konservativen Demokraten scheiterte.

Selbst in Zeiten extremer parteipolitischer Polarisierung folgten amerikanische Volksvertreter Fraktions- und Parteidisziplin also nicht so bedingungslos wie jene in parlamentarischen Systemen. Wiederholt fanden sich gerade im Senat Abweichler, die sich einen hohen Grad an Autonomie bewahrten, ja sie sogar zu ihrem Markenzeichen machten. Der Republikaner John McCain aus Arizona tat es von 1987 bis 2018, der Demokrat Joe Manchin aus West Virginia von 2010 bis 2024. Während solche Figuren früher verbreitet waren, sind sie heute Ausnahmen. Im Februar 2024 gelang es dem voraussichtlichen Präsidentschaftskandidaten der Republikaner Trump sogar, einen im Senat ausgearbeiteten Kompromiss zu Ukrainehilfe und Grenzsicherung aus reinem Wahlkampfkalkül zu kippen. Ein derartiges Hineinregieren in den eigenen Autonomiebereich wäre in früheren Zeiten unvorstellbar gewesen. Der Senat ähnelte damit immer mehr dem Haus mit seiner offenen Parteilichkeit und Fraktionsdisziplin.

Zwischen Effizienz und Dysfunktionalität

Die längste Zeit seiner Existenz verstand sich der Kongress als eigenständige Regierungsgewalt, deren Mitglieder sich weniger als Parteisoldaten und vielmehr als Gegengewicht zur Exekutive und Anwälte ihrer Wahlkreisinteressen sahen. Das änderte sich seit den 1990er Jahren, als sich die Abgeordneten der Demokraten und Republikaner anhand weltanschaulicher und kultureller Themen neu sortierten und die Fraktionsführungen ihre Macht gegenüber den einzelnen Mitgliedern ausbauten. Anstatt die Unterschiede einer riesigen, pluralistischen Gesellschaft zu spiegeln und auszugleichen, verschärft der Kongress heute Gegensätze und verhindert Kompromisse.[70]

Diese parteipolitische Polarisierung und interne Hierarchisierung machten den Gesetzgebungsprozess effizienter, wenn *Trifecta*-Bedingungen herrschten. Solche fanden sich in der jüngeren Vergangenheit meist nur zu Beginn der Amtszeit eines Präsidenten. Nicht umsonst waren Obama, Trump und Biden in ihren ersten beiden Jahren im Weißen Haus legislativ am erfolgreichsten. Kommt es hingegen zum *divided government*, in dem die Opposition zumindest eine Kammer kontrolliert, führt der Parteienzwist zur Lähmung des Gesetzgebungsprozesses und zur Dysfunktionalität des Regierungssystems. Trotzdem – oder gerade deswegen – bleibt der Kongress die mächtigste Legislative der Welt.

9. VOM SCHIEDSRICHTER ZUM MITSPIELER: DIE GERICHTE

Wie beim Präsidentenamt fürchteten die Federalists bei der Judikative eine zu schwache Institution, die Anti-Federalists eine zu starke. Auf ihre Beratung verwendete der Verfassungskonvent, erschöpft vom Streit über die beiden anderen Regierungsgewalten, allerdings wenig Zeit. Artikel III war mit 377 Wörtern deshalb nur ein Zehntel so lang wie die Ausführungen zu Kongress und Präsident. Er schuf von den anderen Gewalten unabhängige Bundesgerichte, wobei er allein den Supreme Court explizit nannte. Sie sollten zuständig sein für alle Fälle, die die nationale Verfassung, Bundesgesetze, Verträge sowie Streitigkeiten zwischen den Einzelstaaten betrafen. Hamilton meinte in *Federalist* Nr. 78, die Judikative sei die Gewalt, die den verfassungsmäßig gesicherten politischen Rechten «am wenigsten gefährlich» werden könne, weil sie weder Armee noch Haushalt kontrolliere.[1]

Die Bestellung der Bundesrichter hatte Artikel II bereits als geteiltes Recht von Präsident und Senat festgelegt: Der eine nominiert sie, der andere gibt «Rat und Zustimmung» (*advice and consent*). Artikel III ergänzt, dass die Richter so lange amtieren, wie sie «gutes Verhalten» (*good behaviour*) an den Tag legen, also de facto auf Lebenszeit. Die USA sind die einzige große Demokratie mit einer solchen Regel. Exekutive und Legislative dürfen weder Bundesrichter entlassen noch ihre Bezüge kürzen, weil sie mit ihren Urteilen unzufrieden sind. Die Richter können jedoch freiwillig in den Ruhestand gehen und durch ein *Impeachment* aus ihrem Amt entfernt werden. Seit 1789 erhob das Repräsentantenhaus Anklage gegen 15 Bundesrichter, von denen der Senat acht verurteilte. Einem Mitglied des Supreme Court ist Letzteres noch nie widerfahren. Nur einmal, 1804, wurde ein Oberster Richter angeklagt, aber der Senat sprach ihn frei.

Justizsystem

Die Details des Justizsystems wie die Zahl der Richter oder den Aufbau der Judikative regeln Gesetze. Das erste, wichtigste war der *Judiciary Act* von 1789.[2] Er fixierte die Zahl der Supreme-Court-Richter auf sechs. In den 80 Jahren danach änderte sie der Kongress mehrmals, bis er 1869 schließlich die noch heute gültige Zahl neun verankerte mit einem Vorsitzenden Richter (*Chief Justice*) und acht Beigeordneten Richtern (*Associate Justices*). Der Vorsitzende verleiht wie ein Monarch den einzelnen Perioden ihren Namen, seit der Berufung von John Roberts 2005 spricht man deshalb vom ‹Roberts Court›.

In den 1930er und 2020er Jahren gab es Bestrebungen, die Zahl der Richter aus parteipolitischen Überlegungen zu erhöhen. Frustriert von Urteilen gegen seinen New Deal, wollte Präsident Roosevelt den Supreme Court 1937 aufstocken, um dort mehr Fürsprecher zu haben. Angesichts der breiten Opposition in Öffentlichkeit, Kongress und eigener Partei gegen den flagranten Angriff auf die Unabhängigkeit des Gerichts kollabierte der *Court-packing*-Plan indes nach wenigen Wochen.[3] 85 Jahre danach drängten progressive Aktivisten Biden angesichts konservativer Entscheide vor allem in der Abtreibungsfrage zu einem ähnlichen Vorgehen wie FDR. Diesmal war es der Präsident, der sich dem verweigerte.[4]

Was die Kompetenzen des Supreme Court über die anderen Regierungsgewalten anlangt, legt die Verfassung nur fest, dass der Vorsitzende Richter Amtsenthebungsverfahren im Senat leiten soll. Alles andere musste sich – wie so oft im amerikanischen Regierungssystem – in der Praxis erweisen. Zunächst war das Oberste Gericht eine kraftlose Institution. Seine ersten Sitzungsperioden dauerten nur wenige Tage, weil es kaum etwas zu tun gab. 1791 und 1792 fällte es kein einziges Urteil. In dieser Zeit lehnten zwei Einzelstaats-Parlamentarier eine Supreme-Court-Nominierung ab, weil ihnen der Posten zu unattraktiv erschien. John Jay entschied sich gar gegen eine zweite Amtszeit als Vorsitzender Richter 1796 mit der Begründung, der Institution fehle «Energie, Gewicht und Würde»[5]. Symbolisch für diese Schwäche des Gerichts war, dass es nach dem Regierungsumzug nach Washington im Jahr 1800 zunächst im Keller des Kapitols tagte. Unter dem Vorsitz des energischen Vorsitzenden Richters John Marshall (1801–35) wuchs seine Macht jedoch enorm an. Bis heute hatte niemand dieses Amt länger inne als er.

Das wichtigste Recht, Gesetze und Handlungen der Regierung auf ihre Verfassungsmäßigkeit zu überprüfen, schrieb sich der Supreme Court 1803 selbst zu. In *Marbury v. Madison* erklärte er ein vom Kongress verabschiedetes und vom Präsidenten unterzeichnetes Gesetz für verfassungswidrig. Marshall argumentierte, es sei «ausdrücklich die Aufgabe und Pflicht der richterlichen Gewalt, zu sagen, was das Gesetz ist», und betonte, «ein Gesetz, das gegen die Verfassung verstößt, ist nichtig».[6] Der Entscheid war wegen seiner Tragweite hochumstritten, er lag allerdings in der Fluchtlinie einer Passage in *Federalist* Nr. 78 und taucht implizit in Hamiltons und Madisons Schriften auf. Obwohl das Gericht erst 1857 wieder ein Gesetz annullierte, war die Normenkontrolle (*judicial review*) damit etabliert und wurde weder von Exekutive noch Legislative je wieder in Frage gestellt. Das Prinzip der *checks and balances* zwischen den Regierungsgewalten erfuhr so eine wesentliche Erweiterung.

Die zweite Selbstermächtigung des Obersten Gerichts betraf seine Zuständigkeit für die Gesetze und Gerichte der Einzelstaaten. In *Fletcher v. Peck* verwarf es 1810 erstmals ein Einzelstaatsgesetz, in *Martin v. Hunter's Lessee* maß es sich 1816 das Recht zu, unterschiedliche Interpretationen von Bundesgesetzen durch die Obersten Staatsgerichte letztgültig zu entscheiden. Bis 2023 erklärte der Supreme Court mehr als 200 Bundes- und 1400 Staatsgesetze für verfassungswidrig.[7]

Freilich ist das Gericht nicht allmächtig. Denn der Kongress kann durch ein neues Gesetz einen Richterspruch überstimmen oder modifizieren. Zwischen 1967 und 1990 geschah das im Durchschnitt zwölf Mal pro Jahr.[8] Auch kann das Parlament im Zusammenspiel mit den Staaten mit Verfassungszusätzen unliebsame Entscheidungen aushebeln. Dies kommt wegen der prozeduralen Hürden aber fast nie vor. 1793 urteilte der Supreme Court etwa, ein Bürger eines Einzelstaats könne einen anderen Einzelstaat in einem Bundesgericht verklagen. Die Staaten waren so empört über diese Schwächung ihrer Autonomie, dass sie im Kongress eine entsprechende Verfassungsänderung initiierten. Sie trat 1795 in Kraft und verbot als 11. Amendment diese Klagemöglichkeit. Hundert Jahre später untersagte der Supreme Court mehrmals das Besteuern von

218 9. VOM SCHIEDSRICHTER ZUM MITSPIELER: DIE GERICHTE

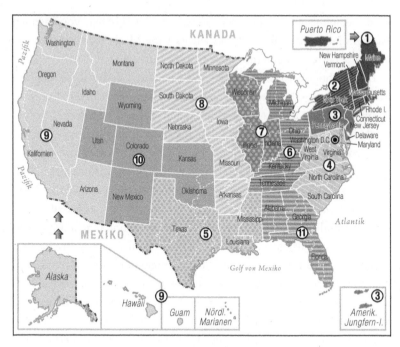

Die Bundesbezirksgerichte sind elf Gebieten zugeordnet, an deren Spitze ein Bundesberufungsgericht steht.

Land und persönlichem Einkommen. Wieder bedurfte es des beschwerlichen Wegs eines Verfassungszusatzes, um dies zu erlauben.

Der *Judiciary Act* von 1789 legte nicht nur die Zahl der Obersten Richter fest, sondern organisierte auch das Justizsystem unterhalb des Supreme Court, damals in 13 Bezirksgerichte und drei Gebietsgerichte. Dieses System gilt mit kleinen Änderungen bis heute, selbst wenn sich die Zahl und der Zuschnitt der Gerichte mit wachsender Bevölkerung und Aufnahme neuer Einzelstaaten änderte. 2024 gab es 94 Bezirksgerichte, wobei jeder Staat zumindest eines hat. Große Staaten wie Kalifornien, Texas und New York verfügen sogar über jeweils vier.

Die Bezirksgerichte sind die Arbeitspferde des Bundesjustizsystems, sie behandeln mehr als 250 000 Fälle pro Jahr und besitzen Jurisdiktion in allen Zivil- und Strafrechtsverfahren des Bundes. Die geschäftigsten mit den meisten Richtern (je 28) sind der Central District of California mit dem Großraum Los Angeles und der Southern District of New York, der Manhattan, die Bronx und Westchester County einschließt. Die Bezirksgerichte fallen heute in elf Gebiete, *circuits* genannt, weil die Richter in den ersten hundert Jahren wie im Kreis zu Gerichtstagen herumreisten. Die *circuits* sind durchnummeriert und haben seit 1891 ein Berufungsgericht (*appeals court*) an ihrer Spitze. Dazu kommen zwei weitere Berufungsgerichte: Der *District of Columbia Circuit* deckt nur die Hauptstadt Washington ab und der *Federal Circuit* widmet sich überregional Spezialfragen wie Patenten, Regierungsverträgen oder Veteranenhilfen. Die *Appeals Courts* behandeln Berufungen der in den Bezirksgerichten unterlegenen Partei. Im 19. Jahrhundert waren diese Gerichte unterbeschäftigt, danach nahm ihre Arbeitslast zu. Sie hören, meist in Gremien von drei zusammengelosten Richtern, mehr als 50 000 Fälle pro Jahr. Der neunte *Appeals Court*, der den Westen und die Pazifikanrainer umfasst, ist mit 29 Richtern der größte. Gegen 10% ihrer Entscheide wird Berufung beim Supreme Court eingelegt, der nur wenige zur mündlichen Verhandlung annimmt. Die Berufungsgerichte sind deshalb in 99,9% der Fälle die finale Instanz im Justizsystem.

Verfassungsgericht

An der Spitze des Justizsystems steht der *Supreme Court of the United States* (SCOTUS). Seit 1935 vagabundiert er nicht mehr zwischen Räumen des Kongresses, sondern tagt in einem eigenen opulenten Gebäude. Es wurde errichtet auf Drängen seines zehnten Vorsitzenden und Ex-Präsidenten William Howard Taft, der damit die Eigenständigkeit des Obersten Gerichts im Regierungssystem demonstrieren wollte. Taft verstand, «dass die wahre Macht des Gerichts nicht dem Gehalt seiner Urteile, sondern seiner institutionellen Autonomie und Unabhängigkeit entsprang»[9].

Bei der Ausstattung des neuen Sitzes des Supreme Court kam mehr Marmor zum Einsatz als in irgendeinem anderen Gebäude der USA. Zum «Marmorpalast», so schon bald sein Spitzname, mit einem Portikus mit 16 korinthischen Säulen und den Worten ‹Equal Justice Under Law› im Fries führen 44 breite Stufen hinauf. Der Gerichtssaal mit sei-

9. VOM SCHIEDSRICHTER ZUM MITSPIELER: DIE GERICHTE

Der Supreme Court im Morgenlicht

nen 24 Säulen misst 30 mal 25 Meter und ist gut 13 Meter hoch. Unter der Decke zeigen Reliefs 18 historische Gesetzgeber wie Hammurabi, Moses, Solon, Konfuzius, Mohammed oder Napoleon.[10] Auf der erhöhten Bank aus honduranischem Mahagoni ist der Vorsitzende Richter in der Mitte platziert, flankiert nach Seniorität abwechselnd rechts und links von den Beigeordneten Richtern.

Nicht jedem gefiel der Prunk. Supreme-Court-Richter Harlan Fiske Stone nannte das Gebäude kurz nach seiner Eröffnung wegen seiner Dimensionen «fast bombastisch protzig ... völlig unpassend für eine ruhige Gruppe von alten Knaben wie den Obersten Gerichtshof». Einer seiner Kollegen meinte, er und seine Kollegen seien wie «neun schwarze Käfer im Tempel von Karnak». Ein anderer spottete, die Richter sollten angesichts des ganzen Pomps auf Elefanten hineinreiten.[11]

Pro Jahr erhält der Supreme Court zwischen 5000 und 9000 Eingaben. Hörten die Richter vom Zweiten Weltkrieg bis 1985 durchschnittlich 150 Fälle pro Jahr, halbierte sich die Zahl seither; in der Sitzungsperiode 2022/23 waren es sogar nur 60.[12] Das hat zwei Gründe: Zum einen führte die zunehmende ideologische Spaltung des Gerichts zu einer zögerlichen Annahme von Verfahren, weil ihre Ergebnisse nicht vorhersagbar sind. Zum anderen gewährte der Kongress dem Obersten Gericht 1988 fast vollständige Kontrolle über seine Agenda, indem er die Kategorien reduzierte, die es bei Berufungen verpflichtend behandeln muss.¹³ Bis dahin hatte es alle Fälle anzunehmen gehabt, in denen ein untergeordnetes Gericht ein Bundes- oder Einzelstaatsgesetz für verfassungswidrig erklärte und ein Einzelstaatsgericht ein Gesetz absegnete, dessen Vereinbarkeit mit der US-Verfassung bestritten wurde. Seither muss sich das Gericht lediglich mit den wenigen in Artikel III aufgeführten Fragen verpflichtend beschäftigen. In den vergangenen Jahrzehnten ging es dabei fast stets um Streitigkeiten zwischen Einzelstaaten über Landfragen oder Wasserrechte. Berufungen hat der Supreme Court nur mehr in Angelegenheiten von Wahlkreisgrenzen und bestimmten Wahlrechten zu akzeptieren. Mehr als 95% der zu behandelnden Fälle wählt das Gericht aus den Berufungsanträgen selbst aus. Stimmen vier Richter für einen solchen Antrag, erhält er eine volle Anhörung. Dafür gelten drei Kriterien, die die Richter breit interpretieren können: die Existenz eines Streits zwischen zwei Parteien (*collusion*), die persönliche Betroffenheit einer Partei (*standing*) und die andauernde Relevanz einer Kontroverse (*mootness*).¹⁴

Nach dieser ersten Prüfung bleibt ein Viertel der Anträge übrig. Seit den späten 1970er Jahren, als die Zahl der Eingaben explodierte, sehen im nächsten Schritt die Rechtsreferenten der Richter, meist Top-Absolventen der besten Jurafakultäten des Landes, die Unterlagen durch. Jeder Richter beschäftigt vier von ihnen für jeweils ein Jahr. Die Referenten schreiben gemeinsame Stellungnahmen und empfehlen Fälle zur Behandlung. Die finale Entscheidung liegt bei den Richtern, aber das Wort ihrer Referenten hat Gewicht. Schließlich stellt der Vorsitzende Richter eine Diskussionsliste der Fälle zusammen, die die anderen Richter ergänzen können. Fälle mit Regierungsbeteiligung und solche, die aufgrund der Aktivität von Interessengruppen eine hohe Aufmerksamkeit erfahren oder juristisches Neuland betreten, haben es leichter, vom Supreme Court angenommen zu werden.

Das Gericht tagt von Oktober bis Juni. Dabei machen die Anhörungen mit durchschnittlich 37 Sitzungstagen pro Jahr nur einen kleinen Teil seiner Arbeit aus. Sie finden jede zweite Woche montags bis mittwochs von zehn bis 15 Uhr mit einer Stunde Mittagspause statt. In den sitzungsfreien Wochen schreiben die Richter Urteile und bereiten sich auf die nächsten Eingaben vor. Jeden Freitag trifft sich das Gremium, um behandelte Fälle zu diskutieren und zu beschließen, welche neuen es hört. Sprüche ergehen während der gesamten Sitzungsperiode, die meisten und bedeutendsten werden aber im Mai und Juni verkündet. Gerade bei denen, die knapp ausfallen, haben die Rechtsreferenten großen Einfluss auf die Richter.[15] In der Sitzungspause von Juli bis September steht das Gericht für Eilentscheide bereit.

Die Beratungen folgen einem festgelegten Verfahren. Zunächst lesen die Richter eine Kurzversion der Argumente der beiden Streitparteien, warum das untere Gericht falsch oder richtig entschieden hat. Oft schickt eine Interessengruppe oder die Bundesregierung als «Freund des Gerichts» (*amicus curiae*) dazu eine Stellungnahme. Danach kommt es zur Anhörung, wobei seit 1970 jede Seite 30 Minuten für ihr Argument erhält; zuvor war es seit 1925 eine Stunde pro Partei. Allein in außergewöhnlich wichtigen Fällen gewährt das Gericht mehr Zeit. Den Rekord für die längste mündliche Verhandlung in modernen Tagen hält mit gut 13 Stunden *Brown v. Board of Education II*, ein Verfahren zur Rassendiskriminierung aus dem Jahr 1955.

Für die Anhörung zur Verfassungsmäßigkeit von Obamas Gesundheitsreform setzte der Supreme Court 2011 fünfeinhalb Stunden an – mehr Zeit als für jeden anderen Fall seit 1966, als er das Wahlrechtsgesetz und das Aussageverweigerungsrecht verhandelte.[16] Oft unterbrechen die Richter die Anwälte der Streitparteien mit Fragen. Da weder Fernsehkameras noch Fotos von den Sitzungen erlaubt sind, kennen die meisten Amerikaner sie lediglich durch Bilder des Gerichtszeichners oder persönliche Beobachtung von den Besucherplätzen. Es gibt jedoch Audioaufnahmen aller Fälle seit 1995,[17] während der Covid-Pandemie konnte man die Verhandlungen erstmals live mithören.

Abgestimmt wird nicht gleich nach der Anhörung, sondern nach längerer Bedenkzeit Wochen oder Monate später. Findet sich der Vorsitzende Richter dann in der Mehrheitsgruppe, was zu 80 bis 85% zutrifft (Roberts kam 2020/21 sogar auf 96%), beauftragt er einen Kollegen oder eine Kollegin, das Urteil zu schreiben. Andernfalls weist der dienstälteste Richter der Mehrheit diese Aufgabe zu. Auswahlkriterien sind die gleiche Verteilung der Arbeitslast und die unterschiedlichen Felder der Expertise. Auch politische Überlegungen spielen ab und zu eine Rolle. So wollte der Vorsitzende Richter Stone 1940 ein bahnbrechendes Urteil, das die Teilnahme von Schwarzen an den Vorwahlen der Demokraten erlaubte, von Felix Frankfurter abfassen lassen. Einer seiner Kollegen hielt es indes für unklug, einen linken Juden aus dem Nordosten mit der Begründung eines Spruchs zu betrauen, der in den Südstaaten höchst kontrovers sein würde. Stone übertrug die Aufgabe deshalb Stanley Reed, einem Protestanten und Demokraten aus Kentucky.[18]

Bisweilen schreiben eher progressive Richter Sprüche zu konservativen Urteilen und umgekehrt, um die Bedeutung von Weltanschauungen zu relativieren. Der Entwurf kursiert danach unter den anderen Richtern für Kommentare und Reaktionen. Richter können sich der Meinung anschließen oder eine eigene unterstützende oder abweichende abgeben. Legten die Vorsitzenden Richter bis 1940 Wert auf einstimmige Urteile, gibt es seither in etwa zwei Drittel der Fälle abweichende Stellungnahmen. In der Sitzungsperiode 2021/22 fielen 28 %, in der darauffolgenden 47 % der Entscheide einstimmig.[19]

Wie die Richter votieren, hängt neben den Präzedenzfällen von ihren rechtlichen und politischen Positionen ab. Vereinfacht gibt es zwei juristische Lager: Das eine legt die Verfassung möglichst buchstabengetreu aus oder, falls dies nicht möglich ist, lässt sich davon leiten, was die Gründerväter beabsichtigten. Das andere interpretiert die Verfassung anhand der realen politischen und gesellschaftlichen Entwicklungen. In vielen Fragen gelangen die ‹Originalisten› und die Anhänger der ‹lebendigen Verfassung› zu unterschiedlichen Schlüssen.[20] Den Entscheid von 2022, das nationale Abtreibungsrecht abzuschaffen, begründete Richter Samuel Alito zum Beispiel damit, dass «ein Recht auf Abtreibung nicht tief in der Geschichte und Tradition der Nation verwurzelt ist»[21]. Das war richtig, aber die längste Zeit der Existenz der USA durften die Betroffenen, also Frauen, auch nicht wählen, als Geschworene bei Prozessen mitwirken oder die Scheidung einreichen. Richterin Elena Kagan hielt deshalb in ihrer abweichenden Stellungnahme dagegen, das Urteil bedeute «die Beschneidung der Rechte der Frauen und ihres Status als freie und gleichberechtigte Bürgerinnen»[22].

Politische Überzeugungen spielen ebenfalls eine Rolle. So stehen linksliberale Richter für individuelle Freiheitsrechte und die Förderung ethnischer Minderheiten, sind *Pro-Choice* in Abtreibungsfragen, befürworten Staatseingriffe zugunsten von Arbeitern und der Umwelt und unterstützen den Bund gegenüber den Einzelstaaten. Konservative Richter schätzen freie Märkte mehr als Regulierungen, stellen Einzelstaats- über Bundesrechte, interpretieren religiöse Rechte breit und neigen dazu, moralisches Verhalten wie etwa eine restriktive Abtreibungspraxis vorzuschreiben. Diese Präferenzen kommen primär bei bestimmten Typen von Fällen zum Tragen, etwa bei Bürger- oder Einzelstaatsrechten.

Schließlich reagiert der Supreme Court meist sensibel auf die öffentliche Meinung. Hatte er etwa zu Beginn des New Deal eine aktive Wirtschafts- und Sozialpolitik des Bundes noch abgelehnt, begann er die populäre Politik nach einigen Jahren zu unterstützen. Eine Studie fand heraus, dass zwischen 1956 und 1981 ein enger Zusammenhang zwischen der Stimmung in der Bevölkerung und den Richtersprüchen bestand. In den 1980er Jahren wurde er jedoch schwächer.[23] Die Berufung politisch eindeutig einzuordnender Richter führte zunächst zu ihrem weltanschaulichen Auseinanderdriften, 2021 zur Machtübernahme der konservativen Gruppe. Nur so ist zu erklären, dass der Supreme Court 2022 das Recht auf Abtreibung annullierte und die Waffengesetze liberalisierte, obwohl die überwiegende Mehrheit der Amerikaner sich dagegen aussprach.

Epochale Urteile

Von seiner Gründung bis 2023 fällte der Supreme Court mehr als 25 500 Urteile, darunter über so fundamentale Fragen wie Freiheits- und Bürgerrechte, Diskriminierung, Privatsphäre, Todesstrafe, Abtreibung, gleichgeschlechtliche Ehe, Umweltschutz, Wahlkampfspenden und Wahlkreisgrenzen. Im amerikanischen *Common Law* bilden Präzedenzfälle den Grundstein für spätere Entscheide. Dies garantiert im Idealfall eine einheitliche, berechenbare und kohärente Rechtsprechung. Doch in etwa 150 Fällen revidierte das Oberste Gericht ältere Sprüche, insbesondere wenn die ursprüngliche Lösung nicht umsetzbar war oder sich die gesellschaftliche Realität dramatisch verändert hatte.[24] Knappe Richterentscheidungen erwiesen sich dabei als leichter revidierbar als einstimmige. In jüngerer Zeit wächst den Richtern enorme Bedeutung zu, weil der Kongress wegen der parteipolitischen Polarisierung und des *Filibuster* wichtige Fragen wie Abtreibung oder Umweltschutz nicht durch Bundesgesetze regeln kann. Zu den epochalen Sprüchen zählen:

Epochale Urteile 225

- In *Dred Scott v. Sandford* urteilte das Oberste Gericht 1857, dass Schwarze, ob Sklaven oder nicht, keine Staatsbürger werden konnten. Der Entscheid verschärfte die angespannte Situation zwischen Nord- und Südstaaten über die Sklaverei weiter und trug zum Ausbruch des Bürgerkriegs bei. Das 13. Amendment verbot 1865 die Sklaverei und annullierte damit das Urteil.
- 1941 widerrief der Supreme Court einen Spruch von 1918, der es den Einzelstaaten gestattete, das Problem der Kinderarbeit zu regeln. Nach der Großen Depression und den Wahlsiegen FDRs verstanden die Richter, dass die Bürger eine stärkere Sozialpolitik des Bundes wünschten.
- In *Brown v. Board of Education of Topeka* kippte das Oberste Gericht 1954 die segregationistische ‹Getrennt, aber gleich›-Doktrin. Ein Vorgängergericht hatte sie 1896 in *Plessy v. Ferguson* noch als verfassungsgemäß akzeptiert und damit die fortgesetzte Diskriminierung von Schwarzen in den Südstaaten ermöglicht. Der Vorsitzende Richter Earl Warren begründete den Kurswechsel damit, Jahrzehnte sozialwissenschaftlicher Forschung hätten die schädlichen Effekte dieser Doktrin nachgewiesen.
- 1966 verpflichtete der Supreme Court die Polizei in *Miranda v. Arizona*, Verhaftete auf ihre Rechte hinzuweisen, nämlich zu schweigen und einen Anwalt hinzuzuziehen.
- In *U.S. v. Nixon* zwangen die Richter den Präsidenten 1974 im Zuge der Watergate-Affäre, dem Sonderermittler geheime Tonbandaufnahmen zu übergeben, obwohl sich Nixon auf sein Exekutivprivileg berief.
- 1989 entschied das Oberste Gericht, auch offensive Akte der Meinungsäußerung wie das Verbrennen der US-Flagge seien von der Redefreiheit gedeckt.
- 2003 verwarfen die Richter einen Spruch von 1986, der den Einzelstaaten das Verbot von gleichgeschlechtlichem Sex erlaubt hatte. In *Lawrence v. Texas* gewährten sie Schwulen und Lesben «das volle Recht» auf sexuelle Selbstbestimmung «ohne Eingriff der Regierung».
- In *Roper v. Simmons* verboten die Richter 2005 die Hinrichtung von Personen für Verbrechen, die sie vor ihrem 18. Geburtstag begangen hatten.
- In *District of Columbia v. Heller* stellten sie 2008 mit einer 5-zu-

4-Mehrheit fest, der 2. Zusatzartikel schütze nicht nur das Recht von Milizen, sondern auch das jedes Bürgers auf Waffenbesitz zu privaten Zwecken.
- In *Citizens United v. FEC* urteilte der Supreme Court 2010, Wahlkampfspenden und Wahlwerbung von Unternehmen seien eine Form der Redefreiheit und unbegrenzt zulässig. 1990 und 2003 hatte er dies noch untersagt.
- 2013 annullierten die Richter mit fünf zu vier Stimmen den Kern des *Voting Rights Act* von 1965 und erlaubten es neun Staaten vor allem im Süden, ihr Wahlrecht ohne Zustimmung des Bundes zu ändern.
- In *Obergefell v. Hodges* gewährte der Supreme Court 2015 gleichgeschlechtlichen Paaren das Recht auf Heirat.
- 2018 erklärte er den 40 Jahre lang gültigen Entscheid für nichtig, dass Gewerkschaften bestimmte Beiträge auch von Nicht-Mitgliedern einziehen dürfen.
- In *Dobbs v. Jackson Women's Health Organization* revidierte das Oberste Gericht 2022 den Spruch *Roe v. Wade* von 1973, der Schwangeren ein Recht auf Abtreibung innerhalb der ersten beiden Trimester zubilligte.
- 2023 verbot der Supreme Court Hochschulen, bei der Auswahl ihrer Studenten ethnische Erwägungen einfließen zu lassen, und überstimmte damit Urteile von 1978 und 2003, die *affirmative action* in engen Grenzen zugelassen hatten.

Diese Entscheide dokumentieren den enormen Einfluss des Supreme Court auf die Politik der USA. Ein Beobachter nannte ihn deshalb zu Recht «das mächtigste [Gericht] in der Weltgeschichte»[25]. Durchsetzen kann er seine Urteile freilich nicht, sondern er ist auf die Akzeptanz der beteiligten Parteien oder die Machtmittel der Exekutive angewiesen. So mussten die Präsidenten Eisenhower und Kennedy das von den Richtern verordnete Ende der Rassendiskriminierung an Schulen und Universitäten im Süden mit dem Entsenden der Nationalgarde erzwingen. Es gibt auch Beispiele für das Ignorieren von Urteilen. Das Verbot des Schulgebets von 1962 wird landesweit in hunderten Einrichtungen nicht beachtet. Aber ohne einen Kläger in diesen Schulen kann dem Spruch keine Geltung verschafft werden. Und republikanische Präsidenten und

Kongressmehrheiten unterliefen das *Roe*-Urteil von 1973, indem sie Abtreibungen auf Militärbasen verboten und dem staatlichen Krankenversicherer *Medicaid* deren Finanzierung untersagten.[26] Eines seiner politisch folgenreichsten Urteile sprach das Oberste Gericht am 12. Dezember 2000. In *Bush v. Gore* vergab es de facto das Präsidentenamt, als es die weitere Handauszählung der Wählerstimmen in Florida blockierte. Bush lag in dem Staat zu diesem Zeitpunkt 537 Stimmen vor Gore, und wer dort gewann, würde ins Weiße Haus einziehen. Dabei votierten die fünf von Republikanern ernannten Richter für das Ende der Auszählung, die vier von Demokraten ernannten dagegen. «Verfassungsrecht war die Fortsetzung der Politik mit anderen Mitteln geworden», kritisierte ein Kenner der Judikative.[27] Gore, der unterlegene Kandidat, akzeptierte die «Finalität» dieses höchst umstrittenen Urteils «um unserer Einheit als Volk und der Stärke unserer Demokratie willen»[28] und wendete damit eine Verfassungskrise ab. Spätestens seit diesem Zeitpunkt war beiden Parteien klar, wie eminent wichtig die Besetzung von Richterämtern in Zeiten politischer Polarisierung ist.

Richterbestellung

Bis zu Beginn des 20. Jahrhunderts waren die Richter weiß, männlich und mit Ausnahme zweier Katholiken protestantisch; Diversität interpretierte man fast ausschließlich geographisch. 1916 wurde mit Louis Brandeis der erste Jude, 1967 mit Thurgood Marshall der erste Schwarze, 1981 mit Sandra Day O'Connor die erste Frau und 2009 mit Sonia Sotomayor die erste Latina berufen. Der 1882 in Wien geborene Felix Frankfurter war der letzte im Ausland zur Welt gekommene Richter und der einzige, der Englisch nicht als Muttersprache hatte. Noch nie war der Supreme Court geschlechtlich und ethnisch so divers wie 2024 mit vier Frauen, zwei Schwarzen, einer Latina, einem Italo-Amerikaner und einer Jüdin. Bei Ausbildung und Religion sind die Richter hingegen relativ homogen: Acht haben einen Abschluss von Harvard oder Yale, lediglich Coney Barrett kommt von Notre Dame, und sechs sind Katholiken. Einzige Protestanten sind Neil Gorsuch, der katholisch getauft ist, und Ketanji Brown Jackson.

Der Supreme Court am 30. Juni 2022. Vordere Reihe von links: Sonia Sotomayor, Clarence Thomas, John Roberts (Vorsitzender Richter), Samuel Alito, Elena Kagan. Hintere Reihe: Amy Coney Barrett, Neil Gorsuch, Brett Kavanaugh, Ketanji Brown Jackson

In der Geschichte des Supreme Court ist der 2005 berufene Roberts der 17. Vorsitzende Richter und die 2022 gewählte Brown Jackson die 104. Beigeordnete Richterin. Etwa gleich viele Richter starben im Amt wie in Ruhestand gingen, wobei der Tod bei vor 1900 ernannten die Regel war (67 %), danach der Rücktritt (82 %).[29] Das Berufungsalter liegt meist bei 45 bis 50 Jahren. Dienten Richter von 1789 bis 1970 im Durchschnitt 15 Jahre, ist die Amtsdauer wegen der höheren Lebenserwartung seither auf 26 Jahre gestiegen. Und gab es bis 1970 durchschnittlich alle 23 Monate eine Vakanz, war dies danach nur alle 45 Monate der Fall. Statistisch kann jeder Präsident heute also einen Richter pro Amtszeit benennen.

Ab und an gibt es freilich stille Kampagnen eines Präsidenten, einen offenen Sitz zu kreieren. So bewegte Lyndon B. Johnson zwei Richter zum Rücktritt, indem er wichtige Ämter für sie oder den Sohn in Aussicht stellte. Damit wollte er Plätze schaffen für seinen persönlichen Anwalt und den ersten schwarzen Richter im Supreme Court.[30] Und Trump umgarnte 2018 den 81-jährigen Anthony Kennedy, um die entscheidende *swing-vote* zur Demission zu bewegen. Er signalisierte ihm, nach Neil Gorsuch mit Brett Kavanaugh einen weiteren ehemaligen Rechtsreferenten Kennedys als seinen Nachfolger in den Supreme Court zu berufen.[31]

Nach der Nominierung durch den Präsidenten folgen die Anhörungen im Justizausschuss des Senats. Sie waren früher aufschlussreich, haben aber nach der Ablehnung des von Reagan 1987 nominierten Robert Bork fast jede intellektuelle Tiefe verloren. Bork hatte seine konservativen Ansichten unnachgiebig verteidigt und dem demokratisch dominierten Senat Munition für dessen ‹Nein› geliefert. Seither versuchen alle Kandidaten, ideologischen Gegnern möglichst keine Angriffsfläche zu bieten. Die Jura-Dozentin Elena Kagan nannte die Anhörungen schon 1995 «eine fade und hohle Scharade, bei der die Wiederholung von Plattitüden die Erörterung von Standpunkten ersetzt und persönliche Anekdoten an die Stelle der juristischen Analyse getreten sind»[32]. Als Obama sie 15 Jahre später selbst für den Supreme Court nominierte, spielte sie indes das gleiche Spiel.[33] Wenn Kandidaten in der Nach-Bork-Zeit in die Bredouille gerieten wie Thomas oder Kavanaugh, dann meist wegen Vorwürfen sexueller Belästigung oder anderer persönlicher Verfehlungen.

Bis in die 2000er Jahre votierte der Senat in der Regel per Akklamation oder mit wenigen Gegenstimmen für die vom Präsidenten vorgeschlagenen Kandidaten. Nur 22% der Nominierten wurden abgelehnt oder zogen ihre Nominierung zurück. Noch in den 1980er Jahren erhielten Richter wie Sandra Day O'Connor, Antonin Scalia und Anthony Kennedy keine einzige Nein-Stimme im Senat, in den 1990er Jahren David Souter und Ruth Bader Ginsburg lediglich drei und Stephen Breyer neun. Seit den 2000er Jahren wurden die Voten immer enger, von 2017 bis 2023 erzielte keiner der vier Nominierten mehr als 54 Stimmen.[34] Und vier der sechs konservativen Richter im Supreme Court von 2024 waren von Senatoren bestätigt worden, die weniger als die Hälfte der US-Bevölkerung repräsentierten.[35]

Die Weltanschauung der Kandidaten spielte historisch eine geringe Rolle, und die Präsidenten kannten sie meist nicht im Detail. 1953 war es etwa noch möglich, dass der Republikaner Eisenhower seinen Parteifreund Earl Warren zum Vorsitzenden Richter des Supreme Court berief, der sich dann unerwartet als Vorkämpfer für Bürgerrechte profilierte. Der von Bush sr. 1990 nach einem oberflächlichen Gespräch vorgeschlagene David Souter gerierte sich zum Ärger der Republikaner ebenfalls liberaler als erwartet. Eine ähnliche Fehleinschätzung ist seit den 2000er Jahren so gut wie ausgeschlossen, weil vor einer Nominierung jede frühere Äußerung und jedes Urteil eines Kandidaten auf politische Implikationen seziert werden.

Obwohl das Oberste Gericht seit den 1970er Jahren konservativer wurde, gab es von Republikanern berufene Amtsinhaber, die öfters mit den liberalen Vertretern stimmten: zunächst Day O'Connor, dann Souter und Kennedy, schließlich Roberts. Seit den Tagen Präsident Clintons benannten demokratische Präsidenten nur mehr progressive, Republikaner nur mehr konservative Richter.[36] Die ideologische Spaltung schlug aber erst in den 2010er Jahren voll durch, als sich Demokraten wie Republikaner von einer Änderung des Mehrheitsverhältnisses im Supreme Court zu ihren Gunsten einen langanhaltenden politischen Einflussgewinn versprachen.

Wie verbissen der Kampf um das Gericht seither geführt wird, zeigte die Nachfolge Antonin Scalias.[37] Er war am 13. Februar 2016 überraschend gestorben. Verfassungsgemäß schlug Obama einen Nachfolger vor. Der republikanisch dominierte Senat verweigerte ihm jedoch in einem Akt beispielloser Obstruktion eine Beratung und Abstimmung in der Hoffnung, ein Präsident der eigenen Partei werde nach seiner Amtsübernahme im Januar 2017 einen konservativen Kandidaten benennen. Nie in der Geschichte wurde ein für den Supreme Court nominierter Richter länger blockiert. Tatsächlich ging dieses, die Normen der Verfassung aufs Äußerste dehnende Kalkül der Republikaner mit Trumps Wahlsieg auf. Bereits eine gute Woche nach seinem Einzug ins Weiße Haus benannte dieser Bezirksrichter Neil Gorsuch für die offene Stelle. Als demokratische Senatoren ein *Filibuster* androhten, schafften die Republikaner Anfang April 2017 dieses Instrument ab und setzten ihren Kandidaten mit 54 zu 45 Stimmen durch. Nur ein Oberster Richter war knapper ins Amt gelangt seit 1888.[38]

Doch es sollte noch enger kommen. Im Juli 2018 konnte Trump mit dem altersbedingten Rücktritt von Anthony Kennedy eine weitere Vakanz füllen. Da sich Kennedy oft zwischen den vier konservativen und den vier progressiven Richtern positioniert hatte, ergab sich damit für den Präsidenten die Chance, die Ausrichtung des Gremiums entscheidend zu verändern. Er nominierte Brett Kavanaugh, einen stramm Rechten, den der Senat nach harten Auseinandersetzungen mit 50 zu 48 Stimmen bestätigte. Dieses mit einer Ausnahme knappste Ergebnis in der 230-jährigen Geschichte bescherte dem Obersten Gericht erstmals seit Franklin Roosevelts Tagen eine eindeutige konservative Mehrheit.

Der größte Preis fiel Trump freilich mit dem Tod der linksliberalen Ruth Bader Ginsburg am 18. September 2020 in den Schoß, weil sie im Gegensatz zu seinen ersten beiden Berufungen von einem demokratischen Präsidenten ernannt worden war. Jetzt konnte er die neue Mehrheit entscheidend ausbauen. Bereits eine gute Woche später nominierte er die konservative Amy Coney Barrett. Obwohl mitten im Wahlkampf normalerweise wenig passiert in Washington, peitschte Mehrheitsführer Mitch McConnell das Verfahren durch den Senat.[39] Am 26. Oktober, eine Woche vor dem Wahltag, bestätigte die Kammer die Kandidatin mit 52 zu 48 Stimmen. Hatten die Demokraten 2016 noch gehofft, den Supreme Court nach dem Tod des von Reagan berufenen Scalia zu ihren Gunsten zu drehen, verfügten die Republikaner vier Jahre danach über sechs der neun Richterstimmen und damit über eine Supermehrheit. Die Politikwissenschaftsprofessoren Andrew Martin und Kevin Quinn entwickelten ein Modell, das die weltanschaulichen Positionen der Richter bestimmte.[40] Es zeigte die seit Mitte der 1990er Jahre stärker werdende ideologische Spaltung des Gerichts und die Machtübernahme der Konservativen während der Trump-Administration.

Von der neuen Mehrheit erwartete Trump eine Unterstützung seiner Politik. Wiederholt hatten Bezirks- und Berufungsrichter seine Erlasse zur Einwanderungs- und Asylpolitik außer Kraft gesetzt. Einen von ihnen verunglimpfte der Präsident wutentbrannt als «sogenannten Richter», einen anderen als «Obama-Richter». Dies ging sogar dem Vorsitzenden des Supreme Court Roberts, selbst von Bush jr. ernannt, zu weit. Er trat solch flagranten Politisierungsversuchen mit dem Statement entgegen, die USA hätten keine «Obama-Richter oder Trump-Richter, Bush-Richter oder Clinton-Richter». Der Präsident schlug umgehend in einem Tweet zurück: «Es tut mir leid, Chief Justice Roberts, aber natürlich gibt es ‹Obama-Richter›, und sie sehen die Dinge ganz anders als die Leute, die sich qua Amt um die Sicherheit unseres Landes kümmern müssen.»[41]

9. VOM SCHIEDSRICHTER ZUM MITSPIELER: DIE GERICHTE

Dass Trump nicht Unrecht hatte, demonstrierte das Abstimmungsverhalten. Die Konservativen votierten zuverlässig für Initiativen des Präsidenten, die beim Gericht zur finalen Entscheidung landeten – darunter der Einreisebann für Muslime, das Verbot des Militärdiensts für Transsexuelle, die Freigabe von Mitteln des Verteidigungshaushalts für den Mauerbau und die Beschränkung des Asylrechts. Auch nach der Abwahl Trumps setzten die Konservativen ihre Agenda machtvoll durch, in der Amtsperiode 2021/22 etwa mit den Entscheiden zu Abtreibung, Waffenbesitz und Klimaschutz.[42] Trotz aller ideologischen Spannungen gehen die Richter respektvoll und kollegial miteinander um. Scalia und Bader Ginsburg, mehr als zwei Jahrzehnte am entgegengesetzten Ende des politischen Spektrums, teilten die Liebe zur Oper und feierten viele Jahre Silvester zusammen.[43]

Der für die Demokraten unglückliche Zeitpunkt von Bader Ginsburgs Tod verdeutlicht, wie wichtig ein gut organisierter Abgang aus dem Supreme Court für Richter wäre, wollten sie von Gleichgesinnten ersetzt werden. Trotzdem traten nur wenige Richter seit Beginn der parteipolitischen Polarisierung Ende der 1960er Jahre aus solchen Gründen zurück. Einige hatten sich mit fortschreitendem Alter von den Positionen ihrer Partei entfernt, andere genossen ihre Macht zu sehr, als dass sie sie freiwillig früher abgaben. Und selbst jene, die ihr Ausscheiden hätten politisch timen wollen, besaßen dazu vielleicht nicht die Gelegenheit.[44] Denn niemand kann vorhersagen, wie lange eine Partei den Präsidenten stellt und welche Mehrheit bei den nächsten Wahlen den Senat dominiert. Es gibt allerdings Ausnahmen. Der progressive Stephen Breyer trat 2022 trotz guter Gesundheit im Alter von 83 Jahren wohl deshalb zurück, weil ihn Aktivisten der Demokraten dazu drängten.[45] Sie wollten Präsident Biden und der demokratischen Senatsmehrheit die Möglichkeit geben, einen jüngeren Nachfolger zu bestimmen. Dies tat Biden auch, indem er die 52-jährige Brown Jackson nominierte. Der Senat bestätigte sie mit 53 zu 47 Stimmen.

Die Politisierung des Supreme Court trägt dazu bei, dass seine Zustimmungswerte kollabieren. Im Juli 2023 lagen sie mit 44% auf dem niedrigsten Stand seit Beginn entsprechender Umfragen 1987; bis dahin hatte eine Mehrheit der Amerikaner die Arbeit der Richter gutgeheißen – 1995 sogar mit einer Quote von 80%. Und wichen die Einschätzungen von Republikanern und Demokraten die längste Zeit nicht stark voneinander ab, tat sich nun eine Schere auf: 2023 sahen 68% der Republikaner das Oberste Gericht positiv, aber lediglich 24% der Demokraten. Besonders negativ beurteilten es Schwarze, Junge und Gutausgebildete. Der ausschlaggebende Grund: die Entscheidung der sechs konservativen Richter in *Dobbs v. Jackson Women's Health Organization* im Juni 2022, das nationale Recht auf Abtreibung zu beenden.[46]

Politisch erwies sich die Revision des *Roe-v.-Wade*-Urteils allerdings als Pyrrhussieg für die Republikaner. So sehr es ultrareligiöse Parteianhänger feierten, so stark mobilisierte es seine Gegner. Sechs von zehn Wählern hielten den Entscheid für falsch, darunter 77% der Frauen zwischen 18 und 49 und selbst 31% der Republikaner.[47] Der Unmut bescherte den Demokraten Siege bei Referenden, Richterwahlen und den Mid Terms 2022. In jenem Jahr gewannen die *Pro-Choice*-Gruppen alle sechs Volksabstimmungen zum Schwangerschaftsabbruch. Sogar in den normalerweise tiefkonservativen Staaten Kansas und Kentucky lehnten die Wähler Verfassungszusätze ab, die den Zugang zu Abtreibungen einschränken wollten.[48] Hatte *Roe* den Republikanern jahrzehntelang evangelikale Wähler zugetrieben, profitierten von *Dobbs* jetzt die Demokraten.

Das Ansehen des Gerichts litt weiter durch die Nachricht, dass Clarence Thomas' Frau Ginni Trumps Wahlbetrugsversuch unterstützte. Der Richter selbst hatte innerhalb der vergangenen 20 Jahre drei Dutzend Luxusreisen und andere Geschenke von einem konservativen Milliardär erhalten und nicht deklariert sowie mehrmals Einkünfte in seiner Steuererklärung verschwiegen. Trotzdem erklärten sich weder Thomas noch Alito, der ebenfalls eine Reise in einem Privatjet spendiert bekommen und nicht öffentlich gemacht hatte, für befangen, als ihre Gönner als Streitparteien vor den Supreme Court traten.[49] Diese Affären führten zu Forderungen nach schärferen ethischen Vorgaben für die Obersten Richter. Da die Verfehlungen indes von den konservativsten Mitgliedern ausgingen, sprangen ihnen ideologisch wohlgesonnene Politiker bei. Eine Initiative der Demokraten, Reformen gesetzlich zu verankern, nannte der republikanische Senator John Kennedy «dead as fried chicken»[50]. Angesichts der öffentlichen und medialen Kritik sahen sich die Richter jedoch gezwungen, sich im November 2013 erstmals einen Verhaltenskodex zu geben.[51]

Ein imperialer Supreme Court?

Der Supreme Court ist in den vergangenen Jahren nicht nur konservativer geworden, sondern hat auch seine Macht gegenüber Behörden, Kongress, Einzelstaaten und den Bürgern ausgebaut. Juraprofessor Mark Lemley argumentierte in einem Artikel mit dem Titel *The Imperial Supreme Court*: «Das Gericht hat nicht eine Regierungsgewalt gegenüber einer anderen bevorzugt oder die Einzelstaaten gegenüber der Bundesregierung oder die Rechte der Menschen gegenüber den Regierungen. Vielmehr entzieht es ihnen allen gleichzeitig die Macht.»[52]

So urteilten die Richter in *West Virginia v. EPA* 2022, die Umweltschutzagentur EPA könne Treibhausgas-Emissionen nicht so einfach wie bisher regulieren. Bundesbehörden dürften nämlich gemäß der «Wichtige-Fragen-Doktrin» keine weitreichenden Entscheidungen treffen ohne «klare Autorisierung» des Kongresses.[53] Weil das Parlament wegen der parteipolitischen Polarisierung aber oft gelähmt war, kam es kaum mehr zu einer Anpassung von Gesetzen. Den *Clean Air Act* zum Beispiel ergänzten die Parlamentarier seit 1990 nicht mehr, die letzte Korrektur eines Richterspruchs fand 2009 statt. Damit bestimmte der Supreme Court, was eine «wichtige Frage» war.[54] Im Zuge dieser Doktrin annullierte er während der Corona-Pandemie das von der Gesundheitsbehörde angeordnete Räumungsmoratorium für Mieter und die von der Arbeitsschutzagentur verhängte Impfpflicht für Großunternehmen.

Der Supreme Court schmälerte zugleich die Macht des Kongresses. Im 19. Jahrhundert hatten die Richter etwa nur 22 Mal ein Bundesgesetz für ganz oder teilweise ungültig erklärt. Im 20. Jahrhundert taten sie das 110 Mal und allein 37 Mal von 2000 bis 2022.[55] 2020 beschnitt das Oberste Gericht das Recht von Parlamentsausschüssen, Dokumente der Trump-Regierung einzusehen, 2021 schränkte es das vom Kongress beschlossene Klagerecht gegen die Weitergabe von Daten zur Kreditwürdigkeit ein, 2022 höhlte es das Gesetz zur Wahlkampffinanzierung weiter aus.[56]

Selbst Bezirks- und Berufungsgerichte verlieren an Macht, weil ihnen der Supreme Court Kompetenzen entzieht, etwa bei der juristischen Überprüfung von Inhaftierungen und Deportationen von illegalen Immigranten. Ein weiteres Beispiel für seine neue Selbstermächtigung sind Notfallentscheide (*shadow dockets*[57]), die ohne Anhörung und mit spärlicher Begründung erfolgen und bei denen die Richter ihr Stimmverhalten selten aufdecken. Ihre Zahl ist in den vergangenen Jahren explodiert. Von 2001 bis 2017 ging der juristische Vertreter der Bundesregierung, der Generalanwalt (*solicitor general*), nur acht Mal mit Notfallanträgen zum Obersten Gericht – und das meist in unstrittigen Verfahrensfragen. Unter Trump tat er dies 41 Mal, darunter in inhaltlich so brisanten Angelegenheiten wie der Nutzung von Geld des Verteidigungsministeriums für den Mauerbau an der Südgrenze, dem Einreiseverbot für Muslime und der Hinrichtung von Insassen in Bundesgefängnissen. 28 Mal gewann die Regierung.[58] In der Sitzungsperiode 2021/22 erließ der Supreme Court sogar mehr Notfall- (66) als reguläre Urteile (60).[59] Richterin Kagan kritisierte, das Gericht nutze «die Notfallentscheide überhaupt nicht für Notfälle. Sie wurden vielmehr zu einem weiteren Ort für inhaltliche Urteile – allerdings ohne vollständige Unterrichtung und Argumente».[60]

Früher betrieben konservative Richter meist eine Verlagerung von Befugnissen vom Bund auf die Einzelstaaten, beim *Dobbs*-Urteil zur Abtreibung zum Beispiel gingen sie diesen Weg. Doch seit 2021 schränkte die Mehrheit der Entscheide das Recht der Staaten in Bereichen ein, die diese lange Zeit selbst bestimmten, zum Beispiel Gesundheit und öffentliche Sicherheit. Die Richter versagten es New York, das Tragen von Waffen im öffentlichen Raum zu regulieren, Kalifornien, Covid durch Beschränkung von Gruppenansammlungen bei Gottesdiensten einzudämmen, und Schulbezirken, ihren Mitarbeitern eine Führungsrolle bei Gebeten in ihren Einrichtungen zu verbieten. Schließlich schmälerte das Gericht die Rechte der Bürger, am deutlichsten bei der Abtreibung, der Stimmabgabe bei Wahlen und unfair gezogenen Wahlkreisgrenzen.

Dieser Machtausweitung des Supreme Court liegt keine geschlossene juristische Doktrin zugrunde; oft entspringt sie dem Wunsch, eine konservative Agenda durchzusetzen. Was immer dem Gericht dabei im Weg steht, seien es Präzedenzfälle, Verfahrensregeln oder gar die von der Mehrheit angeblich geteilte originalistische Verfassungsinterpretation, wird opportunistisch beiseitegeschoben. Lemley vermutet, dass «die Einschränkungen, die [der Supreme Court] der Macht des Kongresses, der

Verwaltungsbehörden, der unteren Gerichte und der Einzelstaaten auferlegte, einfach ein Nebenprodukt seines Wunsches sind, das Gesetz in der Sache neu zu schreiben»[61].

Dies ist nicht das erste Mal, dass das Gericht politisch agiert. Von Beginn der Progressiven Ära bis in die Tage des New Deal stellte sich der Laissez-Faire-Supreme-Court gegen Staatseingriffe und hob fast 200 entsprechende Gesetze des Bundes und der Einzelstaaten auf, darunter zu Kinderarbeit, Mindestlöhnen und Sicherheit am Arbeitsplatz. Von den 1950er bis zu den 1970er Jahren setzte der Warren Court eine ganze Reihe von linksliberalen Projekten zu Rassendiskriminierung, Schulgebet, Verhütung und Abtreibung durch. All diesen Phasen ist gemein, dass das Oberste Gericht Fragen regelte, die eigentlich der Kongress durch Gesetze hätte entscheiden müssen. Damit machte es sich zum Ziel politischer Einflussnahme. Klüger wäre es für den Supreme Court gewesen, die Lösung solch kontroverser Themen der demokratischen Kompromissfindung zu überlassen.[62] Schon Brandeis, einer seiner großen Richter, mahnte in den 1920er Jahren, «the most important thing we do is not doing»[63].

Nach weltanschaulich-aktivistischen Phasen schwenkte der Supreme Court allerdings regelmäßig auf eine moderate Position ein. Einige Beobachter sehen erste Anzeichen, dass das auch diesmal geschieht. 2022/23 auf jeden Fall rückte das Gericht mit Urteilen zu Wahlverfahren, Einwanderung, Rolle von Einzelstaatsparlamenten bei Präsidentschaftswahlen und Ureinwohnerrechten zurück in die Mitte der Gesellschaft. Fanden sich die konservativen Richter in der vorhergegangenen Sitzungsperiode noch in 80% der Fälle in der Mehrheit und die linksliberalen in weniger als der Hälfte, lauteten 2022/23 die Zahlen 73 und 64%.[64] SZ-Politikchef Stefan Kornelius folgerte, der Supreme Court sei zwar «ein aus ideologischem Antrieb besetztes Gericht», aber das mache ihn «noch nicht zu einem ideologischen Gericht».[65]

Daran ist richtig: Juristischer Konservativismus deckt sich nicht automatisch mit politischem, und die Richter haben ein Gespür dafür, wenn ihre Urteile zu weit vom Zeitgeist abweichen. Allerdings verfügt die rechte Mehrheit mit den *shadow dockets* über ein neues Instrument, ihren weltanschaulichen Präferenzen am normalen Urteils- und Anhörungsprozess vorbei Geltung zu verschaffen. Stephen Vladeck, ihr bester Kenner, zeigt, wie konservative Richter Trumps Notfallanträge deutlich häufiger stützten als diejenigen Bidens, etwa in Fragen der Einwanderung und der Wahlkreisgrenzen. Die Berufung Coney Barretts 2020 mochte bei regulären Sprüchen geringe Auswirkungen auf das Gericht gehabt haben, bei den *shadow dockets* war sie «unmittelbar und stark».[66] So weitete die überzeugte Katholikin systematisch die religiösen Rechte auf Kosten anderer Verfassungsprinzipien aus.

Weniger öffentlichkeitswirksam, doch kaum weniger bedeutend als die Berufungen an den Supreme Court waren die an Bezirks- und Berufungsgerichte. Trump betrieb sie besonders extensiv und effizient. Zwischen 2017 und 2021 nominierte er wie am Fließband rechte Juristen, die die Mehrheit seiner Partei im Senat umgehend bestätigte. Von den 816 Bundesrichtern, die am Ende seiner Amtszeit aktiv waren, hatte er 226 (28%) bestellt. Bei den wichtigen Berufungsrichtern füllte kein Präsident vor ihm in vier Jahren mit 54 Ernennungen mehr Posten – «mit der Effizienz eines Bulldozers», so ein Gerichtsexperte.[67] Das konnte er auch deshalb tun, weil der republikanische Mehrheitsführer McConnell in Obamas beiden letzten Amtsjahren dessen Nominierungen systematisch blockierte und Trump damit 105 Vakanzen bescherte. Biden wollte es seinem Vorgänger gleichtun, hatte aber weniger freie Stellen zu besetzen. In seinen ersten drei Amtsjahren brachte er 134 Bezirks- und 40 Berufungsrichter durch den Senat.

Auf jeden Fall haben die Demokraten wie vor ihnen die Republikaner verstanden, welch enorme Bedeutung den Gerichten für ihre politische Agenda zukommt. In Zeiten, in denen die parteipolitische Konfrontation den Washingtoner Politikbetrieb lähmt, suchen beide Parteien nach Wegen, diese Ziele außerhalb der dafür von den Verfassungsvätern eigentlich vorgesehenen Arena durchzusetzen. Die Bundesgerichtsbarkeit bietet *eine* Möglichkeit dafür, der Föderalismus, wie das folgende Kapitel zeigen wird, eine andere.

10. DIE UNVEREINIGTEN STAATEN: DER FÖDERALISMUS

90% der Länder der Welt sind zentralistisch organisierte Einheitsstaaten, darunter Autokratien wie China oder Saudi-Arabien, aber auch Demokratien wie Frankreich, Japan oder Schweden. Die USA gehören zu den Ausnahmen, da dort die Einzelstaaten wichtige Politikbereiche autonom verantworten – vom Bund unabhängig und in ihrer Existenz und in ihren Rechten durch die Verfassung geschützt. Kongress und Präsident können im Alleingang weder die Grenzen eines Staats verändern noch dessen Regierung, solange diese demokratisch ist. Der amerikanische Föderalismus ist ausgeprägter als etwa der deutsche, österreichische oder kanadische. Das hat mit der Gründungsgeschichte der Nation zu tun, die als Konföderation, also als Staatenbund, begann, und mit dem Selbstverständnis ihrer Bürger: Für sie ist ‹Washington› weit entfernt, und die Staaten und Kommunen bilden ein Schutzschild ihrer Individualität und Identität.

Die vorangegangenen Kapitel zeigten: Die parteipolitische Polarisierung prägt Wählerverhalten, Wahlkampfstrategien, Regierungspolitik, Kongressabstimmungen und Supreme-Court-Besetzungen. Besonders offenbar wird sie in den 50 Einzelstaaten. In Mississippi, dem konservativsten, oder Kalifornien, dem progressivsten, zu wohnen, ist heute ein gewaltiger Unterschied. Zentrale Lebensbereiche wie Krankenversicherung, Covid-Impfung, Schulwesen, Wahlen, Abtreibung, Waffenbesitz, Todesstrafe, Mindestlohn, Gewerkschaftsmitgliedschaft, Behandlung von illegalen Einwanderern, Energiepolitik, Luftqualität oder Klimaschutz sind anders geregelt. Mississippi verbietet zum Beispiel seit 7. Juli 2022 alle Abtreibungen, Kalifornien erlaubt sie bis zur 24. Schwangerschaftswoche und verankerte dieses Recht am 8. November 2022 sogar durch ein Referendum in seiner Verfassung.[1] Wurden die USA seit dem New Deal mit seiner aktiven Bundesgesetzgebung immer homogener, driften die Staaten seit den 1980er Jahren weltanschaulich und politisch immer stärker auseinander.

Ursprünge

Die USA waren in vielerlei Hinsicht ein revolutionäres Experiment, so auch bei der Gründung des ersten Bundesstaats der Geschichte. Er wurde aus der Not geboren, weil die aus den Kolonien hervorgegangenen Einzelstaaten als separate Einheiten keine Chance im Krieg gegen die Briten gehabt hätten. Die Warnung «We must all hang together, or most assuredly we shall all hang separately» drückt die Stimmung der Delegierten recht plastisch aus – und geht wohl nicht auf Benjamin Franklin bei Unterzeichnung der Unabhängigkeitserklärung 1776 zurück, wie oft behauptet.[2] Zugleich wollten die Staaten noch in den Konföderationsartikeln von 1781 so wenige Kompetenzen wie möglich an den Bund übertragen.

Die Erfahrung des beinahe verlorenen Kriegs und des Bauernaufstands in Massachusetts ließ die Gründerväter im zweiten Verfassungsanlauf 1787 vom Staatenbund zum Bundesstaat voranschreiten. Washington, Adams und Hamilton drängten in den Jahren danach auf weitere Zentralisierung, Jefferson und Madison favorisierten mächtige Einzelstaaten. Madison argumentierte in *Federalist* Nr. 10 sogar, ein ausgeprägter Föderalismus verhindere, dass «der Einfluss von aufständischen Führern» in einem Staat alle Staaten ergreift.[3] Der 10. Verfassungszusatz verbesserte 1791 die Position der Gegner einer kraftvollen Zentralgewalt. Er schrieb fest: Die Bundesregierung verfügt nur über die Kompetenzen, die ihr die Verfassung explizit zuweist, alle anderen verbleiben bei den Staaten. Seither bildet, so der Doyen der deutschen USA-Forschung Ernst Fraenkel 1960, «die Frage, ob eine bestimmte Materie durch den Bund oder die Einzelstaaten zu regeln ist, ein Politikum allerersten Ranges»[4]. Dabei spielte der Supreme Court eine herausragende Rolle. Schränkte er unter dem Vorsitz John Marshalls (1801–35) zunächst die Einzelstaatsrechte ein, setzten dessen Nachfolger das Konzept des *dual federalism* durch. Es besagt, dass nationale und einzelstaatliche Regierungen unterschiedliche, klar definierte Aufgaben haben, die sich kaum überlappen.[5]

Es war Sklavereigegner Abraham Lincoln, der in seiner Debatte mit dem Anhänger der Einzelstaats-Rechte Stephen Douglas auf eine Stärkung der nationalen Ebene drängte. Die Staaten sollten allein jene Dinge regeln, so der spätere Präsident, «die sich ausschließlich auf sie selbst beziehen, die lokaler Natur sind und keine Verbindung zur Bundesregierung haben»[6]. Im Bürgerkrieg baute Washington seine Kompetenzen enorm aus, etwa indem es Soldaten für eine Bundesarmee einberief und ein nationales Bankensystem einführte. Noch bedeutender waren die Verfassungszusätze der Reconstruction-Jahre, insbesondere das 14. Amendment von 1868. Es verbot den Einzelstaaten, Bürgern, das heißt vor allem Schwarzen im Süden, die Gleichbehandlung und ordentliche Gerichtsverfahren zu verweigern. Wie sehr sich in diesen Jahren eine nationale Identität herausbildete, veranschaulicht die sprachliche Metamorphose: Vor dem Krieg sagten die Menschen «the United States are ...», danach «the United States is ...»[7].

Doch erneut sprang – von konservativen Kräften dominiert – das Oberste Gericht den Staaten bei. Weil es die Gleichstellung der Schwarzen und Regulierungen im Wirtschaftsleben fürchtete, widersetzte es sich einer Ausweitung der Bundeskompetenzen. 1873 belebte der Supreme Court die Doktrin des dualen Föderalismus neu mit dem Spruch, der 14. Verfassungszusatz gelte nur für Bundes- und nicht für Einzelstaatsgesetze. Und 1883 erklärte es, das Bürgerrechtsgesetz von 1875 betreffe allein die Regierungen, nicht Individuen in den Einzelstaaten. Damit konnten weiße Südstaatler nach Abzug der Truppen des Nordens die Schwarzen durch die Jim-Crow-Gesetze erneut unterdrücken. Auch in der Wirtschaftspolitik schränkte der Supreme Court die Macht des Bundes ein. Er urteilte, der Kongress könne zwar ökonomische Aktivitäten *zwischen* den Einzelstaaten regeln, aber nicht *in* ihnen. Der Entscheid war Ausdruck der Laissez-Faire-Überzeugungen der Richter und erschwerte es Washington, Kartelle und Monopole zu bekämpfen oder Kinderarbeit einzudämmen.

In den 1930er Jahren gelangte diese Ära an ihr Ende. Die steigende ökonomische Verflechtung der Einzelstaaten verwischte den Unterschied von zwischen- und innerstaatlichen Wirtschaftsfragen. Zugleich setzte Roosevelt im Kampf gegen die Große Depression auf eine energische Bundespolitik. Nachdem der Supreme Court diese anfangs torpediert hatte, lenkte er unter Druck Roosevelts 1937 ein und gewährte Washington große Freiheiten, die Wirtschafts- und Sozialpolitik der Nation zu gestalten. Der Eintritt in den Zweiten Weltkrieg ermächtigte die Zentralregierung weiter, weil der Konflikt eine gigantische organisatorische und finanzielle Kraftanstrengung erforderte. Das Modell des Schichtkuchens (*layer cake*), in dem die Zuständigkeiten zwischen Bund und Einzelstaaten penibel getrennt waren, machte Platz für das des Marmorkuchens (*marble cake*) mit fließenden Grenzen zwischen den Ebenen. An die Stelle des dualen trat der kooperative Föderalismus mit geteilten Kompetenzen bei sich überlappenden Fragen.

In den 1960er und 1970er Jahren schnellte der Aktivismus der Zentralregierung noch einmal nach oben. Hatte Roosevelt unter anderem Rentensystem (*social security*) und Arbeitslosenversicherung landesweit eingeführt, baute Präsident Johnson (1963–69) die Bundeszuständigkeiten mit seinen *Great-Society*-Maßnahmen aus. Das Gesundheitsprogramm für Bedürftige (*Medicaid*), die Krankenversicherung für Alte und Behinderte (*Medicare*), die Ausbildungs-, Verbraucherschutz- und Umweltgesetze sowie das Bürgerrechts- und das Wahlrechtsgesetz erweiterten den Aufgabenbereich der Zentralregierung massiv. Da Washington diese Programme ganz oder teilweise über Zuschüsse (*grants*) finanzierte, konnte es in die Politik der Einzelstaaten hineinwirken. Überwies der Bund 1960 erst 55 Milliarden Dollar für 132 Programme an die Staaten, waren es zehn Jahre später inflationsbereinigt schon 152 Milliarden für 400 Programme und 2019 667 Milliarden für fast 1300 Programme.[8] Inzwischen fließen 60% der Mittel in den Gesundheitsbereich, in erster Linie Medicaid.

Wer zahlt, schafft an. Über den Hebel der Zuschüsse bewegte die Zentralregierung die Einzelstaaten in die von ihr politisch gewünschte Richtung oder zur Übernahme nationaler Regeln. Staaten und Kommunen erhielten etwa *grants*, wenn sie in Wasseraufbereitung, Schulen oder Stadterneuerung investierten. Während der Ölkrise 1973 verabschiedete der Kongress ein Gesetz über eine nationale Geschwindigkeitsbegrenzung von 55 Meilen pro Stunde (89 km/h). Wollten die Einzelstaaten weitere Fördermittel für die Reparatur ihrer Highways, mussten sie sich an die neue Vorgabe halten.[9] Parallel griff der Kongress zu Bundesmandaten (*federal mandates*), um die subnationalen Regierungsebenen auf Kurs zu bringen. Titel VI des Bürgerrechtsgesetzes von 1964 verbot, jemandem Bundeshilfen aufgrund von «Rasse, Hautfarbe oder nationaler Herkunft»[10] vorzuenthalten. Die Nutzung der *federal mandates* nahm in den 1970er Jahren so stark zu, dass ein Beobachter die USA schon in einer Ära des Zwangsföderalismus (*coercive federalism*) sah.[11] Ronald Reagan (1981–89) versuchte den Trend zu einer starken Zentralregierung zu brechen. Mit seinem ‹neuen Föderalismus› (*new federalism*) wollte er Kompetenzen an Einzelstaaten und Kommunen zurückverlagern. Reagans Dezentralisierungs-Revolution (*devolution revolution*) ersetzte spezielle, an Auflagen geknüpfte *categorical grants* durch flexible *block grants*, die den Staaten mehr Freiheit bei der Geldverwendung gewähren sollten. Gleichzeitig kürzte der Bund Steuern und Sozialausgaben, und die Staaten, allen voran die von Demokraten regierten, kompensierten beides. Die öffentlichen Ausgaben – und damit die politische Macht – verlagerten sich von Washington auf die subnationale Ebene.

Dass immer mehr Amerikaner die Zentralregierung skeptisch sahen und Einzelstaaten und Kommunen positiv, spielte Reagan in die Hände. Hatten sich 1936 noch 56% eine Machtkonzentration beim Bund gewünscht, waren es 1981 nur mehr 28%. Seither verharren die Zustimmungswerte für Washington auf niedrigem Niveau. Auffällig ist dabei die parteipolitische Kluft. 2016 wollten 62% der Demokraten, aber lediglich 17% der Republikaner eine starke Zentralgewalt.[12] Der Grund: Seit den 1990ern fürchten Letztere, der Bund treibe progressive Projekte wie die gleichgeschlechtliche Ehe und das Recht auf Abtreibung voran.[13] Die Staaten waren für sie Bastionen gegen eine Zwangsmodernisierung der Gesellschaft aus dem fernen Washington – ganz so, wie konservative Wähler im Süden in den 1950er und 1960er Jahren unter Verweis auf «Einzelstaatsrechte» (*state rights*) Bürgerrechtsgesetze und Emanzipation der Schwarzen ablehnten.

Letztlich gelang es weder Reagan noch George W. Bush, der mit ähnlichen Versprechen angetreten war, die Zentralregierung zurückzudrängen. Im Kongress widersetzten sich Demokraten und gemäßigte Republikaner diesem Ansinnen, und mächtige Interessengruppen verteidigten ihre bundesstaatlichen Lieblingsprogramme. Zudem verfolgten die beiden Präsidenten ihre Ziele nicht immer stringent. Wenn es nämlich um ihre eigene konservative Agenda ging wie ein Mindestalter für Alkoholkonsum, den Ausbau von Offshore-Ölbohrungen, das Verbot bestimmter Abtreibungsmethoden oder Arbeitsauflagen für Sozialhilfebezieher, dann nahmen sie auf Staaten und Kommunen keine Rücksicht.[14] Seit der

Jahrhundertwende stärkten große nationale Krisen und Projekte den Zentralstaat. Die Terroranschläge von 2001 und der folgende *War on Terror*, die Verwüstungen von Hurrikan Katrina 2005, die Wirtschafts- und Finanzkrise 2008 bis 2010 und die Lockdowns im Zuge der Covid-Pandemie führten zu Kompetenzerweiterungen und einer Ausgabenexplosion des Bundes.

Wie zu früheren Zeiten war es der Supreme Court, der dem Machtzuwachs Washingtons Einhalt gebot. Das Rehnquist- (1986–2005) und das Roberts-Gericht (seit 2005) trafen mit konservativer Mehrheit entsprechende Urteile:[15] 1995 erklärten die Richter ein Bundesgesetz für ungültig, das den Waffenbesitz in und um Schulen verbot, weil es das Recht der Einzelstaaten unterlaufe, den Handel zwischen ihnen zu regulieren. 2013 annullierten sie das Herzstück des *Voting Rights Act* von 1965 und beendeten die Zustimmungspflicht des Justizministeriums zu Wahlrechtsänderungen in neun Einzelstaaten, die früher Schwarze diskriminiert hatten.[16] Und als Höhepunkt kippte das Oberste Gericht 2022 in *Dobbs* das nationale Abtreibungsrecht mit der Begründung: «Die Verfassung verbietet es den Bürgern der einzelnen Staaten nicht, die Abtreibung zu regeln oder zu verbieten.»[17] Die Sprüche erleichterten es den Parteien, ihre Ziele wenn schon nicht auf Bundes-, so zumindest auf Einzelstaatsebene zu verwirklichen.

Institutionen und Verfahren

Das Regierungssystem der Einzelstaaten entspricht weitgehend dem der Bundesebene. Jeder Staat hat eine Verfassung, einen Supreme Court, einen Gouverneur, der im Gegensatz zum Präsidenten direkt gewählt wird, und einen Kongress, der bis auf Nebraska aus zwei Kammern besteht. Die Kompetenzen der Gouverneure sind unterschiedlich ausgestaltet: Starke haben breite Haushaltsbefugnisse, ein Vetorecht gegen einzelne Haushaltspositionen (*line-item veto*), Ernennungsvollmachten, keine staatsweit gewählten Rivalen und keine Amtszeitbegrenzung, schwachen fehlen diese Attribute. Deshalb rangieren die Amtsinhaber in West Virginia, Maryland und New Jersey oben, die in Rhode Island oder Vermont unten auf der Liste. So prahlte New Jerseys Gouverneur Tom

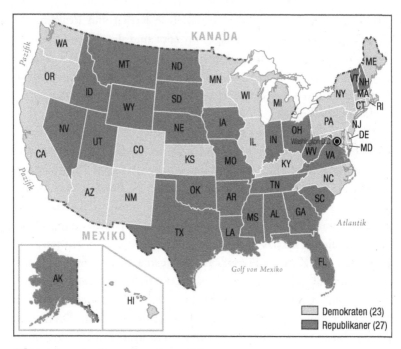

Die Verteilung der Gouverneursämter 2024

Kean (1982–90) vor staunenden Amtskollegen, er könne «Tausende von loyalen Anhängern in pikante politische Ämter berufen, Gesetze auslegen und Schlüsselsektoren der Wirtschaft des Garden State praktisch lahmlegen, um seinen Willen durchzusetzen»[18]. Die Gouverneure werden für vier Jahre gewählt, allein in Vermont und New Hampshire beträgt die Amtszeit zwei Jahre. Kontrollierten die Demokraten 2017 lediglich 16 Gouverneursämter, stieg ihre Zahl bis Anfang 2024 auf 23.

Die Parlamente operieren ebenfalls unterschiedlich: In Texas, Montana, North Dakota und Nebraska treten sie jedes zweite Jahr zusammen und die Abgeordneten arbeiten in Teilzeit; in Kalifornien, New York oder Illinois gibt es gutbezahlte Vollzeitparlamentarier mit großen Stäben. Ihre Wahl muss seit zwei Sprüchen des Supreme Court in den frühen 1960er Jahren in bevölkerungsmäßig ähnlich großen Wahlkreisen erfolgen. Zuvor verfügten die ländlichen Distrikte oft über deutlich weniger Einwohner als städtische und waren damit im Parlament überrepräsentiert.

Die wichtigste Besonderheit der Staaten hauptsächlich im Westen ist die direkte Demokratie. Sie war ursprünglich nicht vorgesehen in ihren Verfassungen. Doch inspiriert von einer Schweiz-Reise schrieb der Arbeiteraktivist James Sullivan 1893 das Buch *Direct Legislation by the Citizenship Through Initiative and Referendum*.[19] Es wurde zur Bibel der Progressiven Bewegung, die um die Jahrhundertwende gegen Monopole, Cliquenpolitik und Korruption vorging. Zwischen 1898 und 1918 verankerten ihre Anhänger direktdemokratische Elemente in den Verfassungen von 26 Staaten. Mit wenigen Ausnahmen finden solche Volksabstimmungen nur in geraden Jahren statt.

Es gibt drei Varianten direkter Demokratie: In einem Referendum bestätigen oder widerrufen Bürger eine Regierungsentscheidung, etwa ein Gesetz oder einen Verfassungszusatz. Referenden gewähren der Bevölkerung eine begrenzte Mitsprache, doch diese kann damit nicht eigenständig agieren oder die Regierung umgehen.

Die Initiative oder Proposition ist die verbreitetste Form direkter Demokratie. Sie betrifft Gesetze oder Verfassungszusätze, die die Bürger an Parlament oder Gouverneur vorbei vorschlagen. In den meisten Staaten ist dafür ein Minimum von Unterschriften nötig, in einigen werden sie auf Verfassungskonformität überprüft. In Kalifornien etwa benötigt eine Gesetzesinitiative 5%, eine Verfassungsinitiative 8% der Unterschriften der bei der letzten Gouverneurswahl abgegebenen Stimmen. Erreicht sie dies, wird sie den Bürgern zur Entscheidung vorgelegt. Staaten mit hohen Hürden wie Oklahoma haben wenige Initiativen, Staaten mit niedrigen viele. In Arizona, einem ‹leichten› Staat, stimmten die Bürger von 2000 bis 2022 über 105 Initiativen ab.[20] Bis 2023 erlaubten beispielsweise 14 Staaten Erwachsenen den Marihuana-Konsum aufgrund von Initiativen und weitere sieben auf parlamentarischem Weg.

Die letzte Form der Bürgerbeteiligung ist der *Recall*, die Abberufung gewählter Regierungsmitglieder oder Parlamentarier während ihrer Amtszeit. Sie ist in 19 Staaten möglich.[21] Allerdings kommt es selten dazu. Gegen Gouverneure etwa wurde ein *Recall* lediglich vier Mal durchgeführt – und er war nur zwei Mal erfolgreich. Der berühmteste Fall: 2003 ersetzten die Kalifornier ihren demokratischen Gouverneur Gray Davis mit dem Republikaner Arnold Schwarzenegger.[22]

Direktdemokratische Instrumente können der Bevölkerung mehr

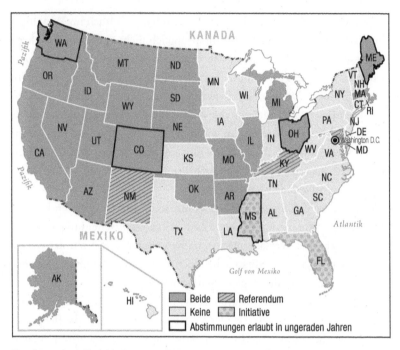

Bestimmungen für Initiativen und Referenden nach Einzelstaat (2021)

Mitsprache verschaffen, aber sie sind nicht unumstritten. Sie hebeln die normalen Mechanismen der repräsentativen Demokratie aus, erschweren politische Langzeitpläne und bevorteilen gut organisierte Interessengruppen. So reduzierten die Kalifornier 1978 in Proposition 13 die Grundsteuer auf 1%, was die Einnahmen der Landkreise einbrechen ließ. Da diese die öffentlichen Schulen finanzieren, mussten sie Lehrer entlassen. Zugespitzt formuliert: Hauseigentümer sparten Geld auf Kosten der Ausbildung der Kinder. Es dauerte fast 25 Jahre, bis die Bürger mit Proposition 30 die Steuern für Spitzenverdiener erhöhten und das Geld unter anderem den Schulen zur Verfügung stellten.[23] «Citizen-power gone mad», kommentierte der *Economist* bissig.[24] Initiativen erreichen also eher selten ihr ursprüngliches Ziel, die Bürger gegenüber den Eliten zu ermächtigen. 2008 analysierte ein Beobachter süffisant:

Die Formel zur Manipulation des kalifornischen Initiativprozesses ist kein großes Geheimnis. Finden Sie einen milliardenschweren Wohltäter, der ideologisch motiviert ist oder ein krasses Eigeninteresse daran hat, mehr als eine Million Dollar auszugeben, um etwas mit Hilfe von Söldnern, die Unterschriften sammeln, auf den Stimmzettel zu bringen. ... Bereiten Sie sich darauf vor, eine Menge Geld für Fernsehwerbung auszugeben und hoffen Sie, dass die Wähler das Kleingedruckte oder die unabhängigen Analysen von Good-Government-Gruppen oder Zeitungsredaktionen nicht bemerken. ... Heutzutage ist das Initiativverfahren nicht mehr das Gegenmittel gegen Sonderinteressen und die Klasse der Geldgeber; es ist das Mittel ihrer Wahl, um zu versuchen, ihren Willen durchzusetzen, ohne die Prüfung und den Kompromiss des Gesetzgebungsverfahrens ertragen zu müssen.[25]

Zwischen 2010 und Ende 2022 gab es im Durchschnitt alle zwei Jahre 161 staatsweite Volksabstimmungen – 53 Initiativen und 108 Referenden. Dabei nutzten die Demokraten sie oft erfolgreich, um progressive Anliegen auch in republikanisch dominierten Staaten festzuschreiben: Marihuana wurde legalisiert, *Medicaid* ausgeweitet, der Mindestlohn erhöht, die Wahlkreisziehung unabhängigen Kommissionen übertragen oder das Recht auf Abtreibung verankert. 2021 und 2022 brachten Abgeordnete der Republikaner deshalb 255 Gesetzesvorschläge ein, die die direkte Demokratie ausbremsen sollten.[26] Sie forderten zum Beispiel Supermehrheiten von 55, 60 oder 66,7 % der abgegebenen Stimmen für die Annahme einer Verfassungsinitiative. Oder sie versuchten, das Parlament zu befähigen, von der Bevölkerung angenommene Maßnahmen leichter überstimmen zu können.

Solche Einschränkungen scheiterten meist, wenn die Bürger darüber zu entscheiden hatten. So lehnten die Wähler in South Dakota, North Dakota, Arkansas und Ohio es ab, die Hürde für bürgerinitiierte Verfassungsänderungen zu erhöhen oder der Legislative zur Bestätigung vorzulegen. Von Republikanern kontrollierte Parlamente verabschiedeten hingegen Dutzende dieser Vorschläge. South Dakota schrieb etwa vor, dass Initiativen im 14-Punkt-Font einzureichen waren und auf eine einzige Seite passen mussten – was manche Zettel zur Größe von Badetüchern ausdehnte – und die Unterschriften allein in den unwirtlichen Wintermonaten gesammelt werden durften; Florida halbierte den dafür verfügbaren Zeitraum und führte eine Obergrenze pro Spender von

3000 Dollar zur Unterstützung von Initiativen ein; Idaho legte fest, dass mindestens 6 % der Wahlberechtigten in allen 35 und nicht mehr nur in 18 Distrikten des Staats unterschreiben mussten, bevor es zu einer Volksabstimmung kommen konnte.[27]

Wurden Volksentscheide trotzdem eingebracht und angenommen, sabotierten die Republikaner diese häufig. Missouri weigerte sich, die von den Wählern beschlossene Ausweitung von *Medicaid* zu finanzieren.[28] Und als die Bürger Floridas Kriminellen nach Verbüßung ihrer Strafe 2018 automatisch das Wahlrecht wieder zusprachen, schränkte das Parlament dies durch zahlreiche Auflagen ein.[29] Die Parteipolitik machte also selbst vor der Manipulation und Unterminierung direktdemokratischer Instrumente nicht Halt.

Kommunen

Die USA haben fast 90 000 kommunale Regierungen – in Städten, Landkreisen, Schuldistrikten, Regionalräten und Sonderbezirken. Sie werden von den Staaten eingerichtet und in der Regel von gewählten Politikern geführt. Die kleinste Gemeinde ist das Dorf Monowi in Nebraska mit einem Einwohner, die größte New York City mit 8,8 Millionen, der Landkreis mit den wenigsten Menschen Loving County in Texas mit 57, der mit den meisten Los Angeles County mit knapp zehn Millionen. Das der Fläche nach größte County San Bernardino in Kalifornien misst 51 000 Quadratkilometer und übertrifft damit das zweitgrößte deutsche Bundesland Niedersachsen. Die Lokalregierungen beschäftigten 2022 fast 15 Millionen Vollzeit- und Teilzeitarbeitskräfte, die Staaten 5,3 Millionen und der Bund 2,9 Millionen.

Wenn die Amerikaner ihre Vertreter in Bund und Staat bestimmen, müssen sie auch über die ihrer Kommunen befinden – von Bürgermeistern über Stadt- und Gemeinderäte bis hin zu Sheriffs, Gerichtsmedizinern, Entwässerungsbeauftragten und Hundefängern. Kleinstädte unter 10 000 Einwohnern und Großstädte mit mehr als 250 000 wählen fast immer einen Bürgermeister (*mayor*) und einen Rat (*council*), Städte dazwischen meist nur einen Rat, der dann einen Direktor (*council-manager*) ernennt, der die Verwaltung führt und die Referatsleiter ernennt. In

Deutschland gibt es mit der Süd- und der Norddeutschen Kommunalverfassung ähnliche Spielarten. Außerhalb der Jurisdiktion der Staaten liegen die Reservate der Native Americans und das öffentliche Land des Bundes (*federal land*), das vor allem im Westen verbreitet ist und etwa in Nevada 80, in Alaska 61 und in Kalifornien 45 % der Fläche ausmacht.[30]

Staaten schaffen zunehmend unabhängige Sonderbezirke für spezifische gemeindeübergreifende Aufgaben wie Brandschutz, Elektrizitäts- und Wasserversorgung, Nahverkehr, Bibliotheken oder Parks. Ihre Zahl verfünffachte sich von den frühen 1940er Jahren bis 2022 auf fast 40 000.[31] Dazu kamen 2021 gut 13 000 Schulbezirke mit einem gewählten oder ernannten Ausschuss an der Spitze. Bürger in Metropolregionen leben bisweilen in mehr als einem halben Dutzend dieser Sonderbezirke. Die Flexibilität bei der Einrichtung von Sonder- und Schulbezirken hat freilich eine Schattenseite. So nutzten sie Weiße von den 1960er bis zu den 1980er Jahren, um den bundesstaatlichen Kampf gegen die Rassentrennung zu unterlaufen und sich politisch von Städten mit einem hohen Anteil von Schwarzen und Einwanderern abzuspalten.[32]

Nationalisierung und Trifectas

Wichtigste Triebkraft der Polarisierung der Staaten waren die nationalen Parteiorganisationen. Bis in die 1990er handelten die einzelstaatlichen Parteien weitgehend autonom und an den jeweiligen Besonderheiten ihres Staats orientiert. Im progressiven Massachusetts positionierten sich Demokraten wie Republikaner deutlich weiter links als etwa in Texas. Staaten testeten oft politische Innovationen, die andere dann nachahmten. «Es ist einer der glücklichen Zufälle des föderalen Systems», schrieb Supreme-Court-Richter Louis D. Brandeis ganz in diesem Sinn 1932, «dass ein einzelner, mutiger Staat als Labor dienen und neue soziale und wirtschaftliche Experimente ausprobieren kann, ohne den Rest des Landes zu gefährden.»[33]

Tatsächlich wirkten einzelstaatliche Neuerungen manchmal auf andere Staaten oder sogar auf Washington ein. Die Sozialprogramme von Louisianas Gouverneur Huey Long (1928–32) waren zum Beispiel Vorläufer für FDRs New-Deal-Politik. Obama orientierte sich mit seiner

Gesundheitsreform an Ideen, die Gouverneur Mitt Romney (2003-07) in Massachusetts erprobt hatte. Und die Anerkennung gleichgeschlechtlicher Ehen sprang seit 2004 von Massachusetts auf mehr und mehr Staaten über, bis der Supreme Court elf Jahre danach alle entsprechenden Verbote aufhob. Der Föderalismus als «Labor» der Demokratie oder als «Sicherheitsventil»[34] in Zeiten nationaler Krisen galt lange als Vorzug des politischen Systems der USA, weil er, wie von den Verfassungsvätern beabsichtigt, Vielfalt gewährleistete und Machtkonzentration verhinderte.[35]

Das änderte sich mit der Nationalisierung der beiden Parteien, also ihrer ideologischen Homogenisierung über Einzelstaatsgrenzen hinweg. Verantwortlich dafür waren Parteiaktivisten, Interessengruppen und Politiker, die ihre Organisationen stärker auf verbindliche programmatische Ansichten ausrichteten. Megathemen wie Steuern und Abtreibung, Krankenversicherung und Waffenbesitz, Sozialstaat und Einwanderung verdrängten lokale oder regionale Anliegen. Mächtige neue Medien wie Talk Radio, *Fox News*, *MSNBC*, *Facebook* und *Twitter* erleichterten die landesweite Koordination der Agenden. Die Ironie der weltanschaulichen Polarisierung: Da sie auf Bundesebene zu Lähmung führte, konzentrierten sich Republikaner wie Demokraten darauf, ihre Ziele auf subnationaler Ebene durchzusetzen. Seit der Jahrhundertwende schlug diese Entwicklung mit Wucht auf die Staaten durch. Ihre Parteiorganisationen wurden zu Marionetten der nationalen politischen Auseinandersetzung.[36]

Diese weltanschauliche Polarisierung zwischen den Einzelstaaten wird verschärft durch den Anstieg von *Trifectas*, in denen eine Partei Kongress und Gouverneursamt dominiert. Unter *Trifecta*-Bedingungen kann die Regierung ihre politischen Ziele realisieren, ohne Kompromisse mit der Opposition schließen zu müssen. Von 1993 bis 2024 wuchs ihre Zahl von neun auf 40. Dazu kommen vier Staaten mit ‹Supermehrheit›, in denen das Parlament das Veto eines Gouverneurs der anderen Partei zu überstimmen vermag. Die Zahl der Staaten mit einer Machtteilung zwischen den Parteien (*divided government*) fiel gleichzeitig auf ein historisches Tief von sechs (vgl. Karte S. 251).

Lange wurde der Zuwachs an *Trifecta*-Staaten mit der Selbstsortierung der Wähler erklärt. 2010 schrieben zwei Politikwissenschaftler: «Da die Menschen es zunehmend vorziehen, in der Nähe von Menschen zu

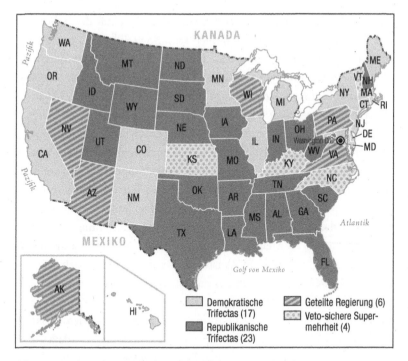

Trifectas und Supermehrheiten im Jahr 2023

leben, die ihre kulturellen und politischen Präferenzen teilen, stimmen sie mit ihren Füßen ab und sortieren sich geografisch.»³⁷ In der Tat verließen während der Corona-Pandemie Impf- und Maskengegner oft progressive Staaten wie Kalifornien mit scharfen Auflagen zugunsten konservativer wie Texas ohne solche Vorschriften.³⁸ Es gibt sogar eine *Facebook*-Gruppe *Conservatives Moving to Texas* mit mehr als 8000 Mitgliedern.³⁹ Das Abtreibungsurteil des Supreme Court vom Juni 2022 dürfte diesen Trend beschleunigt haben.

Bei aller intuitiven Plausibilität und allen anekdotischen Belegen fehlen den Vertretern dieser Thesen indes handfeste empirische Daten dafür, dass ideologisch motivierte Umzüge ausschlaggebend sind für die parteipolitische Homogenisierung der Staaten. Plausibler und besser unterfüttert ist das Ergebnis einer anderen Studie: Menschen leben zwar gern in der Nähe von Gesinnungsgenossen, aber konkrete Umzugsentscheidungen hängen ab von Faktoren wie Jobsituation, Bezahlbarkeit der Wohnung, Nähe zur Familie, Verbrechensrate oder Qualität der Schulen.[40] Die Folgen können allerdings ähnlich sein. So verließen junge Collegeabsolventen, die überproportional für Demokraten votieren, ländliche Gebiete in Iowa und den Dakotas für attraktive Stellen in den Metropolen der Nachbarstaaten Chicago und Minneapolis-St. Paul. Iowa verlor 34, North Dakota 32% dieser Gruppe, Minnesota gewann 8% hinzu.[41]

Die Explosion von *Trifecta*-Staaten hat neben der Nationalisierung der Parteien mit ihren kulturkämpferischen Streitthemen zwei weitere Ursachen: erstens die Aktivität von Interessengruppen, die sich der politischen Eroberung von Staaten durch die von ihnen präferierte Partei verschrieben haben, und zweitens das *Gerrymandering*, mit dem Parlamentsmehrheiten Wahlkreisgrenzen mit technologisch immer ausgefeilteren Methoden zum eigenen parteipolitischen Nutzen manipulieren. Angesichts der Blockade in Washington konzentrierten sich seit der Jahrhundertwende neben den Parteien auch gesellschaftliche Organisationen auf die Staaten. Jacob Grumbach, einer der besten Kenner dieser Entwicklung, folgerte: «Sie [die Aktivisten] veränderten den amerikanischen Föderalismus, indem sie die nationale und die einzelstaatliche Ebene zu einem einzigen politischen Schlachtfeld verschmolzen.»[42]

Auf der Rechten engagierten sich zuvorderst die Abtreibungsgegner, die Waffenlobby NRA und das Big Business. Konservative Organisationen wie das *American Legislative Exchange Council* (ALEC) stellten republikanischen Parlamentariern zum Beispiel Mustergesetze zur Verfügung, die sie damit ohne großen Aufwand in den legislativen Prozess ihres Staats einbringen können.[43] Eine besondere Rolle kam superreichen Unternehmern zu. Die Studie *Billionaires and Stealth Politics* zeigte 2018, wie sie sich darauf fokussierten, republikanische *Trifectas* herbeizuführen. Ohne Beteiligung der Demokraten am Gesetzgebungsprozess fiel es ihnen nämlich leichter, ihre Sonderinteressen durchzusetzen, etwa Unternehmenssteuern zu reduzieren, Umwelt- und Sozialvorschriften abzubauen oder Subventionen zu ergattern. Die Autoren gelangen zu dem Schluss: «Es ist nicht übertrieben zu sagen, dass diese Milliardäre dazu beigetragen haben, die Politik der Staaten neu zu gestalten.»[44] So nutzten die libertären Koch-Brüder ihre Organisation *Americans for Prosperity* (AFP) dafür, in Wisconsin, Michigan und Ohio gewerkschaftsfeindliche Gesetze zu erwirken.[45]

Auf der Linken sind in den Einzelstaaten besonders aktiv Gewerkschaften, weltanschauliche Gruppen wie *MoveOn.org* und *American Civil Liberties Union* (ACLU), Abtreibungsverteidiger (*EMILYs List, Planned Parenthood, National Institute for Reproductive Health*), Umwelt- und Klimaschützer (*Environment America, Sunrise Movement*) sowie die Waffenkontrollorganisation *Coalition to Stop Gun Violence*. Da die Wähler liberaler sind, als die Parlamentarier beider Parteien annehmen,[46] versucht *The Fairness Project*, solchen Gruppen beim Unterschriftensammeln für Volksabstimmungen zu helfen. Auf ihrer Website wirbt die Organisation damit, seit 2016 von den unterstützten 34 Initiativen unter anderem zu Mindestlöhnen, Ausweitung von *Medicaid*, Polizeireform und Schwangerschaftsabbrüchen 32 gewonnen zu haben.[47]

Das wichtigste Mittel einer Partei, einen Staat unter Kontrolle zu bekommen, ist das politisch motivierte Ziehen der Wahlkreisgrenzen. In 34 Staaten spielen die Parlamente dabei die entscheidende Rolle, nur 16 haben eigens eingerichtete Kommissionen.[48] Die meisten Staaten müssen sich bei der Einrichtung der Wahlkreise nur an Landkreis- oder Stadtgrenzen orientieren und beachten, dass sie möglichst kompakt sind und nicht in getrennte Gebiete zerfallen. Weil immer mehr Staaten *Trifectas* haben, werden immer mehr Bezirke *gerrymandert*. Damit erhöht sich die Zahl sicherer Wahlkreise, der politische Wettbewerb zwischen den Parteien geht zurück.

Drastische Beispiele dafür bieten Georgia, Ohio und Wisconsin. Obwohl die Demokraten die Präsidentschaftswahl in Georgia 2020 knapp gewannen, holten die Republikaner aufgrund ihres extremen *Gerrymandering* 103 der 180 Sitze im Haus und 43 der 56 im Senat. Die Demokraten müssten bei Wahlen staatsweit im zweistelligen Prozentbereich vor den Republikanern liegen, um eine der beiden Kammern zu erobern.[49] Auch in Ohio schufen die Republikaner nach ihrem *Trifecta* 2011 für die Demokraten fast uneinnehmbare Wahlkreise. Im Rest der Dekade holte die Opposition dort bei mehr als 650 Wahlen nur acht dieser effektiv *gerrymanderten* Distrikte.[50] Und in Wisconsin, das Biden 2020 gewann und das seit 2019 einen demokratischen Gouverneur hat, kontrollierten die Republikaner 2023/24 das Haus mit 64 zu 35 und den Senat mit 22 zu elf Sitzen. Allerdings mussten sie Anfang 2024 einem Kompromiss bei der Grenzziehung zustimmen, weil sonst der seit kurzem linksdominierte Supreme Court des Staats eine eigene Wahlkreiskarte verordnet hätte.⁵¹

Aufgrund von Stadt-Land-Gefälle – die Demokraten konzentrieren sich in Metropolen, die Republikaner in Dörfern und Kleinstädten – und *Gerrymandering* verlieren die Hauptwahlen an Bedeutung, entscheidend werden die Vorwahlen. An ihnen beteiligen sich primär Parteiaktivisten, die Hardliner gegenüber gemäßigten Kandidaten bevorzugen. Die Folgen: Republikanisch wie demokratisch dominierte Staaten bewegen sich ideologisch in entgegengesetzte Richtungen.

Alte und neue Gräben

In ihrem Buch *Dynamic Democracy. Public Opinion, Elections, and Policymaking in the American States* wiesen Devin Caughey und Chris Warshaw nach, dass die Staaten 2021 weltanschaulich weiter auseinanderlagen als zu jedem anderen Zeitpunkt seit Beginn der Datenerhebung 1935. Hierfür analysierten die beiden Politikwissenschaftler 190 inhaltliche Fragen.⁵² Insgesamt wurden die Staaten in diesem Zeitraum liberaler, etwa bei Wahlrecht, Umweltschutz, LGBTQ-Rechten und Marihuana-Gebrauch, das progressivste und konservativste Zehntel näherte sich weltanschaulich bis in die 1980er Jahre sogar etwas an. Aber seither öffnet sich die Schere wieder (vgl. Graphik S. 255).

Traditionell rechte Staaten wie Mississippi oder Alabama rückten weiter nach rechts und traditionell linke Staaten wie Kalifornien oder Massachusetts weiter nach links, ehemals zentristische Staaten wie Vermont oder Kansas übernehmen die Politik der Parteien, die die Präsidentschaftswahl in ihrem Staat gewannen, liberale republikanische Staaten wie Alaska und konservative demokratische wie Arkansas verschwanden fast völlig.⁵³ Dieses Auseinanderdriften spiegelt sich in zentralen weltanschaulichen Fragen:

– Abtreibung: Nach der Aufhebung des *Roe*-Urteils im Juni 2022 beschnitten 21 republikanische *Trifecta*-Staaten die Möglichkeit zum Schwangerschaftsabbruch, 14 davon verboten ihn unter beinahe allen Umständen. Demokratische Staaten hingegen bestätigten die *Roe*-Re-

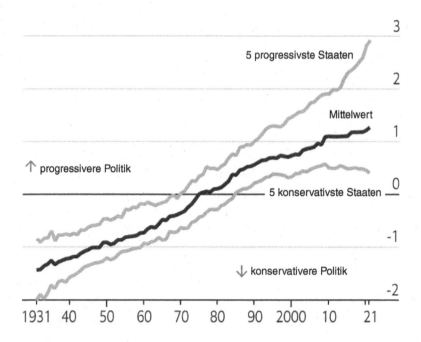

Weltanschauliche Ausrichtung der Einzelstaatspolitik

geln, nahmen das Recht auf Schwangerschaftsabbruch in die Verfassung auf oder erlaubten wie Connecticut Krankenpflegern und Hebammen das Durchführen von Abtreibungen.
- Waffenkontrolle: 2008 entschied der Supreme Court, die Verfassung garantiere das Recht auf Besitz und Tragen von Waffen. Seither erlaubten republikanisch dominierte Staaten registrierten Besitzern, ihre Waffen öffentlich ohne Erlaubnisschein bei sich zu führen. In Ohio benötigen Lehrer, die bewaffnet unterrichten, seit Juni 2022 nur mehr 24 statt 700 Stunden vorheriges Training.[54] Viele demokratische Staaten erschweren dagegen Kauf und Tragen von Pistolen und Gewehren. Umfragen spiegeln dies: 86% der Demokraten, aber lediglich 27% der Republikaner wünschen striktere Gesetze.[55]
- Todesstrafe: Die Todesstrafe wird entlang parteipolitischer Linien verhängt. 1976, als der Supreme Court sie unter Auflagen wieder zuließ, praktizierten sie noch 37 Staaten. Diese Zahl fiel bis Anfang 2024 auf

21. Von ihnen hatten 20 ein *Trifecta* oder eine Supermehrheit der Republikaner, einzige Ausnahme war Nevada.⁵⁶
– Polizeikompetenzen: Zwar gewährten alle Staaten in den vergangenen Jahrzehnten der Polizei im Zuge ihrer *Tough-on-crime*-Politik größere Vollmachten, aber es waren überwiegend demokratisch regierte, die im Zuge der *Black-Lives-Matter*-Proteste seit 2020 Reformen durchführten.
– Steuern: 2024 erhoben acht Staaten, darunter Texas und Florida, keine individuelle Einkommenssteuer, von den übrigen hatten New York und Kalifornien mit Spitzensätzen von 11,7 und 14,6% die höchste. Ähnliches galt für Unternehmens- und Verkaufssteuern. Staaten mit niedrigen Sätzen wurden tendenziell von Republikanern, Staaten mit hohen von Demokraten regiert. So zahlte eine Familie in Illinois durchschnittlich 14 778 Dollar ans Finanzamt ihres Staats, in Wyoming 3438 Dollar.⁵⁷

Iowa etwa, früher ein klassischer Swing State, ist seit 2016 im *Trifecta*-Griff der Republikaner. Diese drückten in der Folge eine ultrakonservative Agenda durch. Sie reduzierten die Grundsteuer, ersetzten die progressive Einkommenssteuer durch eine *Flat Tax*, führten Schulgutscheine ein, mit denen Eltern ihre Kinder aus öffentlichen Schulen nehmen und auf private Einrichtungen schicken können, verbannten Sex-Aufklärungsbücher aus Schulbibliotheken, verboten Schwangerschaftsabbrüche nach der sechsten Woche und die Behandlung von Transgender-Minderjährigen und lockerten die Regeln für Kinderarbeit – all das, obwohl 60% der Bevölkerung die neuen Abtreibungsregeln und die Schulgutscheine ablehnten.⁵⁸

In anderen Staaten liefen ähnliche Kulturkriege. Republikanische verboten das Unterrichten der *Critical Race Theory*, die die USA von systemischem Rassismus durchzogen sieht, demokratische führten ethnische Studien in Schulen ein oder gewährten illegalen Einwanderern Zugang zur Krankenversicherung, republikanische klagten gegen Kaliforniens strikte Emissionsauflagen, demokratische ermutigten Prozesse gegen Waffenhersteller. Sogar in Wirtschaftsfragen stehen sich blaue und rote Staaten oft konfrontativ gegenüber. Das gefährdet einen der großen ökonomischen Vorteile der USA: ihren riesigen Binnenmarkt. Heute schreiben Kalifornien und New York Unternehmen vor, grüner zu werden, während Texas und West Virginia sie bestrafen, wenn sie erneuerbare Energie gegenüber Öl und Gas bevorzugen.[59]

Nicht länger lernen Staaten voneinander über Parteigrenzen hinweg, sondern nur mehr von denen, in denen dieselbe Partei herrscht. Aus Brandeis' «laboraties of democracy» wurden, wie der ehemalige demokratische Staatspolitiker in Ohio David Pepper schrieb, «laboratories of autocracy». Sein Argument: Die Einzelstaaten gehen nicht nur mit progressiven Maßnahmen voran, sondern auch mit reaktionären. Gerade republikanische entwickelten sich zu Petrischalen extremer Politik. Steven Levitsky und Daniel Ziblatt befürchteten in ihrem Bestseller *How Democracies Die* 2018 ebenfalls, die Staaten könnten zu «Laboren des Autoritarismus» mutieren.[60]

Der von Grumbach entwickelte *State Democracy Index* dokumentiert, dass vor allem republikanisch dominierte Staaten wie North Carolina und Wisconsin zwischen 2000 und 2018 die Demokratie abbauten.[61] Angestachelt von Trumps Lüge, die Demokraten manipulierten Wahlen, brachten ihre Abgeordneten hunderte Gesetzesvorschläge in Einzelstaats-Parlamenten ein unter dem Vorwand, Abstimmungsbetrug zu erschweren. Ihr eigentliches Ziel: die Teilnahme für jene Gruppen zu verkomplizieren, die wie Schwarze, Hispanics, Studenten und Bewohner von Ballungsräumen überproportional für Demokraten votieren. Einige Dutzend Gesetze traten in Kraft.

Idaho beispielsweise strich den Studentenausweis als akzeptable Identifikationsform für die Wahl, Arkansas und Iowa untersagten spezielle Kästen zum Einwurf von Briefwahlstimmzetteln, Ohio die Stimmabgabe am Tag vor der Wahl. Andere verschärften Ausweispflichten, verknappten die Wahl-Zeiträume, schränkten die Registriermöglichkeit ein und strichen Bürger aus Wählerverzeichnissen, die sich früher nicht beteiligt oder ihre Adresse auf Anfrage nicht bestätigt hatten.[62] Die Folge von *Gerrymandering* und Wahlbehinderung: In republikanischen Staaten gibt es kaum mehr kompetitive Wahlkreise, und radikale Minderheiten zwingen der Mehrheit ihren Willen auf. Pepper hält diese Entwicklung für eine der größten Bedrohungen der Demokratie.[63] Gleichzeitig erleichterten demokratische Regierungen die Stimmabgabe. 22 Staaten führten eine automatische Wählerregistrierung ein, ebenso viele gewährten Häftlingen nach Verbüßen ihrer Strafe automatisch wieder das Wahlrecht.

Mit dem Beeinträchtigen des Wahlzugangs gaben sich republikanische *Trifecta*-Staaten wie Texas und Florida nicht zufrieden. Seit Bidens Einzug ins Weiße Haus 2021 attackierten sie dessen Politik selbst auf die Gefahr des Verfassungsbruchs hin. So ließ der texanische Gouverneur Greg Abbott Sperranlagen an der Grenze zu Mexiko errichten und illegale Migranten festnehmen, obwohl dies in Bundeshoheit fällt. Sogar Sprüche des Supreme Court erkennen manche konservative Politiker nicht an, wenn sie ihnen ideologisch widerstreben. Im Mai 2023 erlaubte etwa Florida die Todesstrafe für Kindesvergewaltiger, obwohl das Oberste Gericht dies verboten hatte. Und im Juli desselben Jahres unterzeichnete die Gouverneurin von Alabama ein Gesetz über den Zuschnitt der Wahlkreise, das ein Urteil der höchsten Richter ignorierte. Larry Jacobs, Politikwissenschaftler an der University of Minnesota, urteilte:

> Dies ist ein Angriff auf die Reichweite, die Macht und die Effektivität der Bundesregierung. Wir sehen das in allen Bereichen der Einwanderung, des Gesundheitswesens, der Bildung – es ist eine Trotzreaktion. Wenn man sich vorstellt, dass Amerika in rote und blaue Staaten zerfällt, dann ist dies so etwas wie die Krönung. Es sind buchstäblich die roten Staaten, die sich von der Bundesregierung und der Herrschaft des nationalen Rechts trennen.[64]

Auch die Generalstaatsanwälte der Einzelstaaten legten sich mit der Bundesregierung an. Das dürfen sie seit 2007, als der Supreme Court in einem Präzedenzfall Massachusetts und elf weiteren Staaten das Recht gewährte, die Umweltbehörde wegen Tatenlosigkeit beim Schadstoffausstoß zu verklagen.[65] Seit 2017 vervielfachten sich solche Fälle. Während der Trump-Präsidentschaft zogen demokratische Generalstaatsanwälte öfter gegen Washington vor Gericht als in den zehn Jahren davor zusammen.

Unter Biden sprengten die Republikaner alle Grenzen. Zwischen 2021 und 2023 weigerte sich etwa der republikanische Generalstaatsanwalt in Texas Ken Paxton 75 Mal, Anliegen der Bundesbehörden vor Gericht zu vertreten, wie es seine Aufgabe gewesen wäre – oft aus weltanschaulichen Gründen. Er verfolgte Fälle von Kindesmissbrauch oder Krankenversicherungsbetrug nicht weiter und beendete Zahlungen an Verbrechensopfer. Darüber hinaus verklagte er ohne Unterlass die Biden-Regierung wegen Corona-Impfpflichten, Abtreibungen, als sie noch verfassungsrechtlich geschützt waren, und der Einwanderung. Konservative und progressive Großspender erkannten, welch zentrale Rolle Generalstaatsanwälte spielen können, um die Politik im Land zu beeinflussen. Sie pumpten gigantische Summen in deren Wahlkämpfe und trieben die Gesamtkosten zwischen 2008 und 2022 von 17 Millionen auf 222 Millionen Dollar.[66]

Die Staaten verkörpern immer weniger die Vielfalt eines riesigen heterogenen Gemeinwesens, sondern sind Schlachtfeld der Kulturkriege und Antreiber der parteipolitischen Polarisierung. Die radikalen Kräfte auf beiden Seiten profitieren davon, dass sich Wähler stärker für die Politik im Bund als im Einzelstaat interessieren[67] und die Medien kaum noch über regionale und lokale Fragen berichten. 2023 hatte die Hälfte der 3143 Landkreise kein eigenes Lokalblatt mehr.[68] Ob es trotz dieser negativen Entwicklungen Auswege aus Demokratiekrise und Radikalisierungsspirale gibt, diskutiert das Schlusskapitel.

11. TODESKAMPF ODER NEUBELEBUNG: DIE ZUKUNFT DER DEMOKRATIE IN AMERIKA

Die parteipolitische Polarisierung ist das zentrale Problem für die Funktionstüchtigkeit des amerikanischen Staatswesens, mehr noch, sie ist eine Bedrohung der Demokratie an sich. Stehen sich Parteien konfrontativ gegenüber, wäre das auch für ein parlamentarisches Regierungssystem eine große Herausforderung, aber für ein präsidentielles ist das eine existenzielle. 1990 stellte der Politikwissenschaftler Juan Linz von der Yale University in *The Perils of Presidentialism* die These auf, Präsidialdemokratien seien inhärent instabil – unter anderem, weil sich Exekutive und Legislative kompromisslos bekämpfen und gefährliche Außenseiter ins höchste Staatsamt gelangen können.

Einzig in den USA funktioniere dieser Regierungstyp erfolgreich, so Linz, wobei der «beispiellos diffuse Charakter der politischen Parteien» eine Schlüsselrolle spiele. Seine Sorge, die Herausbildung «moderner politischer Parteien insbesondere in sozial und ideologisch polarisierten Ländern» verschärfe die Konfrontation zwischen Regierung und Parlament, hat sich seither drastisch bestätigt.[1] Filibuster, Impeachment, Richterernennungen oder die Schuldengrenze sind zu Waffen im Streit zwischen Demokraten und Republikanern verkommen. Mehr noch: «Parteipolitische Identitäten beginnen sich mit anderen Gruppenidentitäten zu decken», wie Lilliana Mason von der Johns Hopkins University nachwies, «dadurch wird unsere gegenseitige Intoleranz auf ein Niveau angehoben, das das Ausmaß unserer politischen Sachdifferenzen weit übertrifft.»[2] Was Linz, der 2013 starb, heute überraschen würde, sind die Tiefe und Breite der Spaltung der Nation entlang Parteilinien.

Da diese Spaltung nicht mit Trump begann, sondern ihre Wurzeln ein halbes Jahrhundert zurückreichen, dürfte sie auch nicht mit seinem Ausscheiden aus der Politik enden – obwohl es zweifellos hilfreich wäre. Denn die Kluft zwischen Demokraten und Republikanern wird vertieft von «Polarisierungsunternehmern»[3] (Steffen Mau) in Parteien, Gesellschaft, Interessengruppen, Think Tanks, Universitäten, Talkradio, Fernsehsendern und Sozialen Medien mit ihren auf Empörung und Echokammern gepolten Algorithmen. Motivation und Lohn für diese Kulturkrieger sind hyperloyale Wähler, Spenden für Wahlkämpfe und Lobbys sowie Werbeeinnahmen durch hohe Einschaltquoten und Klickzahlen, und, wie stets in der Politik, Macht. Nach mehr als drei Dekaden hetzerischen Dauerfeuers hat sich die Polarisierung in Gesellschaft sowie Institutionen und Prozesse des Regierungssystems eingebrannt.

Um das berühmte Diktum des Rechtsphilosophen Ernst-Wolfgang Böckenförde zu variieren: Die amerikanische Demokratie lebt von einer Voraussetzung, die sie selbst nicht garantieren kann, nämlich der Mäßigung und Kompromissbereitschaft der sie tragenden Institutionen, Parteien, Politiker und Bürger.[4] Mäßigung und Kompromiss sind heute zu einem raren Gut, zu einem Anachronismus, zu einem Schimpfwort geworden. Pessimisten wie der Publizist David French argwöhnen, dass «die gegenwärtigen Trends sich selbst verstärken» und die Differenzen sogar zur Sezession einiger Staaten wie Kalifornien oder Texas führen könnten.[5] Selbst wenn dies übertrieben ist: Die Reparatur des deformierten politischen Systems wird Dekaden, wenn nicht Generationen beanspruchen. Dieses Schlusskapitel legt Reformvorschläge dar, bewertet und ergänzt sie durch eigene Ideen, wie man Demokratiedefizite und ihre gefährlichste Ausformung, die parteipolitische Spaltung, bekämpfen kann.[6]

Änderung der Verfassung

Der meistdiskutierte, doch wenig erfolgversprechende Weg führt über Verfassungsänderungen. Die Politikwissenschaft ist sich weithin einig: Das Wahlmännergremium, die Lebenszeitberufung von Supreme-Court-Richtern oder die Regel, dass jeder Staat zwei Senatoren nach Washington entsendet, sind dringend reformbedürftig. Gleich zwei Mal zogen mit Bush jr. und Trump seit 2000 Präsidenten ins Weiße Haus ein, obwohl ihre Gegenkandidaten mehr Wählerstimmen auf sich vereinten, Besetzungen am Obersten Gericht führen zu erbittertem Parteienstreit und Manipulationsversuchen und die Überrepräsentation bevölkerungsarmer Staaten im Senat ist seit 1789 dramatisch gewachsen und droht die Herrschaft einer Minderheit über die Mehrheit zu zementieren. Keine andere Institution ist Gegenstand so vieler Verfassungsreformvorschläge wie das Wahlmännergremium, mehr als 700 gab es seit Staatsgründung dazu. Keine Initiative fand größere öffentliche Zustimmung als die Direktwahl von Präsidenten und Vizepräsidenten.[7] 2023 wollten 65 % der Amerikaner jene Kandidaten ins Weiße Haus einziehen sehen, die die Wählermehrheit gewinnen – darunter 82 % der Demokraten und 47 der Republikaner. Der Grund für diese Differenz: Hätte diese Regel 2000 und 2016 gegolten, wären Gore und Clinton ins höchste Staatsamt gelangt. Konservative Parteiaktivisten hielten deshalb am hartnäckigsten am Wahlmännersystem fest.[8]

Alle Reformversuche versandeten. 1950 fand ein Verfassungszusatz eine Zweidrittelmehrheit im Senat, die Wahlmänner in den Staaten proportional zu den dort erhaltenen Wählerstimmen zuzuweisen. Wenn kein Kandidatenduo national mehr als 40 % der Elektoren erreichte, sollten Senat und Haus gemeinsam unter den beiden bestplatzierten entscheiden. Die große Kammer wies die Initiative indes zurück, weil das neue Verfahren ihr bisheriges Vorrecht gekippt hätte, im Falle eines blockierten Wahlmännerkollegs die Amtsinhaber alleine zu bestimmen.

1969 schlug der Vorsitzende des Justizausschusses im Haus eine Direktwahl von Präsidenten und Vizepräsidenten in zwei Runden ähnlich wie in Frankreich vor. Siegte ein Duo im ersten Wahlgang mit mehr als 40 % Anteil, wäre es gewählt, andernfalls müssten die beiden Frontrunner-Paare in eine Stichwahl. Die Kammer nahm die Initiative mit überparteilicher Mehrheit von 339 zu 70 Stimmen an, Präsident Nixon signalisierte sein Einverständnis, selbst die notwendige Mehrheit der Staaten schien in Reichweite.[9] Aber im Senat scheiterte ein Votum zwei Mal knapp am *Filibuster* von Vertretern aus dem Süden und aus kleineren Staaten. Sie fürchteten zu Recht, ein Ende des Wahlmännergremiums schmälere ihren Einfluss.[10] Spätere Gesetzesinitiativen 2005, 2009, 2017 und 2021 für eine Direktwahl blieben schon in den Ausschüssen stecken.

Die Lebenszeitbestellung der Supreme-Court-Richter scheint ebenfalls sakrosankt, obgleich die USA weltweit die einzige große Demokratie sind, die sie praktizieren.[11] 2021 und 2023 initiierten Demokraten Vorstöße, einmalige Amtszeiten von 18 Jahren einzuführen; nach dem

Ausscheiden von Amtsinhabern sollten Präsidenten alle zwei Jahre einen Richter nominieren können.[12] Einige Autoren sind der Meinung, dafür sei nur ein Gesetz nötig, keine Verfassungsänderung.[13] Die Vorschläge fanden Unterstützung bei liberalen Think Tanks und Juraprofessoren. Seit 2014 sprachen sich in Umfragen zwischen 62 und 78 % der Bürger für eine Amtszeitbegrenzung der Obersten Richter aus. Allerdings ist eine Verfassungsänderung chancenlos, und ein entsprechendes Gesetz würde höchstwahrscheinlich vor dem Supreme Court landen.

Auch die Regel von zwei Senatoren pro Einzelstaat erfährt scharfe Kritik, da ihre Bevölkerungszahlen immer weiter auseinanderklaffen. 2040 dürften 70 % der Amerikaner in den größten 15 Staaten leben; sie würden lediglich von 30 Senatoren vertreten, während die restlichen 30 % der Bürger 70 Senatoren hätten.[14] Es häufen sich deshalb Vorschläge wie: den Senat abschaffen, große Staaten aufspalten oder jedem Staat einen Sitz geben und den Rest nach Bevölkerungszahl zuweisen.[15] Doch manche sind wohl unzulässig, weil die Verfassung dieselbe Sitzzahl pro Staat verankert, und für keinen gibt es eine Mehrheit im Kongress. Anfang 2023 brachte mit dem demokratischen Abgeordneten Sean Casten erstmals ein Parlamentarier einen Vorschlag zur Reform des Senats ein. Per Verfassungszusatz wollte er die Kammer um zwölf Sitze erweitern. Die zusätzlichen Senatoren sollten nicht an einen Einzelstaat gebunden sein, sondern von allen Amerikanern in einer Präferenzwahl bestimmt werden.[16] Der Vorschlag schaffte es indes nicht aus dem Justizausschuss heraus.

Verfassungsänderungen dürften also kaum helfen gegen Demokratiedefekte und Polarisierungsspirale. Sie kamen auch fast nur in historischen Ausnahmesituationen zustande: direkt nach Gründung der Republik, während und nach dem Bürgerkrieg, in der Rebellion der Progressiven oder im Zuge der Bürgerrechtsbewegung. Die letzte substanzielle Revision, das 26. Amendment zur Senkung des Wahlalters auf 18 Jahre, erfolgte 1971 vor Beginn der heutigen parteipolitischen Spaltung. Von allen Demokratien haben die USA die am schwierigsten zu reformierende Verfassung. In einer Zeit extremer Polarisierung zwischen Republikanern und Demokraten ist es utopisch, die Probleme des Landes durch einen Zusatz oder, wie von manchen vorgeschlagen, eine neue verfassungsgebende Versammlung anzugehen.

Gesetzliche und prozedurale Reformen

Realistischer scheint es, Gesetze und Verfahren zu überarbeiten. Hier liegen die Hürden niedriger als bei Verfassungsänderungen. Viele Fehlentwicklungen des Regierungssystems entspringen Praktiken und Regeln, die sich über lange Zeit eingeschliffen haben, indes parlamentarisch auf Bundes- oder Einzelstaatsebene zu korrigieren wären: das *Winner-Takes-All*-Prinzip, das *Gerrymandering*, das *Filibuster* oder der spalterische Föderalismus.

Einzelstaatliche Parlamente könnten das Electoral College zwar nicht abschaffen, aber reformieren. Allein Massachusetts änderte die Methode, seine Wahlmänner zu bestimmen, elf Mal. Eine Variante orientiert sich am Modell von Nebraska und Maine. Dort erhält der Sieger zwei Stimmen, der Rest wird danach vergeben, wer den jeweiligen Wahlkreis für das Repräsentantenhaus gewinnt. Allerdings würde dies den politischen Wettbewerb kaum verschärfen, da in den meisten Staaten die Distrikte auch wegen des verbreiteten *Gerrymandering* fest in der Hand einer Partei liegen. 2024 waren laut dem *Cook Political Report* von den 435 Sitzen gerade mal 23 stark umkämpft.[17]

Eine auf den ersten Blick bessere Möglichkeit ist die Vergabe der Elektoren proportional zu den Wählerstimmen. Das sollte gemäß ihren Befürwortern dazu führen, dass Wahlkämpfe nicht mehr nur in wenigen Swing States stattfänden. Ein solches System, das den gesamten Einzelstaat als einen Wahlbezirk betrachtet, ist jedoch ebenfalls problematisch – aus organisatorischen, politischen und demokratietheoretischen Gründen:

– Organisatorisch: Jener Staat, der zuerst zum Verhältniswahlrecht übergeht, schwächt die Stellung der ihn dominierenden Partei im Wahlmännerkolleg. Hätte etwa Kalifornien 2020 allein diesen Schritt getan, wären nicht seine gesamten 55 Elektoren an die Demokraten gefallen, sondern nur 35, und die restlichen 20 an die Republikaner. Es müssten also alle Staaten auf einmal ins neue Wahlrecht wechseln, was im US-Föderalismus kaum möglich scheint. Einzig Colorado erwog die Einführung des Verhältniswahlrechts bisher ernsthaft. 2004, noch republikanisch dominiert, scheiterte freilich eine entsprechende Volks-

abstimmung, weil sie den oppositionellen Demokraten Vorteile verschafft hätte.[18]
- Politisch: In kleineren Staaten gäbe es dann kaum mehr Wahlkämpfe, weil es dort meist nur um eine Elektoren-Stimme hin oder her ginge. Vor allem begünstigt das nach dem *Winner-Takes-All*-Verfahren gebildete Wahlmännerkolleg seit Anfang der 2000er Jahre tendenziell die Republikaner, weil ihre Wähler vorteilhafter über die USA verteilt sind als die der Demokraten. Die Republikaner dürften sich deshalb gegen jede Reform wehren.
- Demokratietheoretisch: Auch das Verhältniswahlrecht macht nicht automatisch jene Kandidaten mit den meisten Wählerstimmen zu Präsidenten. Vertreter von Drittparteien würden nämlich ebenfalls Elektoren gewinnen. In vier der acht Wahlen von 1992 bis 2020 hätte deshalb kein Kandidat die absolute Mehrheit der Wahlmänner erhalten (1992, 1996, 2000, 2016) und das Haus entschieden.[19] Bill Clinton wäre 1996 dann wohl seinem Herausforderer Bob Dole unterlegen.

Eine dritte Idee ist die Selbstverpflichtung der Staaten, ihre Elektoren demjenigen Kandidaten zu übertragen, der national die Mehrheit der Wählerstimmen gewinnt. Bis Anfang 2024 schlossen sich 16 Staaten und Washington, D.C. diesem *National Popular Vote Interstate Compact* an.[20] Sie verfügen über 205 Wahlmänner. Die Vereinbarung tritt in Kraft, wenn ihr Staaten mit zusammen mindestens 270 Elektoren beitreten. Ihr großer Nachteil: Es ziehen bisher nur traditionell demokratisch regierte Staaten mit, republikanisch dominierte verweigern sich.

Der Politikwissenschaftler Brian Frederick von der Bridgewater State University setzt mit seinen Reformideen beim Repräsentantenhaus an. Durch eine Erhöhung der Sitzzahl will er Politiker stärker an die Wähler binden, den Wettbewerb zwischen den Kandidaten verschärfen, ein diverseres Bewerbertableau schaffen und höhere Zustimmungsraten für die Abgeordneten erreichen.[21] Denn die Sitzzahl von 435 wurde seit 1913 nicht mehr angepasst, als jeder Distrikt 223 000 Einwohner hatte. 2024 kamen auf jedes Mitglied im Haus 761 000 Bürger. Neben den erwähnten demokratietheoretischen und praktischen Vorteilen würde dadurch die Überrepräsentation kleiner Staaten im Wahlmännergremium abgebaut. Ein entsprechender Vorstoß erscheint aber unwahrscheinlich, weil die Abgeordneten kein Interesse an einem Verwässern ihrer Machtposition durch neue Mitglieder haben dürften.

Ein radikaler Schnitt wäre die Einführung des Proporzsystems in Wahlen zum Haus, wie es etwa Deutschland mit den Landeslisten bei Bundestagswahlen praktiziert. Dies würde den Willen der Bürger eines Staats besser spiegeln, Drittparteien Chancen auf Sitze eröffnen und das *Gerrymandering* beseitigen.[22] Allerdings verbot der Kongress 1967 Mehrpersonen-Wahlkreise aus Furcht, Südstaaten wie Georgia könnten allein weiße Abgeordnete benennen, und müsste das Gesetz zuvor ändern.[23] Viele Parlamentarier beider Parteien dürften zudem kaum erwägen, ihr Privileg fast garantierter Wiederwahl – aufgrund manipulierter Wahlkreisgrenzen – selbst zu beschränken.

Der Senat könnte ohne *Filibuster* effizienter und demokratischer funktionieren. Es geht nicht auf die Verfassungsväter zurück, sondern ist Folge eines historischen Versehens. Lange Zeit kam das *Filibuster* kaum zum Einsatz. Doch seit den 2010er Jahren explodierte seine Anwendung und erlaubte einer Minderheit, die Kammer zu blockieren. Da es sich dabei um eine interne Verfahrensregel handelt, könnte der Senat das *Filibuster* mit Zweidrittelmehrheit dauerhaft streichen. Der schnellere Weg wäre, mit einfacher Mehrheit einen Präzedenzfall zu schaffen, der das Instrument künftig ausschließt. So geschah es beim Ende des *Filibuster* für die Bestätigung von Bundesrichtern 2013 und 2017. Direkt nach dem zweiten Fall unterzeichneten 61 Senatoren jedoch parteiübergreifend einen Brief an ihre Führer in der Kammer, das Instrument künftig nicht mehr anzutasten.[24] Ein Versuch der Demokraten, das *Filibuster* 2022 im Fall einer Gesetzesvorlage zur Stärkung des Wahlrechts auszusetzen, scheiterte an zwei Abweichlern in den eigenen Reihen.

Schließlich könnte eine weitere politische Verirrung gesetzlich beseitigt werden: die Schuldengrenze. Der regelmäßige Zank um ihre Erhöhung richtet nicht nur wirtschaftliche Schäden an und beschädigt das internationale Finanzsystem, sondern schwächt auch die Bonität der USA bei den Ratingagenturen und ihr weltweites Ansehen als handlungsfähige Führungsmacht.[25] Trotzdem lehnten Republikaner, gemäßigte Demokraten und viele Präsidenten ein Abschaffen der Schuldengrenze ab – offenbar aus Angst, dann als verschwenderisch gebrandmarkt zu sein.²⁶ Keine einzige der zahlreichen Gesetzesinitiativen schaffte es bisher ins Plenum von Haus oder Senat.

So düster wie bei Verfassungsänderungen ist die Lage bei gesetzlichen und prozeduralen Reformen indes nicht. Es gibt Hoffnung, etwa beim *Gerrymandering*. Zwar fanden Gesetzesvorschläge zu seinem Verbot nie Mehrheiten, nur einer wurde jemals von einer Kammer, dem demokratisch dominierten Haus 2021, angenommen.²⁷ Aber bereits mehrmals setzten die Bürger in Volksabstimmungen eigene Kommissionen zur Wahlkreisziehung ein, 2024 gab es sie in zehn Staaten primär im Westen der USA. Andere zu flagrant manipulierte Karten wiesen die Obersten Gerichte des Bundes oder der Staaten zurück. Eine große Mehrheit der Amerikaner unterstützt dies: 62% waren 2019 für unabhängige Kommissionen, 72 für eine starke Aufsicht durch den Supreme Court.²⁸

Eine weitere Möglichkeit, die Polarisierung durch eine Wahlrechtsreform abzuschwächen, ist die Präferenzwahl (*ranked choice voting*). Die Vorwahlen der Parteien, bei denen meist die ideologisch verbohrtesten Anhänger ihre Kandidaten durchsetzen, sind ein Haupttreiber der politischen Spaltung. Die Präferenzwahl, bei der alle Wähler die Rangfolge unter den Bewerbern festlegen, stärkt hingegen unabhängige und moderate Politiker. Maine führte dieses Wahlsystem 2020 ein, Alaska 2022, in Nevada steht es 2024 zur Volksabstimmung. In Kalifornien beschlossen die Wähler 2010 in einem Referendum wie zuvor schon in Washington State ‹Top-Two›- oder ‹Dschungel›-Vorwahlen, bei denen alle Bewerber auf einem Wahlzettel stehen und die beiden Erstplatzierten dann in der Hauptwahl gegeneinander antreten. Dies übt einen mäßigenden Einfluss aus, weil sich die siegreichen Kandidaten zwei Mal der gesamten Wählerschaft stellen müssen.²⁹

Eine weitere Möglichkeit, Kooperation über Parteigrenzen hinweg zu erleichtern, sind *earmarks*. So heißen zweckgebundene Mittel, die Parlamentarier für ihre Staaten oder Wahlkreise an Gesetzentwürfe anhängen. 2011 hatte sie der Kongress mit einem Moratorium belegt, um die Bundesausgaben zu beschneiden und angebliche Stimmenkäufe zu unterbinden. Doch solche Deals halfen, Abgeordnete für unliebsame Gesetze zu gewinnen und einen parteiübergreifenden Konsens zu schmieden. 2021 wurden *earmarks* wiederbelebt. Dies kann dazu beitragen, ideologische Erwägungen zugunsten praktischer zurückzudrängen.³⁰ So enthielt ein im März 2022 verabschiedetes 1,5-Billionen-Dollar-Ausgabengesetz nicht weniger als 4962 *earmarks* im Umfang von neun Milliarden Dollar – darunter 100 Millionen Dollar für einen Flughafen in Mobile/Alabama, 4,2 Millionen Dollar für eine experimentelle Schafzuchtanlage in Idaho oder 569 000 Dollar für das Beseitigen verwaister Hummerfangkäfige in Connecticut.[31] Beide Kammern stimmten mit großen parteiübergreifenden Mehrheiten zu. *Earmarks* erwiesen sich, wie die Politikwissenschaftlerin Diana Evans vom Trinity College in Hartford schon 2004 argumentierte, als Schmiermittel, das die Räder des Gesetzgebungsverfahrens am Laufen hält.[32]

Dem Auseinanderdriften der Staaten schließlich lässt sich entgegenwirken, indem Washington für mehr Gleichheit zwischen ihnen sorgt.[33] Der einfachste Weg wäre, Streitfragen wie Abtreibung, Waffenkontrolle oder Wahlrecht durch Bundesgesetze zu regeln. Das gelingt wegen der knappen Mehrheitsverhältnisse und des *Filibuster* aber fast nie. Zumindest sorgen Bundesbehörden über landesweite Regeln bei Umwelt, Arbeitsschutz, Banken oder Produktsicherheit dafür, dass sich die Staaten nicht stärker entfremden, als dies unter den zunehmenden *Trifectas* ohnehin der Fall ist.

Ein weiteres Instrument ist der Ausbau des Sozialstaats. Da viele Staaten qua Verfassung ausgeglichene Haushalte vorlegen müssen, ergeben sich hier Einflussmöglichkeiten für den Bund. Obamas *Affordable Care Act* etwa hat sich 13 Jahre nach Einführung als Erfolg erwiesen: Waren 2010 noch 15,5% der Bürger ohne Krankenversicherung, halbierte sich dieser Wert bis 2023.[34] Selbst im von Republikanern kontrollierten South Carolina fiel die Rate von 17,5 auf 9,1%. Wie sehr der Bund durch Gesetze und Verordnungen die parteipolitischen Fliehkräfte in den Staaten mildern kann und soll, bleibt umstritten. Der hartnäckige Kampf der Republikaner gegen *Obamacare* und Washingtoner Bürokratie dokumentiert dies nachdrücklich.

Politische Elite

Weder eine Änderung der Verfassung noch eine von Gesetzen und Regeln ist ein vielversprechender Weg, die Demokratiedefizite und insbesondere die Spaltung der Nation zu überwinden. Es wäre eigentlich oberste Aufgabe von Politikern, auf Kompromisse zwischen widerstreitenden Interessen in der Gesellschaft hinzuarbeiten. In den USA taten sie jedoch Jahrzehnte das Gegenteil: Indem sie die Stichworte lieferten, an denen sich die Wähler radikalisierten, förderten sie die Polarisierung.

Die Hauptschuld liegt bei den Republikanern, die seit Nixons Tagen Spaltmaterial wie Abtreibung, unterschwelligen Rassismus, Waffenbesitz, Schulgebet und angeblichen Wahlbetrug in die Öffentlichkeit trugen. Speaker Newt Gingrich (1995–99) und die Tea-Party-Vertreter (2010–12) vergifteten systematisch die öffentliche Debatte, um die Demokraten zu diskreditieren und die eigenen Anhänger aufzuputschen. Keiner tat dies allerdings hemmungsloser als Trump mit seinen Ausfällen gegen mexikanische Einwanderer, die er als «Mörder und Vergewaltiger» schmähte und denen er unterstellte, «das amerikanische Blut zu vergiften»[35]. Politische Gegner denunzierte er als «Ungeziefer»[36]. Hingegen sprach er freundlich über Neo-Nazis und Despoten wie Putin. Zugleich ist Trump getrieben von Rachefantasien: «Ich bin euer Krieger. Ich bin eure Gerechtigkeit. Und für diejenigen, denen Unrecht geschehen ist und die verraten wurden, bin ich eure Vergeltung.»[37] Dass sich republikanische Spitzenpolitiker davon meist nur kleinlaut distanzierten, zeigt, wie weit Trumps autoritärer Geist mittlerweile in der Partei Einzug gehalten hat. Im Vorwahlkampf 2023/24 übernahmen fast alle Bewerber seine hasserfüllten, apokalyptischen Themen.[38]

Die Demokraten tragen freilich Mitschuld an der Radikalisierung. Obama meinte im Wahlkampf 2008, die Wähler in alten Industriestädten des Mittleren Westens seien angesichts der verlorenen Jobs «verbittert, sie klammern sich an Waffen oder Religion oder Antipathie gegenüber Menschen, die nicht so sind wie sie»[39]. Hillary Clinton stieß in dasselbe Horn, als sie 2016 die Hälfte von Trumps Anhängern «Bedauernswerte» (*deplorables*) nannte und sie als «rassistisch, sexistisch, homophob, fremdenfeindlich, islamophob» beschrieb.[40] Wähler zu verunglimpfen, treibt sie in die Arme von Politikern, die ihnen versprechen, ihre Lebensart, Werte und Kultur zu verteidigen. Die *Wokeness*-Bewegung an Eliteuniversitäten und in Hollywood wird von linken Demokraten umgarnt und vertieft mit der Klage über systemischen Rassismus, der Forderung nach Reparationen für Schwarze sowie Sprachverboten und -geboten den Gegensatz gerade zur ländlichen, weniger gebildeten Bevölkerung.[41] Und die Nähe einiger Parteiaktivisten zu «Defund the Police»-Forderungen der *Black-Lives-Matter*-Proteste verschreckt viele Mainstream-Wähler – insbesondere Hispanics.[42]

Künftig braucht es Führungsfiguren, die aus der einbetonierten Konfrontation zwischen Republikanern und Demokraten ausbrechen. Unabhängigen Kandidaten dürfte dies nicht gelingen, denn sie haben traditionell kaum Chancen im Zweiparteiensystem. Trotzdem können Politiker zu zivilen Debatten heikler Themen beitragen und Hass und Diffamierung gegensteuern. Studien zeigen: Wenn Politiker nicht Unterschiede in den Mittelpunkt stellen oder Gegner verteufeln, sondern eine gemeinsame amerikanische Identität betonen, ändert sich das Bild der anderen Partei zum Positiven.[44]

Wie sehr sich Medien und Öffentlichkeit an die Verrohung der Politik gewöhnt haben, unterstreicht eine Studie des Medien-Watchdogs *Media Matters*. Clintons Gerede über die «Bedauernswerten» erfuhr 18 Mal mehr Aufmerksamkeit in den großen TV-Sendern der USA und 29 Mal mehr in den fünf auflagenstärksten Zeitungen als Trumps «Ungeziefer»-Schmähung.[43] Eine nötige sprachliche Deeskalation ist schwer zu bewerkstelligen, wenn Politiker im nach Skandalen und Tabubrüchen gierenden Kabelfernsehen und in den flüchtigen Sozialen Medien wahrgenommen werden wollen.

Ein großer Fortschritt wäre ein Ausscheiden Trumps aus der Politik. Seit dem Bürgerkrieg hat kein Präsident oder Spitzenkandidat mehr Bosheit und Zwietracht gesät und die Demokratie stärker gefährdet als er. Natürlich würden die Trumpisten in Bund und Staaten nicht mit ihm verschwinden, zumal viele von ihnen wie die Abgeordneten Matt Gaetz und Marjorie Taylor Greene jung sind und extrem konservative Wahlkreise vertreten. Doch sie stünden ohne Leitwolf, Einpeitscher und Sprachrohr da, und ihr Einfluss dürfte schwinden.

Bei der nächsten Politikergeneration, die Amerika zusammenführen könnte, sollten die Parteien sich auf jene Gouverneure konzentrieren, die aus Swing States stammen oder mit einem von der Opposition kontrollierten Parlament kooperieren müssen. Sie sind erprobt darin, Kompromisse über Parteigrenzen hinweg zu finden und an Wähler der Mitte zu appellieren. Ausscheiden würden so die Amtsinhaber aus demokratischen und republikanischen Bastionen wie Kalifornien, New York, Texas und Florida. Zu bevorzugen wären auf Seiten der Republikaner Gouverneure wie Glenn Youngkin oder Chris Sununu, die in Virginia und New Hampshire mit demokratischen Kongressmehrheiten regieren, auf Seiten der Demokraten Josh Shapiro und Gretchen Whitmer aus den Swing States Pennsylvania und Michigan. Da aber weiter Aktivisten die *Primaries* dominieren, ist fraglich, ob die Moderaten sich durchsetzen können.

Ihre Chancen erhöhen würden grundsätzlich offene Vorwahlen, an denen sich Unabhängige beteiligen dürfen. Obwohl dabei erfahrungsgemäß nur 20% mehr Bürger als bei parteiinternen, geschlossenen *Primaries* abstimmen, würden die Vorwahlen dann eher die Wählerschaft abbilden. Auch gestärkte Parteiführungen könnten helfen. Die Demokraten versuchen bereits seit 1982, das Establishment gegenüber den Graswurzel-Aktivisten aufzuwerten, indem sie Superdelegierte für den Nominierungsparteitag aufstellen. Dazu gehören Kongressmitglieder, Gouverneure und Großstadt-Bürgermeister; 2024 machen sie 17% aller Delegierten aus. Seit 2016 dürfen sie jedoch nur abstimmen, falls kein Bewerber im ersten Wahlgang gewinnt. Die Republikaner haben eine ähnliche Regel, dort sind es 7% ungebundene Delegierte (2024). In beiden Parteien gaben diese Delegierten bisher nie den Ausschlag.

Gesellschaft

Keiner der obigen Vorschläge wird die Defekte der Demokratie und die Spaltung des Landes alleine überwinden. Im Letzten kommt es auf die Bürger an, die «Flut wütender und bösartiger Leidenschaften» zurückzudrängen, vor der schon Hamilton warnte.[45] Die Perspektiven sind nicht schlecht, dass die Wähler langsam zurück zu einer Politik der Mäßigung finden.

So prognostizieren die Politikwissenschaftler Devin Caughey vom

MIT und Christopher Warshaw von der George Washington University, dass Kulturkämpfe Demokraten und Republikaner nicht dauerhaft spalten.[46] Das mag in der Anfangszeit, wenn solche Themen politisch virulent sind und Polarisierungsunternehmer sie ausschlachten, durchaus so sein. Langfristig allerdings, so die beiden Forscher, setze sich eine gemäßigte Mitte über Wahlen oder Volksabstimmungen durch. Als Beispiel nennen sie *Obamacare*, die viele republikanische Einzelstaaten zunächst zurückwiesen, obwohl ihnen der Bund hohe Zuschüsse für eine erweiterte Krankenversicherung in Aussicht stellte. Ende 2014 hatten erst 26, meist von Demokraten regierte Staaten das Programm akzeptiert; fast jeder republikanische Staat sperrte sich gegen die Teilnahme. Weil sich *Obamacare* aber bei den Bürgern als populär erwies, traten bis Anfang 2024 zusätzliche 14 Staaten bei.[47] Damit schrumpfte die Ablehnungsfront auf zehn Staaten im Süden und Mittleren Westen. Genauso verflüchtigten sich früher schon Streitthemen wie Alkoholverbot oder Homosexuellenrechte, als sich ein Konsens unter den Wählern herausbildete und sich somit das Befeuern des Konflikts für Politiker nicht mehr lohnte.

Für Abtreibung, Todesstrafe, Waffenkontrolle, illegale Einwanderung und Klimaschutz könnte in Zukunft Ähnliches gelten. «Das Amerika von heute ist in fast allen Fragen sozialliberaler, säkularer, weniger heteronormativ, vielfältiger in Bezug auf Race und persönliche Identität als das Amerika von George W. Bush», konstatierte *New-York-Times*-Kolumnist Ross Douthat im Frühjahr 2023.[48] Selbst jüngere Republikaner bewegen sich bei einigen dieser Fragen hin zum Mainstream. Die Rebellion gegen die gesellschaftliche Modernisierung mobilisierte zwar zwei Jahrzehnte lang die ideologische Rechte, die ihren größten Erfolg feierte, als der Supreme Court 2022 das landesweite Recht auf Schwangerschaftsabbruch beendete. Aber das Urteil erwies sich als Pyrrhussieg, wie die Niederlagenserie der Abtreibungsgegner bei Plebisziten seither dokumentiert. Selbst Trump mit seinem ausgeprägten Instinkt für Stimmungen rückte im Wahlkampf 2024 von seiner harten Haltung in dieser Frage ab.

Bei aller Konfrontation kristallisieren sich Bereiche heraus, die Wähler und Parteien ähnlich einschätzen. Konsens herrscht etwa bei gleichem Lohn für Mann und Frau, bezahltem Mutterschaftsurlaub, Ausbau von Straßen und Stromnetzen, Wiederansiedlung von Industrieunternehmen, Erhöhung des Renteneintrittsalters oder schärferen Energieeffizienz-Standards bei Gebäuden, Kraftwerken und Autos.[49] Auch in der Außenpolitik gibt es Gemeinsamkeiten. Globalisierungskritik und Protektionismus sind bei Demokraten wie Republikanern mehrheitsfähig, keine Seite strebt noch nach Freihandelsabkommen oder einer Wiederbelebung der Welthandelsorganisation. China wird zunehmend als Gefahr betrachtet: 2012 beurteilten ebenso viele Amerikaner Peking negativ wie positiv, 2022 waren es 82 zu 16%.[50] Russland sahen 72% der Demokraten und 69% der Republikaner 2022 als Feind.[51] Beide Parteien stehen Militärinterventionen skeptisch gegenüber. Das mögen nicht immer ökonomisch oder außenpolitisch vernünftige, zum Teil gar widersprüchliche Positionen sein, doch finden sie über die Parteigrenzen hinweg Zustimmung.

Last but not least sind sich beide Seiten einig, Medien und Politiker übertrieben die Unterschiede zwischen ihnen.[52] Besonders schlecht kommt das Internet weg. 79% der Amerikaner glauben, Soziale Medien hätten das Land politisch polarisiert, 64% (74% der Republikaner und 57% der Demokraten) sehen sie als schlechte Sache für die Demokratie.[53] Politische Debatten emigrieren zunehmend in Gruppen-Chats wie Whatsapp, wo die anderen Mitglieder bekannt sind und die Auseinandersetzung deshalb ziviler verläuft als auf offenen Plattformen.[54] 92% der Republikaner und 96% der Demokraten halten es für wichtig, die Spaltung zu mildern, und zwei Drittel wollen die jeweils andere Seite besser verstehen.[55] Das sind, wenn auch in kleinem Maße, positive Trends.

Eine funktionierende Demokratie fußt auf verlässlichen Informationen, die die parteipolitische Polarisierung dämpfen. Die meisten Bürger, allen voran progressive und konservative Aktivisten, nehmen etwa die Parteien stereotyp wahr.[56] Ein Beispiel: Demokraten schneiden bei Wahlen überdurchschnittlich gut ab bei Jungen, Minoritäten und Großstädtern, die Republikaner bei Älteren, Landbewohnern, Reichen und Evangelikalen. Doch Anhänger beider Seiten überschätzen die Bedeutung dieser Gruppen für die jeweils andere Partei. Denn nach wie vor ist der Wähler *beider* Parteien im Mittel ein weißer, nicht-evangelikaler Christ durchschnittlichen Alters und Einkommens.

Weist man Anhänger einer Partei darauf hin, dass sie sich gar nicht so sehr von denen der anderen unterscheiden, nimmt ihre Animosität ab.[57] Selbst ein Ortswechsel trägt dazu bei. Republikaner und Demokraten, die in eine von der jeweils anderen Partei dominierte Region zogen, veränderten ihre Präferenzen stärker als Wähler, die in ihrem gewohnten Umfeld blieben.[58] Matthew Levendusky von der University of Pennsylvania und Polarisierungsexperte, argumentierte in *Our Common Bond* 2023, die Bürger teilten nach wie vor vieles: ihre Identität als Amerikaner, eine enge Beziehung zu einem Freund, Verwandten, Nachbarn oder Arbeitskollegen von der anderen politischen Seite und eine ähnliche Sichtweise von Werte- und Sachfragen. Er rät: «Wenn wir die Gemeinsamkeiten zwischen Demokraten und Republikanern betonen und nicht das, was sie trennt, können wir Brücken über die politischen Gräben hinweg bauen.»[59] Levendusky hofft, dass die persönliche Ebene politische Differenzen überwinden hilft.

Deshalb ist es entscheidend, Gemeinschaftserfahrungen zu verankern und zu wiederholen. Gerade die Lokalpolitik, wo praktische Probleme pragmatische Lösungen erfordern und wenig Platz für ideologische Gefechte bleibt, vermag das gegenseitige Verständnis zu erhöhen. Auch gilt es, Symbole nationaler Zusammengehörigkeit wie den Unabhängigkeitstag, die Verfassung und den Exzeptionalismus zu feiern. Selbst apolitische kollektive Erlebnisse können die Identität stärken und Brüche kitten. Personen, die sich Filme wie *Miracle* (2004) über den Sieg des US-Eishockeyteams gegen die hochfavorisierte UdSSR im Halbfinale der Olympischen Winterspiele 1980 ansahen, zeigten danach ein starkes Gemeinschaftsempfinden.[60] Der Pop- und Country-Musik-Megastar Taylor Swift dürfte gegenwärtig mehr zum Einheitsgefühl der Nation beitragen als so manche Politikerrede, weil ihre gut hundert Millionen amerikanischen Fans aus allen Schichten und Regionen stammen.[61]

Das gewichtigste Argument, dass sich die USA nicht dauerhaft in Kulturkriegen verstricken müssen, freilich lautet: Die Mehrheit der Bevölkerung ist gemäßigter, als Polarisierungsunternehmer und Parteiaktivisten annehmen. Eine Rekordzahl von 43% der Amerikaner identifizierte sich 2023 laut Gallup als «Unabhängige», nur jeweils 27% als Anhänger einer der beiden großen Parteien.[62] Sogar bei Demokraten und Republikanern überwiegen die Moderaten. Fast drei Viertel von ihnen zählen nicht zu den Zeloten, sondern zu den Zentristen, für die es auf politische Positionen und Erfahrung der Kandidaten ankommt.[63]

Das Bild einer unrettbar gespaltenen Gesellschaft, die sich in kommunikativen Echokammern verschanzt und geschlossene radikale Weltbilder propagiert, trifft auf gutausgebildete Weiße zu. Von allen demographischen Gruppen sind nur weiße Collegeabsolventen an beiden Enden des Spektrums extrem polarisiert, 34% von ihnen vertreten sehr linke, 28% sehr rechte Positionen. Ähnlich radikal sind am konservativ-fundamentalistischen Ende des Spektrums allerdings auch Weiße ohne College-Abschluss (31%). Schwarze, Hispanics und Asien-Amerikaner hingegen finden sich zu 83, 77 und 69% in der politischen Mitte.[64]

Ihr gesellschaftlicher Anteil wächst jedoch schnell. Bereits seit 2020 sind die Minderheiten bei den Unter-18-Jährigen die Mehrheit, von 2045 an dürfte das bei der Gesamtbevölkerung und von 2060 an auch bei den Wahlberechtigten der Fall sein. Das sollte einen mäßigenden Einfluss auf die Politik ausüben. Demokraten wie Republikaner werden die nichtweißen ethnischen Gruppen verstärkt umwerben und ihnen attraktive Inhalte anbieten müssen, wollen sie bei Präsidentschaftswahlen mehrheitsfähig bleiben. Dies ist nicht ohne Ironie: Die Angst vor einem ethnischen Wandel der USA durch Einwanderung auf der radikalen weißen Rechten und dessen Unterstützung auf der radikalen weißen Linken schürten die Kultur- und Stammeskriege seit 2015 mehr als alles andere. Künftig könnte genau dieser Wandel helfen, der parteipolitischen Polarisierung beizukommen.

Härtetest: Trumps Triumph

Im Wahlkampf 2024 erreichte die parteipolitische Polarisierung einen weiteren Höhepunkt. Schon Anfang März und damit so früh wie nie seit Einführung der Vorwahlen Anfang der 1970er Jahre hatten Demokraten und Republikaner ihre Kandidaten bestimmt – die beiden ältesten in der US-Geschichte. Dann kam am 27. Juni Joe Bidens Debakel in der TV-Debatte mit Donald Trump und sein von den grauen Eminenzen der Partei, Nancy Pelosi und Barack Obama, erzwungener Rücktritt von der Bewerbung. Auf einmal standen die Demokraten ohne Kandidat/in da – und das vier Wochen vor dem offiziellen Nominierungsparteitag in Chicago.

Als Notnagel diente Kamala Harris, die Vizepräsidentin. 2020 hatte sie schon einmal versucht, Kandidatin der Partei zu werden, und war krachend gescheitert. Hätte Biden im Herbst 2023 zurückgezogen, wäre sie bei normalen Vorwahlen Außenseiterin gewesen angesichts von Schwergewichten wie Josh Shapiro oder Gretchen Whitmer, den Gouverneuren von Pennsylvania und Michigan. Aber sie hatte den Segen Bidens und den Zeitdruck hinter sich, niemand anders wagte sich aus der Deckung, und durch Akklamation fiel ihr die Kandidatur zu. Was sie schaffte, war die Partei aus ihrer tiefen Biden-Depression zu erlösen und ihr erstmals seit 2012, als Obama zum zweiten Mal angetreten war, so etwas wie Begeisterung einzuhauchen. Der Parteitag lief blendend, sie holte in den Umfragen den deutlichen Rückstand gegenüber Trump auf und zog sogar einige Wochen lang an ihm vorbei. Bei ihrer einzigen TV-Debatte am 12. September filetierte sie ihn mit der Präzision der Generalstaatsanwältin, die sie lange Jahre in Kalifornien gewesen war. Wiederholt lockte sie Trump aufs Glatteis, indem sie mit seinem grenzenlosen Narzissmus spielte. Unvergessen die Szene, als Harris die Größe der Zuschauermenge bei Trumps Wahlkampfveranstaltungen anzweifelte, und der wütend mit der Fabelei antwortete, in Springfield/Ohio äßen illegale Immigranten Katzen und Hunde der Bewohner. Aber solche Aussetzer und immer radikalere, misogynere und aggressivere Aussagen schadeten Trump nicht, im Gegenteil, Republikanische Partei und Anhänger blieben ihm treu ergeben. Selbst als er die Demokraten als «Ungeziefer» beschimpfte, er seinen Gegnern nach seiner Wahl juristische Verfolgung androhte, ihn sein Ex-Stabschef General John Kelly als «Faschist» bezeichnete und er Harris in einem Satz als «Marxistin und Faschistin» denunzierte, schlug sich das in Meinungsumfragen nicht negativ nieder. Trump verstand besser als seine Gegner, dass es in Zeiten extremer Spaltung zwischen Republikanern und Demokraten nicht darauf ankommt, dass die Wähler die eigene Partei lieben. Vielmehr zählt, dass sie die andere hassen.

Wenige Tage vor der Wahl lagen beide Kandidaten laut den Demoskopen auf Augenhöhe, sowohl national als auch in den sieben Swing States, den hart umkämpften und zwischen Demokraten und Republikanern hin- und herschaukelnden Staaten. Doch zum dritten Mal unterschätzten sie Trump. Wie 2016 und 2020 schnitt er besser ab als vorhergesagt. Am Ende gewann er landesweit 1,5 Prozentpunkte mehr als Harris. Was vor 30 Jahren als knapper Sieg gegolten hätte, war diesmal ein Erdbeben. Denn es gibt fast nur noch Stammwähler in den USA, und die beiden Parteien sind seit einem guten Jahrzehnt national in etwa gleich stark. Wenige Prozentpunkte hin oder her haben deshalb enorme Folgen. Mit 50 Prozent erzielte Trump das zweitbeste Wahlergebnis eines republikanischen Präsidentschaftsbewerbers seit 1992, lediglich George W. Bush holte 2004 mit 50,7 Prozent mehr Stimmen. Als Bonus eroberte er den Senat und hielt das Repräsentantenhaus.

Das Fiasko von Harris, die mit gut 48 Prozent das schlechteste Ergebnis für die Demokraten seit 1992 einfuhr, hat drei Gründe. Erstens war Biden ein äußerst unbeliebter Präsident, seine Zustimmungsraten lagen am Wahltag bei unter 40 Prozent. Historisch ist kein Amtsinhaber oder Bewerber derselben Partei bei so schwachen Werten erneut in das Weiße Haus eingezogen. Sein größtes Manko war neben seiner Altersschwäche, dass er den Wahlsieg 2020 fehlinterpretiert hatte: Die Amerikaner wollten damals den chaotischen Trump loswerden, keine linke Gegenrevolution. Biden hingegen sah im Sieg ein Mandat, die USA in Richtung Wohlfahrtsstaat, Klimaschutz und Wokeness umzubauen. Das lehnte die Mehrheit der Bürger ab. Bidens Niederlage fügt sich in einen weltweiten Trend in Demokratien: Überdruss an den Herrschenden, weil sie die schweren innen- und außenpolitischen Verwerfungen nicht in den Griff bekommen. In Australien und Großbritannien, in Frankreich und Japan, in den Niederlanden und Italien – überall straften sie die Wähler in den vergangenen Jahren für den Kontrollverlust ab. Die Regierungen Deutschlands und Kanadas dürften sich bald auf dieser unrühmlichen Liste finden.

Zweitens erwies sich die Massenimmigration wie schon 2016 und 2020 als wichtigste Sorge der Bürger. Und dieses Thema gehört Trump, mit nichts anderem ist sein Name so verbunden wie mit Einwanderungsstopp und Mauerbau. Die Demokraten machten es ihm leicht: Unter Biden schoss die Immigration nach oben, phasenweise griffen Beamte 250 000 Illegale pro Monat an der Südwest-Grenze zu Mexiko auf, zu lange zauderte der Präsident mit Gegenmaßnahmen. Als er Anfang 2024 endlich ein rigoroses Einwanderungsgesetz vorlegte und dafür sogar Unterstützung von Republikanern im Senat fand, ließ es Trump von seinen Getreuen im Repräsentantenhaus vereiteln. Er fürchtete zu Recht, andernfalls sein zugkräftigstes Wahlkampfvehikel zu verlieren. Sein Kalkül ging auf.

Drittens überschattete die hohe Inflation die gute ökonomische Entwicklung unter Biden. In den vergangenen vier Jahren war das Wachstum hoch, nach Corona legte die Wirtschaft 2021 um 5,8, 2022 um 1,9 und 2023 um 2,5 Prozent zu, für 2024 wurden 2,8 Prozent prognostiziert. Die Arbeitslosenquote fiel von 6,4 Prozent bei Amtsübernahme Bidens auf 3,4 Prozent im April 2023 und lag im Oktober 2024 bei 4,1 Prozent. Das Politikmagazin *The Economist* schrieb unlängst, Trumps Slogan «Make America great again» sei überflüssig, Amerikas Wirtschaft laufe bereits großartig. Allerdings hingen die Inflationsraten von 7 und 6,5 Prozent aus den Jahren 2021 und 2022 den Demokraten nach wie vor wie ein Mühlstein am Hals. In der Dekade davor waren die Preise nie schneller als 2,4 Prozent gestiegen. Lebensmittel verteuerten sich unter Biden noch deutlicher, und Benzin schoss allein 2021 um 50 Prozent nach oben. «Geht es euch heute besser als vor vier Jahren?» lautete Trumps den Wählern regelmäßig gestellte Frage. Im Supermarkt, an der Tankstelle und beim Blick auf die Kaufkraft ihrer Löhne fiel ihre Antwort überwiegend negativ aus.

Der Verdruss über Biden, die Immigration und die Inflation beflügelten Trumps Wahlkampf. Er verbesserte seinen Stimmenanteil von 46 Prozent 2016 und 47 Prozent 2020 auf diesmal 50 Prozent. Er holte alle sieben Swing States und 312 Wahlleute, mehr als jeder seiner republikanischen Vorgänger seit 1992. Er verhalf den Senatskandidaten seiner Partei zur Eroberung demokratisch gehaltener Sitze in West Virginia, Ohio, Montana und Pennsylvania. Er gewann bei fast allen Wählergruppen – Ausnahme: Senioren – in allen Einzelstaaten hinzu, besonders deutlich in demokratischen Bastionen wie New York, Kalifornien und Illinois. Er fand in 90 Prozent der Wahlkreise neue Unterstützer, überproportional stark in denen mit großer wirtschaftlicher Ungleichheit, schnell steigenden Immobilien- und Mietpreisen und vielen Immigranten. Am wichtigsten: Bei den vergangenen beiden Wahlen reüssierte Trump zuvörderst bei älteren, schlechter gebildeten weißen Männern und evangelikalen Christen. Das ließ viele Beobachter annehmen, er sei nur ein Spuk, weil der Anteil dieser Gruppen an der Wählerschaft falle. Der 5. November 2024 widerlegte solche Spekulationen. Nicht nur hielt Trump seine früheren Unterstützer bei der Stange, sondern er steigerte auch sein Ergebnis bei den traditionell demokratischen Latinos, Schwarzen und Jüngeren.

Trump erzielte 46 Prozent der Latino-Stimmen, bei männlichen Latinos sogar 55. Besser schnitt kein republikanischer Präsidentschaftskandidat seit 50 Jahren bei ihnen ab, vier Jahre zuvor hatte Trump nur 32 Prozent geholt. Bei den Schwarzen verdoppelte er im Vergleich zu 2020 seinen Anteil auf 16 Prozent, primär dank jüngerer schwarzer Männer, von denen er jeden Dritten von sich überzeugte. Und bei Wählern unter 30 zog er fast mit Harris gleich. Es waren die weiblichen Stimmen dieser drei Gruppen, die Trump bei Frauen erfolgreicher sein ließen als 2016 und 2024. Lagen Hillary Clinton und Biden bei ihnen 13 und 15 Punkte vor Trump, waren es bei Harris nur mehr acht.

Von 1992 bis 2020 gewannen die Demokraten bei acht Präsidentschaftswahlen sieben Mal mehr Wähler als die Republikaner. Deshalb meinten sie, Zeitgeist und demografischer Trend stünden hinter ihnen, sie seien auf bestem Weg zur dauerhaften Mehrheitspartei. Ihre Kernklientel – Minderheiten, Gutausgebildete und Säkulare – würde zulegen in der Gesellschaft und eine demokratische Ära einleiten. Als Trump 2017 dank des Wahlleutegremiums überraschend ins Weiße Haus einzog, taten dies viele Demokraten als historischen Betriebsunfall ab oder als Folge eines ungerechten Wahlsystems und russischer Einflussnahme. Heute sind die Demokraten geschlagen, ihre Blütenträume zerstoben – und mit ihnen die Idee, dass Schwarze, Latinos, Asien-Amerikaner, Frauen reflexhaft für sie votieren. Dieses reduktionistische Weltbild liegt seit dem 5. November in Trümmern. Menschen sind kompliziertere Wesen, als die Identitätsapostel glauben. Auch eine Frau kann Trump trotz all seines Sexismus wählen, weil ihr vielleicht die ungezügelte Einwanderung mehr Sorge bereitet; und ein Latino für ihn stimmen, weil er sich von ihm bessere Jobchancen verspricht – obwohl Trump mexikanische Einwanderer als Vergewaltiger und Mörder schmäht. Die Demokraten müssen damit zurechtkommen, dass die Zukunft nicht automatisch ihnen gehört.

11. TODESKAMPF ODER NEUBELEBUNG: DIE ZUKUNFT DER DEMOKRATIE

Die USA leben im Trump-Zeitalter. Kein Präsident seit Franklin Roosevelt (1933–45) hat dem Land so sehr seinen Stempel aufgedrückt. Steht er seine zweite Amtszeit durch, wird er das Land vierzehn Jahre lang, von 2015 bis 2029, in seinen Bann geschlagen haben. Er hat die Grand Old Party (GOP), wie sich die Republikaner selbst nennen, grundlegend umgepolt, sie von einer Partei der Wirtschaftsliberalen und des Establishments in eine multiethnische Arbeiterpartei verwandelt. Einer der wenigen, der das vorhersagte, war der republikanische Wahlforscher Patrick Ruffini. Er veröffentlichte 2023 ein Buch mit dem seherischen Titel «Party of the People: Inside the Multiracial Populist Coalition Remaking the GOP».

Mit dem Wahlsieg hat Trump zugleich sein Erbe bestellt. Die Zukunft der Partei liegt bei einer jüngeren und eloquenteren, aber ebenso radikalen und skrupellosen Version seiner selbst, Vizepräsident J. D. Vance, nicht bei Nikki Haley oder Glenn Youngkin, Vertretern des moderaten Flügels. Und Trump ist dabei, auch die Demokraten massiv zu verändern. In ihrem Kurz-Wahlkampf schwenkte Harris bei Einwanderung, Fracking und Verbrechensbekämpfung auf dessen harte Linie ein, bei Freihandel, Strafzöllen und Anti-China-Politik hatten dies Clinton und Biden schon früher getan. Es scheint nur eine Frage der Zeit, bis die Demokraten ihre Fixierung auf Klimaschutz, Gender und Wokeness ad acta legen. Trump hat das Koordinatensystem der USA fundamental verrückt, er ist ein transformativer Präsident und er wird Land und Welt weiter nach seinem Gusto ummodeln.

In der Innen- und Wirtschaftspolitik setzt er auf Kampf gegen illegale Immigration, Strafzölle, Steuersenkungen und Deregulierung. Beginnen dürfte Trump mit der Einwanderung, dem Brot-und-Butter-Thema seiner Politkarriere. Gleich nach seiner Vereidigung am 20. Januar 2025 wird er Dekrete unterzeichnen, die die Südgrenze abschotten und den Beamten erlauben, Asylbewerber zurückzuweisen. Im Wahlkampf hat er darüber hinaus versprochen, «die größte Massendeportation [illegaler Einwanderer] in der amerikanischen Geschichte» zu beginnen. Dabei könnte Trump auf Notfallrechte zurückgreifen, mit denen im Zweiten Weltkrieg Bürger mit japanischen, deutschen oder italienischen Wurzeln interniert worden waren. Wie viele der etwa 11 Millionen Papierlosen davon betroffen wären und wie die Abschiebungen organisiert würden, sagt

Trump nie. Aber er ist auf die Hilfe von Lokalregierungen und Privatunternehmen bei ihrem Auffinden und auf die von Militär und Nationalgarde bei ihrer Deportation angewiesen. Die Gerichte dürften ihm dabei weniger in den Arm fallen als in seiner ersten Regierungszeit, schließlich hat er damals hunderte erzkonservative Bundesrichter ernannt, darunter drei im Supreme Court. Der finanzielle Aufwand einer solchen Aktion ist freilich enorm. Das überparteiliche American Immigration Council schätzt, es würde fast eine Billion Dollar kosten, alle Illegalen aus dem Land zu schaffen. Und: Es könnte die Wirtschaftskraft der USA, so eine Berechnung der University of New Hampshire, um 6,2 Prozent verringern.

Danach wird sich Trump an den Außenhandel machen. Schon 2018 belegte er Warengruppen wie Sonnenkollektoren, Stahl, Aluminium und Waschmaschinen aus China, der EU, Kanada, Mexiko und Südkorea mit Strafzöllen von 10 bis 50 Prozent. Jetzt droht er massive Importsteuern für Autos und Autoteile an. Solche spezifischen Zölle kann Trump autonom erhöhen, indem er sich auf das Handelsgesetz von 1974 oder das Gesetz über Internationale wirtschaftliche Notstandsbefugnisse von 1977 beruft. Doch Trump will weiter gehen und die Zölle für alle Importe auf 20 Prozent heraufsetzen, für China sogar auf 60 und für Mexiko auf 100 Prozent. Das wäre die gravierendste Abkehr vom Freihandel seit den 1930er Jahren. Dafür benötigt Trump die Zustimmung des Kongresses, was angesichts der dortigen Mehrheiten kein Problem sein sollte. Dass Zölle Produktivität zerstören und jeder durch sie in den USA gerettete Job Unsummen verschlingt, wissen Ökonomen seit langem. So kostete jeder Arbeitsplatz, der 2018 durch Importsteuern auf südkoreanische Waschmaschinen neu geschaffen wurde, den Steuerzahler 815 000 Dollar. Das Peterson Institut für Internationale Wirtschaft hat errechnet, ein genereller 20-prozentiger Zoll würde Haushalte mittleren Einkommens mit 2600 Dollar im Jahr belasten. Ein globaler Handelskrieg käme ein Vielfaches teurer. Da die USA freilich einen geringeren Teil ihres Wohlstands dem internationalen Warenaustausch verdanken als China, die EU oder insbesondere Deutschland, glaubt Trump, am längeren Hebel zu sitzen. Aber wer in einer Vollbeschäftigungsökonomie gleichzeitig den Zustrom von Arbeitern und den von Waren kappt, treibt unweigerlich die Inflation nach oben.

Bei den Steuern hat Trump massive Einschnitte versprochen. So sollen die für Unternehmen auf 15 Prozent fallen, nachdem er sie in seiner ersten Amtszeit bereits von 35 auf 21 Prozent gesenkt hatte. Zugleich will er seine 2017 gewährten und 2025 auslaufenden Einkommenssteuerkürzungen dauerhaft festschreiben sowie Trinkgelder und Renten von Abgaben befreien. All das würde das mit sieben Prozent im Jahr 2024 ohnehin gigantische Haushaltsdefizit der USA in der nächsten Dekade um weitere 10,5 Billionen Dollar aufblähen. Schließlich setzt Trump auf niedrige Zinsen und einen schwachen Dollar, um Investitionen und Exporte anzukurbeln. Die Folge all dieser Maßnahmen: explodierende Verschuldung, steigende Preise, weniger Wohlstand.

Auch will Trump die Wirtschaft von Regulierungsfesseln befreien. Er hat nach seiner Wahl bereits angekündigt, Nationalparks zu verkleinern, um Minentätigkeit und Energieförderung zu erleichtern. Er wird Umweltschutzauflagen zurückdrängen, Vorschriften für Banken und Kryptowährungen reduzieren sowie den Beamtenapparat verkleinern und entmachten. Nicht umsonst schossen Bitcoin-Preis sowie Finanz- und Energieaktien nach seinem Wahlsieg nach oben. Ob Trump mit seiner Deregulierung jedoch in seiner zweiten Amtszeit erfolgreicher sein wird als in seiner ersten, ist fraglich. Damals blockierten Gerichte 80 Prozent seiner Initiativen, gegen die Klage erhoben worden war. Das Bankhaus Goldman Sachs kam zu dem Schluss, Trumps Deregulierungen von 2017 bis 2021 seien unerheblich für die ökonomische Entwicklung des Landes gewesen.

So widersprüchlich, teuer und riskant Trumps Innen- und Wirtschaftspolitik ist, die größte Gefahr geht von ihm für die Demokratie aus. Trump hat keine demokratische Faser im Leib, wie er mit seiner oftmaligen Aussage demonstrierte, nur Wahlergebnisse anzuerkennen, die ihn zum Sieger küren. Eine Niederlage zu akzeptieren, ist allerdings der heilige Gral jeder Demokratie. Wie Trump damit umgeht, demonstrierte er am 6. Januar 2021, als er seine Anhänger den Kongress stürmen ließ – ein politisches Kapitalverbrechen. Regelmäßig spielt er mit autoritären Ideen, etwa wenn er davon spricht, Diktator an Tag Eins seiner Präsidentschaft sein zu wollen oder dass ihm die Verfassung in Artikel II grenzenlose Kompetenzen verleihe. Genau das tut sie nicht. Doch ein System der *checks and balances*, der Gewichte und Gegengewichte, in dem keine Institution oder Person Macht ungehindert ausüben kann, widerspricht Trumps Absolutheitsanspruch. Er ist dem Charakter nach autokratisch und megaloman, und er beneidet einen Xi Jinping oder Wladimir Putin um ihre totale Herrschaft. Dieses Ziel wird er in seiner zweiten Amtszeit entschlossen verfolgen. Größte Hilfe ist ihm dabei die schärfste parteipolitische Polarisierung in der Geschichte der USA. Sie hat seinen Aufstieg ermöglicht, er hat sie angeheizt und auf neue Höhen geführt, er wird sie nun nutzen, um die Kontrollen des Präsidentenamts zu schwächen. Das fängt in der Regierung an, die er sich gemäß der umstrittenen *Unitary Executive Theory* völlig unterwerfen will. Sie besagt, dass es allein die Präsidenten sind und nicht die Minister und unabhängige Behörden wie die Zentralbank oder das FBI, die alle Gewalt über die Exekutive haben. Bei der Auswahl seiner engsten Mitarbeiter und Minister zählten für Trump die unbedingte Loyalität zu seiner Person alles, Regierungserfahrung und Kompetenz nichts. Seine Republikanische Partei hat er sich schon unterworfen wie ein Guru seine Jünger, sie gehorcht ihm aufs Wort. Vom Parlament ist ebenfalls kein Widerstand zu erwarten. Der Kongress, qua Verfassung eigentlich Gegengewicht zur Exekutive, dürfte in den kommenden beiden Jahren alles abnicken, was ihm Trump an Gesetzentwürfen überstellt. Die Bundesgerichte, allen voran den Supreme Court, hat Trump schon in seiner ersten Amtszeit mit vielen Loyalisten besetzt, die die Ausweitung präsidentieller Vollmachten befürworten. Markantes Beispiel war der Richterspruch in «Trump v. United States» vom Juli 2024, der dem Präsidenten völlige Immunität vor Strafverfolgung gewährt, solange er eine Handlung zum offiziellen Akt erklärt. Mit seiner Mehrheit im Senat wird Trump in seiner Amtszeit hunderte weitere politisch genehme Bundesrichter durchpeitschen. Die Bürokratie, eigentlich Garant ordnungsgemäßen Regierens, aber von Trump als feindlicher «tiefer Staat» gegeißelt, dürfte er per Dekret entmachten, zusammenstreichen und die wichtigsten Stellen mit tausenden, von der reaktionären Heritage Foundation auf Herz und Nieren überprüften Ja-Sagern besetzen. Und an kritischen Medien kann er dank Elon Musks Twitter und seinem Truth-Social-Kanal vorbeikommunizieren. Trump ist drauf und dran, nach seiner Partei auch dem Regierungssystem seinen Willen zu oktroyieren. Zur Diktatur werden die USA unter ihm wohl nicht, das wird selbst er in den kommenden vier Jahren nicht schaffen – und eine erneute Kandidatur verbietet ihm die Verfassung. Eine auf Personenkult gedrillte Ein-Mann-Demokratie indes ist eine realistische Möglichkeit.

Das berührt auch das Verhältnis der USA zum Rest der Welt, in erster Linie zu ihren Verbündeten. Seit 1787 sind sie der Leitstern der Demokratie, seit 1941 haben sie die liberale internationale Ordnung aufgebaut, gepflegt und ausgeweitet, die den Alliierten, insbesondere der Bundesrepublik, Sicherheit, Freiheit und Wohlstand bescherte. In der amerikanischen Politik gegenüber China und im Mittleren Osten dürfte sich wenig ändern, sieht man einmal ab von Trumps unbedingter Unterstützung Israels und dem wahrscheinlichen Abzug von US-Truppen aus Nordirak und Ostsyrien. Für Europa, und da primär für die Ukraine und Deutschland, bedeutet seine Präsidentschaft freilich Ungemach. Trump versteht Außenpolitik wie im Konzert der Mächte des 18. und 19. Jahrhunderts, als die Großen das Schicksal der Kleinen entschieden. Die Ukraine könnte er auf dem Altar solcher Dealmaking-Fantasien mit Moskau opfern. Die Mittel dazu hat er, stammten doch bisher 80 Prozent der Militärhilfe für das Land in dessen Überlebenskampf gegen die russischen Invasoren aus den USA. Stellt Washington seine Unterstützung ein, muss Kyjiw wohl bald kapitulieren. Das wäre eine Katastrophe nicht nur für Ukrainer, Nato und Völkerrecht, sondern es könnten dann Millionen Flüchtlinge nach Deutschland strömen. Und das dürfte AfD und BSW bei Wahlen in unerreichte Höhen katapultieren – ein Traum für Putin, Orban & Co.

Deutschland droht also, der zweite große Verlierer in Trumps Welt zu werden. 2025 steht Berlin der erneuten Trump-Präsidentschaft genauso schwach und unvorbereitet gegenüber wie 2017. Die Zeitenwende ist nie Praxis geworden, weder nach dem ersten Wahlsieg Trumps noch nach dem russischen Überfall auf die Ukraine. Und die Lage Europas ist heute prekärer als vor acht Jahren – wegen Putins Vernichtungskrieg in Osteuropa, wegen des Brexit, wegen der Stagnation der großen EU-Volkswirtschaften, wegen der deutschen und französischen Führungsschwäche. Trump wird die Nato im besten Fall vor sich her treiben, im schlimmsten in Frage stellen, unter ihm werden die USA nie wieder die Probleme der Europäer für sie lösen wie in Bosnien, im Kosovo oder in der Ukraine. Ob die von Biden zugesagten Mittelstreckenraketen je in

Deutschland stationiert werden, um es vor russischer Drohpolitik zu schützen, steht in den Sternen. Dazu wird Trump das Pariser Klimaprotokoll kündigen und den Freihandel abwickeln, die wichtigste Basis für den deutschen Wohlstand. Das hat nicht zuletzt Folgen für die Machtverteilung in der EU, wo nach dem Ausstieg Großbritanniens die Etatisten und Protektionisten in Paris und Rom die Oberhand über Berlin gewinnen.

Die Bundesrepublik muss sich auf eine Welt einstellen, in der sie wie «Kevin – Allein zu Haus» ist. Im Gegensatz zu seinem Gastauftritt in jenem Hollywoodstreifen wird sich Trump in der realen Welt aber nicht mit einer Nebenrolle begnügen.

ANMERKUNGEN

Demokratie in Amerika

1 Vgl. V-Dem Institute: Autocratization Changing Nature? Democracy Report 2022, March 2022, 60 S., hier 37.
2 «Biden's Approval Rating Surges After Hitting Low Mark In July, Quinnipiac University National Poll Finds; Half Of Americans Say Trump Should Be Prosecuted On Criminal Charges Over His Handling Of Classified Documents», 31.8.2022, Frage 21. https://poll.qu.edu/poll-release?releaseid=3854 (6.9.2022)
3 Vgl. Peter Baker/Blake Hounshell: Parties Divergent Realities Challenge Biden's Defense of Democracy, New York Times (NYT), 2.9.2022.

1. Mäßigung als Kernprinzip: die Ideen der Verfassungsväter

1 Was freilich nicht der Realität entsprach. Es war das britische Parlament, das 1765 die verhasste Stempelsteuer und 1767 im Townshend Act Zölle auf Importe aus den amerikanischen Kolonien einführte. 1773 privilegierte es den Teehandel der Ostindien-Kompanie und verhagelte damit amerikanischen Kaufleuten das Geschäft. Schließlich erließ das Parlament 1774 eine Reihe von Maßnahmen, um die rebellischen Kolonisten nach der Boston Tea Party zum Einlenken zu zwingen.
2 Zit. bei Robert Byrd: The Senate 1789–1989. Addresses on the History of the United States Senate. Vol. I, 1988, 389.
3 Zit. bei Samuel Kernell u. a.: The Logic of American Politics, 2022, 55.
4 Federalist Nr. 66; in: Alexander Hamilton/James Madison/John Jay: Die Federalist Papers. Herausgegeben und übersetzt von Barbara Zehnpfennig, 2007, 395.
5 Richard E. Neustadt: Presidential Power and Modern Presidents. The Politics of Leadership from Roosevelt to Reagan, New York 1990, 29.
6 John Locke: Die zweite Abhandlung über die Regierung, 1974, Paragraph 160 und 161.
7 Arthur Schlesinger: The Imperial Presidency, 1973.
8 So James Wilson aus Pennsylvania. Zit. bei John R. Vile (Hg.): Founding Documents of America. Documents Decoded, 2015, 224.
9 Zit. bei John R. Vile: The Constitutional Convention of 1787. A Comprehensive Encyclopedia of America's Founding, Vol. 1, 2005, 457.
10 Zit. bei Henry Gilpin (Hg.): The Papers of James Madison. Purchased by Order of Congress, Vol. 2, 1840, 1126.

11 Vgl. Thomas Osborne: Moderation as Government. Montesquieu and the Divisibility of Power; in: The European Legacy, Vol. 28/No. 3–4 (2023), 313–329. https://www.tandfonline.com/doi/full/10.1080/10848770.2023.2172780?scroll=top&needAccess=true (28.10.2023)
12 Vgl. Judith Shklar: Ordinary Vices, 1984, 226–249.
13 Vgl. Volker Depkat: The Holy Roman Empire in the Constitutional Debates of Revolutionary America; in: Johannes Burkhardt/Volker Depkat/Jürgen Overhoff (Hg.): Bundesrepublik Amerika, 2024, 199–222.
14 Federalist Nr. 51; in: Hamilton/Madison/Jay, 2007, 321.
15 Zit. bei John R. Vile (Hg.): Founding Documents of America. Documents Decoded, 2015, 206.
16 Zit. bei Henry Gilpin (Hg.): The Papers of James Madison. Purchased by Order of Congress, Vol. 3, 1840, 1388.
17 Zit. bei Yale Law School: Madison Debates Contents, July 14, 1787. https://avalon.law.yale.edu/18th_century/debates_714.asp (1.8.2022)
18 «To James Madison from Thomas Jefferson, 6 September 1789», National Archives, Founders Online. https://founders.archives.gov/documents/Madison/01-12-02-0248 (2.8.2022)
19 Vgl. Ballotpedia: State constitutional conventions. https://ballotpedia.org/State_constitutional_conventions (15.8.2022)
20 Vgl. Tom Ginsburg/Zachary Elkins/James Melton: The Lifespan of Written Constitutions, October 15, 2009. https://www.law.uchicago.edu/news/lifespan-written-constitutions (4.8.2022)
21 Milton M. Klein: Mythologizing the U.S. Constitution; in: Soundings. An Interdisciplinary Journal, Vol. 78/No. 1 (Spring 1995), 169–187, hier 173.
22 George Washington: Farewell Address, 19 September 1796. https://founders.archives.gov/documents/Washington/05-20-02-0440-0002 (7.8.2022)
23 Robert N. Bellah: Civil Religion in America; in: Daedalus, Vol. 96/No. 1 (Winter 1967), 1–21. https://web.archive.org/web/20050306124338/http://www.robertbellah.com/articles_5.htm (5.8.2022)
24 Vgl. Dallin H. Oaks: The Divinely Inspired Constitution, February 1992. https://www.churchofjesuschrist.org/study/ensign/1992/02/the-divinely-inspired-constitution?lang=eng (7.8.2022)
25 Barack Obama: The Audacity of Hope, 2008, 88.
26 «GOP Convention. Remarks by Ted Cruz, candidate for senate in TX», August 28, 2012. https://www.baynews9.com/fl/tampa/news/2012/8/28/gop_convention_remar_12 (7.8.2022)
27 Siehe dazu Jeffrey Toobin: Our Broken Constitution, The New Yorker, December 1, 2013. https://www.newyorker.com/magazine/2013/12/09/our-broken-constitution (4.8.2022)
28 Sanford Levinson: Our Undemocratic Constitution, 2006, 9. Kursiv im Original.

29 Vgl. Christopher Schmidt: The Tea Party and the Constitution; in: Hastings Constitutional Law Quarterly, Vol. 39/No. 1 (March 2011), 193–252.
30 Mark Levin: The Liberty Amendments. Restoring the American Republic, 2013.
31 Vgl. dazu Lawrence Solum: Originalism Versus Living Constitutionalism. The Conceptual Structure of the Great Debate; in: Northwestern University Law Review, Vol. 113/No. 6 (2019), 1243–1296.

2. Von der Konsens- zur Kulturkampfnation: die Gesellschaft

1 Siehe Paul Carrese: Democracy in Moderation. Montesquieu, Tocqueville, and Sustainable Liberalism, 2016.
2 Vgl. Alexis de Tocqueville: Democracy in America, Vol. 1, 1990 (Original 1835), 299 f. Siehe auch Donald Maletz: Tocqueville on Mores and the Preservation of Republics; in: American Journal of Political Science, Vol. 49/No. 1 (Jan. 2005), 1–15.
3 Vgl. Seymour Martin Lipset: The First New Nation. The United States in Historical and Comparative Perspective, 1963.
4 Jean-Jacques Rousseau: Der Gesellschaftsvertrag, 2013 (Original 1762), Kap. 8, Buch 4.
5 Vgl. Gillan Brockell: The ugly reason ‹The Star-Spangled Banner› didn't become our national anthem for a century, Washington Post (WP), 18.10.2020.
6 Richard Hofstadter: Anti-Intellectualism in American Life, 1963, 43.
7 Hans Vorländer: Gesellschaftliche Wertvorstellungen und politische Ideologien; in: Wolfgang Jäger/Christoph Haas/Wolfgang Welz: Regierungssystem der USA, 2007, 25–44, hier 31.
8 Jutta Bolt/Jan Luiten Van Zanden: Maddison style estimates of the evolution of the world economy. A new 2020 update. https://www.rug.nl/ggdc/historical-development/maddison/releases/maddison-project-database-2020 (19.8.2022)
9 Vgl. Vorländer, 33.
10 Torben Lütjen: Amerika im kalten Bürgerkrieg, 2020, 22.
11 Vgl. Mark Wickham-Jones: This 1950 political science report keeps popping up in the news. Here's the story behind it, WP, 24.7.2018.
12 Louis Hartz: The Liberal Tradition in America, 1955.
13 Robert Dahl: Democracy in the United States. Promise and Performance, 1972, 261.
14 Vgl. Kraig Beyerlein/Kenneth T. Andrews: Black Voting during the Civil Rights Movement. A Microlevel Analysis; in: Social Forces, Vol. 87/No. 1 (Sept. 2008), 65–93, hier 68.
15 «U.S. Bureau of Labor Statistics: Changes in men's and women's labor force participation rates», January 10, 2007. https://www.bls.gov/opub/ted/2007/

jan/wk2/art03.htm (20.8.2022). Die Erwerbsquote ist der Anteil der Beschäftigten an allen Personen zwischen 16 und 64 Jahren.
16 Seymour Martin Lipset/Stein Rokkan: Cleavage Structures, Party Systems, and Voter Alignments. An Introduction; in: dies. (Hg.): Party Systems and Voter Alignments. Cross-National Perspectives, 1967, 1–64, hier 35.
17 ‹Rasse› (*race*) ist biologisch zwar ein unbrauchbarer Begriff, aber er hat sich in den USA in Demographie und Politik zur Kennzeichnung von Menschen unterschiedlicher Hautfarbe und Herkunft eingebürgert.
18 So Moyers bei einem Symposium der Johnson Library 1990. Zit. bei Ted Gittinger/Allen Fisher: LBJ Champions Civil Rights Act of 1964, Part 2; in: Prologue, Vol. 36/No. 2 (Summer 2004), 10–19, hier 19. https://www.archives.gov/publications/prologue/2004/summer/civil-rights-act-2.html (22.8.2022)
19 https://www.govtrack.us/congress/votes/88-1964/s409gl. (22.8.2022)
20 Zit. bei James Boyd: Nixon's Southern Strategy, NYT, 17.5.1970.
21 Vgl. Nicholas Valentino/David Sears: Old Times There Are Not Forgotten. Race and Partisan Realignment in the Contemporary South; in: American Journal of Political Science, Vol. 49/No. 3 (July 2005), 672–688.
22 Vgl. John Sides: It's time to stop the endless hype of the ‹Willie Horton› ad, WP, 6.1.2016.
23 Vgl. Thomas Friedman: Finishing Our Work, NYT, 4.11.2008.
24 Vgl. Justin McCarthy: U.S. Approval of Interracial Marriage at New High of 94%, Gallup, 10.9.2021. https://news.gallup.com/poll/354638/approval-interracial-marriage-new-high.aspx (11.9.2022)
25 Vgl. Bill Press: The Obama Hate Machine. The Lies, Distortions, and Personal Attacks on the President – and Who Is Behind Them, 2012, und Carlos Lozada: A literary guide to hating Barack Obama, WP, 25.8.2016.
26 So das Ergebnis der Studie von Monica McDermott/Cornell Belcher: Barack Obama and American's Racial Attitudes. Rallying and Polarization; in: Polity, Vol. 46/No. 3 (July 2014), 449–469, hier 467.
27 Vgl. Randall Balmer: The Real Origins of the Religious Right, Politico, 27.5. 2014.
28 Zit. bei ebd.
29 Zit. bei William R. Goodman Jr./James J. H. Price: Jerry Falwell. An Unauthorized Profile, 1981, 91.
30 W. Barry Garrett: High Court Holds Abortion To Be ‹A Right of Privacy›, The Baptist Press, 31.1.1973. Zit. bei Randall Balmer: The Real Origins of the Religious Right, Politico, 27.5.2014.
31 Vgl. James Davison Hunter: Culture Wars. The Struggle to Define America, 1991.
32 Vgl. Frank Newport: Religious Group Voting and the 2020 Election, Gallup, 13.11.2020. https://news.gallup.com/opinion/polling-matters/324410/religious-group-voting-2020-election.aspx (13.2.2024)

2. Von der Konsens- zur Kulturkampfnation: die Gesellschaft 291

33 Vgl. Kristin Kobez Du Mez: Jesus and John Wayne. How White Evangelicals Corrupted a Faith and Fractured a Nation, 2020.
34 Zit. bei Jonathan Martin/Alexander Burns: Abortion and Gay Marriage Are Absent from Donald Trump's Appeal to Evangelicals, NYT, 9.9.2016.
35 Vgl. Michael Lipka/Benjamin Wormald: How religious is your state, Pew Research Center, 29.2.2016. https://www.pewresearch.org/short-reads/2016/02/29/how-religious-is-your-state/?state=alabama (26.12.2023)
36 Vgl. Tim Alberta: The Kingdom, the Power, and the Glory. American Evangelicals in an Age of Extremism, 2023, 232 ff.
37 Vgl. Gregory Smith: About Three-in-Ten U.S. Adults Are Now Religiously Unaffiliated, Pew Research Center, 14.12.2021. https://www.pewresearch.org/religion/2021/12/14/about-three-in-ten-u-s-adults-are-now-religiously-unaffiliated/ (2.9.2022)
38 Vgl. Jim Davis/Michael Graham: The Great Dechurching. Who's Leaving, Why Are They Going, and What Will It Take to Bring Them Back, 2023, 5 ff., Zitat S. 7.
39 Vgl. Houston Chronicle: Abuse of Faith. https://www.houstonchronicle.com/news/investigations/abuse-of-faith/ (14.2.2024)
40 Vgl. Patricia Tevington: Americans Feel More Positive Than Negative About Jews, Mainline Protestants, Catholics, Pew Research Center, 15.3.2023. https://www.pewresearch.org/religion/2023/03/15/americans-feel-more-positive-than-negative-about-jews-mainline-protestants-catholics/ (24.2.2024)
41 Vgl. Ryan Burge: How America's youth lost its religion in the 1990s, 13.4.2022. https://religionnews.com/2022/04/13/how-americas-youth-lost-its-religion-in-1990s/ (2.9.2022)
42 Vgl. Ruth Brownstein: The backlash against rightwing evangelicals is reshaping American politics and faith, The Guardian, 25.1.2022. https://www.theguardian.com/commentisfree/2022/jan/25/the-backlash-against-rightwing-evangelicals-is-reshaping-american-politics-and-faith (2.9.2022)
43 Vgl. Jeffrey Jones: Young Americans' Affinity for Democratic Party Has Grown, Gallup, 28.3.2014. https://news.gallup.com/poll/168125/young-americans-affinity-democratic-party-grown.aspx (2.9.2022)
44 «In Changing U.S. Electorate, Race and Education Remain Stark Dividing Lines», Pew Research Center, 2.6.2020. https://www.pewresearch.org/politics/2020/06/02/in-changing-u-s-electorate-race-and-education-remain-stark-dividing-lines/ (2.9.2022)
45 National Center for Education Statistics: College Enrollment Rates, May 2022. https://nces.ed.gov/programs/coe/indicator/cpb/college-enrollment-rate (2.9.2022)
46 Vgl. Congressional Research Service: The U.S. Income Distribution. Trends and Issues R44705, 13.1.2021. https://crsreports.congress.gov/product/details?prodcode=R44705 (27.5.2024)

47 Vgl. Raj Chetty u.a.: The Fading American Dream. Trends in Absolute Mobility since 1940; in: Science, Vol. 356/No. 6336 (April 2017), 398–406. https://www.science.org/doi/10.1126/science.aal4617 (6.9.2022)
48 Paul Krugman: The Age of Diminished Expectations, 1994.
49 Scott Wolla/Jessica Sullivan: Education, Income, and Wealth; in: Page One Economics. Federal Reserve Bank St. Louis (January 2017). https://research.stlouisfed.org/publications/page1-econ/2017/01/03/education-income-and-wealth/ (6.9.2022)
50 Vgl. Tyler Cowen: The Marriages of Power Couples Reinforce Income Inequality, NYT, 24.12.2015.
51 Vgl. Jeremy Greenwood u.a.: Technology and the Changing Family. A Unified Model of Marriage, Divorce, Educational Attainment and Married Female Labor-Force Participation, Institute for the Study of Labor, IZA Discussion Paper No. 8831 (February 2015), 63 S.
52 Vgl. «Why economists are at war over inequality», The Economist, 30.11.2023.
53 Federal Reserve Board: Distribution of Household Wealth in the U.S. since 1989. https://www.federalreserve.gov/releases/z1/dataviz/dfa/distribute/table/#quarter:130;series:Net%20worth;demographic:networth;population:all;units:shares (6.9.2022)
54 Vgl. Michael Sandel: The Tyranny of Merit. Why the Promise of Moving Up Is Pulling America Apart, 2020.
55 Vgl. Anne Case/Angus Deaton: Deaths of Despair and the Future of Capitalism, 2020, 52.
56 Vgl. «The deaths-of-despair narrative is out of date», The Economist, 23.12.2023.
57 Vgl. Ronald Brownstein: Are College Degrees Inherited?, The Atlantic, 11.4.2014. https://www.theatlantic.com/education/archive/2014/04/are-college-degrees-inherited/360532/ (10.9.2022)
58 Vgl. J. D. Vance: Hillbilly-Elegie: Die Geschichte meiner Familie und einer Gesellschaft in der Krise, 2018 (engl. Originalausgabe 2017).
59 Vgl. Andrew Van Dam: Trump wasn't just a rural phenomenon. Most of his supporters come from cities and suburbs, WP, 18.11.2020.
60 Vgl. Jonathan Rodden: Why Cities Lose. The Deep Roots of the Urban-Rural Divide, 2019.
61 Vgl. Ethan Kaplan/Jorg Spenkuch/Rebecca Sullivan: Partisan Spatial Sorting in the United States: A Theoretical and Empirical Overview; in: Journal of Public Economics, Vol. 211 (July 2022). https://www.kellogg.northwestern.edu/faculty/research/researchdetail?guid=01022648-b478-11e8-91be-0242ac160003 (16.9.2022)
62 Vgl. Bill Bishop: The Big Sort. Why the Clustering of Like-Minded Americans is Tearing Us Apart, 2008.

63 Vgl. Lilliana Mason: Uncivil Agreement. How Politics Became Our Identity, 2018.
64 Katherine L. Cramer: The Politics of Resentment. Rural Consciousness in Wisconsin and the Rise of Scott Walker, 2016, 55.
65 Nicholas A. Valentino/Fabian G. Neuner/L. Matthew Vandenbroek: The Changing Norms of Racial Political Rhetoric and the End of Racial Priming; in: The Journal of Politics, Vol. 80/No. 3 (November 2016). https://www.researchgate.net/publication/310230276_The_Changing_Norms_of_Racial_Political_Rhetoric_and_the_End_of_Racial_Priming (7.8.2019)
66 Vgl. Seth Stephens-Davidowitz: Everybody Lies, 2017, 6–14.
67 Ezra Klein: Der tiefe Graben. Die Geschichte der gespaltenen Staaten von Amerika, 2020, 66.
68 Vgl. Cass Sunstein: The Law of Group Polarization; in: The Journal of Political Philosophy, Vol. 10/No. 2 (2002), 175–195.

3. Brandbeschleuniger der Polarisierung: die nicht-staatlichen Akteure

1 Federalist Nr. 10; in: Hamilton/Madison/Jay, 2007, 93 f., 99.
2 Alexis de Tocqueville: Democracy in America, 1964, 71.
3 Vgl. Kernell u. a., 559.
4 Vgl. Mancur Olson: Logik des kollektiven Handelns, 2004.
5 Vgl. Kernell u. a., 561.
6 Vgl. Jeffrey Birnbaum/Alan Murray: Showdown at Gucci Gulch. Lawmakers, Lobbyists, and the Unlikely Triumph of Tax Reform, 1987.
7 Der Begriff Lobbyist stammt aus dem England des 18. Jahrhunderts, als Männer in den Vorräumen (*lobbies*) von Londoner Theatern die Reichen und Mächtigen abpassten, um Einfluss auf sie zu nehmen. In den USA taucht der Begriff in den 1810er Jahren zum ersten Mal auf.
8 Die folgenden Daten und die Graphik stammen von Open Secrets: Lobbying Data Summary. https://www.opensecrets.org/federal-lobbying/summary?inflate=Y (3.3.2023)
9 Vgl. «Money and Politics», The Economist, 1.10.2011.
10 Vgl. Mark Leibovich: LeBron and Melo Have Nothing on Eric Cantor, NYT, 15.7.2014.
11 Vgl. Robert Reich: Lobbyists are snuffing our democracy, one legal bribe at a time; in: Salon, 9.6.2015. https://www.salon.com/2015/06/09/robert_reich_lobbyists_are_snuffing_our_democracy_one_legal_bribe_at_a_time_partner/ (3.3.2023)
12 Zit. bei Kenneth Vogel u. a.: Trump Vowed to ‹Drain the Swamp› but Lobbyists Are Helping Run His Campain, NYT, 9.7.2020.
13 Vgl. Julie Hirschfeld Davis: Rumblings of a ‹Deep State› Undermining Trump? It Was Once a Foreign Concept, NYT, 6.3.2017.

14 Vgl. Brody Mullins: President Trump Rescinds Own Lobby Ban, Wall Street Journal (WSJ), 20.1.2021.
15 Vgl. «Public Law 110-81-Honest Leadership and Open Government Act of 2007». https://www.govinfo.gov/app/details/PLAW-110publ81/summary (21.2.2024)
16 Vgl. Alex Garlick: Interest Groups, Lobbying and Polarization in the United States, 2016. https://repository.upenn.edu/cgi/viewcontent.cgi?article=4084&context=edissertations (3.3.2023)
17 Vgl. «CPAC Rankings». http://ratings.conservative.org/congress (3.3.2023)
18 Vgl. David Brookman/Aaron Kaufman/Gabriel Lenz: Heuristic Projection. How Interest Group Cues Can Undermine Democratic Accountability, 4.2.2022, 34 S., hier 9. file:///C:/Users/stbie/Downloads/heuristics%20projection.pdf (3.3.2023)
19 Zit. bei John Donohue: The Problem America Cannot Fix, The Atlantic, 12.4.2023. https://www.theatlantic.com/ideas/archive/2023/04/mass-shootings-violence-assault-weapons-gun-control-lobby/673242/ (13.1.2023)
20 Vgl. Adam Winkler: Gunfight. The Battle over the Right to Bear Arms in America, 2013.
21 Vgl. Andrew Van Dam: Why are Republicans more likely to suffer hearing loss?, WP, 9.2.2024.
22 Vgl. Matthew Lacombe: Firepower. How the NRA Turned Gun Owners into a Political Force, 2021, Kapitel 2.
23 Vgl. Maggie Astor: For First Time in at Least 25 Years, No Democrat Has Top Grade From N.R.A., NYT, 22.9.2022.
24 Vgl. Public Law 117-159 Bipartisan Safer Communities Act. https://www.congress.gov/117/plaws/publ159/PLAW-117publ159.pdf (21.2.2024)
25 Jerry Landay: The Federalist Society. The Conservative Cabal That's Transforming American Law, Washington Monthly, March 2000, 19.
26 Michael Avery/Danielle McLaughlin: The Federalist Society. How Conservatives Took the Law Back from Liberals, 2013.
27 Zit. bei Jason Zengerle: How the Trump Administration Is Remaking the Courts, NYT, 22.8.2018.
28 Vgl. Stephan Bierling: Von ‹Chimerica› zu ‹Amerindien›, Neue Zürcher Zeitung (NZZ), 14.9.2021, 14.
29 Vgl. David Paul/Rachel Anderson Paul: Ethnic Lobbies and US Foreign Policy, 2009, Kapitel 5.
30 Vgl. Russell Contreras: Muslim Americans in swing states launch anti-Biden campaign, Axios, 2.12.2023. https://www.axios.com/2023/12/02/muslim-americans-swing-states-anti-biden-campaign (13.2.2024)
31 Vgl. Alexander Hertel-Fernandez/Theda Skocpol/Jason Sclar: How the Koch brothers built the most powerful rightwing group you've never heard of, The Guardian, 26.9.2018, und dies.: When Political Mega-Donors Join Forces. How

the Koch Network and the Democratic Alliance Organized U.S. Politics on the Right and Left, o.J., 92 S. https://scholar.harvard.edu/files/ahertel/files/donorconsortia-named.pdf (3.3.3023). Vgl. auch Jane Mayer: Dark Money. The Hidden History of the Billionaires Behind the Rise of the Radical Right, 2016 und Christopher Leonard: Kochland. The Secret History of Koch Industries and Corporate Power in America, 2019.
32 Vgl. Immanuel Ness (Hg.): Encyclopedia of American Social Movements, 4 vls., 2004.
33 Vgl. Peter Dreier: The Decade in 11 Movements, The American Prospect, 8.1. 2020. https://prospect.org/civil-rights/the-decade-in-11-movements/ (7.3. 2023)
34 Vgl. Tip Gabriel: Clout Diminished, Tea Party Turns to Narrower Issues, NYT, 25.12.2012.
35 Vgl. Stephen Del Rosso: Beyond Unhelpful Metaphors. The Influence of Think Tanks on U.S. Foreign and National Security Policy, Brussels School of Governance, CSDS Policy Brief 19/2021 (29.10.2021), 6 S., hier 1. https://brusselsschool.be/sites/default/files/CSDS%20Policy%20brief_2119_corr.pdf (7.3. 2023)
36 Der Begriff wurde geprägt von dem Think-Tank-Spezialisten James McGann. Vgl. Elisabeth Bumiller: Research Groups Boom in Washington, NYT, 30.1. 2008.
37 Eric Lipton: Major Research Groups Are Given Low Marks on Disclosing Donors, NYT, 6.5.2014.
38 Vgl. Transparify: US Think Tanks Continue to Grow – New Transparify Analysis, 17.8.2018. https://www.transparify.org/ (8.3.2023)
39 James McGann/R. Kent Weaver: Think Tanks and Civil Societies in a Time of Change; in: R. Kent Weaver (Hg.): Think Tanks and Civil Societies. Catalysts for Ideas and Action, 2002, 1–35, hier 7.
40 Vgl. Sam Stein/Natasha Korecki: The most influential think tank of the Biden era has a new leader, Politico, 30.6.2021.
41 Vgl. «Full text: George Bushs's speech to the American Enterprise Institute», The Guardian, 27.2.2023.
42 Vgl. The Heritage Foundation: America's Outpost in Washington, 2022 Annual Report, 53 S., hier 3. https://thf_media.s3.amazonaws.com/2022/Annual_Report.pdf (7.3.2023)
43 https://www.heritage.org/ (21.2.2024)
44 Vgl. Elisabeth Zerofsky: How the Claremont Institute Became a Nerve Center of the American Right, NYT 3.8.2022.
45 Vgl. Robert Draper: A Nerve Center for the Right Wing Rises in Washington, NYT, 20.2.2024.
46 Vgl. «The meticulous, ruthless preparations for a second Trump turn», The Economist, 13.7.2023.

47 Vgl. Brewer/Maisel, 323.
48 Vgl. Markus Prior: News vs. Entertainment. How Increasing Media Choice Widens Gap in Political Knowledge and Turnout; in: American Journal of Political Science, Vol. 49/No. 3 (July 2005), 577–592.
49 Klein, 205.
50 Vgl. Klein, 215 ff.
51 Vgl. «Donald Trump is the conservative media», The Economist, 14.12.2023.
52 Vgl. Philip Bump: The unique, damaging role Fox News plays in American media, WP, 4.4.2022.
53 Vgl. Will Bunch: The Backlash. Right-Wing Radicals, Hi-Def Hucksters, and Paranoid Politics in the Age of Obama, 2010, 55 ff; Theda Skocpol/Vanessa Williamson: The Tea Party and the Remaking of Republican Conservatism, 2012, 103 f., und Mayer, 2016, 183 ff.
54 Vgl. Philip Bump: The unique, damaging role Fox News plays in American media, WP, 4.4.2022.
55 Vgl. Amy Mitchell u. a.: Political Polarization and Media Habits, Pew Research Center, 21.10.2014. https://www.journalism.org/2014/10/21/political-polarization-media-habits/ (1.8.2019)
56 Vgl. Christopher Bail u. a.: Exposure to Opposing Views on Social Media Can Increase Political Polarization; in: PNAS, Vol. 115/No. 37 (Sept. 2018), 9216–21.
57 Steven Levitsky/Daniel Ziblatt: Wie Demokratien sterben. Und was wir dagegen tun können, 2018.
58 Zit. bei Ian Schwartz: Trump: «I Wouldn't Be Here If It Wasn't For Twitter,» «I Have My Own Form of Media», RealClearPolitics, 15.3.2017. https://www.realclearpolitics.com/video/2017/03/15/trump_i_wouldnt_be_here_if_it_wasnt_for_twitter_i_have_my_own_form_of_media.html (9.2.2024)
59 Vgl. Amy Mitchell u. a.: Covering President Trump in a Polarized Media Environment, Pew Research Center, 2.10.2017. https://www.pewresearch.org/journalism/2017/10/02/covering-president-trump-in-a-polarized-media-environment/ (9.2.2024)
60 Vgl. Erendira Abigail Morales/Cindy Price Schultz/Kirsten Landreville: The Impact of 280 Characters. An Analysis of Trump's Tweets and Television News Through the Lens of Agenda Building; in: Sage Journals, Vol. 15/No. 1–2 (2021), 21–37.
61 David Frum: The Great Republican Revolt; in: The Atlantic, 9.9.2015. https://www.theatlantic.com/politics/archive/2015/09/the-republican-revolt/404365/ (3.3.2023)
62 Vgl. «Attitudes toward the mainstream media take an unconstitutional turn», The Economist, 2.8.2017.
63 Vgl. «American journalism sounds much more Democratic than Republican», The Economist, 14.12.2023.

64 Vgl. Brian Stelter: Donald Trump, Fox News, and the Dangerous Distortion of Truth, 2020.
65 Matt Gertz: How the Trump-Fox feedback loop nationalized a local city council vote, MediaMatters, 11.7.2019. https://www.mediamatters.org/foxnews/how-trump-fox-feedback-loop-nationalized-local-city-council-vote (9.2. 2024)
66 Zit. bei Alex Weprin: CBS CEO Les Moonves clarifies Donald Trump ‹good for CBS› comment, Politico, 19.10.2016.
67 Vgl. Sara Fischer: Trump era pushes NYT to new heights, Axios, 5.2.2021. https://www.axios.com/2021/02/05/new-york-times-digital-subscriptions (17.12.2023)
68 Vgl. Emily Stewart: Donald Trump Rode $ 5 Billion Free Media Coverage to the White House, The Street, 20.11.2016. https://www.thestreet.com/politics/donald-trump-rode-5-billion-in-free-media-to-the-white-house-13896916 (9.3. 2023)
69 Vgl. Nicholas Confessore/Jim Rutenberg: Records Show Fox and G. O. P.'s Shared Quandary: Trump, NYT, 8.3.2023.
70 Vgl. Katie Robertson: 5 Times Tucker Carlson Privately Riviled Trump: ‹I Hate Him›, NYT, 8.3.2023.
71 Vgl. G. Elliott Morris: Is Donald Trump's grip on the media slipping?, The Economist – Checks and Balances/Subscribers Only, 24.3.2023.
72 Vgl. Jeremy Peters/Katie Robertson: Fox Will Pay $ 787.5 Million to Settle Defamation Suit, NYT, 18.4.2023.
73 Zit. bei «Donald Trump is the conservative media», The Economist, 14.12.2023.

4. Stammeskrieger statt Wahlvereine: die Parteien

1 «From John Adams to Jonathan Jackson», 2.10.1780. https://founders.archives.gov/documents/Adams/06-10-02-0113 (8.10.2022)
2 «Washington's Farewell Address to the People of the United States», 19.9.1796. https://founders.archives.gov/documents/Washington/05-20-02-0440-0002 (17.9.2022)
3 Vgl. Maurice Duverger: Die politischen Parteien, 1959 (im französischen Original 1951), 219 ff.
4 Das Parteiensystem-Modell mit seiner Durchnummerierung und zeitlichen Abgrenzung wurde 1968 eingeführt von William Chambers/Walter Burnham (eds.): The American Party Systems. Stages of Political Development, 1967.
5 Zit. bei Kernell u. a., 518.
6 Vgl. «National Turnout Rates 1789-Present». https://www.electproject.org/national-1789-present (9.10.2022)
7 Vgl. Florian Stark: Der Deutsche, der den US-$ und Santa Klaus erfand, Welt,

16.8.2021. https://www.welt.de/geschichte/article150286963/Thomas-Nast-Der-Deutsche-der-den-US-und-Santa-Claus-erfand.html (25.4.2023)
8 Vgl. Kurt Eschner: The Third-Term Controversy That Gave the Republican Party Its Symbol; in: Smithsonian Magazine, 7.11.2017. https://www.smithsonianmag.com/smart-news/third-term-controversy-gave-republican-party-its-symbol-180967079/ (11.10.2022)
9 Die positiven Aspekte der «machine politics» stellt heraus Terry Golway: Machine Made. Tammany Hall and the Creation of Modern American Politics, 2014.
10 Zur Einführung siehe Maureen Flanagan: America Reformed. Progressives and Progressivisms 1890s–1920s, 2007.
11 Vgl. Bernard Sternsher: The New Deal Party System. A Reappraisal; in: Journal of Interdisciplinary History, Vol. 15/No. 1 (Summer 1984), 53–81. Sternsher hebt die Bedeutung der Wahl von 1936 heraus, weil sich die neue Wählerkoalition der Demokraten erst hier verfestigte und nicht nur eine Zurückweisung von Roosevelts Vorgänger Herbert Hoover (1929–33) darstellte.
12 Steve Kornacki: The Red and the Blue. The 1990 and the Birth of Political Tribalism, 2018, 33.
13 Zit. bei https://en.wikiquote.org/wiki/Will_Rogers (7.1.2023)
14 Vgl. Benjamin O. Fordham: Building the Cold War Consensus, 1998. Siehe auch Peter Trubowitz/Nicole Mellow: Foreign Policy, bipartisanship and the paradox of post-September 11 America; in: International Politics, Vol. 48/No. 2/3 (2011), 164–187, hier 167f.
15 Zit. bei Klein, 34.
16 Klein, 68.
17 Vgl. L. Sandy Maisel/Mark Brewer: Parties and Elections in America. The Electoral Process, 2011, 42.
18 Vgl. «Republican Contract With America», 1994. https://web.archive.org/web/19990427174200/http://www.house.gov/house/Contract/CONTRACT.html (2.11.2022). Den Aufstieg und die Machteroberungsstrategie Gingrichs schildert Kornacki, 2018.
19 Vgl. dazu insbesondere Annika Brockschmidt: Die Brandstifter. Wie Extremisten die Republikanische Partei übernahmen, 2024.
20 Vgl. Drew Desilver: The polarization in today's Congress has roots that go back decades, Pew Research Center, 10.3.2022. https://www.pewresearch.org/fact-tank/2022/03/10/the-polarization-in-todays-congress-has-roots-that-go-back-decades/ (29.8.2022)
21 Vgl. Thomas Frank: What's the Matter with Kansas?, 2004.
22 Vgl. John Sides/Chris Tausanovitch/Lynn Vavreck: The Bitter End. The 2020 Presidential Campaign and the Challenge to American Democracy, 2022, 9.
23 Vgl. Matthew Levendusky: The Partisan Sort: How Liberals Became Democratic and Conservatives Became Republican, 2009, 3.

24 Vgl. Bill Bishop: The Big Sort. Why the Clustering of Like-Minded Americans is Tearing Us Apart, 2005.
25 Vgl. Rachel Blum: How the Tea Party Captured the GOP, 2020, 75.
26 Dana Milbank: The Destructionists. The Twenty-Five-Year Crack-Up of the Republican Party, 2022, 146.
27 Vgl. Ken Kollman: The American Political System, 2019, 471.
28 Vgl. Katharine Seelye/Jeff Zeleny: Democrats Approve Deal on Michigan and Florida, NYT, 1.6.2008.
29 Vgl. Blake Hounshell/Lisa Lerer: How Democrats' New Primary Calendar Changes the Chessboard, NYT, 4.12.2022.
30 Zit. bei Shane Goldmacher/Michael Bender/Maggie Haberman: Eyeing DeSantis, Trump Readies for a Long Primary Battle, NYT, 4.3.2023.
31 Vgl. Sides u. a., 2022, 14–17.
32 Vgl. Eric Levitz: How the Diploma Divide Is Remaking American Politics, New York Intelligencer, 19.10.2022. https://nymag.com/intelligencer/2022/10/education-polarization-diploma-divide-democratic-party-working-class.html (3.1.2023)
33 Vgl. dazu Stephan Bierling: America First. Donald Trump im Weißen Haus, 2020.
34 Zit. bei Jonathan Weisman/Reid Epstein: G. O. P. Declares Jan. 6 Attack ‹Legitimate Political Discourse›, NYT, 4.2.2022.
35 Vgl. Luke Broadwater: Speaker Quest Reveals McCarthy's Tenuous Grip on an Unruly Majority, NYT, 7.1.2023.
36 Vgl. Catie Edmondson: House Elects Mike Johnson as Speaker, Embracing a Hard-Right Conservative, NYT, 25.10.2023.
37 Ausführlicher hierzu siehe Stephan Bierling: Partei der vier Stämme, Cicero, 10/2020, 46–54.
38 Vgl. Klein, 507 ff.
39 Vgl. Jacob Rubashkin: The 6,670-Vote Majority. How Republicans Barely Won the House, Inside Elections, 13.12.2022. https://www.insideelections.com/news/article/the-6670-vote-majority-how-republicans-barely-won-the-house (16.1.2023)
40 Vgl. Frances Lee: Insecure Majorities. Congress and the Perpetual Campaign, 2016.
41 Ronald Inglehart/Pippa Norris: Cultural Backlash: Trump, Brexit and Authoritarian Backlash, 2019, 14.
42 Vgl. Sides, 2022, 22.
43 Vgl. Shanto Iyengar u. a.: The Origins and Consequences of Affective Polarization in the United States; in: Annual Review of Political Science, Vol. 22 (May 2019), 129–146, hier 132.
44 Klein, 105.
45 Mason, 14.

46 Julia Azari: Weak parties and Strong Partisanship Are a Bad Combination, Vox, 3.11.2016. https://www.vox.com/mischiefs-of-faction/2016/11/3/13512362/weak-parties-strong-partisanship-bad-combination (14.3.2023)
47 Der Begriff stammt von Bishop, 2008.
48 «How Politics Has Pulled the Country in Different Directions», WSJ, 10.11.2020.
49 Vgl. Ronald Brownstein: How the Election Revealed the Divide Between City and Country; in: The Atlantic, 17.12.2016. https://www.theatlantic.com/politics/archive/2016/11/clinton-trump-city-country-divide/507902/ (21.1.2023)
50 Pew Research Center: The Partisan Divide on Political Values Grows Even Wider, Report, 5.10.2017, Kapitel 8. https://www.pewresearch.org/politics/2017/10/05/8-partisan-animosity-personal-politics-views-of-trump/ (7.11.2022)
51 Mason, 141.
52 Vgl. Pew Research Center: As Partisan Hostility Grows, Signs of Frustration With the Two-Party System, Report, 9.8.2022. https://www.pewresearch.org/politics/2022/08/09/as-partisan-hostility-grows-signs-of-frustration-with-the-two-party-system/ (3.1.2023)
53 Vgl. Perry Bacon Jr.: Democrats Are Wrong About Republicans. Republicans Are Wrong About Democrats, FiveThirtyEight, 26.6.2018. https://fivethirtyeight.com/features/democrats-are-wrong-about-republicans-republicans-are-wrong-about-democrats/ (3.1.2023)
54 Vgl. Carol Anderson: White Rage, 2016.
55 Chris Vance: The Seventh Party System, Niskanen Center, January 21, 2021. https://www.niskanencenter.org/the-seventh-party-system/ (4.11.2022)
56 Vgl. Jenna Johnson: Donald Trump says he will accept results of election – ‹if I win›, WP, 20.10.2016.
57 Zit. bei Glenn Thrush: ‹We're not a democracy,› says Mike Lee, a Republican senator. ‹That's a good thing›, he adds, NYT 8.10.2020.
58 Vgl. «60 Percent of Americans Will Have an Election Denier On The Ballot This Fall», FiveThirtyEight, 31.10.2022. https://projects.fivethirtyeight.com/republicans-trump-election-fraud/ (1.11.2022)
59 Vgl. Katie Rogers: After Shouts of «Liar» and Worse, Biden Takes on His Detractors in Real Time, NYT, 8.2.2023.

5. Siegen um jeden Preis:
Die Wahlen und Wahlkämpfe

1 Vgl. https://www.lee.vote/Election-Information/Offices-to-be-Elected (7.10.2022)
2 So der Publizist William Griffith zit. bei Judith Apter Klinghoffer/Lois Elkis: «The Petticoat Electors». Women's Suffrage in New Jersey 1776–1807; in: Journal of the Early Republic, Vol. 12/No. 2 (Summer 1992), 159–193, hier 178.

3 Vgl. National Historic Landmarks Program u.a. (Hg.): Civil Rights in America. Racial Voting Rights, 2009, 4.
4 Vgl. Laura Free: Suffrage Reconstructed. Gender, Race, and Voting Rights in the Civil War Era, 2015, 5.
5 Vgl. Steven Mintz: Winning the Vote. A History of Voting Rights; in: The Gilder Lehrman Institute of American History. https://www.gilderlehrman.org/history-resources/essays/winning-vote-history-voting-rights (21.11.2022)
6 Vgl. Klein, 54.
7 Vgl. Ralph J. Bunche: The Political Status of the Negro in the Age of FDR, 1973, 66.
8 Vgl. Theodore Johnson: The New Voters Suppression, Brennan Center for Justice, 16.1.2020. https://www.brennancenter.org/our-work/research-reports/new-voter-suppression (24.12.2023)
9 Vgl. Jeffrey Robinson: The Racist Roots of Denying Incarcerated People Their Right to Vote, American Civil Liberties Union, 3.5.2019. https://www.aclu.org/news/voting-rights/racist-roots-denying-incarcerated-people-their-right-vote (27.11.2022)
10 Vgl. Chris Uggen u.a.: Locked Out 2022. Estimates of People Denied Voting Rights, The Sentencing Project, 25.10.2022. https://www.sentencingproject.org/reports/locked-out-2022-estimates-of-people-denied-voting-rights/ (27.11.2022)
11 Vgl. Patricia Mazzei: Ex-Felons in Florida Must Pay Fines Before Voting, Appeals Court Rules, NYT 11.9.2020.
12 Vgl. Adam Liptak: Supreme Court Invalidates Key Part of Voting Rights Act, NYT, 25.6.2013.
13 Vgl. The Heritage Foundation: A Sampling of Recent Election Fraud Cases from Across the United States. https://www.heritage.org/voterfraud (10.12.2022)
14 Vgl. Rudy Mehrbani: Heritage Fraud Database. An Assessment, Brennan Center for Justice, 8.9.2017. https://de.scribd.com/document/358372095/Heritage-Fraud-Database-An-Assessment#download&from_embed (10.12.2022)
15 Vgl. Justin Levitt: A comprehensive investigation of voter impersonation finds 31 credible incidents out of one billion ballots cast, WP, 6.8.2014.
16 Vgl. John Greenberg: Most Republicans still falsely believe Trump's stolen election claims, Politifact, 14.6.2022. https://www.politifact.com/article/2022/jun/14/most-republicans-falsely-believe-trumps-stolen-ele/ (10.12.2022)
17 Vgl. Rosaling Helderman/Elise Viebeck: ‹The last wall›: How dozens of judges across the political spectrum rejected Trump's efforts to overturn the election, WP, 12.12.2020, und William Cummings u.a.: By the numbers. President Donald Trump's failed efforts to overturn the election, USA Today, 6.1.2021. https://eu.usatoday.com/in-depth/news/politics/elections/2021/01/06/trumps-failed-efforts-overturn-election-numbers/4130307001/ (28.12.2022)

18 Vgl. Brennan Center for Justice: Voting Laws Roundup. October 2022, 6.10. 2022. https://www.brennancenter.org/our-work/research-reports/voting-laws-roundup-october-2022 (10.12.2022) und Voting Rights Lab: Mail Voting. States Trending in Opposite Directions Ahead of 2022 Midterms, 17.10.2022. https://votingrightslab.org/vbm-changes-2022/ (10.12.2022)
19 Zit. bei Aaron Blake: Trump just comes out and says it. The GOP is hurt when it's easier to vote, WP, 30.3.2020.
20 Vgl. Thompson, Daniel u. a.: Universal Vote-by-Mail has No Impact on Partisan Turnout or Vote Share; in: Proceedings of the National Academy of Sciences (PNAS), Vol. 117/No. 25, 14053–56.
21 Vgl. Daron Shaw/John Petrocik: The Turnout Myth. Voting Rates and Partisan Outcomes in American National Elections, 2020.
22 Vgl. Steven Webster: American voters are angry – that is a good thing for voter turnout, bad thing for democracy, The Conversation, 28.10.2022. https://theconversation.com/american-voters-are-angry-that-is-a-good-thing-for-voter-turnout-bad-thing-for-democracy-193062 (27.12.2022)
23 Vgl. «Voter Turnout Is Substantially Higher in Battleground States than Spectator States», National Popular Vote, 9.5.2020. https://www.nationalpopularvote.com/sites/default/files/npv-voter-turnout-memo-v9-2020-5-9.pdf (22.1.2023). Die Berechnung erfolgte als Anteil der Wähler an Personen über 18 Jahre.
24 Vgl. Walter Dean Burnham: Theory and voting research. Some reflections on converse's ‹change in the American electorate›; in: American Political Science Review, Vol. 68/No. 3 (1974), 1002–1023.
25 Vgl. Vanessa Perez: America's first voter identification laws. The effects of personal registration and declining political party competition on presidential election turnout 1880–1916; in: Electoral Studies, Vol. 69 (February 2021). https://www.sciencedirect.com/science/article/pii/S0261379420301426?via%3Dihub#bib15 (27.12.2022)
26 Vgl. U.S. Election Assistance Commission: Election Administration and Voting Survey 2020 Comprehensive Report, August 2021, 239 S., hier 121. https://www.eac.gov/sites/default/files/document_library/files/2020_EAVS_Report_Final_508c.pdf (27.1.2023)
27 Vgl. United States Census Bureau: Voting and Registration in the Election of November 2020, Press Release Number P20 Tables, April 2021. https://www.census.gov/data/tables/time-series/demo/voting-and-registration/p20-585.html (11.12.2022)
28 Vgl. Thom File: The Diversifying Electorate – Voting Rates by Race and Hispanic Origin in 2012 (and Other Recent Elections), US Census Bureau Report. No. P20-568 May 2013. https://www.census.gov/library/publications/2013/demo/p20-568.html (16.12.2022)
29 Vgl. Pew Research Center: Who Was Eligible to Vote in the 2020 U.S. Presidential Election, 1.12.2020. https://www.pewtrusts.org/en/research-and-analy-

sis/data-visualizations/2020/who-was-eligible-to-vote-in-the-2020-us-presidential-election (16.12.2022) und Nicholas Jones u.a.: 2020 Census Illuminates Racial and Ethnic Composition of the Country, 12.8.2021. https://www.census.gov/library/stories/2021/08/improved-race-ethnicity-measures-reveal-united-states-population-much-more-multiracial.html (16.12.2022)

30 Vgl. Domenico Montanaro: Trump's Base Is Shrinking As Whites Without A College Degree Continue To Decline, NPR, 3.9.2020. https://www.npr.org/2020/09/03/907433511/trumps-base-is-shrinking-as-whites-without-a-college-degree-continue-to-decline (19.12.2022)

31 Vgl. Federal Election Commission: 2024 Presidential Primary Dates, 15.12.2023. https://www.fec.gov/resources/cms-content/documents/2024pdates.pdf (27.1.2024)

32 Vgl. David W. Brady/Hahrie Han/Jeremy Pope: Primary Elections and Candidate Ideology. Out of Step with the Primary Electorate; in: Legislative Studies Quarterly, Vol. 32/No. 1 (Feb. 2007), 79–105.

33 Vgl. Charlie Savage: Trump Ruling in Colorado Will Test Conservative Approach to Law, NYT, 21.12.2023.

34 Vgl. Terence McArdle: The socialist who ran for president from prison – and won nearly a million votes, WP, 22.9.2019.

35 Vgl. «United States of America v. Donald Trump», Case 1:23-cr-00257-TSC Document 1 Filed 08/01/23, 45 S. https://www.washingtonpost.com/documents/8a7503af-fde7-4061-818c-7d7e0ee06036.pdf?itid=lk_inline_manual_5 (3.8.2023)

36 Vgl. Blake Hounshell/Lisa Lerer: How Democrats' New Primary Calendar Changes the Chessboard, NYT, 4.1.2022 und Katie Glueck: Democrats Overhaul Party's Primary Calendar, Upending a Political Tradition, NYT, 4.2.2023.

37 Vgl. Marty Cohen u.a.: The Party Decides. Presidential Nominations Before and After Reform, 2008.

38 Vgl. Barbara Norrander: The Imperfect Primary, 2010, 80 f.

39 Vgl. Astead Herndon: Democrats Overhaul Controversial Superdelegate System, NYT, 25.8.2018.

40 Vgl. Drew Desilver: Contested presidential conventions, and why parties try to avoid them, Pew Research Center, 4.2.2016. https://www.pewresearch.org/fact-tank/2016/02/04/contested-presidential-conventions-and-why-parties-try-to-avoid-them/ (24.12.2022)

41 Vgl. Christopher Devine/Kyle Kopko: Presidential versus vice presidential home state advantage. A comparative analysis of electoral significance, causes and processes 1884–2008; in: Presidential Studies Quarterly, Vol. 43, 814–838.

42 Vgl. Boris Heersink/Brenton Peterson: Measuring the Vice-Presidential Home State Advantage With Synthetic Controls; in: American Politics Research, Vol. 44/No. 4 (July 2016), 734–763.

43 Vgl. «Map of General-Election Campaign Events and TV Ad Spending by

2020 Presidential Candidates», National Popular Vote, o. D. https://www.nationalpopularvote.com/map-general-election-campaign-events-and-tv-ad-spending-2020-presidential-candidates (22.1.2023)
44 Vgl. Domenico Montanaro: Presidential Campaign TV Ad Spending Crosses 1 Billion Mark In Key States, NPR, 13.10.2020. https://www.npr.org/2020/10/13/923427969/presidential-campaign-tv-ad-spending-crosses-1-billion-mark-in-key-states (22.1.2023)
45 Vgl. Michael Scherer u. a.: Small segment of voters will wield outsize power in 2024 presidential race, NYT. 8.12.2023.
46 Vgl. Rachel Nuwer: Presidential Debates Have Shockingly Little Effect on Elections Outcomes, Scientific American, 20.10.2020. https://www.scientificamerican.com/article/presidential-debates-have-shockingly-little-effect-on-election-outcomes/ (23.1.2023); Caroline Le Pennec/Vincent Pons: How Do Campaigns Shape Vote Choice? Multi-Country Evidence from 62 Elections and 56 TV Debates; in: National Bureau of Economic Research, Working Paper 26 572 (December 2022), 131 S., hier 34–48; https://www.nber.org/system/files/working_papers/w26572/w26572.pdf (23.1.2023) und Robert Erikson/Christopher Wlezien: The Timeline of Presidential Elections. How Campaigns Do (and Do Not) Matter, 2012.
47 Eine genaue Beschreibung des Lochkartensystems findet sich bei Verified Voting: Election Systems & Software. ES&S Votomatic. https://verifiedvoting.org/election-system/ess-votomatic/ (23.2.2024)
48 Vgl. Stephan Bierling: Die US-Präsidentschaftswahlen vom November 2000; in: Gegenwartskunde, 4/2000, 457–465, hier 457 f.
49 Vgl. Lawrence Norden/Christopher Famighetti: America's Voting Machines at Risk, Report, Brennan Center of Justice, 2015, 58 S.
50 Vgl. Matt Zdun: Machine Politics. How America casts and counts its votes, Reuters, 23.8.2022. https://www.reuters.com/graphics/USA-ELECTION/VOTING/mypmnewdlvr/ (26.1.2023)
51 Vgl. Raj Karan Gambhir/Jack Karsten: Why paper is considered state-of-the-art voting technology, Brookings 14.8.2019. https://www.brookings.edu/articles/why-paper-is-considered-state-of-the-art-voting-technology/ (23.2.2024)
52 Vgl. Zachary Scherer: Majority of Voters Used Nontraditional Methods to Cast Ballots in 2020, United States Census Bureau, 29.4.2021. https://www.census.gov/library/stories/2021/04/what-methods-did-people-use-to-vote-in-2020-election.html (26.1.2023). Einige Staaten wie Oregon, Washington, Colorado und Utah sind dazu übergegangen, allen Wahlberechtigten Briefwahlunterlagen zuzuschicken.
53 Vgl. Pew Research Center: Sharp Divisions on Vote Counts, as Biden Gets High Marks for His Post-Elections Conduct, 20.11.2020. https://www.pewresearch.org/politics/2020/11/20/sharp-divisions-on-vote-counts-as-biden-gets-high-marks-for-his-post-election-conduct/ (26.1.2023)

54 Vgl. David Byler: Donald Trump has one underrated advantage in the 2024 election, WP, 15.12.2022.
55 Vgl. Michael Scherer u. a.: Small segment of voters will wield outsize power in 2024 presidential race, NYT. 8.12.2023.
56 Vgl. UC Santa Barbara: The American Presidency Project. https://www.presidency.ucsb.edu/statistics/elections/1992 (24.1.2024)
57 Vgl. «Thurmond Elected Senator in South Carolina Write-In», NYT, 3.11.1954, und William Yardley: Murkowski Wins Alaska Senate Race, NYT, 17.11.2010.
58 Vgl. Congressional Research Service: Contingent Election of the President and Vice President by Congress: Perspectives and Contemporary Analysis, CRS Reports R40504, 6.10.2020. https://sgp.fas.org/crs/misc/R40504.pdf (23.2.2024)
59 Zit. bei Stephen Jones: Presidents and Black America. A Documentary History, 2012, 218.
60 Vgl. «Bush v. Gore», 12.12.2000. https://supreme.justia.com/cases/federal/us/531/98/case.pdf (7.1.2024)
61 Vgl. Alan Feuer/Katie Benner: The Fake Electors Scheme, Explained, NYT, 3.8.2022.
62 Vgl. Annie Karni/Maggie Haberman: For Mike Pence, Jan. 6 Began Like Many Days. It Ended Like No Other, NYT, 16.6.2022.
63 Kate Hamilton: State Implementation of the Electoral Count Reform Act and the Mitigation of Election-Subversion Risk in 2024 and Beyond; in: The Yale Law Journal, Vol.133 (2023/4). https://www.yalelawjournal.org/forum/state-implementation-of-the-electoral-count-reform-act-and-the-mitigation-of-election-subversion-risk-in-2024-and-beyond (7.1.2024)
64 Das Gesetz wurde als Division P, 5233–5246, des Consolidated Appropriations Act 2023 (117–328/Dec. 29, 2023) verabschiedet. https://www.govinfo.gov/content/pkg/PLAW-117publ328/pdf/PLAW-117publ328.pdf (7.1.2024)
65 James Madison am 18. Juni 1787. Zit. bei Jonathan Elliot (Hg.): The Debates in the Several State Conventions on the Adoption of the Federal Constitution as Recommended by the General Convention at Philadelphia in 1787, 5 vols./2nd ed. 1888. Reprint. New York: Burt Franklin, n. d. https://press-pubs.uchicago.edu/founders/documents/a2_1_1s16.html (17.12.2023)
66 Vgl. Kiersten Schmidt/Wilson Andrews: A Historic Number of Electors Defected, and Most Were Supposed to Vote for Clinton, NYT, 19.12.2016.
67 Siehe Federal Election Commission/United States of America. https://www.fec.gov/
68 Vgl. Adam Nagourney/Jeff Zeleny: Obama Forgoes Public Funds in First for Major Candidate, NYT, 20.6.2008.
69 Vgl. die Studie zu den Koch-Brüdern von Mayer, 2016, hier vor allem 305–332.

70 Vgl. Federal Election Commission: Raising. https://www.fec.gov/data/browse-data/?tab=raising (6.1.2023)
71 Vgl. Gary Fineout: A TV Ad Tidal Wave in Florida: Nearly $ 250M and Counting, Politico, 1.10.2020.
72 Vgl. Sides u.a., 2022, 235 ff.
73 Vgl. Wesleayan Media Project: Presidential General Election Ad Spending Tops $ 1,5 Billion, 29.10.2020. https://mediaproject.wesleyan.edu/releases-102920/ (4.1.2023)
74 Vgl. Darragh Roche: Joe Biden's Billion-Dollar Campaign Spent $ 13 for Every Vote, Newsweek, 8.12.2020. https://www.newsweek.com/joe-biden-billion-dollar-campaign-spent-13-every-vote-1553058 (2.1.2023)
75 Vgl. Ollie Gratzinger: Small donors give big money in 2020 elections cycle, Open Secrets, 30.10.2020. https://www.opensecrets.org/news/2020/10/small-donors-give-big-2020-thanks-to-technology/ (4.1.2023)
76 Vgl. Open Secrets: 2020 Outside Spending, by Super PAC. https://www.opensecrets.org/outside-spending/super_pacs/2020?chrt=2022&disp=O&type=S (1.1.2023)
77 Vgl. Open Secrets: 2020 Top Donors to Outside Spending Groups. https://www.opensecrets.org/outside-spending/top_donors/2020?chrt=2022&disp=O&type=V (1.1.2023)
78 Vgl. Open Secrets: South Carolina Senate 2020 Race. https://www.opensecrets.org/races/summary?cycle=2020&id=SCS2 (31.12.2022)
79 Zit. bei Eitan Hersh: Rage Donating Only Made Democrats Feel Better, The Atlantic, 12.11.2020. https://www.theatlantic.com/ideas/archive/2020/11/folly-just-throwing-money-political-candidates/617074/ (2.1.2023)
80 Vgl. Open Secrets: Georgia Senate 2020 Race. https://www.opensecrets.org/races/summary?cycle=2020&id=GAS1&spec=N (31.12.2022)
81 Vgl. Abby Phillip/Dave Levinthal: Adelson tally to Gingrich: $ 20 M, Politico, 21.4.2012.
82 Vgl. Rick Newman: These 10 megadonors blew $ 112 million on losing candidates in the presidential election, Yahoo!finance, 14.11.2016. https://finance.yahoo.com/news/these-10-megadonors-blew-112-million-on-losing-candidates-in-the-presidential-election-205735432.html (2.1.2023)
83 Vgl. Sarah Ewall-Wice: How much did Mike Bloomberg spend per delegate? About $ 18 million, CBS News, 4.3.2020 https://www.cbsnews.com/news/bloomberg-delegate-18-million/ (31.12.2022)
84 Der nächste Absatz folgt der Einteilung von Ken Kollman: The American Political System, 2019, 521 ff.
85 Siehe Angus Campbell u.a.: The American Voter, 1960.
86 Siehe Morris Fiorina: Retrospective Voting in American National Elections, 1981.
87 Siehe Harold Clarke u.a.: Political Choice in Britain, 2004.

88 Siehe Anthony Downs: An Economic Theory of Democracy, 1957.
89 Siehe George Rabinowitz/Stuart Elaine MacDonald: A Directional Theory of Issue Voting; in: American Political Science Review, Vol. 83 (1989), 93–121.
90 Vgl. dazu Gary Jacobson: Presidents & Parties in the Public Mind, 2019, 163–190.
91 Vgl. Drew DeSilver: In 2022 midterms, nearly all Senate elections results again matched states' presidential votes, Pew Research Center, 8.1.2022. https://www.pewresearch.org/fact-tank/2022/12/08/in-2022-midterms-nearly-all-senate-election-results-again-matched-states-presidential-votes/ (16.1.2023)
92 Vgl. Alan Abramowitz/Steven Webster: All Politics Is National. Prepared for presentation at the Annual Meeting of the Midwest Political Science Association, Chicago, Illinois, 16.–19.4.2015. http://stevenwwebster.com/research/all_politics_is_national.pdf (9.12.2022). Die Fortschreibung bis 2016 beruht auf einer Auskunft Websters in einer E-Mail an Ezra Klein, 2020, 364, FN 12.
93 Vgl. Sides u.a., 2022, 12, 23.
94 Vgl. Sides u.a., 2022, 223.

6. Aufstieg zur dominanten Regierungsgewalt: der Präsident

1 Vgl. Fred Greenstein (Hg.): Leadership in the Modern Presidency, 1995.
2 «President Barack Obama's State of the Union Address», 28.1.2014. https://obamawhitehouse.archives.gov/the-press-office/2014/01/28/president-barack-obamas-state-union-address (4.2.2023)
3 Zit. bei Michael Brice-Saddler: While bemoaning Mueller probe, Trump falsely says the Constitution gives him ‹the right to do whatever I want›, WP, 23.7.2019.
4 Zit. bei Meagan Flynn/Allyson Chiu: Trump says his ‹authority is total›. Constitutional experts have ‹no idea› where he got that, WP, 14.4.2020.
5 Zit. bei Michael Gold: Trump Says He Wouldn't be a Dictator, ‹Except for Day 1›, NYT, 5.12.2023.
6 Vgl. Frances Robles: Outside Trump's Inner Circle, Odds Are Long for Getting Clemency, NYT, 28.12.2020.
7 Vgl. Doris Kearns Goodwin: Team of Rivals. The Political Genius of Abraham Lincoln, 2005.
8 Zit. bei Anthony Bennett: The American President's Cabinet. From Kennedy to Bush, 1996, 132.
9 Harry Truman: Year of Decisions, 1955, 228.
10 Vgl. «‹The Buck Stops Here› Desk Sign», Harry S. Truman Library. https://www.trumanlibrary.gov/education/trivia/buck-stops-here-sign (8.1.2024)
11 Vgl. Michael Tackett: Another Day, Another ‹Acting› Cabinet Secretary as Trump Skirts Senate, NYT, 8.4.2019.

12 Vgl. Rebecca Boggs Roberts: Untold Power. The Fascinating Rise and Complex Legacy of First Lady Edith Wilson, 2023, Kap. 8.
13 Vgl. Phil Edwards: How POTUS became the world's most powerful acronym, Vox, 27.9.2015. https://www.vox.com/2015/9/27/9399029/potus-word-history (26.2.2023)
14 Vgl. Harold Relyea: The Executive Office of the President. A Historical Overview, CRS Report, 26.11.2008. https://sgp.fas.org/crs/misc/98-606.pdf (8.1.2024) und Bradley H. Patterson: The White House Staff. Inside the West Wing and Beyond, 2000.
15 Vgl. Nancy Benac: West Wing. Proximity to power is a big plus, The San Francisco Union-Tribune, 14.9.1009. https://www.sandiegouniontribune.com/sdut-obamas-west-wing-021409-2009feb14-story.html (26.2.2023)
16 Vgl. James Pfiffner: Can the President Manage the Government? Should He?; in: ders.: The Managerial Presidency, 1991, 1–16, hier 8.
17 Vgl. Michael Shear: Biden Elevates C.I.A. Director to Become a Member of the Cabinet, NYT, 21.7.2023.
18 Zit. bei Bennett, 133.
19 Vgl. Kearns Goodwin.
20 Vgl. David Smith: Biden's cabinet meeting proves the reality TV presidency wasn't renewed, The Guardian, 1.4.2021.
21 Zit. bei Olivia Waxman: Behind the Law That May Keep Donald Trump's Children from White House Jobs, Time, 18.11.2016. https://time.com/4574971/donald-trump-transition-jared-kushner-legal-anti-nepotism-law/ (24.2.2023)
22 Vgl. Rosalind Helderman: Justice Department opinion backs Trump on hiring of son-in-law, WP, 21.1.2017.
23 Vgl. Nick Gallo/David Lewis: The Consequences of Presidential Patronage for Federal Agency Performance; in: Journal of Public Administration Research and Theory, Vol. 22/No. 2 (April 2012), 219–243.
24 Vgl. Charlie Savage: Why Trump's Threat to Adjourn Congress Is Dubious, NYT, 16.4.2020.
25 Vgl. Bruce Buchanan: Constrained Diversity. The Organizational Demands of the Presidency; in: James Pfiffner: The Managerial Presidency, 1991, 78–119, hier 84 ff.
26 Vgl. Bierling, America First, 56–81.
27 Zit. bei Hugh Sidey: The Lessons John Kennedy Learned From the Bay of Pigs, Time, 16.4.2001. https://content.time.com/time/nation/article/0,8599,106537,00.html (24.2.2023)
28 Vgl. Irving Janis: Victims of Groupthink. A Psychological Study of Foreign Policy Decisions and Fiascoes, 1972.
29 Vgl. David Humphrey: Tuesday Lunch at the Johnson White House. A Preliminary Assessment; in: Diplomatic History, Vol. 8/No. 1 (Winter 1984), 81–101.

30 Vgl. Stephan Bierling: Geschichte des Irakkriegs. Der Sturz Saddams und Amerikas Albtraum im Mittleren Osten, 2010, 43–47.
31 Vgl. Mark Mazzetti: Mueller Reveals Trump's Effort to Thwart Russian Inquiry in Highly Anticipated Report, NYT, 18.4.2019 und Charlie Savage: Trump Blocked Key Impeachment Witnesses. Should Congress Wait?, NYT, 4.12.2019.
32 Vgl. Maggie Haberman: Confidence Man. The Making of Donald Trump and the Breaking of America, 2022, 296.
33 Vgl. Charlie Savage: The Trump Classified Documents Indictment, Annotated, NYT, 27.7.2023.
34 Vgl. United States Senate: Vetoes, 1789 to Present. https://www.senate.gov/legislative/vetoes/vetoCounts.htm (23.2.2024)
35 Vgl. National Archives: Federal Register. Executive Orders. https://www.federalregister.gov/presidential-documents/executive-orders (24.2.2024)
36 Vgl. Brennan Center for Justice: A Guide to Emergency Powers and Their Use, 8.2.2023. https://www.brennancenter.org/our-work/research-reports/guide-emergency-powers-and-their-use (27.2.2023). Siehe auch Patrick Thronson: Toward Comprehensive Reform of America's Emergeny Law Regime; in: University of Michigan Journal of Law Reform, Vol. 46/No. 2, 62 S.
37 Vgl. Brennan Center for Justice: Declared National Emergencies Under the National Emergency Act. https://www.brennancenter.org/our-work/research-reports/declared-national-emergencies-under-national-emergencies-act (24.2.2024)
38 Ebd.
39 Vgl. Alan Rappeport: Biden's Student Loan Plan Could Face a Protracted Legal Fight, NYT, 1.9.2022.
40 Vgl. Adam Liptak: Supreme Court Rejects Biden's Student Loan Forgiveness Plan, 30.6.2023.
41 Vgl. Benjamin Schwartz: The Recommendations Clause and the President's Role in Legislation; in: University of Pennsylvania Law Review, Vol. 168/No. 769, 767–815, hier 775.
42 Vgl. United States Senate: Rejected Treaties. https://www.senate.gov/legislative/RejectedTreaties.htm (21.2.2023)
43 Vgl. U.S. Department of State: Treaties Pending in the Senate, 22.6.2023. https://www.state.gov/treaties-pending-in-the-senate/ (24.2.2024)
44 Vgl. Maegan Vazquez: Congress approves bill barring presidents from unilaterally exiting NATO, WP, 16.12.2023.
45 Vgl. Congressional Quarterly (Hg.): Congress and the Nation 1973–1976, 1977, 865; und Paul Rundquist: Treaties and Executive Agreements. Evolving Practice; in: Congressional Research Service Review, January 1988, 14–16, hier 14.
46 Vgl. Curtis Bradley/Jack Goldsmith/Oona Hathaway: The Failed Transparency Regime for Executive Agreements. An Empirical and Normative Analy-

sis; in: Harvard Law Review, Vol. 134/No. 2 (December 2020), 629–724, hier 632.
47 Vgl. Daniel Lippman u.a.: Biden's beefed-up NSC, Politico, 2.8.2021. https:// www.politico.com/newsletters/national-security-daily/2021/08/02/bidens-beefed-up-nsc-493813 (8.1.2024) und Marc Cancian: Limiting Size of NSC Staff, Report, Center for Strategic and International Studies, 1.7.2016, 6 S. https:// www.csis.org/analysis/limiting-size-nsc-staff (26.2.2023)
48 Grundsätzlich dazu Stephan Bierling: Der Nationale Sicherheitsberater des amerikanischen Präsidenten. Anatomie und Hintergründe einer Karriere 1947–1989, 1989.
49 Vgl. Lawrence Walsh: Firewall. The Iran-Contra Conspiracy and Cover-up, 1998.
50 Vgl. Peter Baker/Michael Shear: Biden's Surreal and Secretive Journey Into a War Zone, NYT, 20.2.2023, und Peter Baker: How to Fly an American President Into a Country at War, NYT, 23.10.2023.
51 Vgl. Barbara Salazar Torreon/Sofia Plagakis: Instances of Use of United States Armed Forces Abroad 1789–2023, Congressional Research Service, R42738, 7.6.2023, 53 S. https://crsreports.congress.gov/product/pdf/R/R42738 (26.2.2024). Die Zahl der Militäreinsätze in der Graphik auf S. 157 liegt wegen unterschiedlicher Zählweise etwas höher als die des Congressional Research Service. Siehe dazu auch Monica Duffy Toft/Sidita Kuski: Dying by the Sword. The Militarization of U.S. Foreign Policy, 2023.
52 Vgl. Arthur Schlesinger: The Imperial Presidency, 1973, IX.
53 Vgl. dazu Stephan Bierling: Partner oder Kontrahenten? Präsident und Kongreß im außenpolitischen Entscheidungsprozeß der USA (1974–1988), 1992, 75 ff.
54 Der Begriff wurde 1970 eingeführt von John E. Mueller: Presidential Popularity from Truman to Johnson; in: American Political Science Review, Vol. 64, 18–34, hier 21. Siehe auch Matthew Baum: The Constituent Foundations of the Rally-Around-the-Flag Phenomenon; in: International Studies Quarterly, Vol. 46/No. 2 (June 2002), 263–298, hier 264.
55 Vgl. Bierling, Irakkrieg, 2010.
56 Vgl. Craig Whitlock: The Afghanistan Papers. A Secret History of the War, 2021.
57 Zit. bei Paul Miller: Ending the «Endless War» trope, New Atlanticist, 26.3.2020. https://www.atlanticcouncil.org/blogs/new-atlanticist/ending-the-endless-war-trope/ (29.4.2023)
58 Vgl. Karoun Demirjian: Decades Later, Senate Votes to Repeal Iraq Military Authorizations, NYT, 29.3.2023.
59 Zit. nach Tony Horwitz: The Vice Presidents That History Forgot, Smithsonian Magazine, July 2012. https://www.smithsonianmag.com/history/the-vice-presidents-that-history-forgot-137851151/ (20.2.2023)

60 Zit. bei Jaime Fuller: Here are a bunch of awful things vice presidents have said about being No. 2, WP, 3.10.2014.
61 Vgl. Karine Prémont: The President and Vice President. Different Types of Partnerships for a Unique Power Couple. Preprint of the American Political Science Association (APSA), 33 S. https://preprints.apsanet.org/engage/api-gateway/apsa/assets/orp/resource/item/6349aaeda2c7908c69478c72/original/the-president-and-the-vice-president-different-types-of-partnerships-for-a-unique-power-couple.pdf (25.2.2023)
62 Vgl. Michael Hirsh: Joe Biden. The Most Influential Vice President in History?, The Atlantic, 31.12.2012. https://www.theatlantic.com/politics/archive/2012/12/joe-biden-the-most-influential-vice-president-in-history/266729/ (25.2.2023) und Barton Gellman: Angler. The Shadow Presidency of Dick Cheney, 2008.
63 Vgl. Shirley Anne Warshaw: The Co-Presidency of Bush and Cheney, 2009.
64 Vgl. Joel Goldstein: Why Joe Biden was a most unusual – and effective – vice president, WP, 18.1.2017.
65 Vgl. Ballotpedia: Tie-breaking votes cast by vice presidents in the Senate. https://ballotpedia.org/Tie-breaking_votes_cast_by_vice_presidents_in_the_Senate (20.2.2024)
66 Zit. bei Kaleena Fraga: Waiting in the Wings. LBJ, the Vice Presidency, and Odds, History First, 22.11.2018. https://history-first.com/2018/11/22/waiting-in-the-wings-lbj-the-vice-presidency-and-odds/ (26.2.2023)
67 Karen O'Connor/Bernadette Nye/Laura van Assendelft: Wives in the White House. The Political Influence of First Ladies; in: Presidential Studies Quarterly, Vol. 26/No. 3 (Summer 1996), 835–853.
68 Sara Bhatia: Was Edith Wilson the First Woman President?, Washington Monthly, 4.4.2023. https://washingtonmonthly.com/2023/04/04/was-edith-wilson-the-first-woman-president/ (8.1.2024)
69 Vgl. David Michaels: Eleanor. A Life, 2020.
70 Vgl. B. Drummond Ayres Jr.: The Importance of Being Rosalynn, NYT, 3.6.1979.
71 Vgl. Karen Tumulty: The Triumph of Nancy Reagan, 2021.
72 Katie Rogers: American Woman. The Transformation of the Modern First Lady, from Hillary Clinton to Jill Biden, 2024.
73 Gary Jacobson: Presidents & Parties in the Public Mind, 2019, 223–226 (das Zitat findet sich auf S. 223).
74 Zit. bei Michael Patrick Cullinane: A (Near) Great President. Theodore Roosevelt as the First Modern President; in: Michael Patrick Cullinane/Clare Frances Elliott (eds.): Perspectives on Presidential Leadership. An International View of the White House, 2014, 73–90, hier 80.
75 Zit. bei Charlie Savage: Immunity Ruling Escalates Long Rise of Presidential Power, NYT, 1.7.2024.

7. Vollzugsorgan oder tiefer Staat: die Bürokratie

1 Vgl. «Employment in general government as a percentage of total employment, 2019». https://www.oecd.org/employment/pem/ (7.1.2024)
2 Vgl. https://www.whitehouse.gov/wp-content/uploads/2023/03/ap_13_strengthening_fy2024.pdf (6.1.2024)
3 Vgl. C. Todd Lopez: Congress Passes Fiscal 2024 Defense Spending Bill, Pay Raise for Service Members, U.S. Department of Defense, 14.12.2023. https://www.defense.gov/News/News-Stories/Article/Article/3618367/congress-passes-fiscal-2024-defense-spending-bill-pay-raise-for-service-members/ (6.1.2024)
4 «Supreme Court of the United States: Chevron U.S.A., Inc. v. Natural Ressources Defense Council, Ic.», 25.6.1984. https://en.wikisource.org/wiki/Chevron_U.S.A.,_Inc._v._Natural_Resources_Defense_Council,_Inc./Opinion_of_the_Court (18.1.2024)
5 «Declaration of Independence: A Transcription», National Archives. https://www.archives.gov/founding-docs/declaration-transcript (5.1.2023)
6 Vgl. Patricia Ingraham: The foundation of merit. Public service in American democracy, 1995.
7 «Federal Government – Employment 1901 to 2002». https://www2.census.gov/library/publications/2004/compendia/statab/123ed/hist/hs-50.pdf (6.1.2024)
8 Vgl. «Public Trust in Government: 1958–2023». Pew Research Center, 19.9.2023. https://www.pewresearch.org/politics/2023/09/19/public-trust-in-government-1958-2023/ (11.1.2024)
9 Ronald Reagan: Inaugural Address 20.1.1981, Ronald Reagan Presidential Foundation & Institute. https://www.reaganfoundation.org/media/128614/inauguration.pdf (9.1.2024)
10 «Federal Register Pages Published per Category». https://uploads.Federalregister.gov/uploads/2023/02/23171002/2022_Aggregated_Charts.pdf (5.1.2024)
11 The White House: Reinventing Government. https://clintonwhitehouse4.archives.gov/WH/EOP/OVP/initiatives/reinventing_government.html (12.1.2024)
12 President William Jefferson Clinton: State of the Union Address, January 23, 1996. https://clintonwhitehouse4.archives.gov/WH/New/other/sotu.html (11.1.2024)
13 «Remarks by the President in the State of the Union Address», 12.2.2013. https://obamawhitehouse.archives.gov/the-press-office/2013/02/12/remarks-president-state-union-address (11.1.2024)
14 Zit. bei Jim Tankersley/Annie Karni: Biden Moves to End Justice Contracts with Private Prisons, NYT, 26.1.2021 und «BOP Ends Use of Privately Owned

Prisons», 1.12.2022. https://www.bop.gov/resources/news/20221201_ends_use_ of_privately_owned_prisons.jsp (7.1.2024)
15 Vgl. Government Business Council: Inside Federal Outsourcing, May 2015, 42 S., hier 12. http://cdn.govexec.com/media/gbc/docs/gbc_government_outsourcing_report.pdf (7.1.2024)
16 Vgl. Laura Padin/Chris Schwartz: Temping Out the Federal Government, National Employment Law Project, 19.6.2019. https://www.nelp.org/publication/temping-Federal-government/ (7.1.2024)
17 Vgl. Margaret Raymond u.a.: As a Matter of Fact. The National Charter School Study III 2023, Center for Research on Education Outcomes/Stanford University, 6.6.2023, 6. https://ncss3.stanford.edu/wp-content/uploads/2023/06/Credo-NCSS3-Report.pdf (14.2.2024)
18 Donald Cohen/Allen Mikaelian: The Privatization of Everything. How the Plunder of Public Goods Transformed America and How We Can Fight Back, 2022.
19 Zit. bei Eric Bradner: Trump slams ‹deep state operatives›, vulnerable Democratic Sen. Jon Tester in Montana, CNN, 7.9.2018. https://edition.cnn.com/2018/09/06/politics/trump-montana-rally/index.html (6.1.2024)
20 Vgl. Charles Clark: Deconstructing the Deep State, Government Executive, o.D. https://www.govexec.com/feature/gov-exec-deconstructing-deep-state/ (12.1.2024)
21 Zit. bei Paul Brandus: Opinion: Donald Trump is about to learn the same lesson President Eisenhower did, MarketWatch, 10.11.2016. https://www.marketwatch.com/story/donald-trump-is-about-to-learn-the-same-lesson-president-eisenhower-did-2016-11-10 (6.1.2024)
22 Vgl. Jon D. Michaels: Trump and the «Deep State». The Government Strikes Back; in: Foreign Affairs, Vol. 96/No. 5 (September/October 2017), 52–56.
23 Vgl. Greg Myre/Rachel Treisman: The Man Who Popularized The ‹Deep State› Doesn't Like The Way It's Used, NPR, 6.11.2019. https://www.npr.org/2019/11/06/776852841/the-man-who-popularized-the-deep-state-doesnt-like-the-way-its-used (6.1.2024)
24 Vgl. Ipsos: More than 1 in 3 Americans believe a ‹deep state› is working to undermine Trump, 30.12.2020, 21 S., hier 11. https://www.ipsos.com/sites/default/files/ct/news/documents/2020-12/topline_npr_misinformation_poll_123020.pdf (6.1.2024)
25 Zit. bei Charles Clark: Deconstructing the Deep State, Government Executive, o.D. https://www.govexec.com/feature/gov-exec-deconstructing-deep-state/ (12.1.2024)
26 Vgl. James Perry/Gordon Abner: Deconstructing the administrative state. At what cost?, Government Executive, 15.9.2023. https://www.govexec.com/workforce/2023/09/deconstructing-administrative-state-what-cost/390267/ (12.1.2024)

27 U.S. Office of Personell Management: Appointment Affidavits. https://www.opm.gov/forms/pdfimage/sf61.pdf (13.1.2024)
28 «Inaugural Address by President Joseph R. Biden, Jr.», 20.1.2021. https://www.whitehouse.gov/briefing-room/speeches-remarks/2021/01/20/inaugural-address-by-president-joseph-r-biden-jr/ (11.1.2024)
29 Vgl. Eric Katz: Biden Wants to Grow the Federal Workforce to Its Highest Level Since WWII. These Agencies Would Make the Biggest Gains, Government Executive, 15.3.2023. https://www.govexec.com/workforce/2023/03/biden-wants-grow-Federal-workforce-its-highest-level-wwii-these-agencies-would-make-biggest-gains/383952/ (21.1.2024)
30 Vgl. Courtney Bublé: Trust in Federal Government is Low, But View of Feds Are Mostly Positive, Government Executive, 23.3.2022. https://www.govexec.com/management/2022/03/trust-Federal-government-low-views-Feds-are-mostly-positive/363478/ (21.1.2024)
31 Vgl. Michael Rainey: Republicans Want to Slash the IRS Budget. CBO Warns It Would Cost Billions, The Fiscal Times, 9.1.2023. https://www.thefiscaltimes.com/2023/01/09/Republicans-Want-Slash-IRS-Budget-CBO-Warns-It-Would-Cost-Billions (1.2.2024)
32 Vgl. Alan Rappeport: For Republicans, Deep Wounds Fuel Resistance to Bolstering the I.R.S., NYT, 23.7.2021.
33 Zit. bei Donald Moynihan: Trump Has a Master Plan for Destroying the ‹Deep State›, NYT, 27.11.2023.
34 Vgl. Jeffrey Crouch u.a. (eds.): The Unitary Executive Theory. A Danger to Constitutional Government, 2020.
35 Zit. bei René Pfister: Diktator Trump – ein Szenario, Spiegel.de, 20.1.2024.
36 Vgl. Donald Moynihan: Delegitimization, Deconstruction and Control: Undermining the Administrative State; in: The Annals of the American Academy of Political and Social Science, Vol. 699/No. 1 (16.3.2023), 36–49.
37 Vgl. Tom Jackman u.a.: A quarter of Americans believe FBI instigated Jan. 6, Post-UMD poll findes, WP, 4.1.2024.
38 Vgl. Jonathan Swan u.a.: If Trump Wins, His Allies Want Lawyers Who will Bless a More Radical Agenda, NYT, 1.11.2023.
39 Vgl. National Archive: Federal Register, Agency List. https://www.Federalregister.gov/agencies (20.1.2024)
40 «Federal Reserve Act: Section 2A. Monetary policy objectives.» https://www.Federalreserve.gov/abouttheFed/section2a.htm (14.1.2024)
41 Vgl. Milton Friedman/Anna Jacobson Schwartz: A Monetary History of the United States 1867–1960, 1963, 299–419.
42 Vgl. William Greider: Secrets of the Temple. How the Federal Reserve Runs the Country, 1987, 104 ff.
43 Vgl. John Taylor: Getting Off Track. How Government Actions and Interventions Caused, Prolonged, and Worsened the Financial Crisis, 2009, 1 ff.

44 Zit. bei Jeanna Smialek: Jerome Powell says Fed is prepared to raise rates to tame inflation, NYT, 11.1.2022.
45 Zit. bei Binyamin Appelbaum: Trump's Policies, Not His Insults, Contributed to the Fed's Shift, NYT, 1.2.2019.
46 Zit. bei Jeanna Smialek: Powell Highlights Fed's Limits. Trump Labels Him an Enemy, NYT, 23.8.2019.
47 Siehe dazu vor allem Tim Weiner: Enemies. A History of the FBI, 2012.
48 Vgl. Nelson Blackstock: Cointelpro. The FBI's Secret War on Political Freedom, 1975.
49 Vgl. Select Committee to Study Governmental Operation with Respect to Intelligence Activities of the United States Senate: Federal Bureau of Investigations, 1976, 1000 S. https://www.intelligence.senate.gov/sites/default/files/94intelligence_activities_VI.pdf (19.1.2024)
50 Vgl. Amy Zegart: Spying Blind. The CIA, the FBI, and the Origins of 9/11, 2009, 156–168.
51 Zit. bei Kevin Baker: Foiled Again, NYT, 30.3.2012.
52 Vgl. Jane Mayer: The Dark Side. The Inside Story of How the War on Terror Turned into a War on American Ideals, 2008, 157.
53 Vgl. James Stewart: Deep State. Trump, the FBI, and the Rule of Law, 2019.
54 Vgl. U.S. Department of Justice: «Report On The Investigation Into Russian Interference In The 2016 Presidential Elections», March 2019. https://www.justice.gov/archives/sco/file/1373816/download (19.1.2024)
55 Vgl. Barton Gellman/Greg Miller: ‹Black Budget› summary details U.S. spy network's successes, failures and objectives, WP, 29.8.2013.
56 Vgl. dazu vor allem Tim Weiner: CIA. Die ganze Geschichte, 2008.
57 Vgl. Seymour Hersh: Huge C.I.A. Operation Reported in U.S. Against Antiwar Forces, Other Dissidents in Nixon Years, NYT, 22.12.1974.
58 Vgl. Select Committee to Study Governmental Operation with Respect to Intelligence Activities of the United States Senate: Alleged Assassination Plots Involving Foreign Leaders, 1975, 348 S. https://www.intelligence.senate.gov/sites/default/files/94465.pdf (19.1.2024)
59 Vgl. Weiner, 2008, 615 f.
60 Vgl. Philip Mudd: Black Site. The CIA in the Post-9/11 World, 2019.
61 Vgl. Scott Shane: About the Russian Attack on the U.S. Election, NYT, 6.1.2017.
62 Vgl. Julie Hirschfeld Davies: Trump, at Putin's Side, Questions U.S. Intelligence on 2016 Election, NYT, 16.7.2018.
63 Vgl. Greg Miller/Greg Jaffe: Trump revealed highly classified information to Russian foreign minister and ambassador, WP, 15.5.2017.
64 Vgl. Robert Draper: William Burns, a C.I.A. Spymaster With Unusual Powers, NYT, 9.5.2023.
65 Vgl. Jeffrey Jones: Government Agency Ratings. CIA, FBI Up, Federal Reserve

Down, Gallup, 5.10.2022. https://news.gallup.com/poll/402464/government-agency-ratings-cia-fbi-Federal-reserve-down.aspx (24.1.2024)
66 Vgl. Hiroko Tabuchi: What's at Stake in Trump's Proposed E. P. A. Cuts, NYT, 10.4.2017.
67 Vgl. Nadja Popovich: The Trump Administration Rolled Back More Than 100 Environmental Rules. Here's the Full List, NYT, 20.1.2021.

8. Konfrontations- statt Kompromissmaschine: der Kongress

1 Vgl. Katherine Schaeffer: The changing face of Congress in 8 charts, Pew Research Center, 7.2.2023. https://www.pewresearch.org/fact-tank/2023/02/07/the-changing-face-of-congress/ (25.3.2023)
2 Vgl. David Hawkings: Wealth of Congress. Richer Than Ever, but Mostly at the Very Top, Roll Call, 27.2.2018. https://rollcall.com/2018/02/27/wealth-of-congress-richer-than-ever-but-mostly-at-the-very-top/ (25.3.2023)
3 Vgl. Tory Mast: The History of Single Member Districts for Congress, Fair Vote, o. J. http://archive.fairvote.org/?page=526 (15.3.2023)
4 Vgl. Geoffrey Skelley: How The House Got Stuck At 435 Seats, FiveThirtyEight, 12.8.2021. https://fivethirtyeight.com/features/how-the-house-got-stuck-at-435-seats/ (15.3.2023)
5 Vgl. Julia Kirschenbaum/Michael Li: Gerrymandering Explained, Brennan Center for Justice, 12.8.2021. https://www.brennancenter.org/our-work/research-reports/gerrymandering-explained (23.3.2023)
6 Vgl. Kernell u. a., 238, 242.
7 Vgl. FiveThirtyEight: What Redistricting Looks Like In Every State, 19.7.2022. https://projects.fivethirtyeight.com/redistricting-2022-maps/north-carolina/remedial/ (23.3.2023)
8 Supreme Court of the United States: ‹Allen v. Milligan›, 8.6.2023. https://www.supremecourt.gov/opinions/22pdf/21-1086_1co6.pdf (24.12.2023)
9 Vgl. Christian Weisflog: Weisse wählen Weisse, Schwarze wählen Schwarze, NZZ, 22.12.2023.
10 Vgl. Michael Li: Alabama's Congressional Map Struck Down as Discriminatory – Again, Brennan Center for Justice, 26.9.2023. https://www.brennancenter.org/our-work/analysis-opinion/alabamas-congressional-map-struck-down-discriminatory-again (24.12.2023)
11 Vgl. Nathaniel Rakich/Elena Mejia: The House Map's Republican Bias Will Plummet In 2022 – Because of Gerrymandering, FiveThirtyEight, 31.3.2022. https://fivethirtyeight.com/features/the-house-maps-republican-bias-will-plummet-in-2022-because-of-gerrymandering/ (28.12.2022)
12 Vgl. Adam Liptak: Supreme Court Bars Challenges to Partisan Gerrymandering, NYT, 27.6.2019.

13 Zu den jeweils neuesten Zahl siehe Ballotpedia: State government trifectas. https://ballotpedia.org/State_government_trifectas (4.1.2023)
14 Vgl. Mark Brewer/L. Sandy Maisel: Parties and Elections in America. The Electoral Process, 2021, 8.
15 Vgl. Nathaniel Rakich/Elena Mejia: The House Map's Republican Bias Will Plummet In 2022 – Because of Gerrymandering, FiveThirtyEight, 31.3.2022. https://fivethirtyeight.com/features/the-house-maps-republican-bias-will-plummet-in-2022-because-of-gerrymandering/ (28.12.2022)
16 Vgl. Chris Leaverton: Three Takeaways on Redistricting and Competition in the 2022 Midterms, Brennan Center for Justice, 20.1.2023. https://www.brennancenter.org/our-work/analysis-opinion/three-takeaways-redistricting-and-competition-2022-midterms (23.3.2023)
17 Vgl. Ed Kilgore: Republican Senators Haven't Represented a Majority of Voters Since 1996, New York Intelligencer, 25.2.2021. https://nymag.com/intelligencer/2021/02/gop-senators-havent-represented-a-majority-since-1996.html (28.12.2022)
18 Vgl. Matthew Braun: Georgia's runoff system was created to dilute Black voting power, WP, 5.12.2022.
19 Vgl. Ben Shpigel: This is how ranked-choice voting works, NYT, 8.11.2022.
20 Vgl. Shawn Hubler: Why California voters can choose any primary candidate, Republican or Democrat, NYT, 7.6.2022.
21 Vgl. Clare Foran: Here are the 28 House Democrats Who Voted to Approve the Keystone XL Pipeline, The Atlantic, 9.1.2015. https://www.theatlantic.com/politics/archive/2015/01/here-are-the-28-house-democrats-who-voted-to-approve-the-keystone-xl-pipeline/445086/ (24.3.2023)
22 Vgl. Gallup: Congress and the Public. https://news.gallup.com/poll/1600/congress-public.aspx (24.3.2023)
23 Vgl. Open Secrets: Reelection Rates Over the Years. https://www.opensecrets.org/elections-overview/reelection-rates (24.3.2023)
24 Vgl. Congressional Research Service: Reorganization of the House of Representatives. Modern Reform Efforts, CRS Report, 20.10.2003, 65 S., hier 54 ff. https://www.everycrsreport.com/files/20031020_RL31835_871c33a8137cba0d-3cbe25f2337dd292f6b156e0.pdf (20.3.2023)
25 Vgl. Woodrow Wilson: Congressional Government. A Study in American Politics, 1885.
26 Vgl. Ira Katznelson: Fear Itself. The New Deal and the Origins of Our Time, 2014, 149 f.
27 Vgl. Michael Shear/Michael Schmidt: Benghazi Panel Engages Clinton in Tense Session, NYT, 22.10.2015.
28 Vgl. «Select January 6th Committee Final Report and Supporting Materials Collection», 22.12.2022. https://www.govinfo.gov/collection/january-6th-committee-final-report?path=/GPO/January%206th%20Committee%20

Final%20Report%20and%20Supporting%20Materials%20Collection (20.3.2023)

29 Vgl. Blake Hounshell/Leah Askarinam: Censure Vote Has Republicans Battling Themselves Again, NYT, 8.2.2022.
30 Vgl. Congressional Research Service: House of Representatives Staff Levels, 1977–2023, R43 947, 28.11.2023, 11 S., hier 9 f. https://crsreports.congress.gov/product/pdf/R/R43947 (26.2.2024)
31 Vgl. Congressional Research Service: Senate Staff Levels, 1977–2023, R43 946, 2.8.2023, 9 S., hier 6 f. https://crsreports.congress.gov/product/pdf/R/R43946 (26.2.2024)
32 Vgl. Adrian Blanco u. a.: Meet ‹the five families› that wield power in McCarthy's House majority, WP, 24.3.2023.
33 Vgl. Richard Pious: The Constitutional and Popular Law of Presidential Impeachment; in: Presidential Studies Quarterly, Vol. 28/No. 4 (Fall 1998), 806–815, hier 806 f.
34 Vgl. United States Senate: About Impeachment. Senate Trials. https://www.senate.gov/about/powers-procedures/impeachment/impeachment-list.htm (20.3.2023)
35 Vgl. Michael Les Benedict: From Our Archives. A New Look at the Impeachment of Andrew Johnson; in: Political Science Quarterly, Vol. 113/No. 3 (Autumn 1998), 493–511.
36 Vgl. Richard Posner: An Affair of State. The Investigation, Impeachment, and Trial of President Clinton, 1999.
37 Vgl. Kevin Sullivan/Mary Jordan/Steve Lexenberg: Trump on Trial. The Investigation, Impeachment, Acquittal and Aftermath, 2020.
38 Vgl. Nicholas Fandos: Trump Impeached for Inciting Insurrection, NYT, 13.1.2021.
39 Vgl. Garrett Graff: Watergate. A New History, 2022.
40 Vgl. Molly Sonner/Clyde Wilcox: Forgiving and Forgetting. Public Support for Bill Clinton during the Lewinsky Scandal; in: Political Science and Politics, Vol. 32/No.3 (September 1999), 554–557.
41 Vgl. Aaron Bycoffe/Ella Koeze/Nathaniel Rakich: Did Americans Support Removing Trump From Office, FiveThirtyEight, 12.2.2020. https://projects.fivethirtyeight.com/impeachment-polls/ (27.3.2023)
42 Vgl. Giovanni Russonello: Americans Support Convicting Trump, but Only Narrowly, NYT, 9.2.2021.
43 Vgl. Luke Broadwater: Here Are All the Ways Republicans Plan to Investigate Biden, NYT, 11.1.2023.
44 Vgl. Jacqueline Alemany: House Republicans impeach Alejandro Mayorkas by a single vote, WP, 13.2.2024.
45 Vgl. Govtrack: Congress/Bills. Statistics and Historical Comparison. https://www.govtrack.us/congress/bills/statistics (22.3.2023)

46 Vgl. William Bianco/David Canon: American Politics Today, 2021, 432 f.
47 Vgl. Congressional Research Service: Discharge Procedure in House, R45920, 26.1.2023. https://sgp.fas.org/crs/misc/R45920.pdf (26.2.2024)
48 Vgl. Margot Sanger-Katz: The December Omnibus Bill's Little Secret. It Was Also a Giant Health Bill, NYT, 22.1.2023.
49 Vgl. Abbie Boudreau/Scott Bronstein: The bridge failed, but the ‹Road to Nowhere› was built, CNN Politics, 24.9.2008. http://edition.cnn.com/2008/POLITICS/09/24/palin.road.to.nowhere/index.html#cnnSTCText (27.3.2023)
50 Vgl. David Bateman/Ira Katznelson/John Lapinski: How Southern politicians defended white supremacy – and made the South poorer, WP, 26.11.2018.
51 Vgl. Milbank, 201.
52 Zit. bei Jeffrey Toobin: Our Broken Constitution, The New Yorker, December 1, 2013. https://www.newyorker.com/magazine/2013/12/09/our-broken-constitution (4.8.2022)
53 Vgl. Burgess Everett/Marianne Levine: Dem's filibuster conundrum. It's not just Manchin and Sinema, Politico, 10.1.2022. https://www.politico.com/news/2022/01/10/democrats-filibuster-vote-526863 (23.3.2023)
54 Vgl. Walter Oleszek: ‹Holds› in the Senate, Congressional Research Service, 24.1.2017, 8 S. https://sgp.fas.org/crs/misc/R43563.pdf (5.9.2023)
55 Zit. bei Dan Lamothe/Hannah Dormido: See where Sen. Tommy Tuberville is blocking 301 military promotions, WP, 12.8.2023.
56 Vgl. Catie Edmondson: Tuberville Drops Blockade of Most Military Promotions, NYT, 5.12.2023.
57 Vgl. Edward Wong/Michael Crowley: Senators Hold Up 43 Biden Diplomatic Nominees as Crises Roil World, NYT, 15.12.2023.
58 Vgl. Alan Rappeport: What is the U.S. Debt Ceiling?, NYT, 1.2.2023.
59 Vgl. Jim Puzzanghera/Don Lee: Scrap the debt limit, some lawmakers and economists say, LA Times, 22.1.2013.
60 Vgl. Kevin Schaul/Kevin Uhrmacher: The shortest and the longest government shutdowns in U.S. history, WP, 28.2.2024.
61 https://www.pewresearch.org/fact-tank/2022/03/10/the-polarization-in-todays-congress-has-roots-that-go-back-decades/ (15.12.2022)
62 Vgl. Drew Desilver: The polarization in today's Congress has roots that go back decades, Pew Research Center, 10.3.2022. https://www.pewresearch.org/fact-tank/2022/03/10/the-polarization-in-todays-congress-has-roots-that-go-back-decades/ (29.8.2022)
63 Vgl. Kathryn Pearson: Party Discipline in the U.S. House of Representatives, 2015, 69–74.
64 Vgl. Thomas E. Mann/Norman Ornstein: The Broken Branch. How Congress is Failing America and how to Get it Back on Track, 2006, 7.
65 https://rollcall.com/2021/03/03/no-quarter-for-centrists-in-house-2020-vote-studies/ (15.11.2022)

66 Vgl. Shawn Zeller: No quarter for centrists in House. 2020 Vote Studies; in: Roll Call, 3.3.2021. https://rollcall.com/2021/03/03/no-quarter-for-centrists-in-house-2020-vote-studies/ (1.11.2022)
67 Vgl. Michael Kolkmann: Sieg auf der ganzen Linie für die Demokraten? Die Wahlen zum US-Kongress vom 3. November 2020; in: Zeitschrift für Parlamentsfragen, Vol. 52/No. 2, 223–244, hier 241 f.
68 Vgl. Milbank, 202.
69 Vgl. James Curry/Frances Lee: The Limits of Party. Congress and Lawmaking in a Polarized Era, 2020.
70 Vgl. James Bennet: A bad moment for Biden, and an ignominous week for Congress, Checks and Balance, The Economist – Subscriber Newsletter, 9.2.2024.

9. Vom Schiedsrichter zum Mitspieler: die Gerichte

1 Federalist Nr. 78 in Hamilton/Madison/Jay, 2007, 455.
2 «Federal Judiciary Act (1789)», Milestone Documents, National Archives. https://www.archives.gov/milestone-documents/federal-judiciary-act (25.7.2023)
3 Zu den Hintergründen der Fehlkalkulation siehe Michael Nelson: The President and the Court. Reinterpreting the Court-packing Episode of 1937; in: Political Science Quarterly, Vol. 103/No. 2 (Summer 1988), 267–293.
4 Vgl. Holly Otterbein/Zach Montellard: Biden still won't nuke the court. But he is upping his criticism of it, Politico, 30.6.2023. https://www.politico.com/news/2023/06/30/biden-supreme-court-reform-00104484 (27.7.2023)
5 Zit. bei Michael Waldman: The Supermajority. How the Supreme Court Divided America, 2023, 14.
6 «Marbury v. Madison (1803)», Milestone Documents, National Archives. https://www.archives.gov/milestone-documents/marbury-v-madison (22.7.2023)
7 Vgl. William Bianco/David Canon: American Politics Today, 2021, 520.
8 Vgl. William Eskridge: Overriding Supreme Court Statutory Interpretation Decisions; in: Yale Law Journal, Vol. 101/No. 2 (1991), 331–455.
9 Stephen Vladeck: The Shadow Docket, 2023, 28.
10 Vgl. Office of the Curator/Supreme Court of the United States: Courtroom Friezes. South and North Walls. https://www.supremecourt.gov/about/northandsouthwalls.pdf (16,8,2023)
11 Vgl. Supreme Court Historical Society: Homes of the United States Supreme Court. https://supremecourthistory.org/homes-of-the-supreme-court/ (14.8.2023)
12 Vgl. Ryan Owens/David Simon: Explaining the Supreme Court's Shrinking Docket; in: William and Mary Law Review, Vol. 53/No. 4 (2011/12), 1219–1285.

13 Siehe Supreme Court Case Selections Act of 1988, Pub. L. No. 100–352, 102 Stat. 662.
14 Vgl. Bianco/Canon, 534. Die folgenden Ausführungen basieren auf S. 534–540.
15 Vgl. Adam Bonica u. a.: Legal Rasputins? Law Clerk Influence on Voting at the US Supreme Court; in: The Journal of Law, Economics, and Organization, Vol. 35/No. 1 (March 2019), 1–36, hier 18.
16 Vgl. Andrew Christy: ‹Obamacare› Will Rank Among The Longest Supreme Court Arguments Ever, NPR, 15.11.2011. https://www.npr.org/sections/itsallpolitics/2011/11/15/142363047/obamacare-will-rank-among-the-longest-supreme-court-arguments-ever (28.7.2023)
17 Vgl. www.oyez.org. «Oyez! Oyez! Oyez» ist Teil des traditionellen Ausrufs des ‹Marschalls› des Supreme Court, bevor die Richter den Sitzungssaal betreten.
18 Vgl. Bianco/Canon, 539.
19 Vgl. Adam Liptak: Along With Conservative Triumphs, Signs of New Caution at Supreme Court, NYT, 1.7.2023.
20 Vgl. hierzu Lawrence Solum: Originalism Versus Living Constitutionalism. The Conceptual Structure of the Great Debate; in: Northwestern University Law Review, Vol. 113/No. 6 (April 2019), 1243–1296.
21 Opinion (Alito): Dobbs v. Jackson Women's Health Organization, 597 U.S._ (2022), 2 d. https://supreme.justia.com/cases/federal/us/597/19-1392/ (27.7.2023)
22 Dissent (Kagan): Dobbs v. Jackson Women's Health Organization, 597 U.S._ (2022). https://supreme.justia.com/cases/federal/us/597/19-1392/ (27.7.2023)
23 Vgl. William Mishler/Reginald Sheehan: The Supreme Court as a Countermajoritarian Institution? The Impact of Public Opinion on Supreme Court Decisions; in: American Political Science Review, Vol. 87/No. 1 (March 1993), 87–101.
24 Vgl. Dave Roos: 8 Landmark Supreme Court Cases That Were Overturned, History, 11.10.2022. https://www.history.com/news/landmark-supreme-court-cases-overturned (30.7.2023)
25 David Kaplan: The Most Dangerous Branch. Inside the Supreme Court in the Age of Trump, 2018, 26.
26 Dieser Absatz folgt Bianco/Cannon, 547.
27 Kaplan, 247.
28 «Text: Vice President Gore Concedes Election», WP, 13.12.2020.
29 Vgl. Gordon Hylton: Supreme Court Justices Today Are Unlikely to Die with Their Boots On, Marquette University Law School, 9.3.2012. https://law.marquette.edu/facultyblog/2012/03/supreme-court-justices-today-are-unlikely-to-die-with-their-boots-on/ (4.8.2023). Eigene Berechnungen bis 2023.
30 Vgl. Waldman, 92.
31 Vgl. Abigail Tracy: Donald Trump Made Justice Kennedy an Offer He Couldn't

Refuse, Vanity Fair, 29.6.2018. https://www.vanityfair.com/news/2018/06/donald-trump-justice-anthony-kennedy-retirement (18.8.2023)
32 Elena Kagan: Confirmation Messes, Old and New; University of Chicago Law Review, Vol. 62/No. 2 (Spring 1995), 919–942, hier 941.
33 Vgl. Linda Greenhouse: Justice on the Brink. The Death of Ruth Bader Ginsburg, the Rise of Amy Coney Barrett, and Twelve Months That Transformed the Supreme Court, 2021, 71.
34 Vgl. United States Senate: Supreme Court Nominations (1789-present). https://www.senate.gov/legislative/nominations/SupremeCourtNominations1789present.htm (31.7.2023)
35 Vgl. Dan Balz/Clara Ence Morse: American democracy is cracking. These forces help explain why, WP, 18.8.2023.
36 Vgl. Philipp Adorf/Patrick Horst: Zerreißprobe für die Demokratie. Die Wahlen und der Regierungswechsel in den USA 2020/21, 2021, 93.
37 Vgl. dazu vor allem Kaplan.
38 Vgl. Linda Qiu: In Gorsuch Confirmation Battle, Both Sides Spin and Mislead, NYT, 3.4.2017.
39 Vgl. dazu Greenhouse, 37–74.
40 Vgl. Andrew Martin/Kevin Quinn/Lee Epstein: The Median Justice on the United States Supreme Court; in: North Carolina Law Review, Vol. 83/No. 5 (2005), 1275–1321.
41 Zit. bei Adam Liptak: Chief Justice Defends Judicial Independence After Trump Attacks ‹Obama Judge›, NYT, 21.11.2018.
42 Vgl. Adam Liptak: A Transformative Term at the Most Conservative Supreme Court in Nearly a Century, NYT, 1.7.2022. Siehe dazu auch eine Fundamentalkritik der neuen konservativen 6-zu-3-Mehrheit aus linksliberaler Sicht von Waldman.
43 Vgl. Richard Wolf: Opera, travel, food, law: The unlikely friendship of Ruth Bader Ginsburg and Antonin Scalia, USA Today, 20.9.2020. https://eu.usatoday.com/story/news/politics/2020/09/20/supreme-friends-ruth-bader-ginsburg-and-antonin-scalia/5844533002/ (16.8.2023)
44 Vgl. Christine Kexel Chabot: Do Justices Time Their Retirement Politically? An Empirical Analysis of the Timing and Outcomes of Supreme Court Retirements in the Modern Era; in: Utah Law Review, Vol. 2019/No. 3, 527–579.
45 Vgl. Matt Viser u. a.: Inside the campaign to pressure Justice Stephen Breyer to retire, WP, 29.1.2022.
46 Vgl. Katy Lin/Carroll Doherty: Favorable Views of Supreme Court fall to historic low, Pew Research Center, 21.7.2023. https://www.pewresearch.org/shortreads/2023/07/21/favorable-views-of-supreme-court-fall-to-historic-low/ (27.7.2023)
47 Vgl. Mark Murray: Poll: 61% of voters disapprove of Supreme Court decision

overturning Roe, NBC News, 22.6.2023. https://www.nbcnews.com/meet-the-press/first-read/poll-61-voters-disapprove-supreme-court-decision-overturning-roe-rcna90415 (30.7.2023)
48 Vgl. https://ballotpedia.org/History_of_abortion_ballot_measures (27.2.2024)
49 Vgl. Jo Becker/Danny Hakim: Ginni Thomas Urged Arizona Lawmakers to Overturn Elections, NYT, 29.9.2022; David Leonhardt: Clarence Thomas's Gifts and the Supreme Court's Credibility, NYT, 18.4.2023; und «Can America's Supreme Court police itself?», The Economist, 7.9.2023.
50 Zit. bei Emily Jacobs: Sen. Kennedy. Democrats' Supreme Court ethics bill is as ‹as dead as fried chicken›, Washington Examiner, 19.7.2023. https://www.washingtonexaminer.com/news/senate/john-kennedy-democrats-supreme-court-ethics-bill-fried-chicken-quip (9.9.2023)
51 Vgl. Supreme Court of the United States: Statement of the Court Regarding the Code of Conduct, 13.11.2023. https://www.supremecourt.gov/about/Code-of-Conduct-for-Justices_November_13_2023.pdf (27.2.2024)
52 Mark Lemley: The Imperial Supreme Court; in: Harvard Law Review, Vol. 136/No. 1 (November 2022), 97–118, hier 97.
53 West Virginia v. Environmental Protection Agency, No. 20–1530, 30.6.2022. https://www.supremecourt.gov/opinions/21pdf/20-1530_n758.pdf (6.8.2023)
54 Vgl. Adam Liptak: Gridlock in Congress Has Amplified the Power of the Supreme Court, NYT, 2.7.2022.
55 Vgl. Constitution Annotated: Table of Laws Held Unconstitutional in Whole or Part by the Supreme Court 1798–2023. https://constitution.congress.gov/resources/unconstitutional-laws/? (31.7.2023)
56 Vgl. Lemley, 102 ff.
57 Der Begriff wurde 2015 geprägt von William Baude: Foreword. The Supreme Court's Shadow Docket; in: NYU Journal of Law and Liberty, Vol. 9/No. 1 (2015), 1–47.
58 Vgl. Vladeck, 144.
59 Vgl. Kimberly Strawbridge Robinson: Supreme Court Conservatives Want More Robust ‹Shadow Docket›, Bloomberg Law, 8.7.2022. https://news.bloomberglaw.com/us-law-week/supreme-courts-conservatives-want-more-robust-shadow-docket (6.8.2023)
60 Louisiana v. Am. Rivers, 142 S. Ct. 1347, 1349 (2022) (Kagan, J., dissenting).
61 Lemley, 114.
62 So auch Kaplan, 209.
63 Zit. bei Melvin Urofsky: Louis D. Brandeis. A Life, 2009, 583.
64 Vgl. Adam Lipak: Along with Conservative Triumphs, Signs of New Caution at Supreme Court, NYT, 1.7.2023. Graphik von Alicia Parlapiano.
65 Stefan Kornelius: Das große Ringen. Urteile des Supreme Court, SZ, 3.7.2023, 4.
66 Vladek, 163 ff., das Zitat steht auf S. 17.
67 Russell Wheeler: Appellate Court vacancies may be scarce in coming years,

limiting Trump's impact, Brookings, 6.12.2018. https://www.brookings.edu/blog/fixgov/2018/12/06/trump-impact-on-appellate-courts/ (10.9.2019)

10. Die Unvereinigten Staaten: der Föderalismus

1 Vgl. «A house divided. American policy is splitting, state by state, into two blocs», The Economist, 3.9.2022.
2 Vgl. Carl Van Doren: Benjamin Franklin's Autobiographical Writings, 1945, 418 f.
3 Federalist Nr. 10; in: Hamilton/Madison/Jay, 2007, 100.
4 Ernst Fraenkel: Das amerikanische Regierungssystem. Eine politologische Analyse, 1981, 167.
5 Vgl. Center of the Study of Federalism: Dual Federalism. https://encyclopedia.federalism.org/index.php?title=Dual_Federalism (30.8.2023)
6 Zit. bei Michael Les Benedict: Abraham Lincoln and Federalism; in: Journal of the Abraham Lincoln Association, Vol. 10/No. 1 (1988), 1–46, hier FN 91.
7 Zit. bei Bianco/Canon, 85.
8 Die Zahlen beziehen sich auf Dollar von 2012. Vgl. Julie Lawhorn: Federal Grants to State and Local Governments. A Historical Perspective on Contemporary Issues, Congressional Research Service R40 638, 22.5.2019, 40 S., hier 7. https://crsreports.congress.gov/product/pdf/R/R40638 (8.12.2023)
9 Vgl. «Emergency Highway Energy Conservation Act», Public Law 93–239. https://www.govinfo.gov/content/pkg/STATUTE-87/pdf/STATUTE-87-Pg1046.pdf (8.12.2023) Diese Geschwindigkeitsbegrenzung wurde 1987 auf 65 Meilen heraufgesetzt und 1995 abgeschafft.
10 «Title VI, Civil Rights Act of 1964». https://www.dol.gov/agencies/oasam/regulatory/statutes/title-vi-civil-rights-act-of-1964 (8.12.2023)
11 John Kincaid: From Cooperative to Coercive Federalism; in: The Annals of the American Academy of Political and Social Science, Vol. 509/No. 1 (1990), 139–152.
12 Vgl. Frank Newport: Americans' Views on Federalism as States Take on More Power, Gallup, 15.7.2022. https://news.gallup.com/opinion/polling-matters/394823/americans-views-federalism-states-power.aspx (12.8.2023)
13 Vgl. Jack Carver: New GOP line on gay marriage. It's about states' rights, The Capital Times, 31.3.2013. https://captimes.com/news/local/writers/jack_craver/new-gop-line-on-gay-marriage-its-about-states-rights/article_bc746296-62e9-5392-b687-92e1b9fdcc3a.html (9.12.2023)
14 Vgl. Lawhorn, Federal Grants, 33 ff.
15 Vgl. John Dinan: The U.S. Supreme Court and Federalism in the Twenty-first Century; in: State and Local Government Review, Vol. 49/No. 3 (Sept. 2017), 215–228.
16 Vgl. Adam Liptak: Supreme Court Invalidates Key Part of Voting Rights Act, NYT, 25.6.2013.

17 Supreme Court of the United States: Dobbs v. Jackson, 24.6.2022, 66 S., hier 8. https://www.supremecourt.gov/opinions/21pdf/19-1392_6j37.pdf (8.12.2023)
18 Stevenson Swanson: Governor's Power ranked, Chicago Tribune, 2.9.2001. https://www.chicagotribune.com/news/ct-xpm-2001-09-02-0109020193-story.html (28.12.2023). Vgl. dazu auch Thad Kousser/Justin Phillips (Hg.): The Power of American Governors, 2012.
19 Vgl. James Sullivan: Direct Legislation by the Citizenship Through the Initiative and Referendum, 1893.
20 https://ballotpedia.org/List_of_Arizona_ballot_measures (27.2.2024)
21 Vgl. National Conference of State Legislatures: Recall of State Officials, 15.9.2021. https://www.ncsl.org/elections-and-campaigns/recall-of-state-officials (28.12.2023)
22 Vgl. Gray Davis Recall, Governor of California (2003), Ballotpedia. https://ballotpedia.org/Gray_Davis_recall,_Governor_of_California_(2003) (29.12.2023)
23 Vgl. William Chen: What Has Proposition 30 Meant for California?, California Budget and Policy Center, September 2016. https://calbudgetcenter.org/resources/what-has-proposition-30-meant-for-california/ (28.12.2023). Eine ordentliche Finanzplanung in Kalifornien ist ohnehin ein schwieriges Unterfangen, da eine Zweidrittelmehrheit im Parlament sowohl für das Verabschieden des Haushalts erforderlich ist als auch für Steuererhöhungen.
24 «The ungovernable state», The Economist, 14.5.2009.
25 John Diaz: A long way from the grassroots, SFGATE, 12.10.2008. https://www.sfgate.com/opinion/article/A-long-way-from-the-grassroots-3190565.php (29.12.2023)
26 Vgl. Chris Melody Fields Figueredo: Why Some States Are Moving to Restrict Ballot Initiatives, Democracy Docket, 30.3.2022. https://www.democracydocket.com/opinion/why-some-states-are-moving-to-curtail-ballot-initiatives/ (29.12.2023) und Adam Edelman: After string of abortion-rights wins, conservatives look to curtail the ballot measure process, NBC News, 26.12.2022. https://www.nbcnews.com/politics/politics-news/conservatives-look-curtail-ballot-measure-process-rcna62484 (29.12.2023)
27 Vgl. Reid Epstein/Nick Corasaniti, Republicans Move to Limit a Grass-Roots Tradition of Direct Democracy, NYT, 22.5.2021.
28 Vgl. Becky Sullivan: Missouri Will Not Expand Medicaid Despite Voters' Wishes, Governor Says, NPR, 13.5.2021. https://www.npr.org/2021/05/13/996611586/missouri-will-not-expand-medicaid-despite-voters-wishes-governor-says (29.12.2023)
29 Vgl. Patricia Mazzei/Michael Wines: How Republicans Undermined Ex-Felon Voting Rights in Florida, NYT, 17.9.2020.
30 Vgl. «Federal Land by State», Wisevoter. https://wisevoter.com/state-rankings/federal-land-by-state/ (30.12.2023)

31 Vgl. Christopher Goodman: Special Districts. America's Shadow Governments, Government Finance Research Center, 5.4.2021. https://gfrc.uic.edu/special-districts-americas-shadow-governments/ (29.12.2023) und United States Census Bureau: Special District Governments by Function 2022, 24.8.2023. https://www.census.gov/library/visualizations/2023/econ/special-district-governments-by-function.html (29.12.2023)
32 Vgl. Nancy Burns: The Formation of American Local Governments. Private Values in Public Institutions, 1994.
33 «New State Ice Co. v. Liebmann, 285 U.S. 262», 311 (1932) (Brandeis, J., dissenting). https://supreme.justia.com/cases/federal/us/285/262/ (10.12.2023)
34 Jacob Grumbach: Laboratories against Democracy, 2022, 4.
35 Vgl. Walker, Jack: The Diffusion of Innovations Among the American States; in: American Political Science Review Vol. 63 (September 1969), 880–889.
36 Daniel Schlozman/Sam Rosenfeld: The Hollow Parties; in: Francis Lee/Nolan McCarty (eds.): Can America Govern Itself?, 2019, 154–210, hier 166.
37 So Thomas Mann und William Galson zit. bei Fred Drews: A primer on gerrymandering and political polarization, Brookings, 6.7.2017. https://www.brookings.edu/articles/a-primer-on-gerrymandering-and-political-polarization/ (15.12.2023)
38 Zit. bei John Burnett: Americans are fleeing to places where political views match their own, NPR, 18.2.2022. https://www.npr.org/2022/02/18/1081295373/the-big-sort-americans-move-to-areas-political-alignment (18.12.2023)
39 https://www.facebook.com/groups/365994177231836 (15.12.2023)
40 Vgl. Jonathan Mummolo/Nail Clayton: Why Partisans Do Not Sort. The Constraints on Political Segregation; in: Journal of Politics, Vol. 79/No. 1 (2017), 45–59.
41 Vgl. Jonathan Weisman: Why Iowa Turned So Red When Nearby States Went Blue, NYT, 8.1.2024.
42 Grumbach, 122.
43 Vgl. Alexander Hertel-Fernandez: State Capture. How Conservative Activists, Big Business, and Wealthy Donors Reshaped the American States – and the Nation, 2019.
44 Vgl. Benjamin Page/Jason Seawright/Matthew Lacombe: Billionaires and Stealth Politics, 2018, 100.
45 Vgl. Alexander Hertel-Fernandez/Caroline Tervo/Theda Skocpol: How the Koch brothers built the most powerful rightwing group you've never heard of, The Guardian, 26.9.2018.
46 Vgl. David Brookman/Christopher Skovron: Bias in Perceptions of Public Opinion in Democracies; in: American Political Science Review, Vol. 112/No. 3 (2018), 542–563.
47 Vgl. The Fairness Project: Our Ballot Measure Campaigns. https://thefairnessproject.org/ballot-measure-campaigns/ (22.12.2023)

48 Vgl. Doug Spencer's Guide to Drawing the Electoral Lines: All About Redistricting. https://redistricting.lls.edu/redistricting-101/who-draws-the-lines/ (25.12.2023)
49 Vgl. Nathaniel Rakich/Aaron Bycoffe/Ryan Best: How Redistricting Affects The Battle For State Legislatures, Fivethirtyeight, 5.4.2022. https://fivethirtyeight.com/features/how-redistricting-affects-the-battle-for-state-legislatures/ (10.12.2023)
50 Vgl. David Pepper: Laboratories of Autocracy, 2021, 95.
51 Vgl. Anjali Huynh: New Wisconsin Legislative Maps Diminish G.O.P. Advantage, NYT, 19.2.2024.
52 Vgl. Devin Caughey/Christopher Warshaw: Dynamic Democracy. Public Opinion, Elections, and Policymaking in the American States, 2022.
53 Vgl. «A house divided. American policy is splitting, state by state, into two blocs», The Economist, 3.9.2022.
54 Vgl. Campbell Robertson: Ohio Makes It Easier for Teachers to Carry Guns at School, NYT, 13.6.2022.
55 Vgl. Megan Brenan: Diminished Majority Supports Stricter Gun Laws In U.S., Gallup, 21.11.2021. https://news.gallup.com/poll/405260/diminished-majority-supports-stricter-gun-laws.aspx (15.12.2023)
56 Vgl. Death Penalty Information Center: State by State. https://deathpenaltyinfo.org/states-landing (1.12.2023)
57 Vgl. Dough Milnes: Americans Are Moving to the Most Tax-Friendly States in the Country, Money Geek, 7.12.2023. https://www.moneygeek.com/financial-planning/resources/tax-friendly-state/ (21.12.2023)
58 Vgl. «Iowa has become a petri-dish of Republican radicalism», The Economist, 17.8.2023.
59 Vgl. «The disunited states», The Economist, 3.9.2022, 9.
60 Steven Levitsky/Daniel Ziblatt: How Democracies Die, 2018, 2.
61 Vgl. Grumbach, 174 f.
62 Vgl. Paul Smith: «Use It or Lose It». The Problem of Purges from the Registration Rolls of Voters Who Don't Vote Regularly, American Bar Association, 9.2.2020. https://www.americanbar.org/groups/crsj/publications/human_rights_magazine_home/voting-rights/-use-it-or-lose-it---the-problem-of-purges-from-the-registration0/ (16.12.2023)
63 Vgl. Pepper, 9.
64 Zit. bei David Smith: States' rights make a comeback as Republicans rush to defy Washington, The Guardian, 29.7.2023.
65 Vgl. «Massachusetts v. EPA, 549 U.S. 497 (2007)». https://supreme.justia.com/cases/federal/us/549/497/ (15.2.2024)
66 Vgl. «State attorneys-general are shaping national policy», The Economist, 8.2.2024.
67 Vgl. Daniel Hopkins: The Increasingly United States, 2018, 13.

68 Vgl. David Bauder: Decline in local news outlets is accelerating despite efforts to help, AP, 16.11.2023. https://apnews.com/article/local-newspapers-closing-jobs-3ad83659a6ee070ae3f39144dd840c1b (22.12.2023)

11. Todeskampf oder Neubelebung: die Zukunft der Demokratie in Amerika

1 Juan Linz: The Perils of Presidentialism; in: Journal of Democracy, Nr. 1 (Winter 1990), 51–69.
2 Mason, 63.
3 Steffen Mau: «Die Welt ist bunter, als meist angenommen», Soziopolis, 21.9.2022. https://www.soziopolis.de/die-welt-ist-bunter-als-meist-angenommen.html (1.1.2024)
4 Vgl. Ernst Wolfgang Böckenförde: Die Entstehung des Staates als Vorgang der Säkularisation; in: Recht, Staat, Freiheit. Studien zur Rechtsphilosophie, Staatstheorie und Verfassungsgeschichte, 1991, 92–114, hier 112.
5 Vgl. David French: Divided We Fall. America's Secession Threat and How to Restore Our Nation, 2020, 2 und insbesondere Teil II.
6 Eine Sammlung aktueller Reformvorschläge findet sich in Richard Ellis/Michael Nelson (eds.): Debating Reform. Conflicting Perspectives on How to Fix the American Political System, 2021.
7 Vgl. Fair Vote: Past Attempts at Reform. https://fairvote.org/archives/the_electoral_college-past_attempts_at_reform/ (3.2.2024)
8 Vgl. Jocelyn Kiley: Majority of Americans continue to favor moving away from electoral college, Pew Research Center, 25.9.2023. https://www.pewresearch.org/short-reads/2023/09/25/majority-of-americans-continue-to-favor-moving-away-from-electoral-college/ (27.12.2023)
9 Vgl. Warren Weaver jr.: A Survey Finds 30 Legislatures Favor Direct Vote For President, NYT, 8.10.1969.
10 Vgl. Warren Weaver jr.: Senate Puts Off Direct Voting Plan, NYT, 30.9.1970.
11 Die anderen Demokratien sind Luxemburg und Estland.
12 Vgl. Nick Robertson: Democratic senators introduce bill establishing Supreme Court term limits, The Hill, 19.10.2023. https://thehill.com/homenews/senate/4265176-democratic-senators-introduce-bill-establishing-supreme-court-term-limits/ (23.12.2023)
13 Vgl. Alicia Bannon/Michael Milov-Cordoba: Supreme Court Term Limits, Brennan Center for Justice, 20.6.2023. https://www.brennancenter.org/our-work/policy-solutions/supreme-court-term-limits (23.12.2023)
14 Vgl. Klein, 342.
15 Vgl. Eric Orts: The Path to Give California 12 Senators, and Vermont Just One, The Atlantic, 2.1.2019. https://www.theatlantic.com/ideas/archive/2019/01/heres-how-fix-senate/579172/ (23.12.2023)

11. Todeskampf oder Neubelebung: die Zukunft der Demokratie in Amerika

16 Vgl. Jim Saksa: Majority rules? This Democrat wants to talk about anti-majoritarian bias, Roll Call, 31.1.2023. https://rollcall.com/2023/01/31/majority-rules-this-democrat-wants-to-talk-about-anti-majoritarian-bias/ (1.1.2024)
17 Vgl. The Cook Political Report: 2024 CPR House Race Ratings, 23.1.2024. https://www.cookpolitical.com/ratings/house-race-ratings (2.2.2024)
18 Vgl. «Amendment 36: Selection of Presidential Electors». http://www.lawanddemocracy.org/pdffiles/COamend36.pdf (26.12.2023)
19 Vgl. National Popular Vote: Analysis of the Whole-Number Proportional Method in Awarding Electoral Votes. https://www.nationalpopularvote.com/analysis-whole-number-proportional-method-awarding-electoral-votes (27.12.2023)
20 Vgl. «National Popular Vote». https://www.nationalpopularvote.com/ (3.1.2023)
21 Vgl. Brian Frederick: Congressional Representation & Constituents. The Case for Increasing the U.S. House of Representatives, 2010.
22 Vgl. Douglas Amy: Resolved, Proportional Representation Should Be Adopted for U.S. House Elections, Pro; in: Ellis/Nelson (eds.), 186–196.
23 Vgl. Matthew Yglesias: There's a simple way to end gerrymandering. Too bad Congress made it illegal, Vox, 20.7.2015. https://www.vox.com/2015/7/17/8980137/fix-gerrymandering-multiple-member-districts (15.3.2023)
24 Vgl. Elena Schor: Bipartisan pitch to save filibuster gets 61 senators' votes, Politico, 7.4.2017.
25 Vgl. Robert Rubin: Get Rid of the Debt Ceiling Once and for All, The Atlantic, 5.6.2023. https://www.theatlantic.com/ideas/archive/2023/06/eliminate-debt-ceiling-gdp/674279/ (3.1.2024)
26 Vgl. Tony Romm: As debt ceiling fight rages, Democrats bring up an old idea: Abolish it, WP, 18.5.2023.
27 Vgl. Congressional Research Service: Redistricting Commissions for Congressional Districts, CRS Insight, 17.11.2021. https://crsreports.congress.gov/product/pdf/IN/IN11053 (1.1.2024)
28 Vgl. ALG Research: New Bipartisan Poll on Gerrymandering and the Supreme Court, 25.1.2019. https://campaignlegal.org/sites/default/files/2019-01/CLC%20Bipartisan%20Redistrictig%20Poll.pdf (1.1.2024)
29 Vgl. Ballotpedia: Top-two primary. https://ballotpedia.org/Top-two_primary (3.2.2024)
30 Für eine Verteidigung der *earmarks* siehe Scott Frisch/Sean Kelly: Resolved, Congress Should Bring Back Earmarks. Pro; in: Ellis/Nelson (eds.), 170–177.
31 Vgl. Luke Broadwalker/Emily Cochrane/Alicia Parlapiano: As Earmarks Return to Congress, Lawmakers Rush to Steer Money Home, NYT, 1.4.2022.
32 Vgl. Diana Evans: Greasing the Wheels. Using Pork Barrel Projects to Build Majority Coalitions in Congress, 2004.
33 Vgl. Grumbach, 204 ff.

34 Vgl. «National Uninsured Rate Reaches an All-Time Low in Early 2023 After the Close of the ACA Open Enrollment Period», Office of Health Policy, 3.8.2023. https://aspe.hhs.gov/sites/default/files/documents/e06a66dfc6f62afc8bb809038dfaebe4/Uninsured-Record-Low-Q12023.pdf (25.12.2023)
35 Zit. bei Michael Gold: Trump's Long Fascination With Genes and Bloodlines Gets New Scrutiny, NYT, 23.12.2023.
36 Zit. bei Michael Gold: After Calling Foes ‹Vermin›, Trump Campaign Warns Its Critics Will Be ‹Crushed›, NYT, 13.11.2023.
37 Zit. bei Maggie Haberman/Shane Goldmacher: Trump, Vowing ‹Retribution›, Foretells a Second Term of Spite, NYT, 7.3.2023.
38 Vgl. Ashley Parker: Much of the 2024 GOP field focuses on dark, apocalyptic themes, WP, 16.3.2023.
39 Zit. bei Jannell Ross: Obama revives his ‹cling to guns or religion› analysis – for Donald Trump supporters, WP, 21.12.2015.
40 Zit. bei Amy Chozick: Hillary Clinton Calls Many Trump Backers ‹Deplorables›, and G. O. P. Pounces, NYT, 10.9.2016.
41 John Judis/Ruy Texera: Where Have All the Democrats Gone?, 2023, 177–265.
42 Vgl. William Saletan: «Defund the Police» Is a Selfdestructive Slogan, Slate, 18.11.2020. https://slate.com/news-and-politics/2020/11/defund-police-slogan-election-polls-democrats.html (3.2.2024) und Ruffini, 174.
43 Vgl. Matt Gertz: Major news outlets gave much less coverage to Trump's «vermin» attack than they did Clinton's «deplorables» remark, Mediamatters, 28.11.2023. https://www.mediamatters.org/donald-trump/major-news-outlets-gave-much-less-coverage-trumps-vermin-attack-then-they-did-clintons (26.12.2023)
44 Vgl. Matthew Levendusky: Americans, not partisans. Can priming American national identity reduce affective polarization?; in: Journal of Politics Vol. 80/No. 1 (2018), 59–70.
45 Federalist Nr. 1; in: Hamilton/Madison/Jay, 2007, 54.
46 Vgl. Caughey/Warshaw, 3 f. und 113 f.
47 Vgl. KFF: Status of State Medicaid Expansion decisions. Interactive Map, 7.2.2024. https://www.kff.org/medicaid/issue-brief/status-of-state-medicaid-expansion-decisions-interactive-map/ (8.2.2024)
48 Ross Douthat: How the Right Turned Radical and the Left Became Depressed, NYT, 29.3.2023.
49 Vgl. Matthew Levendusky: Our Common Bonds: Using What Americans Share to Help Bridge the Partisan Divide, 2023, 20 ff.
50 Vgl. Laura Silver: Some Americans' views of China turned more negative after 2020, but others became more positive, Pew Research Center, 28.9.2022. https://www.pewresearch.org/fact-tank/2022/09/28/some-americans-views-of-china-turned-more-negative-after-2020-but-others-became-more-positive/ (23.3.2023)
51 Vgl. Richard Wike u. a.: Seven-in-Ten Americans Now See Russia as an Enemy,

Pew Research Center, 6.4.2022. https://www.pewresearch.org/global/2022/04/06/seven-in-ten-americans-now-see-russia-as-an-enemy/ (16.2.2024)
52 Levendusky, 2023, 23 f.
53 Vgl. Richard Wike u.a.: Social Media Seen as Mostly Good for Democracy Across Many Nations, But U.S. is a Major Outlier, Pew Research Center, 2.12.2022. https://www.pewresearch.org/global/2022/12/06/social-media-seen-as-mostly-good-for-democracy-across-many-nations-but-u-s-is-a-major-outlier/ (8.2.2024)
54 Vgl. «Not posting, but watching», The Economist, 3.2.2024, 15–17.
55 Levendusky, 2023, 23 f.
56 Vgl. Rachel Kleinfeld: Polarization, Democracy, and Political Violence in the United States. What the Research Says, Carnegie Endowment for International Peace, 5.2.2023, Punkt 1. https://carnegieendowment.org/2023/09/05/polarization-democracy-and-political-violence-in-united-states-what-research-says-pub-90457 (9.2.2024)
57 Vgl. Matthew Levendusky/Neil Malhotra: (Mis)perceptions of partisan polarization in the American public; in: Public Opinion Quarterly Vol. 80/No. 1 (2016), 378–391.
58 Vgl. Greg Martin/Steven Webster: The Real Culprit Behind Geographic Polarization, The Atlantic, 26.11.2018. https://www.theatlantic.com/ideas/archive/2018/11/why-are-americans-so-geographically-polarized/575881/ (16.9.2022)
59 Levendusky, 2023, 4.
60 Ebd., Kap. 3.
61 Vgl. Marisa Dellatto: More Than Half Of U.S. Adults Say They're Taylor Swift Fans, Survey Finds, Forbes, 14.3.2023. https://www.forbes.com/sites/marisadellatto/2023/03/14/more-than-half-of-us-adults-say-theyre-taylor-swift-fans-survey-finds/?sh=5d51ba736877 (28.2.2024)
62 Vgl. Jeffrey Jones: Independent Party ID Tied for High; Democratic ID at New Low, Gallup, 12.1.2024. https://news.gallup.com/poll/548459/independent-party-tied-high-democratic-new-low.aspx (14.2.2024)
63 Vgl. Anthony Fowler u.a.: Moderates; in: American Political Science Review, Vol. 117/No. 2 (2023), 643–660, hier 659.
64 Vgl. Patrick Ruffini: Party of the People. Inside the Multiracial Populist Coalition Remaking the GOP, 2023, 104, Abb. 5.2.

BIBLIOGRAPHIE

Nicht aufgeführt sind die in den Anmerkungen belegten Quellen wie Reden, Interviews, Pressekonferenzen und Tweets sowie Artikel aus Zeitungen, Publikumszeitschriften und Online-Medien.

Adorf, Philipp und Horst, Patrick: Zerreißprobe für die Demokratie. Die Wahlen und der Regierungswechsel in den USA 2020/21. Frankfurt 2021.
Bail, Christopher A. u. a.: ‹Exposure to Opposing Views on Social Media Can Increase Political Polarization›, Proceedings of the National Academy of Sciences of the United States of America 115 (2018), pp. 9216–9221.
Baude, William: ‹Foreword. The Supreme Court's Shadow›, NYU Journal of Law and Liberty Vol. 9/No. 1 (2015), pp. 1–47.
Baum, Matthew A.: ‹The Constituent Foundations of the Rally-Around-the-Flag›, International Studies Quarterly 46 (1970), pp. 263–298.
Benedict, Michael L.: ‹From Our Archives: A New Look at the Impeachment of Andrew Johnson›, Political Science Quarterly 113 (1998), pp. 493–511.
Bennett, Anthony J.: The American President's Cabinet. From Kennedy to Bush. New York 1996.
Beyerlein, Kraig und Andrews, Kenneth T.: ‹Black Voting during the Civil Rights Movement. A Microlevel Analysis›, Social Forces Vol. 87/No. 1 (2008), pp. 65–93.
Bianco, William T. und Canon, David T.: American Politics Today. New York 2021.
Bierling, Stephan: Der Nationale Sicherheitsberater des amerikanischen Präsidenten. Anatomie und Hintergründe einer Karriere (1947–1989). Frankfurt am Main 1989.
Bierling, Stephan: Partner oder Kontrahenten? Präsident und Kongreß im außenpolitischen Entscheidungsprozeß der USA (1974–1988). Frankfurt am Main 1992.
Bierling, Stephan: Geschichte des Irakkriegs. Der Sturz Saddams und Amerikas Albtraum im Mittleren Osten. München 2010.
Bierling, Stephan: America First. Donald Trump im Weißen Haus. München 2020.
Böckenförde, Ernst-Wolfgang: Recht, Staat, Freiheit. Studien zur Rechtsphilosophie, Staatstheorie und Verfassungsgeschichte. Frankfurt am Main 1991.
Birnbaum, Jeffrey H. und Murray, Alan S.: Showdown at Gucci Gulch. Lawmakers, Lobbyists, and the Unlikely Triumph of Tax Reform. New York 1987.
Bishop, Bill: The Big Sort. Why the Clustering of Like-Minded America is Tearing Us Apart. Boston 2008.
Blackstock, Nelson: Cointelpro. The FBI's Secret War on Political Freedom. New York 1975.
Blum, Rachel M.: How the Tea Party Captured the GOP. Insurgent Factions in American Politics. Chicago 2020.

Bonica, Adam, Chilton, Adam, Goldin, Jacob und Rozema, Kyle: ‹Legal Rasputins? Law Clerk Influence on Voting at the US Supreme Court›, *The Journal of Law, Economics, and Organization* Vol. 35/No. 1 (2019), pp. 1–36.
Brady, David W., Han, Hahrie und Pope, Jeremy C.: ‹Primary Elections and Candidate Ideology: Out of Step with the Primary Electorate?›, *Legislative Studies Quarterly* Vol. 32/No. 1 (2007), pp. 79–105.
Brockschmidt, Annika: *Die Brandstifter. Wie Extremisten die Republikanische Partei übernahmen*. Hamburg 2024.
Brookman, David und Skovron, Christopher: ‹Bias in Perceptions of Public Opinion in Democracies›, *American Political Science Review* Vol. 112/No. 3 (2018), pp. 542–563.
Bunch, Will: *The Backlash. Right-Wing Radicals, Hi-Def Hucksters, and Paranoid Politics in the Age of Obama*. New York 2010.
Bunche, Ralph J.: *The Political Status of the Negro in the Age of FDR. Documents in American history*. Chicago 1973.
Burkhardt, Johannes, Depkat, Volker und Overhoff, Jürgen: *Bundesrepublik Amerika. Wie der deutsche Föderalismus die US-Verfassung inspirierte: Essays zur transatlantischen Politikgeschichte, 1690–1790*. Köln 2024.
Burnham, Walter D.: ‹Theory und Voting Research: Some Reflections on Converse's «Change in the American Electorate»›, *American Political Science Review* Vol. 68/No. 3 (1974), pp. 1002–1023.
Burns, Nancy: *The Formation of American Local Governments. Private Values in Public Institutions*. New York, Oxford 1994.
Byrd, Robert C. u. a.: *The Senate, 1789–1989*. Washington 1988.
Campbell, Angus und Stokes, Donald E.: *The American Voter*. Chicago 1960.
Carrese, Paul O.: *Democracy in Moderation – Montesquieu, Tocqueville, and Sustainable Liberalism*. Cambridge 2016.
Case, Anne und Deaton, Angus: *Deaths of Despair and the Future of Capitalism*. Princeton, New Jersey, Oxford 2020.
Caughey, Devin und Warshaw, Christopher: *Dynamic Democracy. Public Opinion, Elections, and Policymaking in the American States*. Chicago 2022.
Chambers, William N. und Burnham, Walter D. (eds.): *The American Party Systems. Stages of Political Development*. New York 1967.
Clarke, Harold D.: *Political Choice in Britain*. Oxford, New York 2004.
Cohen, Donald und Mikaelian, Allen: *The Privatization of Everything. How the Plunder of Public Goods Transformed America and How We Can Fight Back*. New York, London 2022.
Cohen, Marty: *The Party Decides. Presidential Nominations Before and After Reform*. Chicago 2008.
Congressional Quarterly Service: *Congress and the Nation*. Washington, DC 1977.
Cramer, Katherine J.: *The Politics of Resentment. Rural Consciousness in Wisconsin and the Rise of Scott Walker*. Chicago 2016.

Crouch, Jeffrey, Rozell, Mark J. und Sollenberger, Mitchel A.: *The Unitary Executive Theory. A Danger to Constitutional Government.* Lawrence 2020.
Cullinane, Michael P. und Elliott, Clare (eds.): *Perspectives on Presidential Leadership. An International View of the White House.* New York 2014.
Curry, James M. und Lee, Frances E.: *The Limits of Party. Congress and Lawmaking in a Polarized Era.* Chicago 2020.
Dahl, Robert A.: *Democracy in the United States: Promise and Performance.* Chicago 1972.
Davis, Jim und Graham, Michael: *The Great Dechurching. Who's Leaving, Why Are They Going, and What Will It Take to Bring Them Back?* Grand Rapids 2023.
Depkat, Volker: *Geschichte der USA.* Stuttgart 2016.
Depkat, Volker: *American Exceptionalism.* Lanham u. a. 2021.
Devine, Christopher J. und Kopko, Kyle C.: ‹Presidential Versus Vice Presidential Home State Advantage: A Comparative Analysis of Electoral Significance, Causes, and Processes, 1884–2008›, *Presidential Studies Quarterly* Vol. 43/No. 4 (2013), pp. 814–838.
Downs, Anthony: *An Economic Theory of Democracy.* Boston 1957.
Du Mez, Kristin K.: *Jesus and John Wayne. How White Evangelicals Corrupted a Faith and Fractured a Nation.* New York 2020.
Duverger, Maurice: *Die politischen Parteien.* Tübingen 1959.
Ellis, Richard und Nelson, Michael (eds.): *Debating Reform. Conflicting Perspectives on How to Fix the American Political System.* Los Angeles 2021.
Erickson, Robert S. und Wlezien, Christopher: *The Timeline of Presidential Elections. How Campaigns Do (and Do Not) Matter.* Chicago 2012.
Eskridge, William N.: ‹Overriding Supreme Court Statutory Interpretation Decisions›, *The Yale Law Journal* Vol. 101/No. 2 (1991), pp. 331–455.
Evans, Diana: *Greasing the Wheels. Using Pork Barrel Projects to Build Majority Coalitions in Congress.* Cambridge, New York 2004.
Fiorina, Morris P.: *Retrospective Voting in American National Elections.* New Haven 1981.
Flanagan, Maureen A.: *America Reformed. Progressives and Progressivisms, 1890s–1920s.* New York 2007.
Fordham, Benjamin O.: *Building the Cold War Consensus. The Political Economy of U. S. National Security Policy, 1949–51.* Ann Arbor 1998.
Fowler, Anthony: ‹Moderates›, *American Political Science Review* Vol. 117/No. 2 (2023), pp. 643–660.
Fraenkel, Ernst: *Das amerikanische Regierungssystem. Eine politologische Analyse.* Wiesbaden 1981.
Friedman, Milton und Schwartz, Anna J.: *A Monetary History of the United States, 1867–1960.* New York 1963.
Frank, Thomas: *What's the Matter with Kansas? How Conservatives Won the Heart of America.* New York 2004.

Free, Laura E.: *Suffrage Reconstructed. Gender, Race, and Voting Rights in the Civil War Era.* Ithaca 2015.

Frederick, Brian: *Congressional Representation & Constituents. The Case for Increasing the U. S. House of Representatives.* Abingdon 2010.

French, David: *Divided We Fall. America's Secession Threat and How to Restore Our Nation.* New York 2020.

Gallo, Nick und Lewis, David: ‹The Consequences of Presidential Patronage for Federal Agency Performance›, *Journal of Public Administration Research and Theory* Vol. 22/No. 2 (2012), pp. 219–243.

Gellman, Barton: *Angler. The Shadow Presidency of Dick Cheney.* London 2008.

Gilpin, Henry (Hg.): *The Papers of James Madison. Purchased by Order of Congress.* Vol. 2. Washington 1840.

Golway, Terry: *Machine Made. Tammany Hall and the Creation of Modern American Politics.* New York 2014.

Goodman Jr., William R. und Price, James J.: *Jerry Falwell. An Unauthorized Profile.* Lynchburg 1981.

Goodwin, Doris K.: *Team of Rivals. The Political Genius of Abraham Lincoln.* New York 2005.

Graff, Garrett M.: *Watergate. A New History.* New York 2022.

Greenhouse, Linda: *Justice on the Brink. The Death of Ruth Bader Ginsburg, the Rise of Amy Coney Barrett, and Twelve Months That Transformed the Supreme Court.* New York 2021.

Greenstein, Fred I. (Hg.): *Leadership in the Modern Presidency.* Cambridge 1995.

Greenwood, Jeremy u. a.: ‹Technology and the Changing Family. A Unified Model of Marriage, Divorce, Educational Attainment and Married Female Labor-Force Participation›, *American Economic Journal: Macroeconomics* Vol. 8/No. 1 (2016), pp. 1–41.

Greider, William: *Secrets of the Temple. How the Federal Reserve Runs the Country.* New York 1987.

Groitl, Gerlinde: *Russia, China and the Revisionist Assault on the Western Liberal Order.* Cham/Schweiz 2023.

Grumbach, Jacob M.: *Laboratories Against Democracy. How National Parties Transformed State Politics.* Princeton 2022.

Haberman, Maggie: *Confidence Man. The Making of Donald Trump and the Breaking of America.* New York 2022.

Hamilton, Alexander, Madison, James und Jay, John: *Die Federalist Papers. Herausgegeben und übersetzt von Barbara Zehnpfennig.* München 2007.

Hartz, Louis: *The Liberal Tradition in America.* New York 1955.

Hathaway, Oona A., Bradley, Curtis und Goldsmith, Jack L.: ‹The Failed Transparency Regime for Executive Agreements: An Empirical and Normative Analysis›, *Harvard Law Review* Vol. 134/No. 2 (2020), pp. 629–724.

Heersink, Boris und Peterson, Brenton D.: ‹Measuring the Vice-Presidential

Home State Advantage With Synthetic Controls›, *American Politics Research* Vol. 44/No. 4 (2016), pp. 734–763.

Hertel-Fernandez, Alexander, Skocpol, Theda und Sclar, Jason: ‹When Political Mega-Donors Join Forces: How the Koch Network and the Democracy Alliance Influence Organized U.S. Politics on the Right and Left›, *Studies in American Political Development* Vol. 32/No. 2 (2018), pp. 127–165.

Hertel-Fernandez, Alexander: *State Capture. How Conservative Activists, Big Businesses, and Wealthy Donors Reshaped the American States – and the Nation.* New York 2019.

Hofstadter, Richard: *Anti-Intellectualism in American Life.* New York 1963.

Hopkins, Daniel J.: *The Increasingly United States. How and Why American Political Behavior Nationalized.* Chicago 2020.

Humphrey, David C.: ‹Tuesday Lunch at the Johnson White House: A Preliminary Assessment›, *Diplomatic History* Vol. 8/No. 1 (1984), pp. 81–102.

Hunter, James: *Culture Wars: The Struggle to Define America.* New York 1991.

Ingraham, Patricia W.: *The Foundation of Merit. Public Service in American Democracy.* Baltimore, London 1995.

Iyengar, Shanto u. a.: ‹The Origins and Consequences of Affective Polarization in the United States›, *Annual Review of Political Science* Vol. 22 (2019), pp. 129–146.

Jacobson, Gary C.: *Presidents and Parties in the Public Mind.* Chicago 2019.

Jäger, Wolfgang, Haas, Christoph M. und Welz, Wolfgang (Hg.): *Regierungssystem der USA. Lehr- und Handbuch.* München 2007.

Janis, Irving L.: *Victims of Groupthink. A Psychological Study of Foreign-Policy Decisions and Fiascoes.* Boston 1972.

Jones, Stephen A. und Freedman, Eric (eds.): *Presidents and Black America. A Documentary History.* Los Angeles 2012.

Judis, John B. und Teixeira, Ruy A.: *Where Have All the Democrats Gone? The Soul of the Party in the Age of Extremes.* New York 2023.

Kagan, Elena: ‹Confirmation Messes, Old and New›, *The University of Chicago Law Review* Vol. 62/No. 2 (1995), pp. 919–942.

Kaplan, David A.: *The Most Dangerous Branch. Inside the Supreme Court in the Age of Trump.* New York 2018.

Kaplan, Ethan, Spenkuch, Jörg L. und Sullivan, Rebecca: ‹Partisan Spatial Sorting in the United States: A Theoretical and Empirical Overview›, *Journal of Public Economics* 211 (2022), pp. 1–14.

Katznelson, Ira: *Fear Itself. The New Deal and the Origins of Our Time.* New York 2014.

Kernell, Samuel u. a.: *The Logic of American Politics.* Thousand Oaks 2022.

Kexel Chabot, Christine: ‹Do Justices Time Their Retirement Politically? An Empirical Analysis of the Timing and Outcomes of Supreme Court Retirements in the Modern Era›, *Utah Law Review* (2019/No. 3), pp. 527–579.

Kincaid, John: ‹From Cooperative to Coercive Federalism›, *The Annals of the*

American Academy of Political and Social Science Vol. 509/No. 1 (1990), pp. 139–152.

Klein, Ezra: *Der tiefe Graben. Die Geschichte der gespaltenen Staaten von Amerika.* Hamburg 2020.

Klein, Milton M.: ‹Mythologizing the U.S. Constitution›, *Soundings. An Interdisciplinary Journal* Vol. 78/No. 1 (1995), pp. 169–187.

Kolkmann, Michael: ‹Sieg auf der ganzen Linie für die Demokraten? Die Wahlen zum US-Kongress vom 3. November 2020›, *Zeitschrift für Parlamentsfragen* 52. Jg./Heft 4 (2020), S. 223–244.

Kollman, Ken: *The American Political System. 2018 Election Update.* New York 2019.

Kornacki, Steve: *The Red and the Blue. The 1990s and the Birth of Political Tribalism.* New York 2018.

Krugman, Paul R.: *The Age of Diminished Expectations. U.S. Economic Policy in the 1990s.* Cambridge 1994.

Lacombe, Matthew J.: *Firepower. How the NRA Turned Gun Owners into a Political Force.* Princeton 2021.

Le Pennec, Caroline und Pons, Vincent: ‹How Do Campaigns Shape Vote Choice? Multi-Country Evidence from 62 Elections and 56 TV Debates›, *National Bureau of Economic Research Working Paper* 26572 (December 2022).

Lee, Frances E.: *Insecure Majorities. Congress and the Perpetual Campaign.* Chicago, London 2016.

Lee, Frances E. und McCarty, Nolan: *Can America Govern Itself?* Cambridge 2019.

Lemley, Mark: ‹The Imperial Supreme Court›, *Harvard Law Review* Vol. 136/No. 1 (2022), pp. 97–118.

Leonard, Christopher: *Kochland. The Secret History of Koch Industries and Corporate Power in America.* New York u. a. 2019.

Lepore, Jill: *Diese Wahrheiten. Eine Geschichte der Vereinigten Staaten von Amerika. Aus dem Englischen von Werner Roller.* München 2019.

Les Benedict, Michael: ‹Abraham Lincoln and Federalism›, *Journal of the Abraham Lincoln Association* Vol. 10/No. 1 (1988), pp. 1–46.

Levendusky, Matthew: *Our Common Bonds. Using What Americans Share to Help Bridge the Partisan Divide.* Chicago 2023.

Levendusky, Matthew: *The Partisan Sort. How Liberals Became Democrats and Conservatives Became Republicans.* Chicago 2010.

Levendusky, Matthew: ‹Americans, Not Partisans: Can Priming American National Identity Reduce Affective Polarization?›, *The Journal of Politics* Vol. 80/No. 1 (2018), pp. 59–70.

Levendusky, Matthew und Malhotra, Neil: ‹(Mis)perceptions of Partisan Polarization in the American Public›, *Public Opinion Quarterly* Vol. 80/No. 1 (2016), pp. 378–391.

Levin, Mark R. und Culp, Jason: *The Liberty Amendments. Restoring the American Republic.* New York 2013.

Levinson, Sanford: *Our Undemocratic Constitution. Where the Constitution Goes Wrong (and How We the People Can Correct It).* Oxford 2006.

Levitsky, Steven und Ziblatt, Daniel: *Wie Demokratien sterben. Und was wir dagegen tun können.* München 2018.

Linz, Juan: ‹The Perils of Presidentialism›, *Journal of Democracy* Vol. 1/No. 1 (1990), pp. 51–69.

Lipset, Seymour M.: *The First New Nation. The United States in Historical and Comparative Perspective.* London 1963.

Lipset, Seymour M. und Rokkan, Stein (eds.): *Party Systems and Voter Alignments. Cross-National Perspectives.* New York 1967.

Lipset, Seymour M. und Rokkan, Stein (eds.): *Cleavage Structures, Party Systems, and Voter Alignments. An Introduction;* in: dies. (eds.), 1967, pp. 1–64.

Locke, John: *Über die Regierung. In der Übersetzung von Dorothee Tidow herausgeben von Peter Cornelius Mayer-Tasch.* Stuttgart 1988.

Lütjen, Torben: *Amerika im Kalten Bürgerkrieg. Wie ein Land seine Mitte verliert.* Darmstadt 2020.

Maisel, Sandy L. und Brewer, Mark D.: *Parties and Elections in America. The Electoral Process.* Lanham 2011.

Maletz, Donald J.: ‹Tocqueville on Mores and the Preservation of Republics›, *American Journal of Political Science* Vol. 49/No. 1 (2005), pp. 1–15.

Mann, Thomas E. und Ornstein, Norman J.: *The Broken Branch. How Congress Is Failing America and How to Get It Back on Track.* Oxford 2006.

Martin, Andrew, Quinn, Kevin und Epstein, Lee: ‹The Median Justice on the United States Supreme Court›, *North Carolina Law Review* Vol. 83/No. 5 (2005), pp. 1275–1321.

Mason, Lilliana: *Uncivil Agreement. How Politics Became Our Identity.* Chicago, London 2018.

Mayer, Jane: *The Dark Side. The Inside Story of How the War on Terror Turned into a War on American Ideals.* New York 2008.

Mayer, Jane: *Dark Money. The Hidden History of the Billionaires Behind the Rise of the Radical Right.* New York 2016.

McDermott, Monika L. und Belcher, Cornell: ‹Barack Obama and Americans' Racial Attitudes: Rallying and Polarization›, *Polity* Vol. 46/No. 3 (2014), pp. 449–469.

McGann, James G. und Weaver, R. K.: *Think Tanks & Civil Societies. Catalysts for Ideas and Action.* New Brunswick 2000.

Michaelis, David: *Eleanor. A life.* New York 2020.

Michaelis, Jon D.: ‹Trump and the «Deep State». The Government Strikes Back›, *Foreign Affairs* Vol. 96/No. 5 (2017), pp. 52–56.

Milbank, Dana: *The Destructionists. The Twenty-Five Year Crack-Up of the Republican Party.* New York 2022.

Mishler, William und Sheehan, Reginald S.: ‹The Supreme Court as a Countermajoritarian Institution?› The Impact of Public Opinion on Supreme Court Decisions›, *American Political Science Review* Vol. 87/No. 1 (1993), pp. 87–101.

Morales, Erendira A., Schultz, Cindy J. P. und Landreville, Kristen D.: ‹The Impact of 280 Characters: An Analysis of Trump's Tweets and Television News Through the Lens of Agenda Building›, *Electronic News* Vol. 15/No. 1–2 (2021), pp. 21–37.

Moynihan, Donald: ‹Delegitimization, Deconstruction and Control: Undermining the Administrative State›, *The Annals of the American Academy of Political and Social Science* Vol. 699/No. 1 (2023), pp. 36–49.

Mudd, Philip: *Black Site. The CIA in the Post-9/11 World*. New York 2019.

Mueller, John E.: ‹Presidential Popularity from Truman to Johnson›, *American Political Science Review* Vol. 64/No. 1 (1970), pp. 18–34.

Mummolo, Jonathan und Nall, Clayton: ‹Why Partisans Do Not Sort: The Constraints on Political Segregation›, *The Journal of Politics* Vol. 79/No. 1 (2017), pp. 45–59.

National Historic Landmarks Programm u.a. (Hg.): *Civil Rights in America. Racial Voting Rights*. Washington, D. C. 2009.

Nelson, Michael: ‹The President and the Court: Reinterpreting the Court-Packing Episode of 1937›, *Political Science Quarterly* Vol. 103/No. 2 (1988), pp. 267–293.

Ness, Immanuel, Bronner, Stephen E. und Piven, Frances F.: *Encyclopedia of American social movements*. London 2004.

Neustadt, Richard E.: *Presidential Power and the Modern Presidents. The Politics of Leadership from Roosevelt to Reagan*. New York, Toronto 1990.

Norrander, Barbara: *The Imperfect Primary. Oddities, Biases, and Strengths of U. S. Presidential Nomination Politics*. New York 2010.

Norris, Pippa und Inglehart, Ronald: *Cultural Backlash. Trump, Brexit, and Authoritarian Populism*. Cambridge 2019.

Obama, Barack: *The Audacity of Hope. Thoughts on Reclaiming the American Dream*. New York 2008.

O'Connor, Karen, Nye, Bernadette und van Assendelft, Laura: ‹Wives in the White House. The Political Influence of First Ladies›, *Presidential Studies Quarterly* Vol. 26/No. 3 (1996), pp. 835–853.

Olson, Mancur: *Die Logik des kollektiven Handelns. Kollektivgüter und die Theorie der Gruppen*. Tübingen 2004.

Osborne, Thomas: ‹Moderation as Government: Montesquieu and the Divisibility of Power›, *The European Legacy* Vol. 28/No. 3–4 (2023), pp. 313–329.

Owens, Ryan J. und Simon, David A.: ‹Explaining the Supreme Court's Shrinking Docket›, *William and Mary Law Review* Vol. 53 (2011), pp. 1219–1285.

Page, Benjamin I., Seawright, Jason und Lacombe, Matthew J.: *Billionaires and Stealth Politics*. Chicago, London 2019.

Patterson, Bradley H.: *The White House Staff. Inside the West Wing and Beyond*. Washington, D. C. 2000.

Paul, David M. und Paul, Rachel A.: *Ethnic Lobbies and US Foreign Policy*. Boulder 2009.
Pearson, Kathryn: *Party Discipline in the US House of Representatives*. Ann Arbor 2015.
Pepper, David: *Laboratories of Autocracy. A Wake-Up Call from Behind the Lines*. Cincinnati 2021.
Pfiffner, James P. (ed.): *The Managerial Presidency*. College Station 1991.
Pious, Richard: ‹The Constitutional and Popular Law of Presidential Impeachment›, *Presidential Studies Quarterly* Vol. 28/No. 4 (1998), pp. 806–815.
Posner, Richard A.: *Affair of State. The Investigation, Impeachment, and Trial of President Clinton*. Cambridge 2009.
Press, Bill: *The Obama Hate Machine. The Lies, Distortions, and Personal Attacks on the President – and Who is Behind them*. New York 2012.
Prior, Markus: ‹News vs. Entertainment: How Increasing Media Choice Widens Gaps in Political Knowledge and Turnout›, *American Journal of Political Science* Vol. 49/No. 3 (2005), pp. 577–592.
Rabinowitz, George und Macdonald, Stuart E.: ‹A Directional Theory of Issue Voting›, *American Political Science Review* Vol. 83/No. 1 (1989), pp. 93–121.
Roberts, Rebecca B.: *Untold Power. The Fascinating Rise and Complex Legacy of First Lady Edith Wilson*. New York 2023.
Rodden, Jonathan: *Why Cities Lose. The Deep Roots of the Urban-Rural Political Divide*. New York 2019.
Rogers, Katie: *American Woman. The Transformation of the Modern First Lady, from Hillary Clinton to Jill Biden*. New York 2024.
Rousseau, Jean-Jacques: *Der Gesellschaftsvertrag oder Grundsätze des politischen Rechts*. Berlin 2013.
Ruffini, Patrick: *Party of the People. Inside the Multiracial Populist Coalition Remaking the GOP*. New York 2023.
Sandel, Michael J.: *The Tyranny of Merit. What's Become of the Common Good?* London 2020.
Schlesinger, Arthur M.: *The Imperial Presidency*. Boston 1973.
Schmidt, Christopher: ‹The Tea Party and the Constitution›, *Hastings Constitutional Law Quarterly* Vol. 193 (2011), pp. 193–252.
Schwartz, Benjamin: ‹The Recommendations Clause and the President's Role in Legislation›, *University of Pennsylvania Law Review* Vol. 168 (2020), pp. 767–815.
Shaw, Daron R. und Petrocik, John R.: *The Turnout Myth. Voting Rates and Partisan Outcomes in American National Elections*. New York 2020.
Shklar, Judith N.: *Ordinary Vices*. Cambridge 1984.
Sides, John, Tausanovitch, Chris und Vavreck, Lynn: *The Bitter End. The 2020 Presidential Campaign and the Challenge to American Democracy*. Princeton 2022.
Skocpol, Theda und Williamson, Vanessa: *The Tea Party and the Remaking of Republican Conservatism*. Oxford, New York 2012.

Solum, Lawrence: ‹Originalism Versus Living Constitutionalism. The Conceptual Structure of the Great Debate›, *Northwestern University Law Review* Vol. 113/No. 6 (2019), pp. 1243–1296.

Sonner, Molly W. und Wilcox, Clyde: ‹Forgiving and Forgetting: Public Support for Bill Clinton during the Lewinsky Scandal›, *PS: Political Science & Politics* Vol. 32/No. 3 (1999), pp. 554–557.

Stelter, Brian: *Hoax. Donald Trump, Fox News, and the Dangerous Distortion of Truth*. New York 2020,

Stephens-Davidowitz, Seth: *Everybody Lies. Big Data, New Data, and What the Internet Can Tell Us About Who We Really Are*. New York 2016.

Sternsher, Bernard: ‹The New Deal Party System. A Reappraisal›, *Journal of Interdisciplinary History* Vol. 15/No. 1 (1984), pp. 53–81.

Stewart, James B.: *Deep State. Trump, the FBI, and the Rule of Law*. New York 2019.

Sullivan, Kevin und Jordan, Mary: *Trump on Trial. The Investigation, Impeachment, Acquittal and Aftermath*. New York 2020.

Sunstein, Cass R.: ‹The Law of Group Polarization›, *Journal of Political Philosophy* Vol. 10/No. 2 (2002), pp. 175–195.

Taylor, John B.: *Getting Off Track. How Government Actions and Interventions Caused, Prolonged, and Worsened the Financial Crisis*. Stanford 2009.

Thompson, Daniel M. u. a.: ‹Universal Vote-by-Mail Has No Impact on Partisan Turnout or Vote Share›, *Proceedings of the National Academy of Sciences* Vol. 117/No. 25 (2020), pp. 14 052–14 056.

Toft, Monica D. und Kushi, Sidita: *Dying by the Sword. The Militarization of US Foreign Policy*, Oxford 2023.

Tocqueville, Alexis de: *Democracy in America*. New York 1990.

Trubowitz, Peter und Mellow, Nicole: ‹Foreign Policy, Bipartisanship and the Paradox of Post-September 11 America›, *International Politics* Vol. 48/No. 2–3 (2011), pp. 164–187.

Truman, Harry S.: *Year of Decisions*. London 1955.

Tumulty, Karen: *The Triumph of Nancy Reagan*. New York 2021.

Urofsky, Melvin I.: *Louis D. Brandeis. A Life*. New York 2009.

Valentino, Nicholas A., Neuner, Fabian G. und Vandenbroek, L. M.: ‹The Changing Norms of Racial Political Rhetoric and the End of Racial Priming›, *The Journal of Politics* Vol. 80/No. 3 (2018), pp. 757–771.

Valentino, Nicholas A. und Sears, David O.: ‹Old Times There Are Not Forgotten: Race and Partisan Realignment in the Contemporary South›, *American Journal of Political Science* Vol. 49/No. 3 (2005), pp. 672–688.

Van Doren, Carl: *Benjamin Franklin's Autobiographical Writings*. New York 1945.

Vance, J. D.: *Hillbilly-Elegie. Die Geschichte meiner Familie und einer Gesellschaft in der Krise*. Berlin 2018.

V-Dem Institute: *Democracy Report 2022. Autocratization Changing Nature?* Göteborg 2022.

Vile, John R.: *The Constitutional Convention of 1787. A Comprehensive Encyclopedia of America's founding.* Santa Barbara 2005.
Vile, John R. (ed.): *Documents Decoded. Founding Documents of America.* Santa Barbara 2015.
Vladeck, Stephen I.: *The Shadow Docket. How the Supreme Court Uses Stealth Rulings to Amass Power and Undermine the Republic.* New York 2023.
Waldman, Michael: *The Supermajority. How the Supreme Court Divided America.* New York 2023.
Walker, Jack L.: ‹The Diffusion of Innovations among the American States›, *American Political Science Review* Vol. 63/No. 3 (1969), pp. 880–899.
Walsh, Lawrence E.: *Firewall. The Iran-Contra Conspiracy and Cover-up.* New York 1998.
Warshaw, Shirley A.: *The Co-Presidency of Bush and Cheney.* Palo Alto 2009.
Weiner, Tim: *CIA. Die ganze Geschichte.* Frankfurt am Main 2008.
Weiner, Tim: *Enemies. A History of the FBI.* New York 2012.
Whitlock, Craig: *The Afghanistan Papers. A Secret History of the War.* New York 2021.
Winkler, Adam: *Gunfight. The Battle over the Right to Bear Arms in America.* New York 2013.
Zegart, Amy B.: *Spying Blind. The CIA, the FBI, and the Origins of 9/11*, Princeton 2009.

BILDNACHWEIS

S. 26 © Peter Palm, Berlin
S. 29 Howard Chandler Christy, Public domain, via Wikimedia Commons / https://commons.wikimedia.org/wiki/File:Scene_at_the_Signing_of_the_Constitution_of_the_United_States.jpg (24.4.2024)
S. 33 mauritius images / NB/FEMA / Alamy / Alamy Stock Photos
S. 37 U.S. Government, Public domain, via Wikimedia Commons / https://upload.wikimedia.org/wikipedia/commons/5/5c/Great_Seal_of_the_United_States_%28obverse%29.svg (24.4.2024)
S. 57 Joseph Keppler in «Puck», 23.1.1889. Joseph Keppler, Public domain, via Wikimedia Commons / https://en.wikipedia.org/wiki/Lobbying_in_the_United_States#/media/File:The_Bosses_of_the_Senate_by_Joseph_Keppler.jpg (3.3.2023)
S. 59 OpenSecrets™
S. 72 Washington Post – University of Maryland 2021, https://www.washingtonpost.com/politics/2022/04/04/unique-damaging-role-fox-news-plays-american-media/ (24.4.2024)
S. 81 akg-images
S. 89 The Partisan Divide on Political Values Grows Even Wider, Pew Research Center, Washington, D.C., 5.10.2017, https://www.pewresearch.org/politics/2017/10/05/1-partisan-divides-over-political-values-widen/ (24.4.2024)
S. 97 As Partisan Hostility Grows, Signs of Frustration With the Two-Party System, Pew Research Center, Washington, D.C., 9.8.2022, https://www.pewresearch.org/politics/2022/08/09/as-partisan-hostility-grows-signs-of-frustration-with-the-two-party-system/ (3.1.2023)
S. 102 https://ballotpedia.org/Oregon_official_sample_ballots,_2020 (12.4.2024)
S. 108 costofvotingindex.com accessed 25 May 2024
S. 109 Michael McDonald, 2023, National Voting Eligible Population Turnout Rates, 1789-Present (v1.0), https://election.lab.ufl.edu/dataset/national-vep-turnout-rates-1789-present/ (24.4.2024)
S. 120 Dave Leip's Election Atlas, Federal Election Commission
S. 123 Robert King/Staff/Getty Images
S. 125 © Peter Palm, Berlin
S. 133 OpenSecrets™
S. 144 © Peter Palm, Berlin nach https://edition.cnn.com/2021/01/25/politics/west-wing-offices-biden/index.html (20.4.2024)
S. 147 The White House, Public domain, via Wikimedia Commons / https://upload.wikimedia.org/wikipedia/commons/5/58/P20210720AS-3425-2_%2851417135942%29_%28cropped%29.jpg (24.4.2024)
S. 157 Vgl. Flechter Center for Strategic Studies: Military Intervention Project https://sites.tufts.edu/css/mip-research/#_edn1 (26.2.2023)
S. 171 picture alliance / ASSOCIATED PRESS | MARCY NIGHSWANDER

BIBLIOGRAPHIE

S. 187 Elkanah Tisdale (1771–1835) (often falsely attributed to Gilbert Stuart), Public domain, via Wikimedia Commons / https://commons.wikimedia.org/wiki/File:The_Gerry-Mander_Edit.png (24.4.2024)

S. 188 © Alasdair Rae

S. 189 https://ballotpedia.org/Election_results,_2023:_State_government_trifectas (15.5.2024)

S. 193 ChrisnHouston, CC BY-SA 3.0 <https://creativecommons.org/licenses/by-sa/3.0>, via Wikimedia Commons / https://en.wikipedia.org/wiki/United_States_Congress#/media/File:Combined--Control_of_the_U.S._House_of_Representatives_-_Control_of_the_U.S._Senate.png (24.4.2024)

S. 202 picture alliance / Consolidated News Photos | Consolidated News Photos

S. 211 The polarization in today's Congress has roots that go back decades, Pew Research Center, Washington, D.C., 10.3.2022, https://www.pewresearch.org/fact-tank/2022/03/10/the-polarization-in-todays-congress-has-roots-that-go-back-decades/ (15.12.2022)

S. 213 Ryan Kelly / CQ Roll Call. https://rollcall.com/2021/03/03/no-quarter-for-centrists-in-house-2020-vote-studies/ (15.5.2024)

S. 218 © Peter Palm, Berlin nach https://www.uscourts.gov/about-federal-courts/federal-courts-public/court-website-links (6.8.2023)

S. 220 Joe Ravi, CC BY-SA 3.0 <https://creativecommons.org/licenses/by-sa/3.0>, via Wikimedia Commons / https://commons.wikimedia.org/w/index.php?curid=16959908 (24.4.2024)

S. 228 Fred Schilling, Public domain, via Wikimedia Commons / https://commons.wikimedia.org/wiki/File:Supreme_Court_of_the_United_States_-_Roberts_Court_2022.jpg (24.4.2024)

S. 244 © Peter Palm, Berlin nach https://centerforpolitics.org/crystalball/2024-governor/ (28.12.2023)

S. 246 © Peter Palm, Berlin nach creative commons Attribtion 4.0 / https://pressbooks.online.ucf.edu/americangovernment3e/chapter/direct-democracy/ (28.12.2023)

S. 251 © Peter Palm, Berlin nach https://www.multistate.us/insider/2023/5/9/there-are-more-states-under-one-party-control-than-at-any-other-time-in-modern-history (15.5.2024)

S. 255 Caughey, Devin und Warshaw, Christopher: *Dynamic Democracy. Public Opinion, Elections, and Policymaking in the American States.* Chicago 2022.

Leider war es nicht in allen Fällen möglich, die Inhaber der Rechte zu ermitteln. Wir bitten deshalb gegebenenfalls um Mitteilung. Der Verlag ist bereit, berechtigte Ansprüche abzugelten.

PERSONENREGISTER

Abramowitz, Alan 137
Adams, John 32, 77–79, 119, 126, 143, 161, 239
Adams, Sherman 145
Adelson, Sheldon 134 f.
Ailes, Roger 71
Alito, Samuel 223, 228, 233
al-Sadat, Anwar 155
Ames, Aldrich 180
Anderson, John 126
Arafat, Jassir 155
Arthur, Chester 113
Azari, Julia 97

Bader Ginsburg, Ruth 229, 231 f.
Baker, James 145
Baron de Montesquieu, Charles de Secondat 20, 22, 24, 36
Beck, Glenn 45, 71, 88
Begin, Menachim 155
Belgich, Nick 192
Bellah, Robert 32
Berger, Sandy 154
Bernstein, Carl 69
Bezos, Jeff 171
Biden, Jill 163
Biden, Joe 11, 49, 53, 60, 64, 68, 75, 90, 94–96, 99, 107, 115, 118, 120, 124 f., 128 f., 132 f., 143–148, 150 f., 154 f., 158, 160 f., 165, 170, 173 f., 179, 182, 195, 201, 203, 207 f., 210, 213 f., 216, 232, 237, 253, 258 f., 275–280, 284
Bin Laden, Osama 180 f.
Bishop, Bill 53, 88
Blinken, Tony 145
Bloomberg, Michael 134 f.
Böckenförde, Ernst-Wolfgang 261
Boehner, John 89
Bork, Robert 229
Brandeis, Louis D. 227 f., 236, 249, 257
Braunstein, Ruth 48

Breyer, Stephen 229, 232
Brown Jackson, Ketanjy 227 f., 232
Brzezinski, Zbigniew 154
Buckley, William 71
Bundy, McGeorge 154
Burns, William 145, 182
Burr, Aaron 23, 126
Bush, George H. W. 44, 129, 145, 148, 154 f., 157, 161, 230
Bush, George W. 47, 68, 81, 91, 118, 123, 125, 127, 147–151, 154, 157, 159 f., 179, 182, 227, 231, 242, 261, 272, 277
Bush, Laura 163
Byrd, Robert 192

Cannon, Joseph 195
Carlson, Tucker 74–76, 148
Carter, Jimmy 43, 115 f., 129, 140, 145, 154 f., 157, 160
Carter, Rosalynn 162
Case, Anne 51, 52
Caughey, Devin 254, 271
Cheney, Dick 148, 160
Cheney, Liz 198
Chruschtschow, Nikita 155
Clinton, Bill 11, 94, 97, 121, 146, 147 f., 151, 153–155, 157, 160, 169–171, 179, 182, 195, 200–202, 210, 230 f., 265
Clinton, Hillary 74, 98, 107, 116, 120, 124, 128 f., 134, 137, 158, 163, 172, 179, 197, 210, 262, 269, 270, 279 f.
Cohen, Donald 171
Comey, James 179
Coney Barret, Amy 227 f., 231, 237
Coulter, Ann 73
Cramer, Katherine 53
Cruz, Ted 32, 74, 114, 135, 209

Dahl, Robert 40
Davis, Gray 245
Davis, Jim 48

346 PERSONENREGISTER

Davis, John 117
Davison Hunter, James 47
Day O'Connor, Sandra 227, 229, 230
de Tocqueville, Alexis 36, 56
Deaton, Angus 51, 52
Debs, Eugene 114
DeSantis, Ron 74, 106
Dingell, John 192
Dole, Bob 265
Donilon, Thomas 154
Douglas, Stephen 239
Douthat, Ross 272
Dukakis, Michael 43
Duverger, Maurice 78

Eisenhower, Dwight 40, 84 f., 145, 147, 159, 169, 173, 226, 229
Evans, Diana 268

Falwell, Jerry 46
Feldman, Noah 208
Fiske Stone, Harlan 220
Ford, Gerald 85, 121, 129, 140, 154, 157, 160, 169, 180
Fraenkel, Ernst 239
Frankfurter, Felix 223, 227
Franklin, Benjamin 29, 33, 239
Frederick, Brian 265
French, David 261
Friedman, Tom 44
Frum, David 73

Gaetz, Matt 270
Garlick, Alex 60
Garner, John Nance 159
Gaskins, Clarence 104
Gerry, Elbridge 186
Gertz, Matt 73
Gingrich, Newt 47, 86, 135, 195, 202, 269
Goldwater, Barry 43, 85 f.
Goldwin, Robert 85
Gorbatschow, Michail 155
Gore, Al 81, 123, 127, 160, 171, 227, 262
Gorsuch, Neil 208, 227–230
Graham, Lindsey 134
Graham, Michael 48
Greenspan, Alan 177
Grumbach, Jacob 252, 257

Haley, Nikki 280
Hamilton, Alexander 20–22, 33, 36, 78, 140, 164, 215, 217, 239, 271
Hannity, Sean 73
Harris, Kamala 118, 147, 161, 276 f., 279 f.
Harrison, Jaime 134
Harrison, William 79
Hartz, Louis 40
Hayes, Rutherford 127
Hearst, William Randolph 69
Hersh, Seymour 180
Hofstadter, Richard 38
Hoover, J. Edgar 178
Hopkins, Harry 145
Horton, Willie 44
Hovorun, Cyril 48
Hussein, Saddam 158, 160

Inglehart, Ronald 96

Jackson, Andrew 79 f., 139, 184
Jacobs, Larry 258
Jacobson, Gary 164
Janis, Irving 148
Jay, John 36, 216
Jefferson, Thomas 22 f., 28, 32 f., 78 f., 119, 126, 161, 239
Jennings, William Bryan 83
Johnson, Andrew 200
Johnson, Gary 125
Johnson, Lyndon B. 42, 85 f., 118, 145, 149, 154, 157, 159, 161, 195, 228, 241
Johnson, Mike 93, 199

Kagan, Elena 223, 228 f., 235
Kaine, Tim 129
Kavanaugh, Brett 228 f., 231
Kean, Tom 244
Kelly, John 276
Kennedy, Anthony 229–230
Kennedy, Bobby 146, 160
Kennedy, Edward 192
Kennedy, John F. 42, 85, 118, 121, 145–148, 154 f., 159, 161, 195, 197, 226, 233
Kerry, John 131
Kim, Jong-un 155
King, Martin Luther 178, 197
Kissinger, Henry 145, 154

Personenregister

Kinzinger, Adam 198
Klein, Ezra 54, 70, 86, 96
Krugman, Paul 50
Kushner, Jared 145 f.

LaPierre, Wayne 62
Lee, Frances 96
Lee, Mike 99
Levendusky, Matthew 88, 274
Levin, Mark 34 f.
Levinson, Sanford 33–35
Levitsky, Steven 257
Limbaugh, Rush 45, 71
Lincoln, Abraham 43, 80, 139, 141, 145, 150, 184, 200, 239
Linz, Juan 260
Lipset, Seymour Martin 38, 41 f.
Locke, John 21
Long, Huey 249
Lowry, Rich 75
Lütjen, Torben 39
Madison, James 19–22, 24, 27 f., 30, 32 f., 36, 55 f., 59, 75, 77 f., 128, 217, 239
Manchin, Joe 95, 208, 213
Mann, Thomas E. 212
Marshall, Thurgood 227
Marshall, John 217, 239
Martin, Andrew 231
Mason, George 22, 29
Mason, Lilliana 97 f., 260
Mau, Steffen 260
Mayorkas, Alejandro 203
McCain, John 47, 114, 131, 214
McCarthy, Kevin 93, 194, 199
McConnell, Mitch 231, 237
McFarlane, Robert 154
McGovern, George 116
Mercer, Robert 135
Mikaelian, Allen 171
Mondale, Walter 43, 122, 160
Monroe, James 32
Morris, Robert 26
Moyers, Bill 42
Moynihan, Donald 175
Mueller, Robert 149, 178 f.
Murdoch, Rupert 71, 74
Murkowski, Lisa 126
Musk, Elon 171, 283

Nader, Ralph 57, 125
Neustadt, Richard 20
Nixon, Richard 43, 85, 121, 136, 140, 145, 148 f., 154 f., 157, 159, 161, 169, 182, 201, 225, 262, 269
Norris, Pippa 96

O'Neill, Tip 136 f., 195
Obama, Barack 32, 34, 44 f., 60, 64, 66, 71, 87–89, 94, 97, 99, 111, 114, 116, 118, 121, 130 f., 139 f., 147 f., 150 f., 154, 158, 160 f., 164 f., 169 f., 181 f., 195, 208, 210, 212, 214, 222, 229–231, 237, 249, 268 f., 272, 275 f.
Obama, Michelle 163
Olson, Mancur 56
Orban, Viktor 284
Ornstein, Norman 173, 212
Ossoff, Georgia Jon 134

Palin, Sarah 192
Paul, Rand 209
Paxton, Ken 258
Pelosi, Nancy 95, 99, 195, 275
Pence, Mike 118, 128, 161
Pepper, David 257
Perdue, David 134
Perot, Ross 92, 121, 126
Petola, Mary 192
Philips, Kevin 43
Poindexter, John 154
Powell, Colin 181
Powell, Jerome 177
Putin, Wladimir 48, 181, 269, 283 f.

Quinn, Kevin 231

Rabin, Jitzchak 155
Rayburn, Sam 195
Reagan, Nancy 162 f.
Reagan, Ronald 14, 47, 61, 74, 85 f., 122, 129, 145, 148, 154 f., 157, 165, 169 f., 175, 179, 182, 195, 197, 229, 231, 242
Reed, Stanley 223
Rice, Condoleezza 154
Rice, Susan 154
Roberts, John 165, 201, 216, 222, 228, 230 f., 243
Robertson, Pat 47

PERSONENREGISTER

Rogers, Will 84
Rokkan, Stein 41 f.
Romney, Mitt 47, 250
Roosevelt, Eleanor 162 f.
Roosevelt, Franklin D. 9, 83–86, 126, 129, 139, 143, 150, 152, 154, 159, 162, 168, 198, 216, 225, 231, 240 f., 249, 280
Roosevelt, Theodore 9, 83, 125, 139, 143, 154, 164, 184, 195
Rostow, Walt 154
Rousseau, Jean-Jacques 37
Rubio, Marco 74

Sanders, Bernie 74, 116
Scalia, Antonin 229–232
Schlesinger, Arthur 21
Schwarzenegger, Arnold 245
Scowcroft, Brent 154
Selenskyj, Wolodymyr 201
Shapiro, Josh 271, 276
Sherman, Roger 19
Sinema, Kyrsten 95, 208
Soderbergh, Steven 59
Soros, George 64
Sotomayor, Sonia 165, 227
Souter, David 229 f.
Stanton, Edwin 200
Stephens-Davidowitz, Seth 54
Stevenson, Adlai 117
Steyer, Tom 64, 135
Sullivan, Jake 154
Sullivan, James 245
Sunstein, Cass 54
Sununu, Chris 271
Swift, Taylor 274

Taft, Robert 85
Taft, William Howard 125, 195, 219
Taylor Greene, Marjorie 270
Thomas, Clarence 228, 233
Thomas, Ginni 233
Thurmond, Strom 126, 192, 207
Tilden, Samuel 127

Truman, Harry 85, 126, 141, 143, 154, 159, 162, 172
Trump, Donald 10–14, 44 f., 47–49, 53, 59 f., 62, 66, 68 f., 73–75, 89, 91–99, 107, 114 f., 117 f., 120 f., 124 f., 127–130, 132 f., 134 f., 137–140, 142, 145–151, 153–155, 158, 161, 164 f., 172–175, 177, 179, 181 f., 198–199, 201–203, 207 f., 210, 212–214, 228, 230–235, 237, 257 f., 260 f., 269 f., 272, 275–285
Trump, Melania 163
Tse-tung, Mao 155
Tuberville, Tommy 209

Van Buren, Martin 79, 161
Vance, James David 52, 209, 280
Vladeck, Stephen 236
Volcker, Paul 177
Vorländer, Hans 38

Wallace, George 43, 126
Warren, Earl 225, 229, 236
Warshaw, Chris 254, 272
Washington, George 17–19, 25, 29, 32 f., 36, 77 f., 128, 139, 141, 153, 184, 239
Washington, Martha 162
Webster, Steven 137
Weinstein, Harvey 66
Weyrich, Paul 46
Whitmer, Gretchen 271, 276
Wilks, Dan 135
Wilks, Farris 135
Wilson, Edith 162

Wilson, Woodrow 12, 83 f., 125, 142, 152, 154, 196, 207
Woodward, Bob 69

Xi Jinping 283

Youngkin, Glenn 271, 280

Ziblatt, Daniel 257